Video

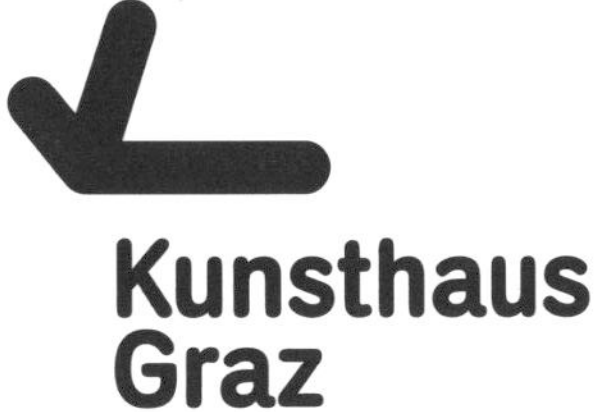
Kunsthaus
Graz

Diese Publikation
erscheint anlässlich
der Ausstellung
This catalog is published
on the occasion
of the exhibition

Videodreams
Zwischen Cinematischem
und Theatralischem
Videodreams
Between the Cinematic
and the Theatrical

Kunsthaus Graz am
Landesmuseum Joanneum
15.05.–19.09.2004
Kunsthaus Graz am
Landesmuseum Joanneum
May 15 – Sep 19, 2004

Zwischen Cin
und Theatralis

Between the
and the Theat

Herausgeber: Peter Pakesch
Kuratoren: Adam Budak,
Peter Pakesch
Editor: Peter Pakesch
Curators: Adam Budak,
Peter Pakesch

Erschienen im Verlag
der Buchhandlung
Walther König, Köln
Published by
Verlag der Buchhandlung
Walther König, Cologne

ematischem
chem

Cinematic

rical

Herausgeber: Peter Pakesch
Kuratoren: Adam Budak,
Peter Pakesch
Editor: Peter Pakesch
Curators: Adam Budak,
Peter Pakesch

Erschienen im Verlag
der Buchhandlung
Walther König, Köln
Published by
Verlag der Buchhandlung
Walther König, Cologne

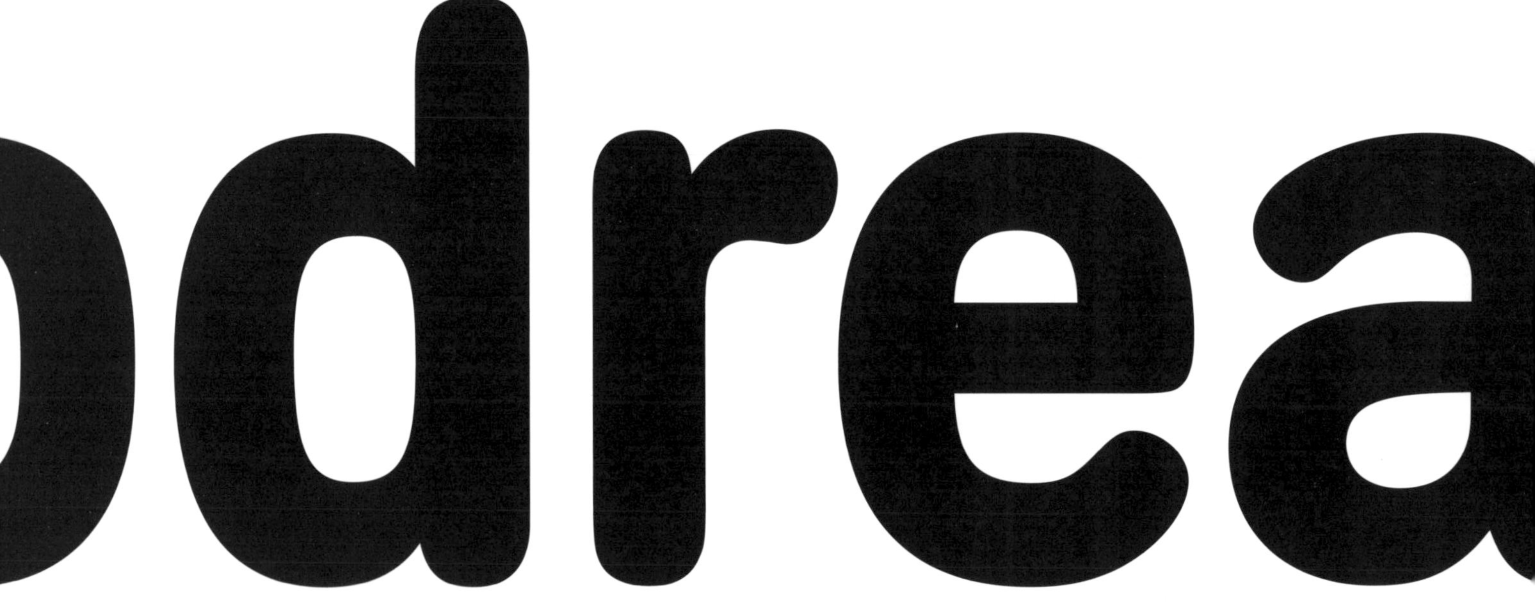

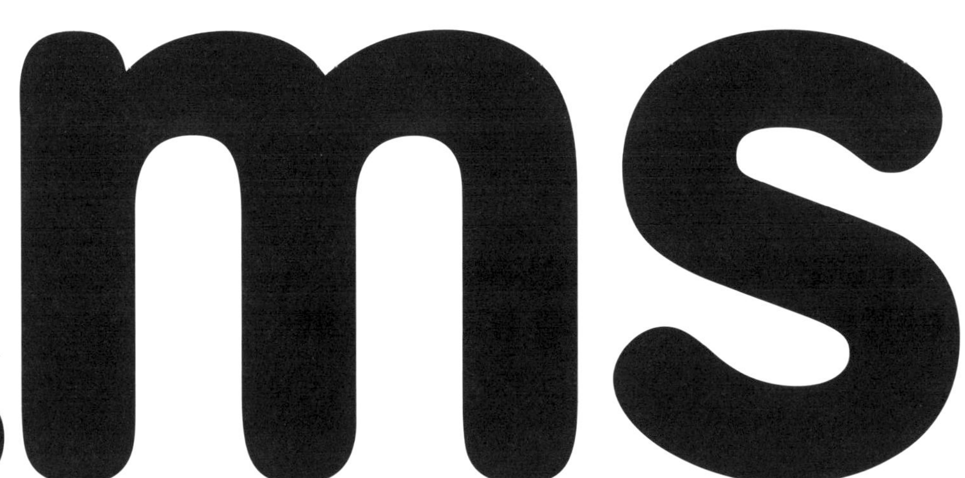

Peter Pakesch

Videodreams: Bilder im Raum zwischen Cinematischem und Theatralischem – eine Standortbestimmung

Videodreams: Images in the Space Between the Cinematic and the Theatrical – Defining a Position

Die erste Ausstellung in Graz, die der damals neuartigen Videokunst gewidmet war, fand 1973 als Dreiländerbiennale *trigon* statt. Zu sehen waren, neben heimischen Künstlern wie Richard Kriesche, Valie Export und Peter Weibel, in dieser Ballung in Europa erstmalig die Werke der wichtigsten amerikanischen Künstler. Eine solche Ausstellung war nicht nur für Graz und Österreich eine Sensation. Die Erneuerung der Medien in der bildenden Kunst hatte eine entscheidende Stufe erreicht. War *trigon ´67* noch den erweiterten Möglichkeiten des Raumes gewidmet, hatte *trigon ´71* bereits einen wichtigen Beitrag zur Erweiterung des Verständnisses neuer Praktiken von Architektur und Kunst geleistet, war das nun ein entschiedener Schritt in eine neue Welt künstlerischer Aktivitäten. Dieser Schritt war explizit verknüpft mit weit reichenden Vorstellungen gesellschaftlicher Veränderungen, die mit diesem neuen künstlerischen Medium möglich werden sollten. Der öffentliche Gebrauch der Medien sollte sich revolutionieren, die Gesellschaft dementsprechend erneuern. Das geschah auch – und wie so oft: anders als erwartet. Die Verwendung elektronischer Medien ist heute eine Selbstverständlichkeit, die Innovationen der Kunst hatten ungeahnten Einfluss auf die alltägliche Praxis der Medien. Trotz allem ist die reale Distanz zwischen Kunst- und populärer Medienwirklichkeit heute größer als damals, nicht zuletzt auf Grund eines weit reichenden medialen Wandels und des damit verbundenen Stellenwerts von Video.

Die Videokunst der frühen 1970er Jahre orientierte sich am Fernsehen als dem neuen dominanten Medium. Es brauchte allerdings einige Zeit, bis sich eine Ahnung davon etablierte, was dieser Prozess für eines der klassischen Leitmedien der Moderne, dem Film, bedeuten musste. Zur selben Zeit allerdings setzte erst die volle museale Emanzipation der Fotografie ein. Heute wird viel über die Historizität des Films als Medium gesprochen, Fotografie und Malerei ergänzen einander in den Museums- und Ausstellungspräsentationen und werden als Medien immer ähnlicher. Und der Prozess des technischen Fortschritts ist einen entscheidenden Schritt weiter gegangen, indem er mit dem Netz einen allgemein zugänglichen elektronischen Raum eröffnet hat, der Information in neuen Dimensionen produzieren kann. Außerdem haben sich mit elektronischen Spielen Formen entwickelt, die außerhalb eines herkömmlichen künstlerischen Bezugsystems einen breiten Einfluss ausüben, nicht zuletzt auf manche Bildsprachen in verschiedenen Bereichen der bildenden Kunst. Definitiv hat das Fernsehen seine dominierende Rolle eingebüßt und ist dabei, durchaus zu einem historischen Medium zu werden, wie Film und Fotografie.

The first exhibition in Graz devoted to the, at the time, new video art took place as the *trigon* three-country biennial in 1973. In addition to works by local artists such as Richard Kriesche, Valie Export and Peter Weibel, the exhibition in this European agglomeration included, for the first time, works by the most important American artists. An exhibition of that kind amounted to a sensation, not just in Graz and Austria. The renewal of the media in the fine arts had reached a decisive stage. While *trigon ´67* had focussed on space and its extended possibilities, and *trigon ´71* had already made a significant contribution to the broadening of our understanding of the new practices in architecture and art, this was now a decisive step into a new world of artistic activity, a step explicitly linked with far-reaching ideas about social change supposedly possible with this new artistic medium. The public use of the media was to be revolutionised, and society renewed accordingly. And this actually happened – though, as so often, differently than what had been expected. Today, the use of electronic media is a matter of course, the innovations in art had an unforeseen influence on the everyday practice of the media. Nevertheless, the actual distance between the reality of art and that of the popular media is greater than it was then, not least because of far-reaching changes in the media and the concomitant status of video.

Video art in the 1970s was oriented around television as the dominant new medium. It was some time, however, before people realised what this process meant for one of modernism's classical leading media, film. Yet at the same time, the full emancipation of photography and its acceptance into museums was underway. Today, there is a lot of talk about the historicity of film as a medium; photography and painting complement one another in museum and gallery presentations and, as media, are becoming increasingly similar. And technical progress has advanced a decisive step further, opening up, by means of a network, a generally accessible electronic space which can produce information on a whole new scale. Furthermore, forms have been developed, with electronic games, which are exerting a wide influence outside the traditional artistic system of references, not least on many pictorial idioms in the various realms of the fine arts. Television has definitively forfeited its

Diese Überlegungen sind wichtig, wenn wir uns der von Adam Budak kuratierten Ausstellung *Videodreams* nähern. Budak begegnet dem Medium projizierter Bilder mit einer großen Selbstverständlichkeit. Innerhalb der letzten 30 Jahre ist eine experimentelle Form, Kunst zu machen, in den Rang eines Leitmediums aufgestiegen. Die historischen Erfahrungen damit sind heute natürlich ganz andere als die Projektionen auf diese neuen Möglichkeiten damals. Damit haben sich auch die Fragestellungen ganz entschieden verändert. Das Medium, dessen Gebrauch sich konsolidiert hat und wozu sich ein Kanon bereits entwickelt hat, tritt in ein neues Stadium der Selbstreflexion. Es beginnt sich stärker im Verhältnis zu anderen Kunstformen und deren Spezifika zu sehen, in diesem Fall sind das die Theatralität und das „Cinematische".

Die bildende Kunst der Moderne hatte immer ein neugieriges Auge auf die anderen Kunstformen. Vor allem in der Folge der 1960er Jahre war sie offenes Feld für Experimente der Grenzüberschreitung. Davon haben gewiss auch Theater und Film profitiert. Die Beispiele sind mannigfach. Damit hat sich unter Künstlern ein Bewusstsein dessen gestärkt, was Unterschiede und Nuancen sind. Die damit verbundene Selbstreflexion ist nicht ohne Melancholie. Ein Medium beobachtet sich im Prozess der eigenen Vergänglichkeit. Das ist schon ein sehr bestimmter Moment. Und er ist bestimmt in einem solchen Gebäude wie dem Kunsthaus Graz. Einmal mehr reflektieren wir hier mit einer Ausstellung über eine Zeit, die für die Kunst wie für die Architektur enorme Umwälzungen gebracht hat. Deren Darstellung und Prüfung ist ein wichtiger Teil unserer Programmatik, vor allem in dem Sinn, daraus künstlerischen Strategien für die Zukunft den Weg zu ebnen und an deren Realisierung teilzuhaben. Nachdem in letzter Zeit in Österreich wichtige Ausstellungen die Frühzeit des Umgangs mit dem Medium Video und dessen Verhältnis zum Film beachtet haben, ist es jetzt hoch an der Zeit, diese Auseinandersetzung in die unmittelbare Gegenwart zu tragen und nach einem neuen Verständnis eines räumlichen Umgangs mit den bewegten Bildern zu fragen, nach einer weiteren Architektur des Visionären.

dominant role and is in the process of becoming a historical medium, like film and photography.

Such considerations are important when approaching the exhibition *Videodreams*, curated by Adam Budak. Budak encounters the medium of projected images with a great matter-of-factness. Within the past 30 years, a once experimental form of producing art has been raised to the rank of a leading medium. Needless to say, the historical experiences that have been made with that medium are actually quite different to all the new possibilities once projected onto it. Moreover, the questions have also undergone a decisive change. The medium, whose use has become established and for which a canon has already developed, is now entering a new stage of self-reflection, it is beginning to see itself more in relationship to other art forms and their specific features, in this case, the theatrical and the "cinematic".

In modernism, the fine arts have always kept an inquisitive eye on other art forms. After the 1960's in particular, the fine arts were wide open to experiments in border-crossing. Theatre and cinema certainly profited from this, as so many examples illustrate. Hand in hand with this came a greater awareness among artists of what differences and nuances are. The concomitant self-reflection is not without a certain melancholy; a medium observes itself in the process of its own transience. That in itself is a very particular moment, and it is a specific situation in a building such as the Kunsthaus Graz. Here, an exhibition reflects once again on a period which brought with it great upheavals both in art and architecture. An important aspect of our agenda at the Kunsthaus Graz is to present and examine these upheavals, above all, in the sense of paving the way for future artistic strategies and participating in their implementation. Now that recent important exhibitions in Austria have drawn attention to the early period of the medium of video and its relationship to film, it is high time that this exploration focuses on the immediate present and raises the question of a new understanding of the spatial handling of moving images, another architecture of vision.

Adam Budak
Performative Poetik des (Video-)träumens
Performative Poetics of (Video)Dreaming

In his dream, nothing, nothing but the desire to dream.
Maurice Blanchot, The Writing of the Disaster

Einer der Ko-Autoren des architektonischen Phänomens Kunsthaus Graz, Peter Cook, beschreibt sein früheres Projekt *Shadow House* (1980) mit einem Bild, das in durchaus befriedigender Weise als perfektes Bühnenbild für eine traumartige dramatische Situation fungieren könnte. „Uns inspiriert die Idee, dass Räume nicht von Wänden definiert werden müssen. Linien müssen keine Grenzen sein. Die sichtbaren Gegenstände könnten gleichzeitig illusorisch und fassbar sein. Oder aber, dass ein schwer fassbarer Gegenstand auf etwas Fassbares und Fühlbares bezogen würde, aber nicht zu offensichtlich."[1] Die Faszination daran, einen Traum auszuleben, ist eine wesentliche Triebfeder hinter der Ideologie beinahe aller visionären architektonischen Manifestationen von Archigram; von frühen Projekten der „Schönen Neuen Welt" wie *Plug-in City* und *Walking City*, über das märchenhafte *Sponge Project* bis hin zu einer Architektur des Exzesses, dem Kunsthaus Graz, das er gemeinsam mit Colin Fournier – der „einer architektonischen Fiktion vom ‚Freundlichen Außerirdischen'" eine Qualität „inhärenten Geheimnisses und spielerischer Aura" hinzufügt – realisiert hat. Der phantasmagorische Raum von Archigrams „Träumen vom gebauten Glück" wird eine wahrhaft performative Umgebung, in der das Begehren in einer Reihe von Bildern einer Identität im Bearbeitungsstadium ausgespielt wird. In seinem Text *Silver Dream Machine*[2] über das Guggenheim-Museum Bilbao erinnert Peter Schjeldahl an die Bemerkungen des Architekturkritikers Herbert Muschamp, der Frank Gehrys Gebäude mit Marilyn Monroe vergleicht: überschwänglich und pragmatisch, auf raffinierte Weise aufsässig, gegen jede Rätselhaftigkeit; es gibt immer und überall alles – es ist nicht exhibitionistisch, sondern performativ. Es ist *auf der Bühne*.[3] Es ist scharf geladen mit Persönlichkeit. In ähnlicher Weise führt das Kunsthaus Graz seine vom Reiz des Unheimlichen geprägte Architektur in einer Abfolge von „Multiple Selves" und narzisstischer Faszination vor. Auf diese Weise fordert es mit seiner Rhetorik der Sinne die Wahrnehmung heraus und stellt uns in einem offenen performativen Akt der Inszenierung seinen Raum zur Verfügung. Seine offensichtliche Theatralität – mit sowohl einem einzigartigen Sinn für die Künstlichkeit seines futuristischen Looks und seiner skulpturalen Form als auch seinem leicht fassbaren filmischen Fluss mit einem seltenen Einblick in noch ungeschnittenes und von utopischer Vision zeugendes Material – stellt eine perfekte Umgebung für das Reich des Traumes dar. Die Architektur ist *auf der Bühne*: ein Ereignis (ein Schauspiel der Illusion an sich/für sich) steht kurz vor seinem Beginn. Eine Performance beginnt…

Auf der unbekannten Bühne unserer Psyche befindet sich die unermessliche und unerforschte Wirklichkeit unserer Träume.

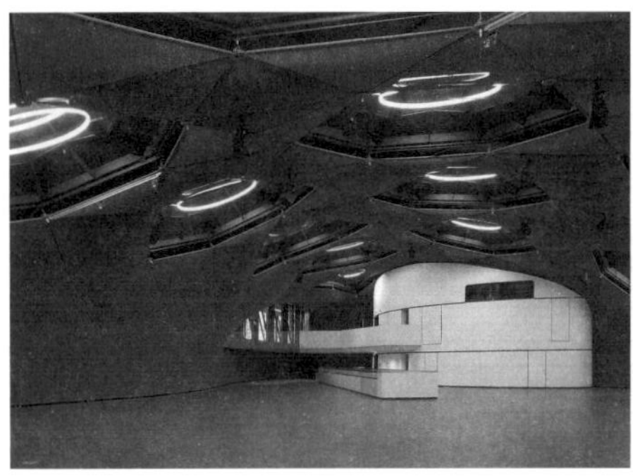 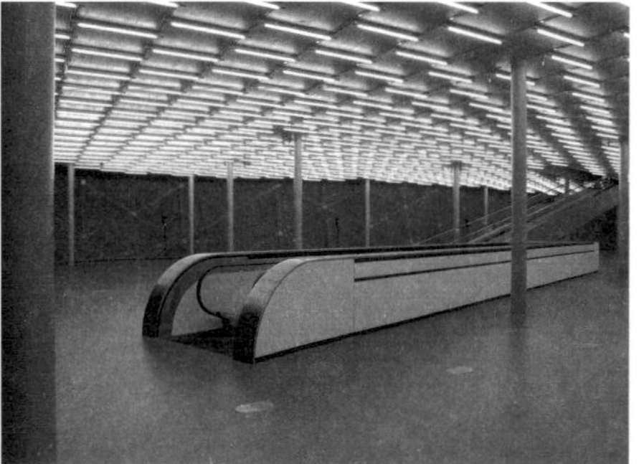 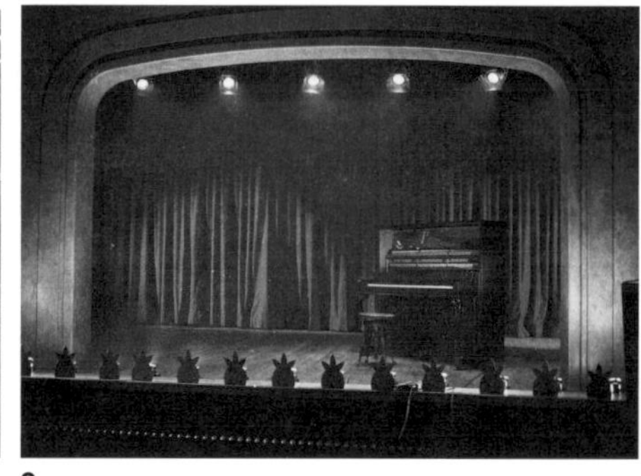

1   2   3

Wir alle träumen, erzeugen Bilder, fragmentarische Erzählungen: nur teilweise in unserer Erinnerung gebliebene Aufzeichnungen verführerischer, geheimnisvoller, unerwarteter Ausdrucksformen unserer Fantasien und Begierden. Nach Atom Egoyan manifestieren sich unsere Träume – jene seltsamen nächtlichen Filme, die wir in irgendeiner Weise auf die Innenseite unserer Schädeldecke projizieren – in einer Art Filmsprache. Die Träume sind unsere wahren Videos, wir sind alle Videoregisseure, wir sind alle Architekten kleiner Theater und Kinos, Schöpfer der elementarsten Illusionen. In seiner Untersuchung des Ursprunges des kohärenten Bildes lenkt Gilles Deleuze unsere Aufmerksamkeit auf die Wirren der Erinnerung und die Fehler der Erkenntnis: Wenn wir uns nicht erinnern können, tritt das eigentliche Bild in eine Beziehung zu einer Reihe von Elementen, unter denen vor allem „alternative" Quellen eine besondere Bedeutung erhalten: zu Traumbildern (Ich habe das Gefühl, dass ich ihn in einem Traum gesehen habe…), aber auch zu Fantasien oder Theaterszenen (er scheint eine Rolle zu spielen, mit der ich vertraut bin…).**4** Deleuze eignet sich Bergsons Traumtheorie an, gemäß welcher der Träumende offen ist für das gesamte Register der aus der Innen- und Außenwelt kommenden Sinnesreize. Der Traum, behauptet Bergson, „stellt den weitesten sichtbaren Kreis oder ‚die äußerste Hülle' aller Kreise dar".**5** Deleuzsche Traumbilder bestehen aus zwei Polen: einer läuft auf Abstraktion hinaus und arbeitet daher mit ergiebigen und überladenen Mitteln – Überblendungen, Überlagerungen, Deframings, und folglich mit komplexen Kamerabewegungen und Spezialeffekten, wogegen der andere im Gegensatz dazu sehr gezügelt ist, mit klaren Schnitten arbeitet und auf traumartige Zustände hinausläuft; aber zwischen Gegenständen, die konkret bleiben. Diese beiden Pole stellen die Metaphysik der Imagination dar: einen performativen Akt des Überganges von einem Bild auf ein anderes, bei dem sich, wie Deleuze feststellt, die traumartigen Zustände auf eine Weise auf die Wirklichkeit beziehen, die dem Verhältnis zwischen den „anomalen" Zuständen des Sprachsystems und der geläufigen Sprache ähnlich ist: Hinzufügung, Komplizierung und Übersättigung auf der einen Seite, und auf der anderen Eliminierung, Auslassung und Herauslösung.

In *Videodreams: Zwischen Cinematischem und Theatralischem* werden sowohl das Cinematische und Theatralische als auch das Architektonische im performativen Reich oneiroider/traumartiger Zustände verflochten, wo das (Video-)Bild ständig zwischen dem Abstrakten und dem Konkreten oszilliert: ein permanentes Schauspiel der Erinnerung an der Grenze zwischen Träumen und Wachen. Konzeptuell und stilistisch verteilt auf Oscar Schlemmers *Triadisches Ballett* und Antonin Artauds

seductive, mysterious, unexpected – expressions of our fantasies and desires, only partially remembered and recorded. According to Atom Egoyan, our dreams – those strange nocturnal movies we project on some interior cranial screen – are presented in a certain film language. Dreams are our genuine videoforms, we are all videomakers, we are all architects of little private theatres and cinema houses, constructors of the most elemental illusions. Investigating the origin of a coherent image, Gilles Deleuze turns our attention to the disturbances of memory and the failures of recognition: when we cannot remember, the actual image enters into relation with a number of elements amongst which a particular importance is given to the especially "alternative" sources: dream-images (I have the feeling that I saw him in a dream…), but also to fantasies or theatre scenes (he seems to play a role that I am familiar with…).4 Deleuze appropriates the Bergsonian theory of dreams according to which the dreamer is open to the entire diapason of sensations coming from the internal and external world. The dream, Bergson claims, "represents the largest visible circuit or 'the outermost envelope' of all the circuits".5 Deleuzian dream-images consist of two poles: one moves towards abstraction and as such, operates by rich and overloaded means – dissolves, superimpositions, deframings, and consequently complex camera movements and special effects; whereas the other, on the contrary, is very restrained, working by clear cuts and leading towards dreamlike states, but between the objects that remain concrete. These two poles constitute the metaphysics of imagination: a performative act of passage from one image to another, where, as Deleuze claims, the dreamlike states relate to the real in a way which is similar to the relation between the "anomalous" states of language system and the current language: on the one hand, addition, complication, over-saturation, and on the other, elimination, ellipse, and unhinging.

In *Videodreams: Between the Cinematic and the Theatrical*, the cinematic, the theatrical as well as the architectural are intertwined in the performative realm of the oneiric and dream-like states where the (video) image constantly oscillates between the abstract and the concrete: an ongoing spectacle of memory on the

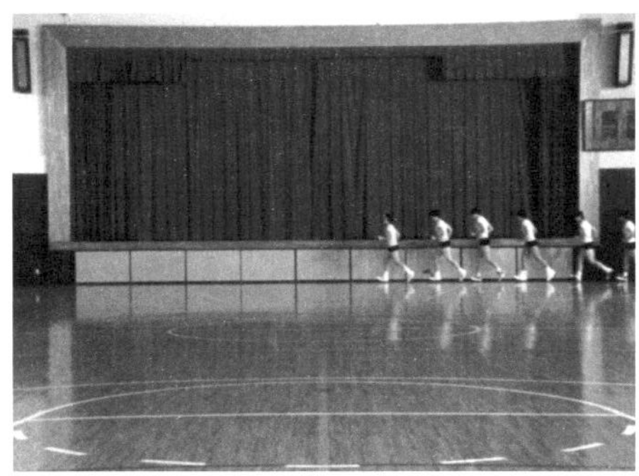

1,2 Space01 und Space02
im Kunsthaus Graz
3 Rodney Graham,
*A Reverie Interrupted
by the Police,* 2003
4 Sharon Lockhart,
Goshogaoka, 1997

1,2 Space01 and Space02
in Kunsthaus Graz
3 Rodney Graham,
*A Reverie Interrupted
by the Police,* 2003
4 Sharon Lockhart,
Goshogaoka, 1997

4

„Theater der Grausamkeit", über Brechts „Episches Theater" und den Verfremdungseffekt bis hin zu Lars von Triers *Dogville* und Robert Lepages *Geometrie der Wunder* spürt diese Ausstellung in ihrer gründlichen Erforschung der Poetik und der Politik der Künstlichkeit und der Illusion einer Archäologie der Bühne und des Film-Sets nach. Das Träumen (ein Feld der Projektion) und Inszenierung (ein Raum der Selbstausbildung) verschmelzend, zielen die hier versammelten KünstlerInnen darauf ab, die Subjektivität *under construction* zu analysieren – in einem Prozess, während der Proben, beim *Mastering,* bevor sich die endgültige Performance ereignet. So wird die Ausstellung eine Studie der Mechanismen der Illusion und imaginierter Wirklichkeiten mit einem Hauptaugenmerk auf den Begriffen der Theatralität, des Performativen und der Mise-en-Scène. Wie werden Konventionen verhandelt? Wie wird die Künstlichkeit ausgespielt in einem Drama authentischer Gesten und Intentionen? Wie wird der Glaube geboren und ausgesprochen an der Kreuzung zwischen direktem und vermitteltem Verhalten, zwischen dem Realen und virtuellen Umgebungen? In ihrer Aneignung von Mieke Bals Betrachtung der Theatralität als „Form", „Medium" oder „Praxis", in der das Objekt der kulturellen Analyse eine Begegnung zwischen (ästhetischer) Kunst/(ästhetischem) Kunstwerk and (sozialer) Wirklichkeit „performt", stellt *Videodreams* die Mise-en-Scène in einen neuen Kontext: als Form kollektiver Rezeption, als Vermittlung zwischen einem Stück und der multiplen Öffentlichkeit.**6** Sie beabsichtigt auf die Verbindung zwischen Mise-en-Scène und Subjektivität, wie sie sich im Bereich des Traumes offenbart, hinzuweisen: Im Sinne von Mieke Bal stellt sie sich die Frage, was uns Träume über Inszenierung, oder Inszenierung über Träume sagen können; welches Träumen sich in den Beispielen der Mise-en-Scène auf der Bühne oder mittels der Bühne ereignet. Das Imaginäre und das Traumartige verflechten sich mit dem Unwirklichen und dem Konventionellen, wie im ortsspezifischen „Post-Studio"-Film *Dogville,* wo das freudianisch-unheimliche Feld der kritischen Imagination sich mit Traumräumen und Brechtschen Strategien der Sabotage des Wirklichkeitseffekts verbindet. Theater/Theatralität sowie der Film/das Filmische werden beide als Gegensatz zwischen Gegenstand und einer bestimmten Stilistik betrachtet. Daher setzt sich die Ausstellung zum Ziel, die Bedingungen des (bewegten) Bildes in seiner fließenden Oszillation zwischen theatralischer Ruhe, aufgehobener Bewegung in der Dia-Projektion, und filmischem Fluss zu erforschen. Durch ihre Einsicht in die Produktion eines Spektakels untersucht sie die Intensität der Aufmerksamkeit und den Status zeitgenössischen Zuschauens.

edge of dreaming and waking. Ranging conceptually and stylistically from Oscar Schlemmer's *Triadic Ballet* and Antonin Artaud's "Theatre of Cruelty" through the Brechtian "epic" and "Verfremdungseffect" to Lars von Trier's *Dogville* and Robert Lepage's *Geometry of Miracles,* the exhibition traces the archaeology of a back stage and a location set in a thorough investigation of poetics and politics of artificiality and illusion. Merging dreaming (a field of projection) and staging (a space of self-training), the artists gathered in this exhibition aim at analysing the subjectivity under construction, in a process, during the rehearsal, while mastering before the final performance occurs. Thus the exhibition becomes a study of the mechanism of illusion and imagined realities with a focus on the notions of the theatrical, the performative and the mise-en-scène. How are conventions being negotiated? How is artificiality played out in a drama of genuine gestures and intentions? How is belief born and spelled out on the crossway of a direct and mediated behaviour between real and virtual environments? Appropriating Mieke Bal's treatment of theatricality as a "form", "medium", or "practice", in which the object of cultural analysis performs a meeting between (aesthetic) art(ifice) and (social) reality, *Videodreams* reconsiders the mise-en-scène as a collective reception, a mediation between a play and the multiple public.**6** It aims at pointing out the connections between the mise-en-scène and subjectivity as it is revealed in the reality of dreams: after Bal, it asks what dreams can tell us about staging; what staging can tell us about dreams; what dreaming occurs on, or through the stage in the examples of mise-en-scène. Imaginary and oneiric are intertwined with unreal and conventional, as in the 'post-studio' site-specific *Dogville* where the Freudian uncanny field of critical imagination combines dream space and Brechtian strategies of sabotaging the reality effect. Theatre and theatricality as well as cinema and cinematicity are regarded as both the subject matter and a particular stylistics. As such, the exhibition aims at investigating the condition of a (moving) image in its fluent oscillation between theatrical stillness, suspended movement and the cinematic flux; through insight into the production of a spectacle it examines the intensity of attentiveness and the status of contemporary spectatorship.

Catherine Sullivan konstruiert ihre „Dramen zweiter Ordnung" sorgfältig aus einer Sammlung von Mises-en-Scène, die Performance, Installationskunst, Tanz, traditionellen Theaterdialog und filmische Experimente beinhalten. Auf diese Weise generieren diese das Potenzial dafür, einen dramatischen Prozess und eine theatralische/performative Erfahrung in ein vielschichtiges hybrides Spektakel zu verwandeln. Die theatralische Konvention wird einer weit reichenden formalistischen Untersuchung ausgesetzt, die sowohl einen reichhaltigen Korpus an intertextuellen Referenzen miteinschließt als auch eine Konfrontation mit nicht mediatisiertem menschlichem Verhalten als (hinterfragte) Quelle theatralischer Bedeutung. In ihrem Tour-de-Force-Unterfangen *Five Economies (big hunt/little hunt)* (2002), das aus einer monumentalen Videoinstallation mit fünf Bildschirmen und einer intimen Einkanal-Videoarbeit besteht, legt Sullivan die Mechanik des Ausdrucks und der Illusion frei. Das stumme Schwarzweiß-Filmmaterial von *Big Hunt*, das auf einer riesigen Bildschirmoberfläche abgespielt wird, besteht aus neu inszenierten und choreographierten Szenarien, die auf einer Vielzahl von Quellen einschließlich einiger populärer Filme beruhen (darunter etwa *Was geschah wirklich mit Baby Jane?*), ihre Inspiration aber auch aus imaginären Episoden der True Stories ziehen. In einer derartigen visuellen und performativen Extravaganza rückt Sullivan Fragen hinsichtlich der Identität des Darstellers und der emotionalen Erinnerung der Figur, festgeschriebener Formen des Ausdrucks und „der Fähigkeit des Körpers Bedeutung zu generieren" in den Vordergrund. Die Ökonomien (als Systeme theatralischer Komponenten, die in der Lage sind emotionale Währung oder Investition seitens des Publikums zu generieren) sind in *Little Hunt* auf eine unheimliche Tanz-Performance reduziert – einen wahrhaft absurden Danse Macabre auf einem Tennisplatz in Los Angeles mitten unter den bizarren Requisiten einer Theaterproduktion von Victor Hugos *Les Misérables*. In seiner Oszillation zwischen zeitgenössischen Tanzbewegungen und Gesellschaftstanz in seiner traumartigen Kulisse eines künstlichen Schauplatzes ist das Video ein weiterer radikaler Versuch, cinematische und theatralische Codes mit dem Theater des Alltags zu konfrontieren.

Unter Verwendung eines anspruchsvollen filmischen Vokabulars erzeugt **Stan Douglas** emotional intensive Situationen, welche die Psychologie der Subjekte mit dem sozialen, politischen und historischen Gewebe, mit dem sie es zu tun haben, verflechten. Obwohl den Arbeiten in der Mehrzahl der Fälle ein klarer Bezug zugrunde liegt, hat man sehr oft das seltsame Gefühl, man befindet sich an der Schwelle des „Reiches der Fantasie" und

Catherine Sullivan carefully constructs her "second order dramas" out of a collection of mise-en-scènes that include performance, installation art, dance, traditional theatre dialogue and cinematic experiments and, as such, they gain the capacity of turning a dramatic process and theatrical/performative experience into a multi-layered hybrid spectacle. Theatrical convention is being exposed to a far-reaching formalist examination that involves a rich body of inter-textual references as well as a confrontation with non-mediated human behaviour as a (questioned) source for theatrical meaning. Sullivan strips bare the mechanics of expression and illusion in her tour-de-force endeavour *Five Economies (big hunt/little hunt)* (2002) which consists of a monumental five-screen video installation and an intimate single-channel video work. Silent, black-and-white footage of *Big Hunt* played out on a vast screen surface is composed of re-staged and choreographed scenarios based on a variety of sources including several popular films (among them, *Whatever Happened to Baby Jane?*) but also drawing their inspiration from imagined episodes from true stories. In such visual and performative extravaganza, Sullivan foregrounds the questions regarding the performer's identity and the character's emotional memory, codified forms of expression and "the body's capacity for signification". The economies (as systems of theatrical components, able to generate emotional currency or investment on the part of an audience) are reduced in *Little Hunt* to an uncanny dance performance – a truly absurd *danse macabre* set on a Los Angeles tennis court, amongst a bizarre collection of props from a dramatic production of Victor Hugo's *Les Misérables*. Oscillating between contemporary dance movements and ballroom dancing in its oneiric scenery of an artificial setting, the video is yet another radical attempt at confronting cinematic and theatrical codes with the theatre of everyday life.

Using sophisticated cinematic vocabulary, Stan Douglas generates emotionally intense situations that integrate the psychology of the subjects with the social, political and historical fabric they deal with. Although in a majority of cases there is a clear reference at the foundation of each work, very often a strange feeling of being located at the threshold of

die Erfahrung des Zuschauers gleicht einer Mise-en-cadre einer traumartigen oder zwielichtigen Situation. Indem sie Stile und Konventionen nachahmt und folglich parodiert und deren Bedeutung und Rahmen verändert, schenkt Douglas' Arbeit den Darstellungsweisen an sich besondere Aufmerksamkeit. In diesem Sinne ist sein Werk der Ort eines Diskurses über einen faszinierenden, aber fehlenden Plot und eine Plattform, auf der die Abhandlung (verlorener) Bedeutung dazu herangezogen wird, sowohl die Erwartungen und die Wahrnehmung des Zuschauers herauszufordern als auch durch Verschmelzung des Lokalen und Globalen historische und politische Kontexte endlos nachzuprüfen, die in der Landschaft der modernen Gesellschaft ununterbrochen aktualisiert werden. Obwohl immer eine sorgfältige Studie dramatischer Situationen und Handlungen, bleibt Douglas' filmische und fotografische Arbeit an der Grenze zu einer höchst theatralischen Künstlichkeit und der cinematischen Illusion des Realen. Sein Film *Journey into Fear* (2001), der auf zwei Spielfilmen mit demselben Titel beruht – Norman Fosters Weltkriegs-Thriller aus dem Jahr 1942 und Daniel Manns in Vancouver gedrehtem Remake aus dem Jahr 1975 – ist eine veritable Tour de Force des Antispektakels. Der Zweite Weltkrieg und die Ölkrise 1973 als die zwei Hauptereignisse hinter den Vorlagen werden im neuen Film des Künstlers als eine Oberfläche zusammengefasst, auf die dann der Übergang vom Internationalismus auf den Globalismus projiziert wird. In Szene gesetzt wird dies in Form eines antagonistischen, intensiv psychologischen und in einer äußerst theatralischen Atmosphäre geführten Schlagabtausches zwischen einer Frau und einem Mann in einem zyklischen und ständig mutierenden Loop. Ort der Handlung ist ein Containerschiff, das sowohl als Bühne fungiert als auch als Metapher für den oben erwähnten Übergang von einer Welt, in der die Machtverhältnisse von der Politik geprägt werden, auf eine Welt, die von den Finanzmärkten regiert wird. Douglas' Verwendung einer computermanipulierten und -kontrollierten Auswahl von Dialogmöglichkeiten, die durch einen Abmischungsprozess miteinander verknüpft werden, verwandelt einen Dialog in einen unaufhörlich veränderten Schlagabtausch von einer Länge von fast 157 Stunden Film.

In fast allen fotografischen und filmischen Arbeiten von **Hubbard/Birchler** erscheint das Kino als eine einzigartige und unheimliche Konstruktion von Anschein und Illusion. Mit der verstörenden Langsamkeit einer wandernden Kamera beziehen sich ihre filmischen Erzählungen auf den überzeugenden Illusionismus von Dioramen und anderen wundersamen alten Mechanismen des Sehens. Um das unvergessliche Gefühl von Unwirklichkeit zu

the "realm of fantasy" operates where the viewer's experience is a mise-en-cadre of a dream-like or twilight situation. Imitating styles and conventions, and consequently mimicking them and altering their meaning and frame, Douglas' work pays particular attention to the means of representation. As such his oeuvre as a discursive site of an intriguing but… missing plot and a platform of negotiating the (lost) meaning is engaged in challenging the viewer's expectations and perception as well as, by merging local and global, endlessly re-examining historical and political contexts, constantly rendered anew in an updated landscape of modern society. Always being a thorough study of dramatic situations and actions, Douglas' filmic and photographic work remains on the edge of highly theatrical artificiality and the cinematic illusion of the real. His film *Journey into Fear* (2001), based on two feature films of the same title: Norman Foster's 1942 war-time thriller and its remake, shot in Vancouver in 1975 and directed by Daniel Mann, is a true tour-de-force anti-spectacle. The Second World War and the 1973 oil crisis as the two major events behind the prototype versions are put together in the artist's new film as a screen to project the passage from internationalism to globalism, here performed in an antagonistic and intensely psychological exchange of strongly theatrical ambience between a woman and man in a cyclical, ever mutating loop. The action takes place on a container ship, functioning as a stage and a metaphor of the aforementioned transition from a world where power is shaped by politics to world which is governed by finance. Douglas' use of a computer manipulated and controlled set of dialogue possibilities linked through the application of a dubbing process turns an interaction into a continuously mutated exchange of a nearly 157-hour movie.

In almost all photographic and cinematic works by Hubbard/Birchler, cinema appears as a unique and uncanny construction of appearances and illusion. Rendered with unsettling slowness by a travelling camera, their cinematic narratives make reference to the persuasive illusionism of dioramas and other ancient miraculous mechanisms of vision. To achieve the unforgettable sense of unreality, the artists manipulate the perception of space by constructing

erlangen, manipulieren die KünstlerInnen die Raumwahrnehmung, indem sie einen Schauplatz wie eine Skulptur konstruieren, der dann von der sich beunruhigend bewegenden Kamera von allen Seiten gefilmt wird. Diese Bewegungen betonen die Künstlichkeit einer Umgebung (Eindruck eines Stilllebens) und ein starkes Gefühl von inszenierten Situationen und Mise-en-Scène (Theatralik des Wachsfigurenkabinetts). Eine derartige Behandlung des Raumes ist nur einer der Aspekte im Brechtschen Prozess vorsätzlicher Demaskierung filmischer Illusion. Die allgegenwärtige Dichotomie von innen/außen, wie sie in diesem bestimmten Raum cinematischer Architektur reflektiert wird, klingt auf der mentalen Ebene der menschlichen Psyche an und wird erforscht: All die Geschichten, deren Zeuge der Zuschauer wird, finden, an der Kippe zwischen Vertrautheit und Unkenntlichkeit, tatsächlich als Projektionen von Träumen, Begierden und Erwartungen in der Psyche der Figuren statt. Folglich durchdringt diese Werke eine Atmosphäre der Verfremdung und Entrücktheit, zwischen einem schlafwandlerischen Impetus und dem Zustand des Erwachens, gekennzeichnet von der fragilen Spannung des unaufgeklärten Geheimnisses einer schon immer gebrochenen und unterbrochenen Erzählung. *House with Pool* (2003) erzählt so eine Geschichte, komponiert aus flüchtigen und losgelösten Augenblicken, aufgefüllt mit faszinierenden narrativen Lücken, offen für die Vorstellungskraft des Zuschauers und für Fantasien, die daran arbeiten der Story eine mögliche Bedeutung zu geben. Im modernistischen Haus der Fünfzigerjahre spielend, ist *House with Pool* ein Suspense-Movie, in dem sich Alfred Hitchcock und Alain Resnais in den Labyrinthen des Geheimnisses und des Rätsels begegnen. Das ist die Bühne, auf der die aufgewühlte Subjektivität konstruiert und aufgeführt wird: im halbbewussten Prozess der Identitätssuche, zwischen den verschwommenen Bildschirmen der Erinnerungen, vergangenen Ereignissen von längst vergessener Bedeutung und den schattenhaften Figuren eines multiplen Selbst.

Unheimlicher Realismus ist eine der charakteristischsten Eigenschaften von **Aernout Miks** Multi-Screen-Videoinstallationen, die sehr oft mit dem vorhandenen Galerieraum und dessen eigener architektonischen Struktur und Mise-en-Scène interagieren. Fast nicht vorhandene Erzählungen, immer an der kaum sichtbaren Grenze zwischen Schlafen und Wachen wiedergegeben, über Gruppen von Menschen, deren obsessiv ausgeübte Alltagsaktivitäten durch recht irritierende langsame Kamerabewegungen in enigmatische Riten von universeller Bedeutung verwandelt werden. Ein Gefühl von Zeitlosigkeit und Aufhebung schwebt über diesem Ballett dekonstruierten Alltags, in dem Performativität

a location set like a sculpture, filmed from all around by the camera's disquieting movements, which emphasize the artificiality of an environment (impression of a still-life) and strong sense of staged situations and mise-en-scène (theatrics of the wax museum). Such treatment of a space is only one of the aspects in the Brechtian process of intentional unmasking of the filmic illusion. The omnipresent dichotomy of inside/outside, as reflected in this specific space of cinematic architecture is echoed and explored on the mental level of the human psyche: all the stories that the spectator witnesses are actually taking place in the mind set of the characters, as projections of dreams, desires and expectations, on the edge of being familiar and non-recognizable. As a result, the atmosphere of the works is one of estrangement and reverie, between the somnambulant drive and state of awakening, marked by a fragile tension of an unresolved mystery due to broken and disconnected narrative. *House with Pool* (2003) tells such a story composed of fleeting and detached moments, filled with intriguing narrative voids, open to the viewer's imagination and fantasies in the process of completing a possible storyline. Set in a 1950's modernist house, *House with Pool* is a suspense movie where Alfred Hitchcock meets Alain Resnais in the labyrinths of mystery and puzzle. This is the stage on which the troubled subjectivity is constructed and performed: in a semi-conscious process of searching for identity, between the blurred screens of memories, past events of forgotten significance and shadowy figures of multiplied self.

Uncanny realism is one of the most characteristic features of **Aernout Mik's** multi-screen video installations that very often interact with the existing gallery space's own architectural structure and mise-enscène. Almost absent narratives, always rendered somewhere on the slightly visible border between sleeping and waking, involve groups of people obsessively engaged in common activities that are turned through irritatingly slow camera movements into enigmatic rites of universal importance. A sense of timelessness and suspense hovers around this ballet of deconstructed routine where performativity and meticulous staging create a framework for uneasy

und akribische Inszenierung einen Rahmen für ständig unbehagliches und fast absurdes menschliches Verhalten und Agieren
schaffen. In seiner auf vier Bildschirmen laufenden Videoinstallation *Parallel Corner* (2003) rätseln Zuschauer über ein unbe-
kanntes (vermutlich politisches) wirkliches Ereignis, das extremes
Medieninteresse erregt. Dieses wird fiktiven Szenen gegenübergestellt, in denen Kinder in verlassenen und verwahrlosten
Hinterhöfen die Welt der Erwachsenen imitieren. Die Details des
eigentlichen Ereignisses werden nie enthüllt: die Zuschauer
bleiben allein mit der Aura seiner großen Bedeutung sowie seiner
Pseudoversion in Form einer Straßenperformance.

In **Mark Lewis'** Werk, das sich schon immer mit einer Kritik des
Kinos und einer nochmaligen Prüfung cinematischer Klischees
und Konventionen beschäftigt hat, herrscht eine ganz ähnliche
Atmosphäre der Erwartung und Vorahnung. In *Brass Rail* (2003),
einem seiner neueren Filme, werden wir auch Zeugen eines
Augenblicks kurz vor Beginn (oder kurz nach Ende…) einer
Performance, während sich die „Schauspieler" fertig machen und
auf die Ankunft des ersten Kunden/Zuschauers des Schauspiels
und der Unterhaltung warten. Durch die kaum merklichen
Bewegungen einer wandernden Kamera und eine Atmosphäre
gedämpften Lichts wird der (fast) leere Raum eines Nachtclubs
in einen schlafwandlerischen Zustand versetzt. Eine computer-
gesteuerte Kamera, kombiniert mit einem beweglichen Spiegel,
erzeugt eine ungewöhnliche optische Illusion, die mit perzeptuellen Gewohnheiten und Erwartungen spielt: Der Raum scheint
sich auszudehnen und zusammenzuziehen, wie im grenzenlosen
multidimensionalen Universum eines Kaleidoskops wird er ein
Raum der Träumerei. Der Film besteht an sich aus einer einzigen
ungeschnittenen Sequenz: ein fast eingefrorenes Bild eines Film-
sets, ein hypnotisches Stillleben, das durch seine verblüffenden
malerischen Eigenschaften und sein Thema an Manets *Bar in
den Folies-Bergères* anklingt, einer bis ans äußerste gehenden
Artikulation von sowohl Verführung und Konsum als auch einer
Politik des Blickes.

Entstanden aus einem „neurotischen Hass auf das Kino", oszillieren **Rodney Grahams** Performances, Videoinstallationen und
Filme zwischen Halluzination und Wirklichkeit, Kunst und Leben.
In der Schwebe dieser traumartigen Welt, stellen sie eine faszinierende Reise (nach innen) sowohl durch fiktionale Welten als
auch ein verblüffend ergiebiges Reich von Querverweisen dar,
beginnend mit Lewis Carroll und Sigmund Freud bis hin zu Kurt
Cobain und Syd Barrett. Bewusstlosigkeit, durch was auch immer
hervorgerufen, sei es nun Schlaf, Traum oder Drogenkonsum,

and almost absurd human behaviour and acting.
In the four-screen video installation *Parallel Corner*
(2003), the viewer is puzzled by an unknown but real
(presumably political) event of extreme mass media
attention, juxtaposed by the fictive scenes acted out
in the abandoned messy courtyards by kids imitating
the world of adults. Details of the actual event will
never be revealed: the viewer is left with the aura of
its major significance as well as with the would-be
version of it in the form of a street performance.

A quite similar atmosphere of expectation and anticipation is present in **Mark Lewis'** work, which has
always been engaged in a critique of cinema and a
reconsideration of cinematic clichés and conventions.
In one of his recent films, *Brass Rail* (2003), we too
witness a moment right before (or after…) the performance is delivered, while the "actors" are getting
ready for the first customer/viewer to arrive for a
spectacle and entertainment. The (almost) empty
space of a night club is drawn into a somnambulistic
state through hardly noticeable movements of a
travelling camera and an ambience of dimmed light.
A computer-controlled camera combined with a
moving mirror create an unusual optical illusion which
plays with perceptual habits and expectations: the
space seems to expand and contract, as in the limit-
less multidimensional universe of a kaleidoscope, it
becomes a space of reverie. As such, the film consists
of a single uncut sequence: an almost frozen image of
a location set, a hypnotic still life, which through its
stunning painterly quality and subject matter makes
reference to Manet's *Bar at the Folies-Bergères* – an
utmost articulation of both seduction and consumer-
ism, as well as a politics of gaze.

Born of a "neurotic hatred for cinema", **Rodney
Graham's** performances, video installations and films
oscillate between reality and hallucination, art and life.
Suspended as such in a dream-like world, they offer
a fascinating journey (inwards) through both fiction
and an amazingly rich realm of references ranging
from Lewis Carroll and Sigmund Freud to Kurt Cobain
and Syd Barrett. Lack of consciousness, caused by
various reasons, including sleeping, dreaming and
drug consumption, seems to be the artist's favorite

scheint für den Künstler als Handlungsmotiv und Triebfeder hinter der Mehrheit seiner Werke der Lieblingszustand der menschlichen Psyche zu sein, und *Halcion Sleep* (1994) ist wohl das beste Beispiel. Dieser 26-minütige Video-Loop ist ein wahrhaft oneiroides Selbstportrait: Es zeigt einen Künstler im Pyjama, der auf der Ladefläche eines Lieferwagens schläft, nachdem er die doppelte Dosis eines Schlafmittels eingenommen hat, das er wegen der angenehmen Gedanken an die Vergangenheit, die dessen Name hervorgerufen hat, gewählt hatte – jenem des sagenhaften Vogels (Halkyon), der sein Nest im Meer baute. Als typisches Beispiel für eine Subjektivität *under construction* ist das schlafende Selbst des Künstlers von einer Reihe von „Leinwanderinnerungen" umgeben: sowohl persönlichen Kindheitsmodellen und frühen Erinnerungen an Augenblicke zwischen Wachen und Schlaf auf dem Heimweg von einem Familienausflug als auch Traumprojektionen von Bildern aus der gegenwärtigen urbanen Umgebung des Künstlers. Laut Graham ist *Halcion Sleep* ein ironischer Kommentar auf die romantische Idee des Künstlers, der nie aufhört zu arbeiten – auch im Traum nicht, der hier als der intensivste kreative Prozess erscheint.

In ihrer Kombination eines Live-Performance-Elements mit einem Film oder einer Videoaufzeichnung hat **Joan Jonas'** Arbeit schon immer die körperliche Anwesenheit eines Künstlers als Performer betont – in den meisten Fällen als skulpturales Material. Insofern ist Jonas' Arbeit – beginnend mit den frühen Installationen der *Mirror Pieces* und den Video-Performances von *Organic Honey,* wo die weibliche Maskerade und ein Schauspiel der Verführung in einer Vielfalt von Vision, Wahrnehmung und Bedeutung ausgespielt wird, über den *Juniper Tree* als Neubetrachtung eines alten Märchens und weiterer Versuch die Rolle der Frauen zu definieren, bis zu *Volcano Saga,* einer einzigartigen Synthese einer Frauenfigur – eine Erforschung des Selbst, eine Neuartikulierung der Subjektivität innerhalb des Bereiches des Performativen an der Kreuzung eines extrem reichhaltigen Korpus an Referenzen. Auf der isländischen *Laxdeala Saga* aus dem 13. Jahrhundert beruhend, ist *Volcano Saga* (1989) eine narrative Träumerei, die einen mittelalterlichen Mythos einer jungen Frau nacherzählt, deren Träume die Zukunft voraussagen. Unter Anwendung digitaler Effekte, welche die Schauplätze zwischen den traumartigen isländischen Landschaften und den Studio-Sets hin und her verschieben, und indem sie private Geschichten mit der fantasievollen Story einer Legende vermengt, erzeugt Jonas einen höchst illusionären Raum: eine ritualistische Traumlandschaft der Fantasien und Begierden der Protagonistin. In den letzten Jahren hat die Künstlerin ihre Produktion von Illusion auch unabhängig

condition of the human psyche and is the acting motif and drive behind the majority of his works, the best example being *Halcion Sleep* (1994). This 26-minute video loop is a truly oneiric self-portrait: it features an artist in his pyjamas, sleeping in the back of a van, after ingesting a double dose of a sedative/hypnotic chosen for the pleasant thoughts of the past evoked by its name – that of the bird of legend (halcyon) who builds her nest in the sea. As a typical case of subjectivity under construction, the sleeping self of an artist is surrounded by a set of "screen memories": personal childhood models and early recollections of moments between waking and sleep on the way home from another family road-trip as well as dream-projections of images from the artist's current urban environment. According to Graham, *Halcion Sleep* is an ironic commentary on the romantic idea of an artist who never stops working even during a dream which appears as the most intense creative process.

Combining a live performance element and a film or video record, **Joan Jonas'** work has always emphasised the physical presence of the artist as performer – in the majority of cases used as sculptural material. As such, from early installations of *Mirror Pieces* and video performances of *Organic Honey* where the female masquerade and a spectacle of seduction are played out in a multiplicity of vision, perception and meaning, through the *Juniper Tree* as a reconsideration of an old fairy tale as still another attempt at defining a role women play, down to *Volcano Saga* – a unique synthesis of a female character, Jonas' oeuvre has been an exploration of the self, a re-articulation of subjectivity within the area of the performative on the crossways of an extremely rich body of references. Based on the 13th century Icelandic *Laxdeala Saga, Volcano Saga* (1989) is a narrative reverie which retells a medieval myth about a young woman whose dreams foretell the future. Applying digital effects, shifting the locations between oneiric Icelandic landscapes and studio sets, mixing private stories with the imaginative narrative of a tale, Jonas creates a highly illusionary space: a ritualistic dreamscape of the main character's fantasies and desires. In recent years, the artist's production of illusion has also continued without dependence on her physical

von ihrer körperlichen Live-Präsenz fortgesetzt: drei Teile der Serie *My New Theatre* (1997–99) untersuchen den Begriff des Zuschauens in einer ständigen Oszillation der cinematischen und theatralischen Elemente, wie etwa mit einem tragbaren Miniaturkino/Miniaturvideotheater. *My New Theatre III: In the Shadow a Shadow* (1999) konzentriert sich auf den eigentlichen Akt der Performance und mischt in einem Ausbruch persönlicher und intimer Erfahrung Tanz, Zeichnen und Musik. Dergestalt wird eine winzige Bühne bestehend aus einer hölzernen Struktur mit einer Minileinwand projizierter Fantasien (ein Pastiche von sowohl theatralischem als auch cinematischem Raum, wie Chrissie Iles feststellt) ein weiterer Bestimmungsort in Jonas' Prozess der Internalisierung – ein aktiver Teil eines Diskurses über Weiblichkeit und eine Konstruktion des Raumes in einem Spannungsverhältnis und fließendem Zusammenspiel zwischen Interiorität und Exteriorität.

Authentizität menschlichen Verhaltens, verborgene Gefilde der Identitätskonstruktion und die Körperlichkeit unserer Subjektivität – das sind **Katarzyna Kozyras** Forschungsbereiche, immer am schmalen Grat zwischen inszenierten (oder rekonstruierten und nachgespielten) Ereignissen und extrem natürlichen und nicht mediatisierten Situationen mit einem verstärkten Maß an unkontrollierter Spontaneität. In ihren Multi-Screen-Videoinstallationen stellt der Körper und seine physische und kulturelle Stofflichkeit den elementarsten Aspekt einer Grammatik der Identität dar. Tanz und Theater (aber auch alle anderen Genre-Nuancen der darstellenden Künste) sind die inspirierendsten Umgebungen für diese Arbeit, die einerseits so tief versunken ist in einem intertextuellen kunsthistorischen Wald der Zeichen und Formen, anderseits im intersubjektiven und polyfonen Mikrokosmos der eigenen Privatmythologie der Künstlerin. Kozyras neueste Videoinstallation *In Art Dreams Come True* (2004) untersucht zwei scheinbar völlig unterschiedliche Bereiche: die Berliner Drag-Queen-Szene und die Welt der Oper. Im Projekt der Künstlerin (und als echte Äußerung eines traumartigen Wunsches) ergänzen sich diese beiden Welten mit ihrem allgegenwärtigen Glamour und ihrer gemeinsamen starken Wertlegung auf hoch entwickelter Kunstfertigkeit, Theatralik und Spektakel. Eine Videoinstallation von labyrinthischer Struktur, komponiert aus intimen theatralischen Teilen zeichnet einen Prozess der Metamorphose und Mutation auf: asssistiert von der bekannten Drag Queen Gloria Viagra passt sich die Künstlerin allen Ritualen in Glorias Leben an (einschließlich Kleidung, Make-up und einer Choreografie), während sie gleichzeitig Operngesangsstunden nimmt, die zu ihrer eigenen Gala-Performance einer Arie aus Mozarts *Hochzeit des Figaro* führen. Von Manets *Olympia* über ihr Auftreten

presence: three pieces from a series *My New Theatre* (1997–99) investigate the notions of spectatorship in a constant oscillation between cinematic and theatrical elements as revealed in a miniature portable cinema/video theatre. *My New Theatre III: In the Shadow a Shadow* (1999) concentrates on the very act of performing, mixing dance, drawing and music in an outburst of personal and intimate experience. As such, a tiny stage of wooden structure with a miniature screen of projected fantasies (a pastiche on both theatrical and cinematic space, as Chrissie Iles observes) becomes just another destination of Jonas' process of internalisation – an active part of a discourse on femininity and a construction of space in a exciting and fluent interplay between interiority and exteriority.

Authenticity of human behaviour, hidden corners of identity construction and the physicality of our subjectivity – these are the areas of **Katarzyna Kozyra's** research, always located on the sharp edge between the staged (or reconstructed and acted) events and extremely natural and non-mediated situations with an enhanced degree of uncontrolled spontaneity. In her multi-screen video installations, body and its physical and cultural fabric constitute the most elemental aspect of identity's grammar. Dance and theatre (as well as all other genre nuances of performing arts) are the most inspiring environments for this work, so strongly immersed in both an inter-textual, art historical forest of signs and forms as well as the inter-subjective, polyphonic microcosm of the artist's private mythology. Kozyra's most recent video installation, *In Art Dreams Come True* (2004) investigates two seemingly disparate realms: the Berlin drag-queen scene and the world of opera singing. As such, in the artist's project (a real articulation of a dream-like wish), these two worlds become complementary in their omnipresence of glamour as well as their strong emphasis on advanced artifice, high drama and spectacle. A video installation of labyrinthian structure composed of intimate theatrical compartments records a process of metamorphosis and mutation: assisted by the well-known drag-queen Gloria Viagra, the artist adapts all rituals of Gloria's life (including clothing, make-up, and a choreography), while simultaneously taking lessons in operatic singing that lead

als Mann in *Badehaus* bis hin zur Diva, Opernsängerin und glamourösem Vamp: Kozyras Maskerade geht weiter als ein weiteres Kapitel (oder eine weitere Bühne) ihrer eigenen Träume und Sehnsüchte. „Ich weiß nicht mehr, was ich bin und was ich tue", die erste Zeile von Cherubinos Arie dient als Motto zu dieser einzigartigen Erkundung der Performativität ausgedrückt durch ein Transgendering der Subjektivität.

Fabienne Audéouds höchst ironischer Akt der Rückkehr zur Performance durch Konzentration auf eben jene Variablen des Performativen selbst, stellt ihre Arbeit in eine Reihe mit einer kleinen Gruppe von KünstlerInnen mit einer nicht unbeträchtlichen Distanz gegenüber ihrer künstlerischen Praxis und ihren Themen. Audéoud konzentriert sich auf Scheitern, Unzufriedenheit, kleine künstlerische Katastrophen und all jene Dramen, die sich auf den Bühnen der Oper, des Theaters und des Kinos ereignen: eine Diva, die auf der Bühne ein tragisches Ende erleidet; unfähig eine glamouröse Performance abzuliefern, versucht sie ihren Selbstmord in ihren denkwürdigsten künstlerischen Akt zu verwandeln. Oder eine bedauernswürdige Pianistin, die bei der Wiederholung einer Aufführung, für die sie einmal üben musste, tatsächlich „verlernt", wie man dieses Musikinstrument spielt. Ihre gemeinsame Arbeit mit **John Russel**, eine Dreikanal-Videoinstallation mit dem Titel *John Russell Kills Fabienne Audéoud in the Style of William Burroughs* (2001), ist eine Neuinszenierung einer fast ikonischen Episode aus dem Leben eines berühmten und legendären Schriftstellers, des Autors des von Drogen inspirierten Romans *Naked Lunch*, der während einer seiner halluzinatorischen Sitzungen seine Frau erschoss. In ihrer Verschmelzung des Privaten und des Öffentlichen unterzieht Audéouds und Russells Video ein mythologisch überhöhtes Ereignis in einem kühnen Akt erhöhter Künstlichkeit, bei dem sich das Irreale mit der Absurdität menschlichen Verhaltens deckt, einer Neubetrachtung.

Den gemeinsamen Arbeiten von **Janet Cardiff** und **George Bures Miller** liegt ein Versuch zugrunde, die intimsten Teile der menschlichen Psyche und die sensibelsten Bereiche der menschlichen Wahrnehmungsfähigkeiten zu erreichen und zu erforschen. Komplexe Strukturen, welche die miniaturisierte modellartige Architektur mit dem Audio und den Videoprojektionen vereinigen, sind Baustellen, auf denen die Poetik der Illusion studiert wird und der Zuschauer einem Kunstwerk theatralischer und cinematischer Erfahrung ausgesetzt wird. In einem derartigen Reich des Manipulativen ersetzt die fantasievolle und traumartige Wirklichkeit der Tagträume und Begierden des Zuschauers die physikalische Umgebung des Alltags und bietet die Konventionen des Kinos

up to her own gala performance of an aria from Mozart's *The Marriage of Figaro*. From Manet's *Olympia* through *Bathhaus*'s male impersonations to a diva, opera singer and glamorous vamp: Kozyra's masquerade continues as still another chapter (or a stage) of her own dreams and desires. "I no longer know what I am or what I am doing", the first line of Cherubino's aria serves as a motto for this unique exploration of performativity as expressed in a transgendering of subjectivity.

Fabienne Audéoud's highly ironic act of revisiting performance through focusing on the very variables of the performative itself places her work in a small group of artists with a significant distance towards their artistic practice and the subject-matter. Audéoud focuses on failure, dissatisfaction, little artistic disasters and all those dramas that occur on the operatic, theatrical or cinematic stage: a diva who suffers a tragic end on the stage, unable to deliver a glamorous performance and trying to turn her suicide into her most memorable artistic act; or a miserable piano player who by repeating a theatre exercise she was once asked to practise, actually "un-learns" how to play this musical instrument. Her collaborative work with John Russell, a three-channel video installation entitled *John Russell Kills Fabienne Audéoud in the Style of William Burroughs* (2001), is a re-staging of an almost iconic episode from the life of a famous writer, legendary author of the drug-inspired novel *Naked Lunch* who shot his wife during one of his hallucinatory sessions. Merging private and public, Audéoud/Russell's video reconsiders a mythologized event in a bold act of heightened artificiality where the unreal corresponds to the absurdity of human behaviour.

An attempt to reach and explore the most intimate parts of the human psyche and the most sensitive areas of human perceptive agencies lies at the foundation of collaborative works by Janet Cardiff and George Bures Miller. Complex structures that combine the miniature, model-like architecture with the audio and video projections are construction sites where the poetics of illusion is studied and the viewer is exposed to an artifice of theatrical and cinematic experience.

und des Theaters als Rahmen und Vehikel an; einerseits zur Untersuchung der Möglichkeiten und Grenzen der Subjektivität, andererseits zur Inszenierung des komplizierten Spiels zwischen den Erwartungen des Zuschauers von einem Schauspiel im Labyrinth der Wahrnehmung und des Glaubens. Cardiff/Millers *Muriel Lake Incident* (1999) ist so ein wundertätiges Vehikel, das den Zuschauer auf eine Reise in alternative illusionäre Landschaften mitnimmt, wo das Reale am Rande des Zusammenbruchs nur als vage und verblasste Erinnerung an eingeschränkte Erfahrung zurückbleibt. Als Miniatur eines Theaterbaus verwandelt das skulpturale Objekt von *Muriel Lake Incident* den Zuschauer in einen riesenhaften Teilnehmer an einem darin dargebotenen und auf eine Leinwand (ein Film-noir-Set im Mittelwesten) projizierten Schauspiel, das durch Kopfhörer mit hyperrealen Geräuschen „einer Person neben Ihnen" im auditiven Raum des Theaters ausgeweitet wird. Raumwahrnehmung und das Gefühl für Größenverhältnisse verschwimmen durch die gegenübergestellten Wirklichkeiten eines Films, der ungewöhnlichen Umgebung und des theatralischen Schauplatzes, was folglich einen extremen Schwindel der Sinne voller Kindheitserinnerungen und voyeuristischer Erfahrung erzeugt.

Alle Videoarbeiten von **Judy Radul** sind in diesem unklaren, aber faszinierenden Übergangsbereich zwischen Theater und Kino angesiedelt, wo Konventionen verhandelt und formale Mittel der Umsetzung angewandt werden. Die Künstlerin, die aus der Performancekunst kommt, untersucht eine Vielzahl von Situationen und Elementen, die für die Bühne und die Hinterbühne typisch sind; insbesondere Inszenierung, Vorsprechen, Proben, Konstruktion der Figur und alle anderen „Spannungsmomente" vor und nach der eigentlichen Performance. Dabei gibt sie die Story auf eine ungeschnittene, fast schon dokumentarische Weise wieder, am Rand filmischen Experiments und hochentwickelter Performativität. So wird ihre Arbeit eine Analyse der Subjektivität, in der Alltagsverhalten als Performance wahrgenommen wird und der öffentliche Raum als eine theatralische Umgebung für die Selbstzurschaustellung fungiert. *And So Departed (Again)* (2003) ist eine sorgfältige Studie einer komplexen Beziehung zwischen Schauspieler und Regisseur: von der Intimität des Kontakts zu den vielschichtigen Abhängigkeiten des Körpers des Schauspielers gegenüber der Bedeutungskonstruktion durch den Regisseur und auch des Schauspielers/der Schauspielerin selbst gegenüber der Figur. In dieser Dreikanal-Videoinstallation (Master Shot, Halbnahe und Nahaufnahme) enthüllt Radul die Windungen des Illusionsmechanismus, indem sie fünf Regisseuren mit jeweils verschiedenen methodischen Ansätzen nachspürt, die mit dem-

In such a manipulative realm, the imaginative dreamlike reality of the viewer's fantasies and desires replaces the physical surroundings of everyday life and offers the conventions of cinema and theatre as a frame to investigate the potentialities and limitations of subjectivity and to enact the intricate play between the viewer's expectations of spectacle in the labyrinth of perception and belief. Cardiff/Miller's *Muriel Lake Incident* (1999) is one such miraculous vehicle that takes the viewer on a journey into alternative illusionary landscapes where reality on the verge of collapse remains only as a vague and faded memory of restricted experience. As a miniature of a theatre house, the sculptural object of *Muriel Lake Incident* turns the viewer into a giant participant in a drama played inside and projected on a screen (a film noir set in the Midwest) and expanded in the aural space of the theatre through a set of headphones with hyper-real sounds of a "person next to you". The perception of space and a sense of scale are blurred through the juxtaposed realities of a film and the unusual surrounding and theatrical setting, thus generating an extreme sensual vertigo of childhood memories and voyeuristic experience.

All video works by Judy Radul occupy this unclear but fascinating area in-between the theatre and the cinema where conventions are being negotiated and formal means of execution are applied. The artist, whose background is in performance art, investigates a variety of situations and elements typical of the theatre and its backstage, especially staging, auditioning, rehearsing, constructing the character and all other "tensions" of the moments before and after the performance occurs, always rendering the storyline in an uncut, almost documentary way, on the edge of cinematic experiment and advanced performativity. As such her work becomes an analysis of subjectivity where everyday behaviour is perceived as a performance and public space is a theatrical environment of self-exposure. *And So Departed (Again)* (2003) is a thorough study of a complex relationship between the actor and the director: from the intimacy of simple contact to multi-layered dependencies of the actor's body and the director's construction of meaning as well as the actor himself/herself with regard to the

selben Schauspieler auf demselben Schauplatz eine Sterbeszene proben. Drei stationäre Kameras zeichnen den Prozess der Konstruktion einer Rolle auf, der darauf basiert, die Performance des Todes innerhalb der theatralischen Codes, die Kummer, Trauer, Paranoia, Begehren und Heiterkeit bezeichnen, auszuarbeiten und zu rahmen. Für Radul ist die Probe als Übergang zwischen Alltagsleben und Performance ein Augenblick von extremer Bedeutung: Bei der Betrachtung der Probe wird ein Zuschauer als Entscheidungsträger in die Performance eingebunden, während er Zeuge aller Aspekte des Inszenierungsprozesses wird: das Ringen des Schauspielers mit der „Figur", Scheitern und Erfolg, Zufall und Authentizität verflochten mit der psychologischen Wahrheit des inszenierten Selbst.

Die Untersuchung der Mechanismen eines Schauspiels ist eines der Kernelemente in jeder Arbeit von **Tony Oursler**. Seine Installationen kombinieren die Untersuchung einer alten Tradition der Naturmagie mit neuen Konzepten in der Physik und Psychologie, ausgeführt als Verschmelzung eines komplexen filmsprachlichen Vokabulars aus dem Cartoon und Animationsfilm und der faszinierenden Künstlichkeit ihrer Mise-en-Scène. Auf diese Weise wird die Subjektivität untersucht und auf einer fast unwirklichen theatralischen Bühne, beherrscht von grotesken Puppen bizarrer menschlicher Wesen, Außerirdischen und Freaks und personifizierten menschlichen Organen und sprechenden Körperteilen, zur Schau gestellt. Sie alle gehen höchst karnevalesken performativen Aktivitäten nach, bei denen Danse macabre, Commedia dell'Arte und filmisches Psychodrama miteinander verflochten werden und eine Erzählung voller Absurdität, Frustration und ironischer Sozialkritik, ein einzigartiges und fesselndes Szenario persönlicher und öffentlicher Erinnerungen ergibt. Es ist eine verzauberte Welt der Phantasmagorien, die plötzlich zerlegt wird, um die Konstruktion und Grammatik der Illusion als ein System von Enkodierung und Glauben zu enthüllen. Die Videoinstallation *Feature (Skin)* (2004) ist ein unheimliches Mosaik multipler Identitäten, die auf die fragmentierte Oberfläche einer würfelförmigen Konstruktion projiziert werden. Ein geisterhaftes menschliches Gesicht erscheint auf dem bruchstückhaften Bildschirm, höchst enigmatisch in seinem leuchtenden und durchscheinenden Anblick, wie ein Akteur eines anderen menschlichen Dramas oder eine Figur aus einem anderen Traum in diesem melancholischen Theater der Gespenster und Schatten.

character. In this three-channel video installation (master-, medium- and close-up shots), Radul unveils the meanders of the mechanism of illusion by tracing five directors with different methodologies who rehearse with the same actor, on the same set, in a death scene. Three stationary cameras record the process of constructing a role based upon elaborating and framing the performance of death within the theatrical codes that signify grief, mourning, paranoia, desire and serenity. For Radul, the rehearsal as a passage between everyday life and a performance is a moment of extreme importance: in watching the rehearsal the audience is brought into the performance on the level of decision making while witnessing all aspects of the staging process: the actor's struggle with the "character", failure and success, chance and authenticity intertwined with the psychological truth of the staged self.

Investigation of the mechanism of a spectacle is one of the main focal points of each work by **Tony Oursler**. His installations combine the inquiries of a long tradition of natural magic and new concepts in physics and psychology, executed in a complex cinematic language of cartoon and animation film together with the intriguing artificiality of mise-en-scène. As such, the subjectivity is examined and exposed on an almost unreal theatrical stage ruled by grotesque puppets of bizarre human beings, aliens and freaks as well as personified human organs and speaking parts. All of them are engaged in highly carnivalesque performative activities where danse macabre, commedia dell arte and cinematic psychodrama are intertwined in a narrative of absurdity, frustration and ironic social critique, a unique and captivating scenario of personal and public memories. It is a bewitched world of phantasmagoria, suddenly stripped down to reveal the construction and grammar of illusion as a system of coding and belief. The video installation *Feature (Skin)* (2004) is an uncanny mosaic of multiplied identity, as projected on a fragmented surface of cubic construction. A human, ghost-like face appears on the shattered screen, highly enigmatic in its luminous and translucent look, like an actor in another human drama, or a character of another dream in this melancholic theatre of spectres and shadows.

Barbara Blooms *The Diamond Lane* (1981) operiert als Versprechen einer Erzählung, die nie ganz kommt. In seiner Verwendung der verdichteten Sprache einer Ankündigung eines bald anlaufenden Spielfilms, scheint der Film ein Trailer zu sein. Der Film jedoch, auf den er sich bezieht, existiert nicht und war auch nie vorgesehen. Dergestalt spielt diese fünfminütige Story sowohl auf formaler als auch auf inhaltlicher Ebene mit dem Genreklischee und filmischen Konventionen. An verschiedenen Schauplätzen (Holland, Belgien und Frankreich) gedreht, hat er die „Atmosphäre" eines Thrillers und vermittelt den „Eindruck" von Suspense – jedoch von Suspense, der ganz anders und ohne Bezug auf klischierte Erscheinungsformen des Suspense vermittelt wird. Die Story ist eine fragmentarische Sammlung von Szenen und Ereignissen, die darauf abzielt, die kommende Geschichte logisch zu beschreiben… Als Ergebnis erinnert er uns an Erinnerungsbilder, wie sie für eine traumartige Struktur mit fehlenden Teilen und nichtlinearer Entwicklung typisch sind. Der Suspense wird mit dem Aspekt der Erwartung kombiniert: „Es ist so, als sähen wir alles unmittelbar vor oder unmittelbar nach all der Aufregung", erklärt die Künstlerin. Durch seine Vorführung in einem konventionellen Kino (Schubertkino Graz) mitten in einer Reihe von „authentischen" Trailern und Vorankündigungen verwirrt und täuscht er Zuschauergewohnheiten, aktiviert aber auch eine gewisse Aufmerksamkeit und lenkt unsere Wahrnehmung in konzeptionellere filmische Gefilde.

Für **Artur Żmijewski** sind Probe und Inszenierung die wahren Bereiche der Selbstbildung und des Experiments für Körper und Psyche, die an einer Reihe von Unzulänglichkeiten leiden. Der Künstler arbeitet oft mit Menschen mit Behinderungen und erfindet Szenarien, die hinsichtlich eines Ortes für „Andersartigkeit" Missverständnisse und Meinungsverschiedenheiten provozieren. Indem sie sich auf eine harsche Kritik sozialer Mechanismen, insbesondere des Umgangs mit den Begriffen der Norm und der Konvention, aber auch mit der kollektiven Erinnerung und der gebrochenen Erzählung der Tradition konzentriert, berührt Żmijewskis Arbeit die sublimen Territorien des Verbotenen und des Unmöglichen, wo eine dysfunktionale Struktur um ihrer eigenen Verbesserung willen gemeistert werden muss. Der Künstler ignoriert Fragen nach der Möglichkeit des Unmöglichen: sie werden in diesem gewaltigen Werk von höchst spiritueller Spannung als gegeben angenommen. Das Unmögliche wird immer übertroffen durch einen wahrhaft performativen Akt, der Gewohnheiten an die Notwendigkeit und Dringlichkeit eines bestimmten Augenblicks anpasst – entweder durch eine groteske Zusammensetzung der Körperteile oder die Verspieltheit

Barbara Bloom's *The Diamond Lane* (1981) functions like a promise of a narrative which never fully arrives. Using the condensed language of a feature film would-be announcement, it does have the appearance of a trailer – however, the film it refers to, was in fact never meant to exist. As such this 5-minute narrative plays with the genre cliché and cinematic conventions – on the level of both form as well as content. Shot in different location sets (Holland, Belgium and France), it has the "ambience" of a thriller with the "impression" of suspense – rendered however differently with no reference to the clichéd occurrences of suspense. The narrative is fragmented as a collection of scenes and events which aims at logically depicting the story about to come… As a result it reminds us of recollection-images typical of a dream-like structure with missing parts and non-linear development. The suspense is combined with an aspect of expectation: "It is as though we are seeing what happens just before or just after all the excitement", as the artist explains. Screened in a conventional cinema (Schubert Kino, Graz) in a sequence with a set of "authentic" trailers and announcements, it puzzles and tricks the spectator's habits, while activating an attentiveness and directing the perception towards more conceptual cinematic corners.

For Artur Żmijewski, rehearsing and staging are true areas of self-training and experiments for the body and psyche suffering from a variety of insufficiencies. The artist often works with disabled people, inventing scenarios that provoke misunderstanding and disagreement in regards to a place for "otherness". Concentrated on a harsh critique of social mechanisms, especially dealing with the notions of norms and conventions, but also collective memory and a broken narrative of tradition, Żmijewski's work touches upon the sublime territories of the forbidden and the impossible, where dysfunctional structure needs to be mastered for its own self-improvement. The artist ignores questions about the possibility of the impossible: they are taken for granted in this powerful work of highly spiritual tension. The impossible is always surpassed – through a truly performative act which adapts habits to the necessity and urgency of a particular moment and a situation either through a

eines Danse macabre. In seinem zweiteiligen Videoprojekt *Singing Lesson* (2001), das im Grazer Mausoleum gezeigt wird, probte der Künstler unter der Anleitung eines gelernten Dirigenten eine Kantate von Johann Sebastian Bach und ein Kyrie von Jan Maklakiewicz mit einem aus tauben Jugendlichen zusammengesetzten Chor und führte diese Stücke in Kirchen in Leipzig und Warschau auf. Diese „besondere" Gesangstunde ist in gewisser Weise eine einzigartige visuelle und tonale Tour de Force, in der die Theatralität der aktiv an einem Akt der stimmlichen Artikulation teilnehmenden Körpersprache mit der außergewöhnlichen Äußerung einer Stimmlosigkeit oder tonalen Leere kombiniert wird. Die Dramaturgie wird erhöht durch eine neue erzwungene Wiedergabe von Bachs Kantate *Herz und Mund und Tat und Leben*, die in Teil eins von Żmijewskis *Singing Lesson* dem polnischen Kyrie „An diesem heiligen Ort, an diesem heiligsten Ort, steigt unsere Stimme zu dir auf, braust auf wie die See aus tiefer Unendlichkeit. Oh, Christus, höre uns! Oh, Christus hör uns zu!" gegenübergestellt wird.

Sharon Lockharts konzeptuelle Untersuchung einer feinen Grenzlinie zwischen Fotografie und Kino betrifft in erster Linie Fragen der Zeit, der Abfolge und der Erzählung. Unter Betonung der wechselseitigen Abhängigkeit der beiden Medien verwendet die Künstlerin einerseits filmische Werkzeuge und Strategien (wie das fürs Filmemachen charakteristische Inszenieren von Szenen) in ihrer fotografischen Arbeit, andererseits berücksichtigt sie die fotografische Natur des bewegten Bildes bei der Arbeit an einem Film, indem sie einen fixierten Blickwinkel und Standbild verwendet, um flüchtige Augenblicke einer bestimmten Situation einzufangen. Darauf ausgerichtet in konventionellen Theatern, Opernhäusern oder Kinos gezeigt zu werden, beschäftigen sich Lockharts filmische Arbeiten in starkem Maße mit der Analyse der Bedingungen eines Bildes und seines Rahmens in seiner Beziehung zu den eigentlichen Eigenschaften der Aufmerksamkeit des Zuschauers und den Windungen zeitgenössischen Zuschauens. Im Turnsaal einer Mittelschule in Japans Suburbia gefilmt, reflektiert *Goshogaoka* (1997) Lockharts Interesse an Struktur und Rhythmus des Alltags als eine weitere Annäherung an eine Untersuchung der Grenzen der Wirklichkeit und deren Darstellung. Mit einer auf Platzhöhe fix montierten Kamera gedreht, fängt der Film eine faszinierende Choreografie (erarbeitet von Stephan Galloway vom Frankfurter Ballett) einer Mädchen-Basketballmannschaft beim Training ein, die in dramatischer Weise auf dem roten Teppich der Bühne und auf der Vorbühne abläuft. In einem subtilen Mix dokumentarischer und ästhetischer Werte, der Authentizität der Übungen und der Fiktion der Stilisie-

grotesque composition of body parts or the playfulness of a danse macabre. In his two-part video project, *Singing Lesson* (2001), displayed in the Grazer Mausoleum, the artist, under the supervision of a professional conductor, rehearsed and performed a cantata by Johann Sebastian Bach and a kyrie by Jan Maklakiewicz with a choir composed of deaf adolescents in churches in Leipzig and Warsaw. This "particular" singing lesson is – in a way – a unique visual and tonal tour-de-force where the theatricality of the body language actively participating in an act of voice articulation is combined with the exceptional utterance of no-voice or tonal void. The dramaturgy is heightened by a new forced rendering of Bach's cantata *Heart and mouth and act and life* juxtaposed in part I of Żmijewski's *Singing Lesson* with a Polish kyrie "In this holy place, in this holiest place, our voice rises to you and erupts as the sea roars from deep abyss. O, Christ, hear us! O, Christ listen to us!".

Sharon Lockhart's conceptual investigation of a fine and subtle line between photography and cinema concerns primarily the issues of time, sequence and narrative. Emphasising the interdependence of the two media, the artist is on the one hand using cinematic tools and strategies (such as the staging of scenes characteristic of filmmaking) for her photographic work, and on the other hand, the photographic nature of the moving image is being considered while working on a film which is often being made with the use of a fixed perspective and still frame to capture ephemeral moments of a given situation. Designed to be shown in conventional theatre, opera or cinema houses, Lockhart's filmic works are strongly engaged in analysing the condition of an image and its frame as it relates to the very quality of the viewer's attentiveness and the meanders of contemporary spectatorship. Filmed in a secondary school gymnasium in suburban Japan, *Goshogaoka* (1997) reflects Lockhart's interest in the structure and rhythm of daily routine, as still another approach at examining the limits of reality and its representation. Shot with a fixed camera at court level, the film pictures a fascinating choreography (elaborated by Stephan Galloway of the Frankfurter Ballet) of a training session of a girls' basketball team, set dramatically on the red-curtained stage and

rung und hochentwickelten Theatralität, arbeitet der Film mit einem Gefühl von Suspense und Verstörung und wird daher bei seiner Betrachtung zu einem konzeptuellen Experiment. Der Aspekt des Theatralischen ist in Lockharts Werk immer mit ethnografischen Fragen verknüpft: in gleichem Maße wie *Goshogaoka* ein soziales Gruppenportrait einer (neu überdachten) japanischen „Kultur der Konformität" ist, ist ihr nächster Film, *Teatro Amazonas* (1999), ein anthropologischer „Body of Evidence", gedreht im berühmten klassizistischen Opernhaus von Manaus (einem Emblem des Goldenen Zeitalters der Region Ende des 19. Jahrhunderts) und unter Mitwirkung einer sorgfältig ausgesuchten und mit Hilfe eines Anthropologen gecasteten Gruppe von 308 Einwohnern der Stadt in der Rolle des Publikums. *Teatro Amazonas* radikalisiert den Aspekt der Untersuchung des Zuschauens und Austestens der Zuschauererfahrung: der Film selbst besteht in seiner ganzen Länge und seinem ganzen Bilderangebot daraus, dass ein Publikum ein anderes „anstarrt". Das im Teatro Amazonas versammelte (oder besser dorthin „geladene") Publikum hört sich eine (unsichtbare) Minimal-Music-Performance an, ein Chorwerk der amerikanischen Minimal-Music-Komponistin Becky Allen, konzipiert als Klangatmosphäre, die sich stufenweise auflöst und sich langsam in der verstörenden Stille eines nicht vorhandenen Schauspiels einpendelt. Ein Gefühl von Leere kommt auf in diesem aufreibenden Schauspiel unerfüllter Illusion, Aufregung und aufgehobener Erwartung.

Was Träume uns über Inszenierung sagen können; was Inszenierung uns über Träume sagt – wiederholt Mieke Bal. Das menschliche Individuum setzt sich immer aus Träumen und Inszenierung zusammen, wo die Versuchung des Geschichtenerzählens einschließlich der Interpretation des immer vielstimmigen Inhalts verflochten ist mit dem Begehren, die Figuren in der Theatralik der Imagination auszuspielen. Theater und Illusion treffen sich im Bereich des Unterbewussten, auf der Baustelle der Identität, auf der die Subjektivität ihre Form annimmt und einen Inhalt gewinnt; wo das Persönliche und das Private, das Intime und das Geheime mit dem Öffentlichen und Zur-Schau-Gestellten konfrontiert werden; wo die Konvention als Regel und auferlegte Pflicht verhandelt und diskutiert wird. An der Schwelle zwischen Imagination und Realität arbeitend ist der Traum ein narrativer Einstieg in das Reich der Fiktion und der Realität, des Begehrens und des Tagtraums, des Versprechens und der Einladung. Aus diesem Stoff gewebt ist die Ausstellung *Videodreams* eine Sammlung ekstatischer Selbstportraits, angeeigneter Figuren und unheimlicher Alter Egos, in der die Erinnerung danach trachtet zu überleben –

proscenium. Subtly mixing documentary and aesthetic values, authenticity of exercises and a fiction of stylisation and advanced theatricality, it operates with a feeling of suspense and unsettlement, thus becoming a conceptual experiment in the very act of viewing. The aspect of theatricality is always linked in Lockhart's work with the issues of ethnography: as much as *Goshogaoka* is a social collective portrait of the (reconsidered) Japanese "culture of conformity", her next film, *Teatro Amazonas* (1999), is an anthropological body of evidence, shot in the famous Manaus neoclassical opera house (a symbol of the region's Golden Age from the end of the 19th century) with the participation of 308 local inhabitants carefully chosen and cast with the help of an anthropologist group in the role of the audience. *Teatro Amazonas* pushes the aspect of investigating spectatorship and testing a viewer's experience to a radical corner: the film itself in its entire duration and pictorial proposal is about the process of one audience "gazing" at another. The audience gathered (or rather "invited") in Teatro Amazonas listens to an (invisible) minimalist music performance, a choral work by American minimalist composer, Becky Allen, conceived as a sonic ambience which gradually dissolves and slowly turns into the bewildered silence of an absent spectacle. A sense of void appears in this unsettling drama of unfulfilled illusion, excitement and suspended expectancy.

What dreams can tell us about staging; what staging can tell us about dreams – Mieke Bal repeats. Human subject matter is composed of dreaming and staging where the temptation of storytelling and then interpreting the always polyphonic content is intertwined with a desire to play out the characters in the theatrics of imagination. Theatre and illusion meet in the field of subconsciousness, at the construction site of identity where the subjectivity takes its shape and gains a content; where the personal and private, the intimate and secret are confronted with the public and exposed; where the convention as a rule and duty is negotiated and discussed. Operating on the threshold of the imaginative and real, the dream is a narrative entry into the realm of fiction and reality, desire and fantasy, promise and invitation. Woven of such material, the exhibition *Videodreams* is a collection of

in einem performativen Akt der Rekonstruktion der gebrochenen Erzählungen der Biographie und eines Ereignisses, und einem andauernden, niemals endenden Prozess der Rekonfiguration des Selbst zwischen Träumen und Wachen. „Erzähl mir deine Träume. Vielleicht kann ich was draus machen" – gesteht Gest in Joan Jonas' *Volcano Saga* bei dem Versuch aus dem verflochtenen Gewebe von Traum und Wachen eine zusammenhängende Story zu konstruieren. Maurice Blanchot kommt zu der Schlussfolgerung: „Es gibt keinen Haltepunkt, es gibt kein Intervall zwischen Träumen und Wachen. In diesem Sinne ist es möglich zu sagen: Niemals Träumender kannst du erwachen (noch kannst du, was das betrifft, als das angesprochen werden, ergo vorgeladen werden). Der Traum ist ohne Ende, Wachen ohne Anfang; weder das eine noch das andere erreicht jemals sich selbst. Nur eine dialektische Sprache setzt sie im Angesicht einer Wahrheit zueinander in Beziehung."[7]

ecstatic self-portraits, appropriated characters and uncanny alter-egos where memory strives for survival in a performative act of reconstructing the broken narrative of biography and an event, and an ongoing never-ending process of reconfiguring the self between dreaming and waking. "Tell me your dreams. Perhaps I can make something out of it" – confesses Gest in Joan Jonas' *Volcano Saga* in an attempt to construct a continuous storyline out of the interwoven tissue of dreaming and waking. Maurice Blanchot concludes: "There is no stop, there is no interval between dreaming and waking. In this sense, it is possible to say: never, dreamer, can you awake (nor, for that matter, are you able to be addressed thus, summoned). The dream is without end, waking is without beginning; neither one nor the other ever reaches itself. Only dialectical language relates them to each other in view of a truth."[7]

Anmerkungen

1 *Archigram – Träume vom Gebauten Glück*. Ausstellungskatalog, Deutsches Architektur Museum. Hrsg. Sunna Gailhofer. Frankfurt 2003, S. 44.

2 Peter Schjeldhal: *Silver Dream Machine*. In: *frieze*, Nr. 37, 1997, S. 44–51.

3 Ibid, S. 48.

4 Gilles Deleuze: *Cinema 2. The Time-Image*. University of Minnesota Press 1989, S. 55.

5 Ibid, S. 58.

6 Mieke Bal: *Travelling Concepts in the Humanities. A Rough Guide*. University of Toronto Press 2002, S. 174.

7 Maurice Blanchot: *The Writing of the Disaster*. University of Nebraska Press 1986, S. 36.

Notes

1 *Archigram – Happy Architectural Dreams*. Exhibition catalogue, Deutsches Architektur Museum. Ed. by Sunna Gailhofer. Frankfurt 2003, p. 44.

2 Peter Schjeldhal: *Silver Dream Machine*. In: *frieze*, issue 37, 1997, pp. 44–51.

3 Ibid, p. 48.

4 Gilles Deleuze: *Cinema 2. The Time-Image*. University of Minessota Press 1989, p. 55.

5 Ibid, p. 58.

6 Mieke Bal: *Travelling Concepts in the Humanities. A Rough Guide*. University of Toronto Press 2002, p. 174.

7 Maurice Blanchot: *The Writing of the Disaster*. University of Nebraska Press 1986, p. 36.

Mieke Bal
Eine Bühne schaffen: das Thema Mise-en-Scène[1]
Setting the Stage: the Subject Mise-en-scène[1]

Mieke Bal, eine Kulturkritikerin und Kulturtheoretikerin, ist Professorin für Literaturtheorie und (Gründungs-)Direktorin der Amsterdam School for Cultural Analysis, Theory and Interpretation (ASCA) an der Universität Amsterdam, sowie A.D. White Professor-at-Large an der Cornell University. Ihre jüngsten Veröffentlichungen sind *Travelling Concepts in the Humanities: A Rough Guide* (2002) und Kulturanalyse (2002). Von ihren vielen anderen Büchern wären zu nennen: *Louise Bourgeois' Spider: The Architecture of Artwriting* (2001); *Looking In: The Art of Viewing* (2001); *Quoting Caravaggio: Contemporary Art, Preposterous History* (1999); *Narratology: An Introduction to the Theory of Narrative* (1997); *The Mottled Screen: Reading Proust Visually* (1997); *Double Exposures: The Subject of Cultural Analysis* (1996) und *Reading ‚Rembrandt': Beyond the Word-Image Opposition* (1991). Sie gab auch den programmatischen Band *The Practice of Cultural Analysis: Exposing Interdisciplinary Interpretation* (1999) heraus. Zu ihren Interessensgebieten zählen Literaturtheorie, Semiotik, bildende Kunst, Kulturwissenschaften, transkulturelle Theorien, feministische Theorie, Französisch, die Hebräische Bibel, das 17. Jahrhundert und zeitgenössische Kultur.

Mieke Bal, a cultural critic and theorist, is Professor of Theory of Literature and a Founding Director of the Amsterdam School for Cultural Analysis, Theory and Interpretation (ASCA) at the University of Amsterdam, as well as A.D. White Professor-at-Large at Cornell University. Her most recent publications are *Travelling Concepts in the Humanities: A Rough Guide* (2002) and *Kulturanalyse* (2002). Among her many other books are: *Louise Bourgeois' Spider: The Architecture of Artwriting* (2001); *Looking In: The Art of Viewing* (2001); *Quoting Caravaggio: Contemporary Art, Preposterous History* (1999); *Narratology: An Introduction to the Theory of Narrative* (1997); *The Mottled Screen: Reading Proust Visually* (1997); *Double Exposures: The Subject of Cultural Analysis* (1996) and *Reading ‚Rembrandt': Beyond the Word-Image Opposition* (1991). She also edited a programmatic volume *The Practice of Cultural Analysis: Exposing Interdisciplinary Interpretation* (1999). Her areas of interest include literary theory, semiotics, visual art, cultural studies, transcultural theory, feminist theory, French, the Hebrew Bible, the seventeenth century and contemporary culture.

*Ich entdecke oft, dass ich, obwohl ich an einem
Gedanken arbeite ohne genau zu wissen,
was es ist, woran ich denke, damit beschäftigt
bin einen Gedanken zu denken, der darum ringt,
von mir gedacht zu werden.*

**Christopher Bollas, The Shadow of the Object:
Psychoanalysis of the Unthought Known**

*I often find that although I am working on an
idea without knowing exactly what it is I think,
I am engaged in thinking an idea struggling
to have me think it.*

Christopher Bollas, The Shadow of the Object:
Psychoanalysis of the Unthought Known

Die Idee hier beginnt wie folgt: Ich bin ein Video-Girl. Ich weiß
nicht so ganz genau, was mich so fesselt, jedes Mal, wenn ich
einen dunklen Raum in einer Galerie betrete und die Bilder vor
mir oder um mich herum zu flimmern beginnen, aber ich fühle
mich unfähig, den dunklen Raum zu verlassen. Es geht nicht um
Wissen. Noch ist es das Gefühl, einem Studienobjekt gegenüber-
zustehen. Oft weiß ich gar nichts über das Werk des Künstlers,
noch bin ich über die Technologie ausreichend unterrichtet, um
die Implikationen der Verwendung des Mediums zu verstehen.
Vielleicht bin ich gerade wegen dieses Mangels an Wissen seiner
Magie unterworfen. Es hat immer den Anschein, als werde gerade
ein wichtiges kulturelles Statement abgegeben; ein Standpunkt
dargelegt, der „die Kunst" unglaublich wichtig zu machen scheint.
Ich liebe den Mechanismus des Loops. Jedes Mal, wenn eine
wie viele Minuten auch immer dauernde Runde vorbei ist, sage
ich mir: „Noch einmal." Und immer während einer jener Wieder-
holungen werde ich, wegen des wiederholten Sehens, für die
Theatralität dessen, was auf dem Bildschirm/den Bildschirmen
in Bezug auf seinen narrativen Schauplatz passiert, sensibilisiert.
Theater, Licht und Gefesseltheit: könnten sie eine spezifische
Beziehung zueinander haben? Und ist das die „Message" von
Videoinstallationen? Das ist der Zeitpunkt, an dem meine akademische Identität auf Touren kommt und ich beginne darüber
nachzudenken, was es bedeutet, ein Theaterstück oder einen
Tanz in einer Zeit der übertriebenen theoretischen Erweiterung
des Konzepts des *Performativen* zu „performen".

Performing – Aspekte der Performance und der Performativität

Performance war für mich ursprünglich nur ein Wort, Performativität ein theoretisches Konzept. Performance – die einzigartige
Ausführung eines Werkes – gehört einer anderen Ordnung an
als Performativität, ist ein Aspekt eines Wortes, das *tut,* was es
sagt. Folglich verhält sich Performance zu Performativität *nicht*
wie Materie zu Materialität, das Konkrete zum Abstrakten, oder
der gegenständliche Begriff zum theoretischen Begriff. Obwohl
sie vom selben englischen Zeitwort „to perform" hergeleitet sind,
stehen sie zueinander in keiner Verbindung mehr, sobald sie
Konzepte werden. Also dachte ich mir, bringen wir sie nicht
durcheinander.

Aber sie auseinanderzuhalten ist auch nicht einfach. Performance –
eine Rolle spielen, tanzen, singen, ein Musikstück aufführen –
ist ohne Gedächtnis undenkbar. Wie kann man einen Part, eine
Rolle spielen, ohne sich den Part oder die Partitur einzuprägen,

The idea, here, starts thus: I am a video girl. I don't
quite know what it is that keeps me riveted, every
time I enter a dark gallery space and images begin to
flicker in front of me, or around me, but I feel unable
to leave the dark room. It isn't knowledge. Nor is it
a sense of standing opposite an object of study. Often,
I know nothing of the artist's work, nor am I know-
ledgeable enough about the technology to understand
the implications of the use of the medium. Perhaps for
that lack of knowledge I am subjected to its magic.
It always seems that an important cultural statement
is being made; a position proposed that makes "art"
seem incredibly important. I love the mechanism
of the loop. Each time the round of any number of
minutes is over, I tell myself: "One more time." And it
is invariably during one of those repetitions that I
become sensitised, because of the repeated seeing,
to the theatricality of what happens on the screen(s)
in relation to the narrative setting. Theatre, light, and
riveting: might they have an intrinsic relationship to
each other? And is that the "message" of video installations? This is when my academic identity kicks in,
and I begin to think about what it means to "perform"
a play or dance in an age of the theoretical over-
extension of the concept of the *performative.*

Performing

Performance, for me, was initially just a word, performativity a theoretical concept. Performance – the
unique execution of a work – is of a different order
than performativity, an aspect of a word that *does*
what it says. Hence, performance is *not* to performativity what matter is to materiality, the concrete to
the abstract, or the object term to the theoretical
term. Although derived from the same verb, "to perform", as soon as they become concepts the two
words are no longer connected. So, I thought, let's
not confuse them.

But keeping them apart isn't easy either. Performance
– playing a role, dancing, singing, executing a piece of
music – is unthinkable without memory. How can
one play a part, a role, without memorising the part
or score, without rehearsing the gestures, the mimic,
and the diction that fit the role, make it available for

ohne die Gesten, die Mimik und die Ausdrucksweise zu proben?
Wie kann man sie dem Verständnis zugänglich machen?
Sogar Improvisation verlangt, dass man sich die Struktur, die
sie aufrechterhält, einprägt. Die Performance verbindet die Vergangenheit der Niederschrift mit der Gegenwart der Erfahrung
des Werkes. Warum also wird Performance-Kunst als Bruch
mit der Vorhersehbarkeit erachtet und als einzigartig in seiner
Performativität dargestellt? Darüber hinaus, wenn die Erinnerung
selbst per definitionem eine Nachstellung ist und in jenem Sinne
performativ, dann sind die beiden miteinander im Grunde genommen miteinander verbunden. Wo liegt also der Unterschied?

Performativität ist, zumindest nach Austins Auffassung, angeblich
das einzigartige Auftreten einer Handlung im Hier und Jetzt. In
der Sprechakttheorie ist das der Augenblick, in dem sich vertraute
Worte aus ihrer Versunkenheit sowohl in den Wörterbüchern als
auch in der sprachlichen Kompetenz der Menschen lösen, um
dann als Waffen oder Versuchungen lanciert zu werden, die nur
in eben diesem Augenblick ihr Gewicht, ihre Schlagkraft und ihren
Charme zwischen zwei einzigartigen Individuen ausspielen. Hier
würde das Gedächtnis dem Erfolg einer Performance im Wege
stehen und totgeschlagen werden müssen wie eine Fliege. Doch,
wie wir seit damals gelernt haben, verfehlt die Performativität ihre
Wirksamkeit, wenn der Akt nicht in eine Kultur eingebettet ist,
die sich daran erinnert, was jener Akt tun kann. In Hinblick auf
Videoinstallationen spüre ich einen großen Unterschied zwischen
den beiden Begriffen. Aber sobald ich versuche meinen Finger
auf ihn zu legen, schmilzt er hinweg. Wie kann man also sowohl
Verwirrung vermeiden als auch den „binären Terror", der den
Begriff des Unterschieds überspitzt?[2]

In diesem Aufsatz möchte ich gerne die starke sinnliche Erfahrung, die ich vor oder in Videoinstallationen verspüre, mit meinem
akademischen Einsatz für konzeptuelle Klarheit verknüpfen. Ich
möchte sowohl Begriffsverwirrung als auch den binären Terror
überwinden, um verstehen zu können, was uns solche Installationen einerseits über die Verbindung zwischen diesen häufig
gebrauchten Konzepten, andererseits über die Implikationen
jener Verbindung für eine heutzutage gesellschaftlich relevante
kulturelle Ästhetik sagen können. Beide Begriffe haben in den
Kulturwissenschaften weite Verbreitung gefunden. Hier möchte
ich versuchen diese beiden Konzepte so einzusetzen, dass ich
das, was verborgen bleibt, solange man sie getrennt behandelt,
an die Oberfläche bringe. Ich werde mit einer Diskussion des
„Nutzungswertes" der beiden Konzepte aus dem Blickwinkel
des gesunden Menschenverstandes beginnen: die Interaktion

understanding? Even improvisation requires memorisation of the structure that sustains it. Performance
connects the past of the writing to the present of the
experience of the work. So why, then, is performance
art considered a break with predictability and put
forward as unique in its performativity? Moreover,
if memory itself is, by definition, a re-enactment, and
in that sense, performative, the two are connected,
after all. So, what's the difference?

Performativity, at least in Austin's conception of it, is
allegedly the unique occurrence of an act in the here-
and-now. In speech-act theory, it is the moment when
known words detach themselves from both their sleep
in dictionaries and people's linguistic competence,
to be launched as weapons or seductions, exercising
their weight, striking force, and charm in the present
only, between singular subjects. Here, memory would
only stand in the way of the success of performing,
to be swatted away like a fly. But, as we have learned
since then, performativity misses its effectivity if the
act is not cushioned in a culture that remembers what
that act can do. In the face of video installations,
I sense a great difference between the two terms.
But, as soon as I try to put my finger on it, it melts
away. So how to avoid both confusion and the "binary
terror" that overstretches difference?[2]

In this essay, I wish to connect the strong sensation
I have in front of, or inside, video installations to my
academic investment in the clarity of concepts.
I want to overcome confusion as well as binary terror
to understand what such installations can tell us
about the connection between these two much used
concepts and the implications of that connection for
a cultural aesthetic socially important for today. Both
terms have gained great currency in cultural studies.
Here, I will attempt to deploy the two concepts to
bring to the surface what remains hidden as long as
they are kept separate. I will begin with a discussion
of the common sense "use-value" of both: the interaction between performance, on the one hand, as the
skilled and thoughtful production of, say, a spectacle
based on the memorisation of a score by performers,
and performativity, on the other, as "the act itself",
in a unique present where memory plays its tricks.

zwischen einerseits Performance als kunstfertige und durchdachte Produktion, sagen wir, eines Stückes, die darauf beruht, dass ausführende KünstlerInnen einen Part gelernt haben, und andererseits Performativität als „dem Akt selbst" in seiner einmaligen Gegenwart, in der das Gedächtnis seine Streiche spielt. Unter den Spielzeugen des Gedächtnisses ist die Zeit ein besonders wichtiges. Aus der Zeit wird die Subjektivität generiert: im Zeitablauf, zur rechten Zeit, mit der Zeit. Obwohl theoretisch in ihrer Stoßrichtung, widerspricht diese Argumentation, die ich in all ihrer Einfachheit führen möchte, dem Theoretisieren an sich, denn sie wendet sich gegen den objektivierenden Diskurs und eben jene „Theorie" im Unterschied zur „Praxis". Ich behaupte, dass sich die Videoinstallation in einzigartiger Weise für die Entwicklung einer solchen Argumentation eignet. Tatsächlich wird in der Art von Videoinstallationen, an die ich denke, die Performance als ein Werkzeug der Performativität in den Vordergrund gerückt. Das hat eine hyperbolische Theatralität zur Folge, die, wie es scheint, in meinem körperlichen Gedächtnis haften bleibt.

Aber, wie Malcolm Bowie über den Lacanschen Strich zwischen Signifikant und Signifikat geschrieben hat, „ist [dieser Bruch], der zwei Symbole trennt, selbst mehr als ein Symbol: er ist die bildhafte Inszenierung einer notwendigen und nicht zu beseitigenden Kluft zwischen ihnen".[3] Nicht reduzierbar, wie Lacans Strich, erzeugt dieser Bruch, der in jeder getrennten Erörterung der beiden Konzepte inszeniert wird, eine konzeptuelle Kluft, die gleichzeitig notwendig und unhaltbar ist. Wenn man sie aufrechterhält, bleiben mit dieser Kluft die auf Improvisation aufbauenden Konzepte einer neueren und aktuellen Performance naiv, und die Konzepte der Performativität philosophisch, aber analytisch nutzlos. Der jüngste Erinnerungs-Boom und das Bewusstsein, dass die Erinnerung selbst eine Form der Performativität darstellt, rufen nach einem Brückenschlag zwischen den beiden Konzepten.

Beide Konzepte sind schon weitgehend verallgemeinert und ihrer akademischen Präzision beraubt worden und in Bezug auf eine große Anzahl kultureller Praktiken zur Anwendung gebracht worden. Jonathan Culler verfolgt die Wanderung des Konzepts des Performativen, ausgehend von der Philosophie in den Fünfzigerjahren, über die Literatur in den Achtzigern, Gender Studies in den Neunzigern, zurück zur Philosophie heute (2000). Im Laufe dieser Wanderung wurde die Performativität – einer ziemlich speziellen *Kategorie* von Wörtern, die bestimmte Äußerungen ermöglichen, die mehr etwas „tun" als aussagen – als erstes verallgemeinert, und zwar dahingehend, dass sie hinfort für einen *Aspekt* jeder Äußerung stand. In einer weiteren Verallgemeinerung

Among memory's toys a particularly relevant one is time. Time is where subjectivity is produced: over time, in time, with time. While theoretical in thrust, the argument I seek to make, in all its simplicity, is contradictory to theorising as such, for it opposes objectifying discourse and the very possibility of "theory" as distinct from "practice". I contend that video installation is uniquely suited to develop such an argument. Indeed, in the kind of video installations I have in mind, performance is foregrounded as the tool of performativity. This results in a hyperbolic theatricality that, it appears, sticks in my bodily memory.

But, as Malcolm Bowie wrote about the Lacanian bar between signifier and signified, this severance, this bar "separating the two symbols is itself more than a symbol: it is the pictorial enactment of a necessary and irremovable cleavage between them".[3] Irreducible, like Lacan's bar, this severance, enacted in any separate discussion of the two concepts, produces a conceptual abyss that is both necessary and untenable. If maintained, this abyss keeps conceptions of recent and contemporary performance based on improvisation naïve, and conceptions of performativity, philosophical, but analytically unhelpful. The recent memory boom and the awareness that memory itself is a form of performativity call for a bridge between the two concepts.

Both concepts have already been extensively generalised, deprived of their theoretical neatness, and brought to bear on a great variety of cultural practices. Jonathan Culler traces the travel of the concept of the performative, from philosophy in the fifties, through literature in the eighties, to gender studies in the nineties, and back to philosophy today (2000). During this journey, performativity – of a rather special *category* of words allowing special utterances that "do" rather than state things – became, first, generalised, to stand for an *aspect* of any utterance: that aspect of an utterance as act. Generalising further on the basis of the *iterability* on which all language use depends, not performativity but its "standard" other – constativity – became a special case of generalised performativity.

auf der Grundlage der *Iterabilität,* von der jeglicher Sprachge-
brauch abhängt, wurde nicht die Performativität etwas Spezielles,
sondern ihr „Standardgegensatz" – Konstativität – wurde ein
besonderer Fall innerhalb einer verallgemeinerten Performativität.

Aber die Verallgemeinerung, obwohl sie selbst eine nützliche
Möglichkeit ist, starre Kategorien durch Ausdehnung ihrer
Grenzen zu lockern, ruft nach neuen Anordnungen. Der nächste
Schritt – schon in Austins grundlegendem Text – war nun, die
immer potenziell performativen Äußerungen in Aspekte zu zer-
gliedern. Dieser Schritt von der Kategorisierung zur Analyse jedes
ein-zelnen Begriffes steht stellvertretend für den Wechsel von
einem szientistischen auf einen analytischen Zugang zu Kultur.
Im Falle der Performativität erleichterte die analytische Anwendung des Konzepts einen Fokuswechsel, weg vom illokutionären
Akt der sprachlichen Äußerung hin zum perlokutionären Akt der
Ausführung des Sprechaktes samt Sicherstellung seines Effekts.
Dieser Wechsel ermöglicht, dass man den Bereich des Performativen, ausgehend von der Sprache, also einer Kategorie der
kulturellen Phänomene, auf alle möglichen Arten von Ereignissen
im kulturellen Bereich, die passieren, weil jemand etwas tut,
ausdehnen kann.

Der entscheidende Schritt in diesem doppelten Wechsel (von
Kategorie zu analytischem Konzept und von Tätigkeit zu Wirkung)
war wohl Derridas Beharren auf der Zitier-Fähigkeit, die jeden
Sprechakt erst ermöglicht und umgibt. Austin schloss die Literatur
ausdrücklich aus seiner Analyse aus, weil literarische Sprechakte
nicht „ernsthaft" seien. Derrida andererseits machte durch seinen
Fokuswechsel von den Absichten eines Sprechers auf die gesellschaftlichen Konventionen, die eben jene Möglichkeit Sprechakte
auszuführen sicherstellen, die Iterabilität oder Zitier-Fähigkeit
jeglichen Sprachgebrauchs zum Standard und ordnete somit die
individuelle Intention der gesellschaftlichen Konvention unter.**4**
Die Performativität wandelt sich vom schaffenden, begründenden
Akt, der von einem wollenden intentionalen Individuum performt
wird, zur Instanz eines unendlichen Wiederholungsprozesses;
eines Wiederholungsprozesses, der Ähnlichkeit und Differenz
einschließt und daher gesellschaftliche Veränderung und Inter-
ventionen seitens des Individuums, also in anderen Worten freies
Handeln, sowohl relativiert als auch erst ermöglicht.

Nun aber zurück zu den Wörtern. Obgleich das „natürliche"
Nomen, welches das Auftreten der Performativität anzeigt,
Performance ist, hat sich dieses Nomen in einem völlig anderen
Kontext zu einem Konzept entwickelt. Die Heimstatt des Wortes

But, generalisation, itself a useful way of unfixing rigid
categories by stretching their boundaries, calls for
new orderings. The next step – already in Austin's
founding text – was to analyse the always potentially
performative utterances into aspects. This move,
from categorisation to analysis of each item, is repre-
sentative of the move from a scientistic to an analytic
approach to culture. In the case of performativity,
the analytical use of the concept facilitated a shift in
focus, from the illocutionary act of performing
speaking, to the perlocutionary act of achieving the
speech act, of securing its effect. This shift makes it
possible to extend the domain of the performative
from language, one category of cultural phenomena,
to all sorts of events that happen, because someone
does them, in the cultural domain.

The decisive move in this double shift (from category
to analytical concept and from agency to effect)
has been Derrida's insistence on the citationality that
enables and surrounds each speech act. Austin
explicitly excluded literature from the analysis because
literary speech acts are not "serious". Derrida, on the
other hand, by shifting the focus from the speaker's
intention to the social conventions that guarantee
the very possibility of performing speech acts, made
the iterability or citationality of any language use the
standard, thereby subordinating individual intention
to social convention.**4** From an originating, founding
act performed by a willing, intentional subject,
performativity becomes the instance of an endless
process of repetition; a repetition involving similarity
and difference, and therefore relativising and enabling
social change and subjects' interventions, in other
words, agency.

But, back to words. Although the "natural" noun to
indicate the occurrence of performativity is *performance,* this noun has developed into a concept in
an entirely different context. The home of the word
performance is not philosophy of language, but
aesthetics. Most commonly, a performance is the
execution of a range of "artistic making and doing".**5**
As a word, we use it frequently. We talk about
performances – of a concert, or an opera or play –
for which we buy a ticket, and we praise or criticise

Performance ist nicht die Sprachphilosophie, sondern die Ästhetik. In ihrem häufigsten Gebrauch ist eine Performance die Ausführung einer Palette „künstlerischen Schaffens und Tuns".[5] Als Wort gebrauchen wir es häufig. Wir sprechen über Performances – ein Konzert, eine Oper oder ein Theaterstück –, für die wir eine Eintrittskarte kaufen, und wir loben oder kritisieren die Performance von SchauspielerInnen oder MusikerInnen. Die Wanderung, auf die sich dieses Konzept begeben hat, beginnt bei der Kritik kultureller Events in nichtakademischen Rezensionen und endet bei einer spezialisierten Kunstform, die den zufälligen, nicht wiederholbaren einmaligen Event gegenüber dem dauerhaften Kunstwerk in den Vordergrund rückt: Performance Art.

Obwohl beide Begriffe oft verwendet und diskutiert werden und eine Tendenz, sie untereinander auswechselbar zu verwenden, auf die akademische „Mode", der sich die Idee des Performativen erfreut, verweist, werden sie selten gemeinsam diskutiert. Tatsächlich wurde Performance in eben jenem Augenblick ein interdisziplinäres Feld akademischer Analyse, als die Unterscheidung ihre Präzision zu verlieren begann, eine Präzision, die hauptsächlich durch wechselseitige Ausschließung erreicht wurde.[6] Aber die gemeinsame Diskussion beider Begriffe neigt dazu, auf einen unreflektierten Austausch beschränkt zu sein. Culler erwähnt Performance kurz, wenn er Erinnerungen an die Rezeption von Butlers performativer Gender-Theorie (1990)[7], die annahm, jene Theorie schlösse eine theatralische Performance ein, heraufbeschwört. Die Kritiker waren von der Idee schockiert, dass Gender etwas sei, das man ganz einfach abstreifen könne. In ihrem nächsten Buch (1993) sprach Butler dieses Missverständnis nachdrücklich an und erklärte Gender-Unterschiede in Hinblick auf Performance und Performativität. Bezeichnenderweise hängt der Unterschied von der Krux ab, die Culler so wirkungsvoll im von Derrida durchgesetzten Wechsel von Intention und Einzigartigkeit zu Konvention und Iterabilität ausgemacht hatte. Dieser Wechsel unterminiert die individualistischen und voluntaristischen Annahmen des Intentionalismus. Austins Beharren auf Intention und Ernsthaftigkeit als Bedingungen für den Zusammenfall von Sprechen und Handlung in der Sprechakttheorie unterstützt diese Annahmen.

Eben diese Trennung der zwei Konzepte *Performance* und *Performativität* performt sozusagen eine Wiederbestätigung der Intention. Aber, wo die Performativität – dank ihrer Wanderungen hin und her zwischen Philosophie und Literatur- oder Kulturwissenschaft und wegen der ihr innewohnenden Notwendigkeit, die Zitier-Fähigkeit zu berücksichtigen – zumindest ein Schlüssel

a performance by an actor or musician. The journey this concept has undertaken is from a criticism of cultural events in non-academic reviews to a specialised art form that foregrounded the incidental, non-iterable, one-time event over the durable work of art: performance art.

Although both terms are often used and discussed, and a tendency to use them interchangeably points to the theoretical "fashion" enjoyed by the idea of the performative, they are rarely discussed together. In fact, performance became an interdisciplinary academic area of analysis at the very moment when the distinction began to lose its neatness, a neatness that was achieved, mainly, through mutual exclusion.[6] But the combined discussion of both tends to remain limited to an unreflected interchange. Culler mentions performance briefly when he evokes the misunderstanding in the reception of Butler's performative theory of gender (1990)[7], which took that theory as implying a theatrical performance. Critics were outraged by the idea that gender is something you can easily shed. Butler addressed that misconception emphatically in her next book (1993) and explained the difference between gender in terms of performance and performativity. The difference, significantly, hinges on the crux Culler so effectively identified in the shift achieved by Derrida, from intention and singularity to convention and iterability. This shift undermines the individualistic, voluntaristic assumptions of intentionalism. Austin's insistence on intention and seriousness as the conditions of the collapse of speech and action in speech-act theory maintains these assumptions.

The very separation of the two concepts of *performance* and *performativity* performs, so to speak, a reconfirmation of intention. But, whereas performativity – thanks to its travels back and forth between philosophy and literary or cultural studies – has at least been a key to breaking open the dogma of intentionalism because of its need to incorporate citationality, performance, on the other hand, while stuck in the aesthetic of judgements of beauty, has not travelled far enough to meet its sibling, and to join the efforts to undermine the individualist ideology that

zur Öffnung des Dogmas des Intentionalismus gewesen ist, ist die Performance, steckengeblieben in der Ästhetik von Urteilen über Schönheit, ihrerseits nicht weit genug herumgekommen, um ihr Geschwisterteil zu treffen und mit ihm in gemeinsamer Anstrengung die individualistische Ideologie, welche die beiden Konzepte entgegensetzt, zu unterminieren. Weil die Videoinstallation den Betrachter so stark und unvermeidlich in Anspruch nimmt, während diese Kunstform den Wunsch nach Wissen über den Künstler, über die Entstehung des Werkes oder seiner künstlerischen Genealogie nicht dringend nötig macht, öffnet sie einen Weg heraus aus dieser dualen Besessenheit von Intention und Schönheitsurteil. Stattdessen lädt ihre ausdrückliche Theatralität den Betrachter dazu ein einen „Part zu übernehmen" – zu performen. Da das Bild in theatralisierter Weise gerahmt ist, wird sich die Mise-en-Scène als Ursprungsort dieser kulturellen Großzügigkeit erweisen. Folglich wird die Schauspielerei zum Akt, bei dem Performance und Performativität interagieren ohne zu verschmelzen.

Das Hauptproblem bei einer Loslösung der Performance von der Performativität ist ihre Abstraktion aus einem komplexeren Sinn von Temporalität, einem der nur vor dem Hintergrund der Zitier-Fähigkeit als kulturelles Gedächtnis verstanden werden kann. Stattdessen vertrete ich die Auffassung, dass die Schlüsselaspekte der beiden vorliegenden Konzepte, Performance und Performativität, unerlässlich dafür sind, dass sie sich als Werkzeuge der Analyse gegenseitig von Nutzen sein können. Während die Zuschauer, von einem Bild gebannt, das sie als Metapher verstehen könnten oder auch nicht, den sprachlosen Akt des Schauens performen, tritt die dem Theater zugrunde liegende Wechselbeziehung zwischen Klängen, Licht und Bildern in den Vordergrund – als Brücke zwischen Performance und Performativität. Dieser Punkt hier hat mit der Doppelbedeutung des Zeitwortes „bewegen" zu tun. Seine produktive Mehrdeutigkeit inszeniert die Schlussfolgerung, die ich hier über das Zusammentreffen von Performance und Performativität vor Ort und unter der Regie der Erinnerung zu ziehen versuche. Buchstäbliche körperliche Bewegung ist eine konzeptualisierende Metapher der Bewegtheit als Affekt geworden. Es wird eine Achronie – oder vielmehr: eine „Heterochronie" – hergestellt zwischen Wörtern und Bildern, Stimme und Maschinenklängen, nicht figurativen und figurativen Bildern, die wechselweise ineinander gegenwärtig bleiben, und diese Heterochronie entspricht heutigen Regiebemühungen, mit Bühnenmitteln den Eindruck von scheinbar leerer Zeit hervorzurufen.[8] Heterochronie, der Rhythmus der Videoinstallation, charakterisiert die Erinnerung. Langsam oder schnell. In

subtends both concepts. Because video installation so strongly and inevitably engages the viewer, while this art form does not require, or even solicit the desire for knowledge about the artist, the work's making, or its artistic genealogy, it opens a way out of this dual obsession with intention and judgment of beauty. Instead, its emphatic theatricality invites the viewer to "play a part" – to perform. The image framed as theatricalised *mise-en-scène* will turn out to be the site of this cultural generosity. Play-acting thus becomes the act where performance and performativity interact without merging.

The primary problem of a separation of performance from performativity is its abstraction from a more complex sense of temporality, the one that can only be understood against a background of citationality as cultural memory. Instead, I argue that the key aspects of the two concepts at hand, performance and performativity, are indispensable to making each other effective as analytical tools. While the viewer performs the inarticulate act of looking, glued to an image he may or may not understand as figurative, the relationship between words, sounds, light and images that underlies theatre comes to the fore as the bridge between performance and performativity. The point here has to do with the double meaning of the verb "moving". Its productive ambiguity stages the theoretical point I am trying to make here about performance meeting performativity on the site and under the direction of memory. Physical movement is literalized, has become a conceptualising metaphor of moving as affect. The a-chrony, or rather the "heterochrony", produced between the words and the images, the voice and the machine-sound, with the non-figurative and the figurative images remaining mutually present within one another, is congenial to theatrical attempts in contemporary *mise-en-scène* to produce apparently empty time.[8] Heterochrony, the rhythm of video installation, characterises memory. Slow or fast; unfolding in real time or exasperatingly detailing time in the temporal equivalent of the close-up, time becomes an actor in its own right. In this sense, video installation as an artistic genre is a theoretical object. *It "theorises" memory by offering a figuration of it as heterochrony.*

Echtzeit oder in ärgerlich ausführlicher Zeit in Form eines zeitlichen Äquivalents zur Nahaufnahme, wird die Zeit selbst zum
Darsteller. In diesem Sinne ist die Videoinstallation als ein
künstlerisches Genre ein theoretisches Objekt. *Sie „theoretisiert"
die Erinnerung, indem sie eine ihrer Ausgestaltungen als Heterochronie darbietet.*

Was die Videoinstallation fordert, ist eine besondere Art des
Sehens, visuell und imaginativ – als Nahrung für den Geist, eine
Art des Gedankensehens, das den Körper mit einbezieht. Ich
sehe es als kulturelle Praxis einer Kunst, über die Grenzen dessen
hinaus, was die traditionelle Kunstgeschichte und die Philosophie
erkennen können. Weit davon entfernt Ideen in sprachlicher Form
zu diskutieren, breiten Videoinstallationen Ideen vor uns aus,
damit wir sie sehen, damit wir uns mit ihnen als unser „ungedacht
Gewusstes" verbinden. Und währenddessen stellen sie uns in
diese Gedankenbilder hinein. Zwischen privatem Traum und
öffentlichem Raum ereignet sich das Bild. Bekannt, doch außerhalb unserer Gedanken, bricht das Bild, in welchem Medium oder
welcher Form auch immer, zu einer Wanderung auf in den Bereich zwischen Individuum und Gemeinschaft, den wir, mangels
eines besseren Wortes, „Kultur" nennen. Dies ist auch ein Bereich,
in dem Narrativität und Visualität keinen Gegensatz bilden.

Staging – Aspekte der Inszenierung

Aus diesem Grund nehme ich die Theatralität extrem ernst – als
„Form", „Medium" oder „Praxis" (keines dieser Wörter ist adäquat),
in der das Objekt der kulturellen Analyse eine Begegnung
zwischen (ästhetischer) Kunst/(ästhetischem) Kunstwerk und
(sozialer) Wirklichkeit performt. Das Konzept, das zwischen
all dieses falschen Polaritäten vermittelt und zusammenfasst, was
Theatralität im Wesentlichen ausmacht, ist: die Mise-en-Scène.

Nehmen wir für einen Moment an, dass die Mise-en-Scène
Folgendes ist: die Verkörperung eines Texts – Wort und Partitur,
die performt werden sollen – in einer der Öffentlichkeit und
der kollektiven Rezeption zugänglichen Form; eine Vermittlung
zwischen einem Theaterstück und der multiplen Öffentlichkeit,
jedem ihr angehörigen Individuum; eine künstlerische Organisation des Raumes, in dem das Stück spielt; ein Anordnen eines
beschränkten und abgegrenzten Abschnitts der Echtzeit und des
realen Raumes. Als Resultat all dieser Anordnungen können in
einem auf eine andere Weise begrenzten Abschnitt fiktionaler Zeit
und fiktionalen Raumes die fiktionalen Aktivitäten der Darsteller
untergebracht werden, die zwecks Aufbaus eines Plots ihre Parts

What video installation solicits is a particular kind of
seeing, visual and imaginative – as food for thought,
a kind of thought-seeing that engages the body. I see
it as a cultural practice of art beyond what traditional
art history and philosophy can recognise. Far from
discussing ideas in language, video installations put
ideas out for us to see, and to connect with, as our
own "unthought known". And in the process they
put us inside these thought-images. Between private
dream and public scene, the image happens. Known
yet outside of our thought, the image, in whatever
medium or shape, launches a journey in the area
between subject and collective, which, for want of
a better word, we call "culture". It is also a domain
where narrativity and visuality are not in opposition.

Staging

For this reason, I take theatricality extremely seriously
– as a "form", "medium", or "practice" (none of these
words is adequate) in which the object of cultural
analysis performs a meeting between (aesthetic)
art(ifice) and (social) reality. The concept that medi-
ates between all these false polarities, is the one that
summarises what theatricality most essentially is:
mise-en-scène.

Let's suppose, for a moment, that *mise-en-scène* is
this: the materialisation of a text – word and score,
to be performed – in a form accessible for public,
collective reception; a mediation between a play and
the multiple public, each individual in it; an artistic
organisation of the space in which the play is set;
an arranging of a limited and delimited section of
real time and space. As a result of all this arranging,
a differently delimited section of fictional time and
space can accommodate the fictional activities of the
actors, performing their roles to build a plot. Even
if, as happens frequently in video installation, that
plot never materializes, only remains as the absence
the installation hints at. The subject of this activity
– the (stage) director – makes a work of art. Her
tools: time, space, light. Her activities: the projection
of dramatic and musical writing into a particular
chronotopos; co-ordination; the highlighting of some
meanings over others; a keying of text and score in

performen. Sogar wenn, wie es bei Videoinstallationen häufig passiert, jener Plot sich niemals einstellt und nur die Absenz bleibt, die von der Installation angedeutet wird. Das Individuum hinter dieser Tätigkeit – der (Bühnen-)Regisseur – schafft ein Kunstwerk. Seine/ihre Werkzeuge: Zeit, Raum, Licht. Seine/ihre Tätigkeiten: die Übertragung dramatischer und musikalischer Literatur auf einen besonderen *Chronotopos;* Koordination, die Hervorhebung gewisser Bedeutungen gegenüber anderen; eine Modulation des Textes und der Partitur zwischen den Darstellern und dem Publikum. Manchmal „totalisierend"; jedoch immer als Mise-en-Pièce(s), um einen Begriff zu verwenden, der mir lieber ist. Ich pflücke mir das bloß aus theaterwissenschaftlichen Fachwörterbüchern.**9** Oder, um mit Hans-Thies Lehmann zu sprechen, eine Vermittlung zwischen *Logos* und Landschaft.**10**

Die Tätigkeit der Mise-en-Scène ergibt eine revolutionäre Intervention, indem sie Worte, die zur Bildung von in einer zentripetalen Kulturtragödie gefangenen abstrakten Bedeutungen führen, in ein Schauspiel verwandeln, das seinerseits empfänglich ist für das Chaos von auf verschiedenste Weise konkreten, sichtbaren und hörbaren Phänomenen und Zeichen zugewiesenen befreiten Bedeutungen. Welchen Sinn kann ein Konzept wie Mise-en-Scène für eine kulturwissenschaftliche Analyse der Videoinstallation haben? Dem Theater entlehnt, bezeichnet Mise-en-Scène die Gesamtheit der künstlerischen Tätigkeiten, deren Ergebnisse die Performance, welche per definitionem einzigartig ist, beschirmen und fördern werden. Doch bei der Videoinstallation, wo die Performance auf der Bühne manchmal kaum deutlich wird, ist es in erster Linie der Betrachter, der auf der Bühne gefangen ist und performen muss.

Dadurch, dass der Betrachter einen Part übernimmt, ist diese Performance in der Performativität die einzige Möglichkeit, wie das Kunstwerk tatsächlich nicht nur ein Werk sein kann, sondern auch ein Werk *verrichten* kann. In diesem Sinne drückt die Videokunst aus, dass Kunst Theater ist oder nicht. Die Theatralität steht weniger für eine unaufrichtige, nicht authentische Subjektivität, die als authentisch paradiert, sondern verkörpert die Inszenierung des Individuums, sein *Staging.* In diesem Sinne bereitet das Konzept der Mise-en-Scène die Bühne für die Performance der Performativität, und dann wiederum für die Inszenierung der Subjektivität. Weit davon entfernt nur eine profane Tätigkeit zu sein, die das „ernste" Leben ein wenig vergnüglicher macht, ist die Theatralität, welche die Mise-en-Scène mit sich bringt, vielleicht die tiefgreifendste Erscheinungsform kulturellen Lebens, das zwischen dem Privaten und dem Öffentlichen, oder zwischen individueller und

between performers and public. Sometimes "totalising"; always, to use a term I prefer, *mise-en-pièce(s).* I am just plucking this from dictionaries of theatre terms.**9** Or, to speak with Hans-Thiess Lehmann, a mediation from *logos* to landscape.**10**

The activity of *mise-en-scène* makes for a revolutionary intervention, turning words that lead to the formation of abstract meanings caught in a centripetal cultural tragedy, into a spectacle receptive to the turmoil of liberated meanings, variously attached to concrete, visible, and audible phenomena and signs. What can the point of a concept like *mise-en-scène* be for a cultural analysis of video installation? Borrowed from theatre, *mise-en-scène* indicates the overall artistic activity whose results will shelter and foster the performance, which, by definition, is unique. But in video installation, where the performance on the stage may sometimes be barely articulated, it is primarily the viewer who is caught up on the stage and must perform.

This enactment by the audience, this performance in performativity, is the only way the art work can actually, not only be but also do, work. In this sense, video art says, art is theatre, or it is not. Rather than standing for a disingenuous, inauthentic subjectivity that parades as authentic, theatricality is the subject's production, its *staging.* In this sense the concept of *mise-en-scène* sets the stage for the performance of performativity, and, in turn, for the staging of subjectivity. Far from being a worldly activity that adds a margin of pleasure to "serious" life, the theatricality that *mise-en-scène* entails is perhaps the most profound manifestation of the cultural life that exists between private and public, or between individual and collective subjectivity. The question of video installation is the location and temporality of this strong effect that I impute to the *staging* of subjectivity. The mediating term I wish to submit here is 'dream'.

Dreaming

In spite of everything that has been thought out between 1900 and 2000, it is still Freud's *Traumdeutung* that makes staging "subjectivity" – as a mediation

kollektiver Subjektivität existiert. Die Frage bei der Videoinstallation gilt dem Ort und der Temporalität dieses starken Effekts, den ich der Inszenierung der Subjektivität zuweise. Der vermittelnde Begriff, den ich hier einbringen möchte, ist „Traum".

Dreaming – Aspekte des Traumes

Trotz allem, was zwischen 1900 und 2000 gedacht worden ist, ist es noch immer Freuds *Traumdeutung,* welche die Inszenierung der Subjektivität – als Vermittlung zwischen Privatem/Öffentlichem und Individuum/Gemeinschaft – plausibel macht. Nicht etwa, weil die Psychoanalyse die einzig privilegierte Theorie der Subjektivität bleiben muss, sondern weil es der Bereich der Träume ist, der mich anzieht, wenn ich darüber nachdenke, was die Mise-en-Scène mit der Subjektivität anstellt. Darüber hinaus hat die Videoinstallation eben, mehr als jede andere Kunstform, in ihrer Performativität eine traumartige Qualität. Um es anders zu formulieren: mich interessiert, wie die Mise-en-Scène als künstlerische Praxis in eine mehr als nur metaphorische Verbindung mit dem gebracht werden kann, was Jean Laplanche und Jean-Baptiste Pontalis als ihren Ausgangspunkt für eine revisionistische Untersuchung des Tagtraumes heranziehen: die imaginäre Selbstinszenierung als „privates Theater".**11**

Wie etwa Samuel Weber auseinandergesetzt hat, gibt es unter den verschiedenen Zensurmechanismen im Traum das wichtige, aber schwierige Konzept der „Rücksicht auf Darstellbarkeit", das sowohl ein Visualisierungstool ist als auch Werkzeug dafür, das daraus resultierende Bild „öffentlich", das heißt lesbar zu machen.**12** Eben weil sie so ein öffentlicher Event ist und doch ihre Betrachter so ganz und gar vereinnahmt, kann die Videoinstallation das Element „privat" in Laplanche and Pontalis' Formulierung in Frage stellen. Und wenn man einen Schritt weitergeht, stellt sie auch die Privatheit der Psychoanalyse als Praxis in Frage und sichert so deren Relevanz als Theorie für die Analyse von Kunst aus einer kulturwissenschaftlichen Perspektive. Ich habe mir zum Ziel gesetzt, das Potenzial des Konzepts der Mise-en-Scène als Werkzeug für eine Art Kulturanalyse zu erforschen, welche die noch immer offene Kluft zwischen Gesellschaftskritik und psychoanalytischer Kritik und zwischen öffentlichen und privaten Angelegenheiten überwindet. Zu diesem Zweck möchte ich einen Blick darauf werfen, was uns Träume, in ihrer Verwandlung von Worten in Bilder, über Inszenierung sagen können, und Inszenierung über Träume.

between private/public and individual/collective – plausible. Not because psychoanalysis must remain the uniquely privileged theory of subjectivity, but because it is the domain of dreams that I am attracted to when I think about what *mise-en-scène* does to subjectivity, and it is video installation that has, more than any other artform, a dreamlike quality in its very performativity. To put this another way: I am interested in the way *mise-en-scène,* as artistic practice, can be brought into more than just a metaphorical connection with what Jean Laplanche and Jean-Baptiste Pontalis take as their starting point for a revisionist inquiry into fantasy: the imaginary self-production as "private theatre".**11**

As Samuel Weber, among others, has argued, among the different mechanisms of censorship in the dream, the important but difficult concept of "considerations of representability" *(Rücksicht auf Darstellbarkeit)* is both a visualising device and a tool for making the resulting image "public", that is, readable.**12** Precisely because it is such a public event, yet envelops its viewers so totally, video installation can challenge the element "private" in Laplanche and Pontalis' phrase. And, by extension, it challenges the privacy of psychoanalysis as a practice, thus securing its relevance as a theory for art analysis in a cultural perspective. My goal is to probe the potential of the concept of *mise-en-scène* as a tool for a kind of cultural analysis that overcomes the still-open gap between social and psychoanalytical criticism, and between public and private concerns. To this effect I would like to look at what dreams, as they transform words into images, can tell us about staging, and what staging can tell us about dreams.

Let me tell you a story at this point. One day, a woman in her mid-thirties, a busy professional, married with two children, had a dream. Neither she nor anyone else appeared in it. The dream was simply a landscape: a beach illuminated by a blistering sun. The colours of the sand, the blue sky, and the turquoise-blue sea were intense compared with the colour of the real North Sea beach where she normally went, but otherwise, nothing indicated that this was a different beach. There was a flag, bright green, with

An dieser Stelle möchte ich Ihnen eine Geschichte erzählen. Eines Tages hatte eine Frau Mitte 30, eine vielbeschäftigte berufstätige Mutter zweier Kinder, einen Traum. Weder sie selbst noch sonst jemand erschien darin. Der Traum war einfach eine Landschaft: ein Strand, auf den die Sonne herabglühte. Die Farben des Sandes, des blauen Himmels und der türkisblauen See waren intensiv, verglichen mit den Farben des echten Nordseestrandes, an den sie gewöhnlich fuhr, aber sonst wies nichts darauf hin, dass das ein anderer Strand war. Da war eine Flagge, leuchtend grün mit einer Nuance von dunklem Türkis, und Gelb, Orange und vielleicht Rot. Jede Farbe füllte ein Feld auf der horizontal geteilten Flagge. Majestätisch in der Brise wehend kam die Flagge näher und füllte langsam das Gesichtsfeld aus. Sie bewegte sich weiter.

Das war der zweite Traum, den die Frau innerhalb weniger Tage gehabt hatte, in dem die Intensität der Farben und Sand die Hauptrolle spielten. Im vorigen hatte sie von Dünen geträumt, auch in einer intensiven sandigen Farbe, begrenzt von wehendem Dünengras, gräulich grün. Dort hatte sich der Sand, aufgewirbelt durch den Wind, plötzlich zu bewegen begonnen, näherte sich der Bildebene, bevor er in die für Träume typische stockende Bewegung verfiel. An jenem Punkt erkannte die Träumerin, dass der Sand sie verschlingen würde, aber es war ganz und gar nicht erschreckend. Es war vage aufregend und sie hielt den Atem an – obwohl sie selbst wiederum nicht im Traum auftauchte.

In beiden Träumen kam die Träumende selbst nicht als Figur vor. Die Bühne war menschenleer. Sie führte auch nicht Regie. Bei beiden hatte sie nach dem Aufwachen das Gefühl, dass der Traum für sie bestimmt war, und dass er gut war. Der erste Traum hatte sie atemlos und erregt zurückgelassen; der zweite hinterließ ein Glücksgefühl und ein wenig Angst. Nach dem ersten Traum hatte sie schnell realisiert, dass er ihr einen Rat gab. Der relevante Tagesrest war nicht schwer auszumachen. Sie hatte zu jener Zeit einen Kurs gehalten, eine Gruppe äußerst kluger und begeisterter Studierender, mit denen sie einen regen Gedankenaustausch gepflegt hatte, so als ob sie echte enge Freunde wären. Die Lehrveranstaltung, die sie gerade vorbereitete, als sie den Traum hatte, betraf eine Einführung in die Psychoanalyse als literarische Theorie.

Die Klasse war bis zu jenem Punkt sehr enthusiastisch gewesen, aber das Thema jener Woche war den beiden Frauen, die darüber ein Referat vorbereiteten, auf die Nerven gegangen. Sie hegten den üblichen Widerwillen gegenüber der Psychoanalyse. Der menschenleere Traum warnte sie, den Widerwillen der Studie-

a nuance of dark turquoise, and of yellow, orange, and perhaps red; each colour occupied a field in the horizontally divided flag. Waving majestically in the breeze, the flag came closer, slowly taking over the field of vision. It kept moving.

This was the second dream the woman had had in a few days' time in which colour intensity and sand played the leading roles. In her earlier one, she had dreamt of dunes, also in an intense sandy colour, bordered with waving dune grass, greyish-green. There, the sand had suddenly started to move, lifted by the wind, coming closer to the picture plane, before settling into the slow-down movement typical of dreams. At that point the dreamer realised the sand would engulf her, but it was not at all frightening. It was vaguely exciting, and she was holding her breath – although again, she didn't appear in the dream.

In both dreams, the dreamer herself was not a character. The stage was devoid of human presence. Nor was she the director. In both, upon waking, she felt that the dream was meant for her, and that it was good. The first dream had left her breathless and stimulated; the second had made her feel happy, and slightly anxious. After the first dream, she had quickly realised it was giving her advice. The relevant remnantes of the day (Tagesreste) was not hard to find. She was teaching a class at the time, a group of extremely bright and enthusiastic students with whom she had great interaction, as if they were real, intimate friends. The session she was preparing when she had the dream concerned an introduction to psychoanalysis as literary theory.

The class had been very enthusiastic up to that point, but this week's topic had annoyed the two women preparing a presentation for it. They harboured the usual resistance to psychoanalysis. The dream, empty of subjects, was cautioning her to take the students' resistance seriously. The sand, she felt, was a danger, but one she could cope with, a coping that would enrich her. The intensity of the sand and the colours of the grass stood for the gratifyingly high quality of the course, and motivated her to be careful to main-

renden ernst zu nehmen. Der Sand, fühlte sie, war eine Gefahr, aber eine, mit der sie klarkommen konnte und die sie in weiterer Folge bereichern würde. Die Intensität des Sandes und der Farben des Grases stand für die erfreulich hohe Qualität des Kurses und motivierte sie, ja darauf zu achten, dass sie das hohe Niveau hielt. Der Traum war die leere Bühne des bis jetzt leeren Zeitfensters der bevorstehenden Lehrveranstaltung und hieß sie willkommen, wies sie nicht ab. Der zweite Traum ereignete sich nach einem äußerst mühsamen Meeting zwischen Lehrkörper und Studierenden. Während des Meetings war sie einer Reihe von Studenten gegenübergesessen, von denen einer ein weißes Hemd mit Streifen in eindringlichen Farben trug. Der Student hatte sie mit einem Ausdruck von Sorge und Sympathie angesehen. Die Träumende brauchte nicht lange – obwohl es sie zu Tode erschreckte –, um zu erkennen, dass die Farbfelder der Flagge mit jenen auf dem Hemd des jungen Mannes übereinstimmten. Als die Farben, als Metonym für den Mann, auf sie zukamen, bedeutete dies buchstäblich, dass er auf sie zukam, obwohl sein „wirkliches" Verhalten nichts in dieser Art andeutete. Was sie noch mehr erschreckte, war, dass ihr die fröhlichen Farbtöne des Traumes sagten, sie begrüße seine Avancen. Der Traum enthüllte etwas. Er gebrauchte sowohl synästhetische Sinneseindrücke als auch linguistisches Wortspiel bei der Performance seiner Enthüllung.**13**

Diese Träume hier sind theoretische Objekte, mithilfe derer man die Mise-en-Scène mit der Psychoanalyse verknüpfen kann. Diese Disziplin, als die Wissenschaft des „ungedacht Gewussten", wird später als ein Bereich zurückkehren, der dem Bild der Mise-en-Scène über das Theater allein hinaus einen Sinn und Zweck verschafft. Aber lassen Sie mich gleich betonen, in Bezug auf die beiden Träume hier, dass diese Erweiterung nicht die Invasion psychoanalytisch unterlegter Interpretationen auf das fachliche Studium des Theaters, der Oper und anderer im Szenischen beheimateter kultureller Ausdrucksformen impliziert. Noch wird künstlerischen Praktiken theoretisch irgendetwas auferlegt. Stattdessen vertrete ich die Auffassung von einer Wanderung der Mise-en-Scène von der Praxis zur Theorie, oder von künstlerischer Praxis zu akademischer Analyse. Ich behaupte also, dass jene Mise-en-Scène, die gewöhnlich als ein theatralisches Thema der Dramaturgie und Aufführungsinszenierung verstanden wird, als theoretisches Konzept, als ein Werkzeug für die semiotische Analyse kultureller Praktiken außerhalb des Theaters und der Oper herangezogen werden kann und in ganz besonderem Maße bei der Videoinstallation. Als Konzept bietet die Mise-en-Scène eine *interne* Verbindung zwischen Erzählung, Video Still, visueller Bildsprache und Psychoanalyse, wobei das Letztgenannte die

tain the high level. The dream was the empty stage of the as-yet empty time slot of the class, and was welcoming, not rejecting, her. The second dream occurred a day after an exceptionally painful meeting between faculty and students. During the meeting, she had sat facing a row of students, one of whom was wearing a white shirt with vividly coloured stripes. The student had been looking at her with concern and sympathy. It didn't take the dreamer long – although it scared the wits out of her – to realise that the colour fields of the flag corresponded to those of the young man's shirt. In coming forward, the colours, as a metonym for the man, meant literally, that he was coming on to her, although his "real" behaviour indicated nothing of the sort. More frightening still, the happy tones of the dream indicated to her that she welcomed his advances. The dream revealed something. It used synaesthetic sense impressions *as well as linguistic wordplay* to perform its revelation.**13**

These dreams are here theoretical objects through which to connect *mise-en-scène* with psychoanalysis. This discipline, as the science of the 'unthought known', will return later as a field that supplies the image of *mise-en-scène* with a *raison d'être* beyond theatre alone. But let me emphasise right away, with reference to the two dreams here, that this extension does not imply an invasion of the disciplinary study of theatre, opera, and other scenically grounded cultural expressions by psychoanalytically based interpretations. Nor does it entail a theoretical imposition on artistic practices. Instead, I am arguing for a journey of the concept of *mise-en-scène* from practice to theory, or from artistic practice to academic analysis. I am maintaining, therefore, that *mise-en-scène,* usually conceived of as a theatrical issue of dramaturgy and performance production, can be taken as a *theoretical concept,* as a tool, for the semiotic analysis of cultural practices outside of theatre and opera, and especially in video installation. As a concept, *mise-en-scène* provides an *internal* connection between narrative, still, visual imagery, and psychoanalysis, the latter of which is seen here as the theory *par excellence* of the formation of subjectivity but in need of a cultural basis beyond the individual. I will suggest that it can be useful – indeed, revealing – to speak of an

Theorie der Subjektivitätsbildung schlechthin ist, aber einer kulturellen Basis über das Individuum hinaus bedarf. Ich werde darauf hinweisen, dass es von Nutzen sein kann – in der Tat aufschlussreich – von einer Ästhetik der Mise-en-Scène zu sprechen, um uns in die Lage zu versetzen, bestimmte Effekte in einer weiten Vielfalt semiotischer Praktiken, die vom Alltag bis in die hoch spezialisierte Kunstpraxis reichen, zu verstehen.

Die beiden Träume unserer jungen Frau helfen dabei dies zu formulieren. Sie waren Bühnen, errichtet zum semiotischen Wohl der Träumenden. Ihr aufschlussreicher Effekt – in beiden Fällen tatsächlich von großer Hilfe bei den zwei Entscheidungen, welche die Träumende im Anschluss traf – verwandelte sie in bezeichnende Ereignisse. Genauer gesagt waren die Bedeutungen, die sie hervorzubringen vermochten, von einer Topografie von Beziehungen abhängig, die sich von den im traditionellen Kommunikationsmodell enthaltenen, wo ein Sender Bedeutung auf einen mutmaßlich passiven Empfänger überträgt, unterschieden. In diesen Träumen passiert etwas völlig anderes. Während die Frau selbst, als Träumende, *auf* der Bühne abwesend war, wurde ihre Subjektivität auf diese Bühne gestellt – und in weiterer Folge – von den Träumen verändert. Dieser Effekt wurde von einer Semiotik generiert, die nur vermittels der Mise-en-Scène analysiert werden kann.

Diese zwei Träume ähneln so manch einer Videoinstallation. Keiner der beiden Träume erschien zunächst besonders spektakulär, wenn man von ihrem affektiven Gehalt an *spektakulärer Intensität* absieht, noch wohnte ihnen eine klare Narrativität inne. Es fanden keine Ereignisse statt, und es traten keine Figuren auf. Aber unsere Träumende führte nicht Regie. Sie schaute nur zu, obwohl sie sich in deren Zentrum befand. Auf diese bestimmte Weise, behaupte ich, entsprachen diese Träume der Videoinstallation. Es gab keinen Plot, zumindest keinen als solchen erkennbaren, weil er nicht im Sinne von Barthes' Codes, wie etwa dem „proairetischen" Code in *S/Z*, kulturell enkodiert war. Mit dieser Wortschöpfung bezieht sich Barthes auf erworbene kulturelle Modelle, in deren Rahmen Zuschauer, Leser oder Zuhörer Details zusammenfassen, welche die Bildung kohärenter Handlungssequenzen wie etwa „sich verlieben", „aufwachsen", „Überfall" oder „Eisenbahnraub" ermöglichen.**14**

Story-Telling – Aspekte der Narrativität

„Narrativity Junkies" wie ich könnten die tief schürfende Narrativität dieser beiden Träume übersehen und das Schauspiel selbst

nur für eine Bühnendekoration halten, für ein Vorspiel der Erzählung, die noch folgt. Nur Farben und Empfindungen „passierten", bewegten sich, bewegten die Träumende. Doch wurde die Wichtigkeit der Farben durch ihre Intensität *bezeichnet,* so wie auch die affektive Wirkung. Buchstäbliche körperliche Bewegung bezeichnete figurative emotionale Bewegtheit in gleicher Weise, wie Metaphern in der barocken und auch der zeitgenössischen Literatur in ihrem buchstäblichen Sinn gebraucht worden sind. In *Phèdre* benutzt Racine das barocke Klischee *feu,* Feuer, für Leidenschaft, indem er den Protagonisten buchstäblich einen Raub der Flammen werden lässt. Marguerite Duras verwendet Metaphern in Verbindung mit Wortspielen buchstäblich, z.B. *mer/mère* in *Agatha;* der Selbstmord folgt der Passage mit dem „coupeur d'eau" in *Le coupeur d'eau,* der die Protagonistin vom lebenswichtigen Wasser abschneidet.**15** Folglich *visualisieren* beide Schriftsteller ihre Sprache in derselben Weise, wie es Träumende tun. Sie offerieren Wörter als Konzepte: Wörter, die ihre alten abstrakten Bedeutungen mit neuen, konkreten, visuellen verschmelzen, um ein Konzept zu bilden, das dann mehr theoretischer Gegenstand ist. Diese Verwandlung von Wörtern in Bilder kann natürlich auch von einem Text auf den anderen erfolgen, oder von einem sprachlichen Text auf einen grafischen Text. Als Verteidigung für diese Kategorie der Konzeptualisierung würde ich die Mise-en-Scène als analytisches Werkzeug anführen. Zur Markierung des Unterschiedes zwischen in so starkem Maße konkreten Konzepten, oder besser deren konkretisierendem Gebrauch, aber auch zur Betonung der konkreten Eigenschaften aller Konzepte schlage ich den Begriff „konzeptuelle Metapher" vor.**16**

Die Bewegung in den beiden Träumen stand dann also für eine bezeichnete, affektive Wirkung auf die Träumende mittels *Bewegung* als Zeichen und *Literalisierung* als Code. Und das abwesende Individuum, auf das der Affekt wirkte, war gleich einem nicht gleichgültigen Zuschauer, dessen Subjektivität an einer riskanten Schnittstelle zwischen Fiktion und psychischer Realität inszeniert wurde. Diese zwei Elemente machen diese Träume zu spezifischen Beispielen für die Mise-en-Scène. Indem sie sich näherten, generierten die Requisiten – der Sand im ersten Traum, die Flagge im zweiten Traum – die einzige Bewegung. Diese Bewegung unterschied das Tableau von einer Standaufnahme, sagen wir von einem Gemälde oder einem Foto. In einer traditionellen Terminologie könnte man das die einsetzende Narrativität der Szenen nennen. Dies ist der Aspekt, den die Videoinstallation in den Vordergrund rückt; und das ist es, was dieses Kunstgenre so überaus theatralisch macht, *ohne* selbst Theater zu sein.

affective impact. Literal, physical movement signified figurative, emotional movement, in the way metaphors have been literalized in baroque and contemporary literature. Racine, in *Phèdre*, literalises the baroque cliché *feu*, fire, for passion, by making it consume and kill the protagonist. Marguerite Duras literalises metaphors in conjunction with punning, e.g. *mer/mère* in *Agatha;* the suicide follows the passage of the "coupeur d'eau" in "Le coupeur d'eau", who cuts off the female protagonist from the water indis-pensable to life.**15** Both writers thus *visualise* their language the way dreamers do. They offer words as concepts: words that merge their old abstract meanings into new, concrete, visual ones, to form a concept that is rather like a theoretical object. This tranformation of words into images can, of course, also happen between one text and another, or between a linguistic text and a graphic text. It is in a plea for this category of conceptualisation that I would offer *mise-en-scène* as an analytical tool. To mark the difference between such strongly concrete concepts, or rather, their concretising use, and more abstract ones, but also, to emphasise the concrete quality of all concepts, I propose the term "conceptual metaphor".**16**

Thus the movement in the two dreams, stood for, signified, affect on the dreamer, through *movement* as sign and *literalization* as code. And the absent subject undergoing the affect was like the non-indifferent spectator, whose subjectivity was staged in a risky interface between fiction and psychic reality. These two elements make these dreams specific cases of *mise-en-scène.* Moving forward, the props – the sand in the first dream, the flag in the second dream – produced the only movement. That movement distinguished the *tableau* from a still image, say, from a painting or a photograph. In traditional terminology, this could be called the incipient narrativity of the scenes. It is this aspect that video installation foregrounds; and it is this that makes that artistic genre so eminently theatrical, without *being* theatre.

We can see how the narrativity is not just incipient but fully deployed. The landscape was both stage and figure, that is, *actant,* albeit not an anthropomorphic one.**17** But the movement, both literal and figurative,

Wir können sehen, wie die Narrativität sich nicht bloß in ihrem Anfangsstadium befindet, sondern sich voll entfaltet. Die Landschaft war sowohl Bühne als auch Figur, das heißt *Aktant,* wenngleich kein anthropomorpher.**17** Aber die Bewegung, sowohl buchstäblich als auch metaphorisch, duplizierte die Narrativität als Wirkung auf den Betrachter, kam in beiden Träumen so nahe, dass sie kurz davor war die Träumende zu überwältigen, sie beinahe, aber nicht wirklich in das Geschehen hineinzuziehen. Weit genug, um ihre Subjektivität zu beeinflussen, nicht weit genug, um sie gewaltsam anzugreifen. In diesem Sinne waren das poststrukturalistische Träume – sagen wir Lacansche Träume – und ein bisschen mehr.**18**

Vielmehr war sich die Träumende der erzählenden Eigenschaft ihrer Träume intensiv bewusst. Sie selbst erzählte nicht; sie war Adressat der Erzählung. Aber mehr als das: sie wurde nicht nur *ihr* erzählt (als indirektem Objekt), sondern auch *sie* (die Träumende als direktes Objekt) wurde erzählt, und das wiederum in den zwei Bedeutungen, welche die *Mimesis,* das Nomen des Zeitworts *mimeisthai* zwangsläufig bezeichnet.**19** Die Träume erzählten ihr buchstäblich etwas, und das mit Nachdruck. Aber während sie nicht ausdrücklich erzählten – vielmehr zeigten sie etwas gemäß dem alten Gegensatz zwischen Telling und Showing –, beschränkten sie sich nicht *nur* aufs Zeigen. Wie bei der Videoinstallation gab es keine vierte Mauer zwischen Bühne und Betrachter. Sie fühlte sich sehr stark miteinbezogen, obwohl es keinen Augenblick gab, in dem sie auf die Bühne hinaustrat. Der Traum „erzählte" ihr etwas, indem er etwas anderes „zeigte", etwas über sie und sie betreffend.**20** Und der Ort des Aufeinandertreffens der beiden semiotischen Akte des Telling und Showing, der im Traum unsichtbare Ort der unmittelbaren Auswirkung – was Aristoteles *Katharsis* genannt hätte – befand sich im Körper der Träumenden. Daher der starke visuelle Reiz der Farben, die Erregung, das Glücksgefühl, das sie dabei fühlte, wie sie sozusagen „von unmittelbaren Auswirkungen betroffen" wurde. Und das ist es, glaube ich, was mich so fesselt, wenn ich in eine Videoinstallation versunken bin.

Es gab keine Rebus-artigen Rätsel, keine Wortbilder in den Träumen, die man „übersetzen" musste, sondern nur Empfindungen. Die Träume *taten,* agierten, performten. Aber braucht die Performance nicht ein Individuum, dessen Bestimmung es ist, zu *agieren?* Christopher Bollas' „ungedacht Gedachtes" scheint in der folgenden Erklärung jener Formulierung, die dieses Kapitel schon als Epigraph eingeleitet hat, eine Entsprechung zu dieser Performance anzubieten: „Ich entdecke oft, dass ich, obwohl ich an

duplicated the narrativity as impact on the onlooker, in both dreams coming so close that it was on the verge of overwhelming the dreamer-nearly, but not quite, pulling her inside the occurrence. Enough to let her subjectivity be influenced, not enough to violently attack it. In this sense, these were post-structuralist dreams – say, Lacanian – and a bit more.**18**

In fact, the dreamer was acutely aware of the telling quality of her dreams. She wasn't doing the telling; she was its addressee. But more than that: it was also telling her, not only as indirect, but also as direct object, and this again, in the two senses that *mimeisthai's* object, *mimesis,* indicates perforce.**19** The dreams were literally telling her something, with insistence. But whereas they did not explicitly tell – they were in the business of showing, according to the old opposition between telling and showing – neither did they *only* show. As in video installation, there was no fourth wall between stage and onlooker. She felt very strongly implicated, although there was no moment when she stepped out on stage. The dream "told" her something by "showing" something else, something about and regarding her.**20** And the site of the encounter between the two semiotic acts of telling and showing, the site of impact – what Aristotle would have called *catharsis* – invisible in the dream, was located *in the body of the dreamer.* Hence the strong visual sensation of the colours, the excitement, the happiness she felt at being "impacted", so to speak. And this, I think, is what keeps me riveted when I am immersed in a video installation.

There were no rebus-like riddles, no image-words, to "translate" in the dreams, only sensations. The dreams were *doing,* acting, performing. But doesn't performing need a subject designated to *do* the act? Christopher Bollas' "unthought known" seems to offer an analogy to this performance in the following explanation of that phrase, which serves as the epigraph to this chapter: "I often find that although I am working on an idea without knowing exactly what it is I think, I am engaged in thinking an idea struggling to have me think it."**21** The point I would like to extend here to the theoretical value of *mise-en-scène* as a

einem Gedanken arbeite ohne genau zu wissen, was es ist, woran ich denke, damit beschäftigt bin einen Gedanken zu denken, der darum ringt, von mir gedacht zu werden."**21** Der Punkt, den ich hier auf den theoretischen Wert der Mise-en-Scène als Schlüssel zur Videoinstallation ausweiten möchte, einschließlich des Passivs jener Formulierung, ist die völlige Verschmelzung des Subjekts ins Objekt, und des Objekts – Requisiten, Dinge – ins Agens und ins handelnde Individuum. Im Videobereich agieren Dinge, das Subjekt unterzieht sich der Handlung und die Macht des Objekts erlangt eine traumartige Qualität, welche nichtsdestotrotz das Resultat bewusster – wenn auch nicht bewusst „ausgeübter" – künstlerischer Tätigkeit ist. Eben weil sowohl konkret, materiell und öffentlich als auch eine Empfänglichkeit für den Traum, Tagtraum – die bereitwillige Aufhebung des Zweifels – erfordernd, bringt die Inszenierung das Private und das Öffentliche in Einklang, ohne die starke „Spezialisierung" beider Bereiche zu mindern. In anderen Worten ist das Träumen, das sich auf der Bühne oder vermittels der Bühne vollzieht sowohl extrem privat als auch extrem öffentlich – zum wechselseitigen Wohle beider Dimensionen der subjektiven Existenz.**22**

Acting

Aber damit meine Schlussfolgerungen nicht zu buchstäblich genommen werden – Bühne als echte Bühne –, lassen Sie mich die Angelegenheit weiter verkomplizieren. Obwohl sie irgendeine Form räumlicher Materialität erfordert, kann dieser Funktion der Mise-en-Scène als Verkörperung des Anderen, in Beziehung zu dem Subjektivität möglich wird, wiederum aktive Gestalt gegeben werden – sie kann *inszeniert* werden –, mit metaphorischen Mitteln wie Figuren. Diese sind Stellvertreter, nicht für narrative Aktanten, sondern für die Bühne, auf der die Subjektivität, selbst der Aktant, zum Leben erweckt werden kann. In dieser Funktion fordern sie eine besondere Art der Identifikation, die ein wichtiges Element meiner Beschäftigung mit Videoinstallationen ist. Es ist dies eine Identifikation „außerhalb meiner selbst", was Kaja Silverman *heteropathisch* genannt hat. Diese, dem stimme ich zu, konstituiert die Inszenierung der Subjektivität. Eine derartige heteropathische Identifikation kann oft sozial produktiv sein, ist es auch oft, insofern als sie das Subjekt aus sich selbst herausreißt, indem sie es verleitet hinauszugehen und das Andere auf seinem Terrain zu treffen. Und genau vermittels solch einer Identifikation ist die retrospektive Möglichkeit des „Werdens" Mise-en-Scène – im völlig privaten Tagtraum, der sich in der völlig öffentlichen Arena des Museumsraumes abspielt.

key to video installation, including the passive voice of that phrase, is the complete merging of subject into object, and of object – props, things – into subjects acting, and into acting subjects. In video, things act, the subject undergoes the action, and the power of the object achieves a dreamlike quality, which is, nonetheless, the result of conscious – if not necessarily aware – artistic agency. As concrete, material, and public, as soliciting a receptivity to dreaming, fantasy, and the willing suspension of disbelief, staging reconciles the private and the public without diminishing the powerful "specialisation" of either. In other words, the dreaming that occurs on, or through, the stage, is both extremely private and extremely public – to the mutual benefit of both dimensions of subjective existence.**22**

Acting

But, lest my point be taken too literally – stage as physical stage – let me complicate the issue further. Although requiring some form of spatial materiality, this function of *mise-en-scène* as embodying the other in relation to whom subjectivity becomes possible, can in turn be given active shape – *staged* – by figurative means such as characters. These are stand-ins, not for narrative actants but for the stage on which subjectivity, itself the actant, can come to be. In this function, they solicit a particular kind of identification that is an important element in my engagement with video installation. This is a form of identification "outside myself", what Kaja Silverman has termed *heteropathic*. It is what constitutes, I submit, the staging of subjectivity. Such heteropathic identification can be, often is, socially productive, in that it wrenches the subject outside of herself, enticing her to go out and meet the other on their ground. It is through such identification that the retrospective possibility of "becoming" is *mise-en-scène* – in the utterly private fantasy, set in the utterly public arena of museum space.

In *The Pleasure of the Text,* Barthes uses the word "seduction" in virtually the same sense when he calls seduction "the staging of an appearance-disappearance"**23**. Video installation, with its combination of

In *Die Lust am Text* verwendet Barthes das Wort „Verführung"
in praktisch demselben Sinne, wenn er die Verführung „die Inszenierung eines Erscheinens-Verschwindens"**23** nennt. Die Videoinstallation mit ihrer Kombination aus Versenkung und aufreizend
unvollendeter Gestaltung und Narrativität, verwendet die Dialektik
zwischen Sichtbarkeit und Unsichtbarkeit dazu, den Betrachter
zu einer Art Kapitulation zu verführen. In ihrer brillanten Neube-
arbeitung von Austins Theorie der Performativität, die, seit sie
erstmals zu Papier wurde, verwässert worden war, gebraucht
Shoshana Felman den Sprechakt der Verführung als ihr Schlüsselbeispiel, als ihr theoretisches Objekt. Konfrontiert mit der
geschlechtsbezogenen Gewalt, die der Verführung so nahe ist,
vertrat ich in *Death and Dissymmetry* (1988) die Auffassung, dass
die strahlende Rolle dieses Beispiels ein wenig frivol, optimistisch
und leichtherzig ist. Heute bin ich geneigt, die Verführung nicht
als ein Schlüsselbeispiel abzulehnen, sondern eher die Bedeutung
des Sprechaktes der Verführung selbst zu revidieren. Das führt
uns zurück zur Performativität im Herzen der Theatralität. Ohne
über die süßen, gewalttätigen oder bittersüßen Folgen der Verführung als Akt von vornherein urteilen zu wollen, sehe ich sie
hier als die Mise-en-Scène des Augenblickes, in dem die Subjektivität innerhalb der sozialen Interaktion auftaucht. Erscheinen
und Verschwinden ist auch die richtige Formulierung für eine
Beschreibung der Theatralität; ein Stenogramm oder Minimal-
abriss der Inszenierung.

Bislang habe ich versucht, jene Elemente der Mise-en-Scène, die
sie in ein konzeptuelles Werkzeug verwandeln, getrennt zu behandeln, in einem Versuch zu verstehen, wie Künstler effektive
Formen einer Ästhetik der Inszenierung der Subjektivität jenseits
der Kluft zwischen Privatem und Öffentlichem anbieten können.
Diese Elemente sind mit unorthodoxen Formen der Narrativität
sowie ungewöhnlichen Formen der Visualität verbunden. Sowohl
narrative als auch visuelle Kohärenz werden abgelehnt. In allen
Fällen weicht die Repräsentation der Präsentation. In linguistischer
Hinsicht schwindet die Rede in der dritten Person zugunsten einer
Interaktivität zwischen erster und zweiter Person. Diese Integration
eines unerfüllten Versprechens der Narrativität, zusammen mit
der ungreifbaren Visualität von Bildern, die erscheinen, kurz flimmern und verschwinden oder, umgekehrt, die jenseits der Grenzen
der Ausdauer einer von vorherbestimmter Temporalität geformten
Geduld fortbestehen, ist vielleicht der charakteristischste Aspekt
der Videoinstallation. Dies bringt mich zum letzten Aspekt, den
die Videoinstallation verkörpert und der ihren bleibenden Reiz ausmacht: ihre bewegende Qualität – im doppelten Sinne des Wortes.

immersion and tantalizingly unfinished figuration
and narrativity, uses the dialectic between visibility
and invisibility to seduce the viewer into a kind of
surrender. In her brilliant revision of Austin's theory
of performativity as it had been watered down since
it was first conceived, Shoshana Felman uses the
speech act of seduction as her key example, as
her theoretical object. Confronted with the gendered
violence that lies so closely contiguous to seduction,
I argued, in *Death and Dissymmetry* (1988), that the
starry role of this example is a bit frivolous, optimistic,
light-hearted. I am inclined now, not to reject
seduction as a key example but rather to revise the
meaning of the speech act of seduction itself. This
brings us back to the performativity at the heart
of theatricality. Without prejudging the sweet, violent,
or bitter-sweet implications of seduction as an act,
I see it here as the *mise-en-scène* of the moment
when subjectivity emerges within social interaction.
Appearing and disappearing is also the right phrase
to characterise theatricality; a shorthand or minimal
summary of staging.

So far, I have tried to treat separately those elements
of *mise-en-scène* that turn it into a conceptual tool,
in an attempt to understand how artists can offer
effective forms of an aesthetic of staging subjectivity
beyond the private/public divide. These elements are
bound up with unorthodox forms of narrativity as
well as with unusual forms of visuality. Both narrative
and visual coherence are rejected. In all cases,
representation gives way to presentation. In linguistic
terms, third-person discourse recedes in favour of
first/second-person interactivity. This integration of an
unfulfilled promise of narrativity with the ungraspable
visuality of images that appear, briefly flicker, and
disappear or, conversely, that linger beyond the endur-
ance of a patience shaped by pre-ordained temporality,
is, perhaps, the most characteristic aspect of video
installation. This brings me to the last aspect that
video installation embodies and that accounts for its
enduring appeal: its moving quality, in the double
sense of the word.

In den beiden Träumen wird buchstäbliche Bewegung entweder inszeniert oder angedeutet und steht für die metaphorische Bedeutung der *Bewegtheit* als Affekt. Mich interessiert in erster Linie die Art und Weise, in der eine Traumtheorie – auf der Psychoanalyse basierend und folglich in erster Linie auf den privaten Bereich des Individuums ausgerichtet – in grundlegendem Maße eine Theorie der Inszenierung ist, weil sie den Affekt in den öffentlichen Raum überführt. Die Kunstfertigkeit der Traum*arbeit* in dieser Art von Mise-en-Scène verleiht Videoinstallationen eine traumartige Qualität, welche die Besucher aus ihrer Gefangenschaft in der eintönigen Wirklichkeit des Alltags herausreißt. Dies sind *Bilder,* und Mise-en-Scène ist ihre wichtigste Wirkungsweise.

Christopher Bollas behauptet, dass der Träumende im Traum, in Bezug auf die Bühne, dessen Regisseur und dessen Schauspieler, Requisiten, zeitlichen Rahmen und was es sonst noch gibt, auf eine Weise platziert ist, die dem Begriff „ästhetisch" Funktion verleiht, ohne aber die Metaphorizität, zumindest im traditionellen Sinne dieses Begriffes, exzessiv aufzurufen. In seiner Theatralisierung des Traumes formuliert Bollas seine Theorie unter Verwendung all der Begriffe, die ich in Bezug auf die Mise-en-Scène geltend gemacht habe: „Ich sehe den Traum als eine von einer *einzigartigen Ästhetik* konstruierte *Fiktion:* die *Transformation* des *Individuums* in seine *Gedanken,* insbesondere die vom Ich *gestaltete* Einsetzung des Selbst *in* eine Allegorie des Begehrens und der Furcht." (Bollas, 64; Hervorhebungen hinzugefügt)

Dass er darauf besteht, dass das Ich und nicht das Individuum „Regie führt", hat im Kontext einer Diskussion der Mise-en-Scène besondere Relevanz. Das Ich ist tatsächlich „anders" als das Individuum. Das allein macht die Subjektivität theatralisch. Das Individuum kann das Ich nicht einfangen, erfassen oder einsperren. Wir können jetzt in einem etwas buchstäblicheren Sinn sehen, in welcher Weise und warum der Schlafende in zweierlei Hinsicht das Individuum des Traumes ist – sowohl der Träumende als auch der Trauminhalt – und ausdrücklich nicht das Agens hinter dem Traum: weder dessen Erzähler, noch dessen Regisseur, Autor oder Maler. Diese überarbeitete Theorie spricht sich im Übrigen deutlich dafür aus, dass die anti-intentionalistische Position für die Praxis besonders einer kulturwissenschaftlichen Analyse adäquater ist.

Als künstlerische Praxis ist die Mise-en-Scène eine von vielen Techniken der Einbindung des Betrachters in eine ästhetische Erfahrung. Als Konzept bezieht sie sich auf etwas, das man in adäquaterer Weise als kulturelle Praxis bezeichnen sollte. Diese

In the two dreams, literal movement is either staged or implied, standing, for the figurative sense of *moving* as affect. I am concerned primarily with the way in which a theory of dreams – psychoanalytically based and hence primarily geared towards the private domain of the individual – is fundamentally a theory of staging because it breaks affect open to the public domain. The artifice of dream*work* in this kind of *mise-en-scène* provides video installations with a dreamlike quality that wrenches the visitors out of their confinement within the drab reality of everyday life. These are *images,* and *mise-en-scène* is their primary mode of operation.

Christopher Bollas claims that the dreamer is positioned in the dream, in relation to the stage, its director, and its actors, props, time-frame and whathave-you, in ways that make the term "aesthetic" operative without an excessive appeal to metaphoricity, at least in the traditional sense of that term. In his theatricalisation of the dream, Bollas phrases his theory using all the terms I have brought to bear on *mise-en-scène:* "I regard the dream as a *fiction* constructed by a *unique aesthetic:* the *transformation* of the *subject* into his *thought,* specifically, the placing of the self *into* an allegory of desire and dread that is *fashioned* by the ego." (Bollas 64; emphasis added)

His insistence that the ego, not the subject, "directs" the play, has specific relevance in the context of a discussion on *mise-en-scène.* The ego is, indeed, "other" to the subject. This alone makes subjectivity theatrical. The subject cannot take hold of, grasp, or confine the ego. We can now see, in a somewhat more literal sense, how and why the sleeper is both the subject of the dreams – the dreamer as well as the subjectmatter – and emphatically not the dreams' subject: not its narrator, its director, or its writer/painter. This reworked theory, incidentally, offers strong support to the anti-intentionalist position as more adequate for the practice of, specifically, *cultural* analysis.

As an artistic practice, *mise-en-scène* is one of many techniques that engages the viewer in an aesthetic experience. As a concept, it refers to something more adequately indicated as a cultural practice. This

Praxis gehört zu unserem Alltag, tritt aber in der Konfrontation mit Situationen, welche die Mise-en-Scène selbst sozusagen einfrieren – als einen kulturellen Augenblick, in dem sich der alltägliche Ablauf der Dinge verlangsamt, das Ich-Bewusstsein wächst und wir Befriedigung daraus erlangen, dass wir aus unserem Selbst heraustreten – ganz besonders intensiv zu Tage. Die Theatralität, die uns gerade wegen ihrer Künstlichkeit ein fiktionales Reich des Experimentierens und Träumens bietet, bleibt ein produktiver Rahmen für eine Sichtweise kultureller Praxis als gesellschaftliche Bindung von Individuen, deren Subjektivität unangetastet bleibt. Sie liefert interaktive Bilder dieser Bindung.

Mit großzügiger Billigung der vorsätzlichen Aufhebung der Autorität, welche die Inszenierung der Subjektivität in einer kulturellen Verschmelzung der Individualität erfordert, ist die Videoinstallation deswegen so faszinierend, weil sie die Autorschaft auf den Betrachter überträgt. Durch derartige Installationen wird die volle kulturelle Bedeutung der Mise-en-Scène als Inszenierung der Subjektivität selbst zum Objekt der Inszenierung. So wird ein aus einer spezialisierten Praxis entnommenes Konzept ein Suchscheinwerfer, der ausleuchtet, was an den Praktiken, die wir studieren, so gewaltig *kulturell* ist. Zu Beginn dieses Aufsatzes schrieb ich, dass die Mise-en-Scène die Verkörperung von Text in einer der Öffentlichkeit, der kollektiven Rezeption zugänglichen Form ist; eine Vermittlung zwischen einem Stück und der multiplen Öffentlichkeit – wobei ich ergänzte: jedem ihr angehörigen Individuum. Nun möchte ich diese frühere, spezialisierte und praxisorientierte Definition erproben, so als wäre sie eine Traumtheorie.

Die künstlerische Einteilung des Raumes, in dem das Stück spielt – der Traum selbst – ordnet einen beschränkten und abgegrenzten Abschnitt der *Echt*zeit und des wirklichen Raumes (das heißt Zeit und Raum, die unveräußerlich dem Individuum gehören, und denen das Individuum unveräußerlich gehört) so, dass ein auf unterschiedliche Weise begrenzter Abschnitt fiktionaler Zeit und fiktionalen Raumes die fiktionalen Aktivitäten der „Schauspieler" – in den hier untersuchten Fällen Requisiten und die Bühne selbst – unterbringen kann, die zwecks Aufbaus eines Plots ihre Rollen performen.

Housing – Aspekte der disziplinären Zuordenbarkeit

Welche Disziplin sollte dieser Art von Analyse ein „Haus" sein? Die Kunstgeschichte, die Aufseherin der Installationskunst? Oder die Theaterwissenschaft, deren Fachleute die Fachtermini und die Geschichte des Theaters kennen? Die Film- und Medienwissen-

practice involves us every day, but more acutely so in confrontation with situations that frame-freeze, so to speak, the *mise-en-scène* itself, as a cultural moment in which routine is slowed down, self-awareness is increased, and satisfaction is gained from going outside ourselves. Theatricality, offering a fictional realm of experiment and dreaming precisely because of its artificiality, remains a productive frame to think cultural practice as a social binding of subjects whose subjectivity remains unassaulted. It offers interactive images of that binding.

In a generous endorsement of the wilful suspension of authority that is required by the staging of subjectivity in a cultural merging of individuality, video installation is so absorbing because it gives authorship over to the viewer. Through such installations, the full cultural importance of *mise-en-scène* as a staging of subjectivity is itself the object being staged. This is how a concept taken from a specialised practice becomes a searchlight that illuminates what is powerfully *cultural* about the practices we study. At the beginning of this essay I wrote that *mise-en-scène* is a materialisation of text in a form that is accessible for public, collective reception; a mediation between a play and the multiple public – to which I added: each individual in it. I would now like to rehearse that earlier, specialised, and practice-oriented definition as if it were a theory of dreams.

The artistic organisation of the space in which the play is set – the dream itself – arranges a limited and delimited section of *real* time and space (read: time and space that belongs inalienably to the subject, and to which the subject inalienably belongs) so that a differently delimited section of fictional time and space can accommodate the fictional activities of the "actors" – in the cases studied here, props and the stage itself – performing their roles to build a plot.

Housing

Which discipline should house this kind of analysis? Art history, the warden of installation art? Or theatre studies, whose practitioners know the specialised language and the practice's history? Film and media

schaften, wo die in der Videokunst mobilisierte Technologie hingehört? „Haus" als Nomen evoziert die Welt des Privaten, in die das Individuum hineingeboren wird, nur um dann in die Welt hinausgestoßen zu werden, damit es leben kann. Aber die Reflexion, während sie sich auf die Praxis stützt, wird immer überquellen, vom Haus in jene größere Welt, die wir in Ermangelung eines präziseren Begriffes Kultur nennen. Das ist dann kein „natürliches" Haus, sondern eine öffentliche Bühne, auf der sich Individuen treffen können. Sogar für dieses Bild der Interdisziplinarität ist die Videoinstallation das charakteristischste Bild oder die charakteristischste konzeptuelle Metapher.

Auf der Bühne und zwischen Bühne und Publikum pendeln die Rollen von Akteur und Regisseur hin und her. Vielleicht, oder vielleicht auch nicht, kann der Betrachter das eine oder andere Element, den einen oder anderen Aspekt der Subjektivität erfassen, den jener verstörende Schauplatz hervorbringt. Keiner ist Herr in „seinem" eigenen Haus, schrieb Freud in seiner berühmten und überinterpretierten Formulierung. Aber mich interessiert es nicht, jener Rezeptionsgeschichte etwas hinzuzufügen. Ich schlage vor diese Bildmetapher für bare Münze zu nehmen; dahingehend, dass der Träumende oder Betrachter, der in diesem dunklen, aber öffentlichen Raum alleine und doch nicht alleine ist, nichts anderes ist als das Es, welches das selbstbewusste Cartesianische Individuum aus dem Freudschen Haus ausquartiert hat. Die Mise-en-Scène als kulturelle Aktivität und künstlerische Praxis bietet sich uns als ein konzeptuelles Werkzeug an, mit dem wir sowohl die Konsequenzen dieser Negativität aus vollem Herzen billigen können, als auch die „Schönheit" ihrer permanenten Erforschung der mannigfaltigsten Inszenierungen (*Mises-en-Scène*), die uns die verschiedenen Kunstpraktiken unserer Kultur bieten, genießen. Das ist eine posthumanistische Sicht der Subjektivität, aber eine, die die Bedeutung des Individuums nochmals bekräftigt; eine, die in einem postbarocken Sinne an Wunder glaubt – solange diese ein Individuum *ex machina* aus dem Ärmel schütteln können.

studies, where the technology mobilized in video belongs? "House" as noun evokes the world of privacy into which the subject is born, only to be thrust out into the world so that he or she can live. But the reflection, leaning on the practice, will always spill over, from the house into that larger world we call, for lack of a more precise term, culture. No "natural" house, then, but a public stage where subjects can meet. Even of this image of interdisciplinarity, video installation is the most characteristic image, or conceptual metaphor.

On stage, and between stage and audience, the roles of player and director are shuttled back and forth. Perhaps, or perhaps not, the viewer can grasp some element or aspect of the subjectivity being put forth in that unsettling setting. No one is master in "his" own house, wrote Freud, famously, in his over-interpreted phrase. But I am not interested in adding to that interpretive activity. I propose to take this image-metaphor at face-value, so that the dreamer, or viewer alone and together in this dark but public space, is no other than the *id* that dislodged the self-confident, Cartesian subject from the Freudian house. *Mise-en-scène* as cultural activity and artistic practice offers us a conceptual tool with which to both endorse the consequences of this negativity wholeheartedly and enjoy the "beauty" of its ongoing probing in the various *mises-en-scènes* that the various art practices of our culture offer. This is a post-humanist view of subjectivity, but one that reaffirms the subject's importance; one that, in a post-baroque sense, believes in miracles – as long as these can come up with a subject *ex machina*.

Weitere Literatur

Bal, Mieke
Death and Dissymmetry. The Politics of Coherence in the Book of Judges.
Chicago: University of Chicago Press 1988.
Travelling Concepts in the Humanities: a Rough Guide.
Toronto: The Univeristy of Toronto Press 2002.

Felman, Shoshana
The Literary Speech Act: Don Juan with J.L. Austin, or Seduction in Two Languages.
Ithaca: Cornell University Press 1983.

Further literature

Bal, Mieke
Death and Dissymmetry. The Politics of Coherence in the Book of Judges. Chicago: University of Chicago Press 1988.
Travelling Concepts in the Humanities: a Rough Guide. Toronto: The Univeristy of Toronto Press 2002.

Felman, Shoshana
The Literary Speech Act: Don Juan with J.L. Austin, or Seduction in Two Languages. Ithaca: Cornell University Press 1983.

Freud, Sigmund
New Introductory Lectures on Psychoanalysis. Ed. and trans. by James Strachey.
New York: Norton 1965. (Orig. 1933)
The Interpretation of Dreams. Trans. and edited by James Strachey.
New York: Avon Books 1982. (Orig. 1900)

Weber, Samuel
The Legend of Freud. Minneapolis: University of Minnesota Press 1982.

Anmerkungen

1 Dieser Aufsatz wurde Teilen der Kapitel *Performance and Performativity*
und *Mise-en-Scène* in Mieke Bal: *Travelling Concepts in the Humanities:
a Rough Guide*. Toronto: The University of Toronto Press 2002, entnommen.

2 „Binary terror" ist der Begriff, den Rebecca Schneider in ihrer theoretischen
Durchleuchtung der vielen Arten, wie die Performance-Kunst den Körper verdeutlicht
hat, verwendet. Vgl. Rebecca Schneider: *The Explicit Body in Performance*.
New York: Routledge 1997, S. 12 – 42.

3 Malcolm Bowie: *Freud, Proust and Lacan. Theory as Fiction*. Cambridge:
Cambridge University Press 1987, S. 110.

4 Siehe J.L. Austin: *How to Do Things With Words*. Cambridge: Harvard University
Press 1975 [1962]; Jacques Derrida: *Signature, Event, Context*. In: *Limited Inc.*
Trans. Samuel Weber. Evanston: Northwestern University Press 1988, S. 1 – 23;
Judith Butler: *Gender Trouble: Feminism and the Subversion of Identity*.
New York: Routledge 1990; *Bodies that Matter: On the Discursive Limits of 'Sex'*.
New York: Routledge 1993. Für eine Kurzfassung dieser Debatte ist die Einleitung
zu Butler (1993) sehr nützlich.

5 Philip A. Alperson: *Performance*. In: *Encyclopedia of Aesthetics*. Ed. Michael Kelly
(1998), Vol. 3, New York/Oxford: Oxford University Press, S. 464 – 466, hier: S. 464.

6 Die Zeitschrift *Performance Studies* veranschaulicht diesen Augenblick. In erster
Linie der Performance gewidmet, veröffentlicht sie oft Aufsätze, in denen auch
Performativität diskutiert wird.

7 Vgl. Jonathan Culler: *Philosophy and Literature: the Fortunes of the Performative*.
In: *Poetics Today* 21 (2000), 3, S. 48 – 67, hier: S. 59.

8 Siehe Hans-Thiess Lehmann: *Time Structures/Time Sculpture: On Some Theatrical
Forms at the End of the Twentieth Century*. In: *Theaterschrift* (1997), 12, S. 29 – 47.

9 Großteils aus Patrice Pavis: *Dictionary of the Theatre: Terms, Concepts
and Analysis*. Toronto: University of Toronto Press 1998, S. 361 – 368.

10 Hans-Thiess Lehmann: *From Logos to Landscape: Text in Contemporary
Dramaturgy*. In: *Performance Research 2* (1997), 1, S. 55 – 60.
Ich möchte es lieber offen lassen – ja, ich bestehe auf der Unentscheidbarkeit der
Unterscheidung zwischen Phänomenologie und Semiotik, die in dieser Formulierung
steckt, welche von mir stammt und nicht von Lehmann.

11 Die Autoren beziehen sich auf Freud und Breuers Studie der Anna O. in ihrem
überarbeiteten und wiederveröffentlichten bahnbrechenden Artikel über Hysterie.
Vgl. Jean Laplanche, Jean-Baptiste Pontalis: *Fantasme originaire: fantasmes des
origines, origines du fantasme*. Paris: Hachette 1985, S. 11.

12 Der Titel von Webers Buch deutet diese zwei Aspekte in der Mehrdeutigkeit des
Nomens „Legende", das nicht nur Freuds legendären Status anzeigt, sondern auch
den mythischen, ergo öffentlichen und historischen Status der Träume einerseits, und
andererseits die Lesbarkeit der Legende – die Legende als Anleitung zum Verstehen.

Freud, Sigmund
New Introductory Lectures on Psychoanalysis. Ed. and trans.
by James Strachey. New York: Norton 1965. (or. 1933)
The Interpretation of Dreams. Trans. and edited by James Strachey.
New York: Avon Books 1982. (or. 1900)

Weber, Samuel
The Legend of Freud. Minneapolis: University of Minnesota Press 1982.

Notes

1 This essay was derived from fragments of the chapters
Performance and Performativity and *Mise-en-scène* in Mieke Bal:
Travelling Concepts in the Humanities: a Rough Guide. Toronto:
The University of Toronto Press 2002.

2 "Binary terror" is the term Rebecca Schneider uses to theorise
the many ways performance art made the body explicit. See Rebecca
Schneider: *The Explicit Body in Performance*. New York: Routledge
1997, pp. 12 – 42.

3 Malcolm Bowie: *Freud, Proust and Lacan. Theory as Fiction*.
Cambridge: Cambridge University Press 1987, p. 110.

4 See J.L. Austin: *How to Do Things With Words*. Cambridge:
Harvard University Press 1975 [1962]; Jacques Derrida: *Signature,
Event, Context*. In: *Limited Inc*. Trans. Samuel Weber. Evanston:
Northwestern University Press 1988, pp. 1 – 23; Judith Butler:
Gender Trouble: Feminism and the Subversion of Identity. New York:
Routledge 1990; *Bodies that Matter: On the Discursive Limits
of 'Sex'*. New York: Routledge 1993. For a short version of this debate,
the Introduction to Butler (1993) is very useful.

5 Philip A. Alperson: *Performance*. In: *Encyclopedia of Aesthetics*.
Ed. Michael Kelly (1998), Vol. 3, New York/Oxford: Oxford University
Press, pp. 464 – 466; p. 464.

6 The journal *Performance Studies* betokens this moment. Primarily
devoted to performance, it often publishes papers in which performativity is also discussed.

7 See Jonathan Culler: *Philosophy and Literature: the Fortunes of
the Performative*. In: *Poetics Today* 21 (2000), 3, pp. 48 – 67; p. 59.

8 See Hans-Thiess Lehmann: *Time Structures/Time Sculpture:
On Some Theatrical Forms at the End of the Twentieth Century*.
In: *Theaterschrift* (1997), 12, pp. 29 – 47.

9 Mostly from Patrice Pavis: *Dictionary of the Theatre: Terms,
Concepts and Analysis*. Toronto: University of Toronto Press 1998,
pp. 361 – 368.

10 Hans-Thiess Lehmann: *From Logos to Landscape: Text in
Contemporary Dramaturgy*. In: *Performance Research* 2 (1997),
1, pp. 55 – 60.
I prefer to leave undecided – indeed, insist on the undecidability
of – the distinction between phenomenology and semiotics implied
in this formulation, which is mine, not Lehmann's.

11 The authors refer to Freud and Breuer's study of Anna O. in their
seminal article, reworked and republished, on fantasy. See Jean
Laplanche, Jean-Baptiste Pontalis: *Fantasme originaire: fantasmes
des origines, origines du fantasme*. Paris: Hachette 1985, p. 11.

13 Ich betone natürlich die Elemente, die in Freuds *Traumdeutung* immer wiederkehren. In diesem Buch beginnen die eigentlichen Traumdeutungen zufällig mit einer
Mise-en-Scène. Freud ist vorsichtig bei der Lokalisierung seiner Tagesreste.

14 Siehe Roland Barthes: *S/Z*. Trans. Richard Miller. New York: Hill and Wang 1975.
Für eine kurze und prägnante Einführung zu Barthes siehe Jonathan Culler:
Roland Barthes. New York: Oxford University Press 1983, S. 84. Die letzten beiden
Beispiele sollen die Leser an die historische Einbettung solcher Standard-Plot-
Elemente erinnern.

15 Über diesen Aspekt der Werke von Duras siehe Lia van de Biezenbos: *Fantasmes
maternels dans l'oeuvre de Marguerite Duras: dialogue entre Duras et Freud.*
Amsterdam/Atlanta, GA: Rodopi 1995.

16 Für eine ausführliche Diskussion, die sich dafür ausspricht, siehe Teri Reynolds:
*Case studies in cognitive metaphor and interdisciplinary analysis: physics, biology,
narrative.* New York: Columbia University (Ph.Diss.) 2000.

17 Mit einem strukturalistischem Konzept als Kern, bezieht sich „Aktant" auf eine
Klasse von Figuren, die in einer fixen Beziehung zur Funktion oder dem Prädikat,
das einen Plot definiert, stehen. Genau diese Möglichkeit einer durch nicht anthropo-
morphe Aktanten strukturierten Narrativität ist eine Schlussfolgerung aus Greimas'
Konzept. Siehe insbesondere seine konkrete Lektion zur Anwendung seiner Theorie
in Algirdas Julien Greimas: *Maupassant. Excercices pratiques.* Paris: Editions du
Seuil 1976 (Englisch: *Maupassant: The Semiotics of Text, Practical Lessons.* Trans.
Paul Perron. Amsterdam and Philadelphia: J. Benjamins, Publishers & Co. 1988)

18 Als Kurzfassung und, noch wichtiger, Wiederholung und Erweiterung von
Lacans Begriff der kulturell eingebetteten Subjektivität siehe Silvermans brillante
Studie zum Thema. Vgl. Kaja Sliverman: *The Threshold of the Visible World*.
New York: Routledge 1996.

19 Alle Geheimnisse des enigmatischen Konzepts Mimesis, das schon so viele Kritiker
irregeführt hat, werden in Dupont-Roc und Lallots brillantem zwanzigseitigen
Kommentar offenbart und gelöst. Vgl. Roselyne Dupont-Roc, Jean Lallot: *La poétique:
Aristote.* Trans. and annotated by Roselyne Dupont-Roc and Jean Lallot, with an
intoduction by Tzvetan Todorov. Paris: Seuil 1980, S. 43 – 63.

20 Die im englischen Originaltext angesprochene Doppelbedeutung von „regarding"
muss im Deutschen unübersetzt bleiben. [Anm. des Übers.] Die Autorin bezieht sich
dabei auf Georges Didi-Hubermann: *Ce que nous voyons, ce qui nous regarde.*
Paris: Editions de Minuit 1992.

21 Christopher Bollas: *The Shadow of the Object: Psychoanalysis of the Unthought
Known.* New York: Columbia University Press 1987, S. 10.

22 Ich bestehe darauf, um das Missverständnis zu vermeiden, ich verfechte eine
Rückkehr zum Individualismus. Um es anders zu formulieren: dem „Privaten" oder
der individuellen Dimension der Subjektivität gerecht zu werden, ist eine politische
Frage. Aber, wie die problematischen Aspekte der Identitätspolitik unwissentlich
demonstriert haben, kann das nur unter der Bedingung politisch effektiv sein, dass
die Dimension der Öffentlichkeit in gleicher Weise einbezogen ist. Daher also die
symbolische Bedeutung der Mise-en-Scène für meine Argumentation.

23 Roland Barthes: *Pleasure of the Text*. Trans. Richard Miller.
New York: Hill and Wang 1975, S. 19.

12 The title of Weber's book invokes these two aspects in the
ambiguity of the noun 'legend', indicating not only the legendary
status of Freud, but also, the mythical, hence, public, and historical
status of dreams on the one hand, and the legend's readability –
the legend as directions for decoding – on the other.

13 I am emphasising, of course, the elements that recur in Freud's
Interpretation of Dreams. In this book, incidentally, the actual analyses
of dreams begin with a *mise-en-scène*. Freud is careful to *locate* his
remnants of the day.

14 See Roland Barthes: *S/Z*. Trans. Richard Miller. New York: Hill and
Wang 1975. For a clear and quick introduction to Barthes, see
Jonathan Culler: *Roland Barthes*. New York: Oxford University Press
1983, p. 84. The last two examples are meant to remind the reader of
the historical specificity of such stock plot elements.

15 On this aspect of Duras' work, see Lia van de Biezenbos:
*Fantasmes maternels dans l'oeuvre de Marguerite Duras: dialogue
entre Duras et Freud.* Amsterdam/Atlanta, GA: Rodopi 1995.

16 For an extensive argument in favour of this use, see Teri Reynolds:
*Case studies in cognitive metaphor and interdisciplinary analysis:
physics, biology, narrative.* New York: Columbia University (Ph.Diss.)
2000.

17 A structuralist concept at the core, "actant" refers to a class of
figures standing in a fixed relationship to the function or predicate that
defines a plot. The possibility of a narrativity structured through non-
anthropomorphic actants is, precisely, the point of Greimas' concept.
See, in particular, his concrete lesson on the application of his theory,
in Algirdas Julien Greimas: *Maupassant. Excercices pratiques.* Paris:
Editions du Seuil 1976 (English: *Maupassant: The Semiotics of Text,
Practical Lessons.* Trans. Paul Perron. Amsterdam and Philadelphia:
J. Benjamins, Publishers & Co. 1988)

18 As a shortcut and, more importantly, revision and extension of
Lacan's notion of subjectivity as culturally embedded, see Silverman's
brilliant study on the subject. Kaja Sliverman: *The Threshold of the
Visible World*. New York: Routledge 1996.

19 All the secrets of this enigmatic concept, *mimesis*, that has led
so many critics astray, are revealed and resolved in Dupont-Roc and
Lallot's twenty pages of brilliant commentary. Roselyne Dupont-Roc,
Jean Lallot: *La poétique: Aristote*. Trans. and annotated by Roselyne
Dupont-Roc and Jean Lallot, with an intoduction by Tzvetan Todorov.
Paris: Seuil 1980, pp. 43 – 63.

20 For the importance of the double sense of regarding as "looking at"
and "concerning", see Georges Didi-Hubermann: *Ce que nous voyons,
ce qui nous regarde*. Paris: Editions de Minuit 1992.

21 Christopher Bollas: *The Shadow of the Object: Psychoanalysis of
the Unthought Known*. New York: Columbia University Press 1987, p. 10.

22 I insist on this to avoid the misunderstanding that I am advocating
a return to individualism. To phrase it differently: doing justice to "the
private" or to the individual dimension of subjectivity is a political issue.
But, as the problematic aspects of identity politics have unwittingly
demonstrated, this can only be politically effective on condition that
the dimension of "the public" is equally fully involved. Hence the
symbolic significance of *mise-en-scène* for my argument.

23 Roland Barthes: *Pleasure of the Text*. Trans. Richard Miller.
New York: Hill and Wang 1975, p. 19.

Laura Mulvey
Unsicherheit und Wirklichkeit: Anorganische Körper
Uncertainty and Reality: Inorganic Bodies

Laura Mulvey ist Professorin für Film und Medienwissenschaften an der School of History of Art, Film and Visual Media der Birkbeck University of London. Davor war sie am British Film Institute gewesen, wo sie den BFI/Birkbeck Master-Lehrgang „Film and Television History and Theory" betreut hatte. Sie unterrichtet Filmwissenschaften und Filmpraxis an mehreren britischen Colleges und Universitäten und hält zahlreiche Gastvorträge in Europa und Nordamerika. Ihr Einfluss in den Filmwissenschaften geht vor allem auf ihren Artikel *Visual Pleasure and Narrative Cinema* aus dem Jahr 1975 zurück, der mit den Mitteln der psychoanalytischen Theorie das Hollywoodkino aus einer feministischen Position heraus kritisch beleuchtete. Seit der Veröffentlichung ihres Buches *Fetishism and Curiosity* im Jahre 1996 haben sich ihre Forschungsprojekte weiter ausgedehnt. Obwohl sie sich weiterhin für die Auswirkungen des Feminismus und der Psychoanalyse auf die Filmwissenschaften interessiert, hat sich ihre jüngere Arbeit auch in die folgenden Richtungen ausgeweitet, die sich beide auf Technologie und Ästhetik beziehen: In welcher Weise beeinflussen neue Rezeptionsweisen, insbesondere digitale Technologien, die Filmrezeption? In welcher Weise beeinflusste die Entwicklung des 16mm-Films die Ästhetik des britischen Fernsehens in den Sechzigerjahren?

Laura Mulvey is Professor of Film and Media Studies of the Birkbeck University of London School of History of Art, Film and Visual Media. She had previously been at the British Film Institute where she was responsible for the BFI/Birkbeck College MA in Film and Television History and Theory. She has taught both film studies and film practice at several British colleges and universities and has also lectured widely in Europe and North America. Her influence on film studies is mainly attributed to her 1975 article *Visual Pleasure and Narrative Cinema* which used psychoanalytic theory to give a feminist critique of Hollywood cinema. Her research projects have been evolving since the publication of her book *Fetishism and Curiosity* in 1996. Although she has maintained an interest in the impact of feminism and psychoanalytic theory on film studies, her recent work has diversified in the following directions, both of which relate to technology and aesthetics: how film spectatorship is affected by new modes of consumption, particularly digital technology. How the development of 16mm film affected the aesthetics of British television in the 1960s.

Manchmal, und damit hat die visuelle Unterhaltung schon immer gespielt, bezweifelt der Geist die Realität dessen, was er mit seinen eigenen Augen sieht, bringt dann die Kräfte der Vernunft ins Spiel und bewirkt damit nur, dass die Illusion umso stärker zurückkehrt. Ein ansonsten sicheres und kundiges Verhältnis zur Welt steht plötzlich einem Gefühl von Unsicherheit gegenüber. Und der Effekt ist ganz besonders stark, wenn die Bilder die tiefgreifendsten Unsicherheiten, die den menschlichen Geist beschäftigen, wie etwa den Übergang zwischen Leben und Tod, heraufbeschwören. In *Das Unheimliche,* seinem berühmten Aufsatz aus dem Jahr 1919, unterscheidet Freud zwischen den Ängsten, die von alters her mit dem Tod verbunden sind, etwa der Heimsuchung der Gegenwart durch die Toten der Vergangenheit, und dem Problem, das der zukünftige Tod des Selbst sogar den aufgeklärtesten Geistern bereitet. Indem er seine Argumentation entwickelt, entwirft er einen konzeptuellen Raum für diese fundamentalen Probleme. Zwischen der Leichtgläubigkeit, die Freud mit dem Archaischen, mit einer primitiven Welt, assoziiert und der logischen Vernunft, die er mit den Fortschritten des aufgeklärten Verstandes verknüpft, liegt der Raum der Unsicherheit. Unsicherheit bringt andere kulturelle Phänomene hervor oder überschneidet sich mit diesen und führt zum Glauben an unsichtbare Geister und übernatürliche Kräfte. Geister verfolgen die Menschheit von jeher, sei es durch die symbolische Fleischwerdung in den großen Religionen und deren Versprechen eines Lebens nach dem Tod, oder durch eine animistische Natur, bewohnt vom Übersinnlichen, oder der Rückkehr der Toten in Geistergestalt. Diese Ängste und Vorstellungen legen ein Zeugnis ab für verschiedene Kulturen des Irrationalen, welche die Aufklärung hoffte hinwegfegen zu können. Sie alle spielen mit den unscharfen Grenzlinien, die sich aus dem ungewissen Übergang zwischen Leben und Tod erstrecken: das Lebendige und das Leblose, erfahren als Stillstand und Bewegung oder als das Sichtbare und das Unsichtbare. Die Geschichte der Illusionen als Unterhaltung spielte eine Schlüsselrolle bei der Schaffung kultureller Formen, welche die Faszination des Übernatürlichen auf den menschlichen Geist ansprachen, sie aber gleichzeitig in den Rahmen einer inszenierten Erfahrung sperrten, in dem das Phänomen des Glaubens flüchtig, spezifisch und kontrolliert sein konnte.

Das Kino ist das perfektest entwickelte Medium, in dem der Zweifel und dessen Aufhebung eins werden konnten; nicht nur wegen seiner hoch entwickelten fiktionalen Welten, sondern aufgrund der Tatsache, dass es selbst eine Kunstform ist, in der das Lebendige und das Leblose verschmelzen. Doch der Lauf

Sometimes, and visual entertainment has always played with this, the mind doubts the reality of what it sees with its own eyes and then brings its forces of rationality into play only for the illusion to return more powerfully. An otherwise confident and competent relation to the world is suddenly faced by a sense of uncertainty. And the effect is particularly strong if the images conjure up the profound uncertainties that preoccupy the human mind, for instance, the passage between life and death. In his well known 1919 essay, *The Uncanny,* Freud distinguishes between the ancient fears associated with death, the haunting of the present by the dead from the past, and the problem that the death of the self in the future poses for even most enlightened minds. In developing his argument, he maps out a conceptual space for these fundamental difficulties. Between the credulity of belief, that Freud associates with the archaic, a primitive world, and logical rationality, that he associates with the advances of enlightened understanding, lies the space of uncertainty. Uncertainty breeds or overlaps with other cultural phenomena, giving rise to beliefs in invisible presences and supernatural forces. Spirits have always haunted the human world, whether through the emblematic incarnations of established religions and their promise of life after death, or an animistic nature inhabited by the supernatural, or the return of the dead in ghostly forms. These fears and beliefs bear witness to different cultures of the irrational that the enlightenment hoped to sweep away. All play on the blurred boundaries that stretch from the uncertain passage between life and death: the animate and the inanimate experienced as stillness and movement or as the visible and the invisible. The history of illusions as entertainment played a key part in creating cultural forms that would appeal to the human mind's fascination with the supernatural while cordoning it off into an staged experience in which the phenomenon of belief could be passing, specific and contained.

The cinema is the most perfectly developed medium in which disbelief and its suspension could merge not only due to its highly evolved fictions but due to the fact that it is, itself, a form in which the animate and the inanimate conflate. But the passing of time itself

der Zeit selbst hat auf das Kino gewirkt und ihm eine weitere gespenstische Dimension verliehen. Wie Chris Petit betont hat, ähnelt das Kino heute eher einem Mausoleum als einem Palast der Träume, da die auf seine Zelluloidrollen gebannten Gestalten heute überwiegend dem Reich der Toten angehören und auf der Leinwand buchstäblich wieder zum Leben erweckt werden. Aber, da nun Historiker des frühen Kinos und dessen Vorformen seine enge Verbindung mit sowohl einer alten Kultur der Illusionen als auch der morbiden Geisteshaltung seiner eigenen frühen Zeitgenossen ans Tageslicht bringen, scheint das Kino von Anfang an mit dem Tod, dem Unheimlichen und der Erfahrung der Ungewissheit verbunden gewesen zu sein. Während seiner Glanzzeit am Anfang und in der Mitte des 20. Jahrhunderts war das Kino natürlich eng mit der Moderne verbunden, einer Kultur, die im Großen und Ganzen das Ekelerregende und das Alte ablehnte. Und mit der Kultur der Moderne erblühte eine Ikonographie der Weiblichkeit, die in ihrer Konzentration auf deren eindrucksvolle Attribute und ewige Jugend einen besonders privilegierten Platz auf der Kinoleinwand einnahm. Als das Kino seinen hundertsten Geburtstag feierte, konzentrierte sich die Aufmerksamkeit nicht nur plötzlich auf sein Alter, auf den „Mausoleum"-Effekt, sondern auch darauf, dass es als der Inbegriff des Neuen in Ungnade gefallen ist. Durch die Herausforderung neuer Technologien beschleunigte sich der Prozess in der zweiten Hälfte des Jahrhunderts und das Kino schien plötzlich Seite an Seite mit der Kultur der Moderne, mit der es so eng verbunden gewesen war, in die Jahre gekommen zu sein.

Das Alte und das Neue: der Gegensatz zwischen den beiden zieht sich wie ein roter Faden durch Freuds berühmten Aufsatz aus dem Jahr 1919, obgleich er die Möglichkeit abtut, dass das Neue den menschlichen Geist und seinen Körper unwillkürlich erschaudern lassen könnte. In *Das Unheimliche* ist Freud vor allem mit Ernst Jentschs Aufsatz *Über die Psychologie des Unheimlichen* aus dem Jahre 1906 nicht einverstanden. Er lehnt Jentschs Interesse an einem unheimlichen Effekt, der durch das Neue und Fremdartige, also etwa Automatons oder Wachsfiguren, hervorgerufen wird, ab. Und nach einer langen Abschweifung denkt er eher über die unheimliche Natur des Todes selbst, des Überganges des lebenden Körpers in einen anorganischen Zustand, nach. Jedoch bedrohen sowohl eine mechanische Kopie des menschlichen Körpers als auch der menschliche Körper, aus dem das Leben gewichen ist, die entscheidende Trennung zwischen lebendigen und leblosen, organischen und anorganischen Körpern. Im einen Fall ist der organische Körper leblos geworden, im anderen gibt der anorganische Körper vor lebendig zu sein.

has affected the cinema giving it a further ghostly dimension. As Chris Petit has pointed out, the cinema now resembles a mausoleum rather than a palace of dreams as the figures imprinted on its rolls of celluloid are now more of the dead than the living and, when animated on the screen, are literally brought back to life. But, as historians of early and pre-cinema excavate its close ties both to a longstanding culture of illusions and also to the morbid mentalities of its own early contemporaries, the cinema seems to have been, from its beginnings, associated with death, the uncanny and the experience of uncertainty. Of course, through its hey-day in the early and mid-twentieth century the cinema was closely linked to modernity, a culture that, by and large, rejected the abject and the old. And with the culture of modernity flourished an iconography of femininity that found a particularly privileged place on the cinema screen, concentrating attention on its spectacular attributes and its eternal youth. When the cinema celebrated its centenary, not only did attention suddenly focus on its age, on the "mausoleum" effect, but also on its fall from grace as the epitome of the new. Challenged by new technologies during the second half of the century, the process speeded up and the cinema suddenly seemed to age alongside the culture of modernity with which it had been so closely connected.

The old and the new: the opposition between the two runs through Freud's famous 1919 essay, as he discounts the possibility that the new might make the human mind, and its body, shudder involuntarily. In *The Uncanny* Freud is, in the first instance, taking issue with Ernst Jentsch's 1906 essay *On the Psychology of the Uncanny*. He dismisses Jentsch's interest in an uncanny effect that is aroused by the new and the unfamiliar, by automata or wax works, for instance. And after a long detour, he reflects rather on the uncanny nature of death itself, the living body's passage to an inorganic state. However, a mechanical replica of the human body and the human body from which life has departed both threaten the crucial division between animate and inanimate, organic and inorganic bodies. In one case, the organic body has become inanimate, in the other the inorganic body takes on the appearance of animation. Both are per-

Für den Menschen geht von beidem eine nachhaltige Faszination aus. Im Paris des 19. Jahrhunderts kam die Öffentlichkeit in Scharen, um die ausgestellten Toten des Pariser Leichenschauhauses und die Wachsfiguren im Musée Grévin zu sehen.[1] Jedoch erwähnen sowohl Freud als auch Jentsch ein drittes Phänomen. Über die körperliche Gegenwart des leblosen Körpers hinaus sind da jene Todeserzählungen, in denen ein uralter menschlicher Glaube den menschlichen Körper immer wieder in Form einer geisterhaften Erscheinung wiederauferstehen lässt: anorganisch, aber lebendig.

1. Der anorganische Körper und die Weiblichkeit

Jentsch, so scheint es, interessierte sich für die Art von „Trompel'oeil"-Phänomenen, die sich mit dem Aufstieg der visuellen Unterhaltung und des mechanischen Spielzeugs des 19. Jahrhunderts stark vermehrt hatten. „Das unangenehme Gefühl, das bei vielen Leuten leicht aufkommt, wenn sie Wachsfigurensammlungen, Panoptiken und Panoramen besuchen, ist wohlbekannt. Im Halbdunkel ist es oft besonders schwer, eine lebensgroße Wachsfigur oder eine ähnliche Figur von einem Menschen zu unterscheiden […] ob sie nun lebendig ist oder nicht." Dann schreibt er: „Dieser seltsame Effekt tritt sogar noch deutlicher in Erscheinung, wenn Imitationen der menschlichen Gestalt nicht nur jemandes Wahrnehmung erreichen, sondern wenn sie obendrein bestimmte körperliche oder geistige Funktionen in sich zu vereinigen scheinen. Zum Beispiel geben einem lebensgroße Automatons, die komplizierte Aufgaben verrichten, Trompeten blasen, tanzen usw. sehr leicht ein Gefühl des Unbehagens. Je feiner der Mechanismus und je naturgetreuer die formale Nachbildung ist, umso stärker wird auch der spezielle Effekt in Erscheinung treten."[2] Und er assoziiert den „unheimlichen Effekt" mit Zweifeln, „intellektueller Unsicherheit", ob „ein augenscheinlich lebendiges Wesen wirklich lebendig oder, umgekehrt, ob ein lebloses Objekt nicht in Wirklichkeit lebendig sein könnte".[3]
Jentschs darauf folgendes Zitieren der Geschichten von E.T.A. Hoffmann, in denen Automatons als psychologische Kunstgriffe verwendet werden, provoziert Freuds ziemlich verworrene Abschweifung in *Das Unheimliche*. Er vertritt insbesondere die Auffassung, dass Olimpia, die wunderschöne mechanische Puppe in *Der Sandmann,* für die Aspekte des Unheimlichen in der Geschichte irrelevant ist und die Ursache für den Zusammenbruch des Helden in dessen Kastrationsangst zu finden ist.

Hier bringt Freud sein theoretisches Schlüsselprinzip vor: „nur jene Art des Schreckhaften, welche auf das Altbekannte, Längst-

sistent objects of human fascination. In nineteenth century Paris, for instance, the public flocked to see both the dead on display at the Paris morgue as well as the wax-works at the Musée Grévin.[1] However, both Jentsch and Freud note a third phenomenon. Beyond the physical presence of the inanimate body, are those narratives of death in which longstanding human belief has constantly resurrected the human body into a ghostly apparition: inorganic but animate.

1. The inorganic body and femininity

Jentsch, it seems, was interested in the kind of "trompe l'oeil" phenomena that had proliferated with the rise of nineteenth century optical entertainment and mechanical toys: "The unpleasant impression is well known that readily arises in many people when they visit collections of wax figures, panopticons and panoramas. In the semi-darkness it is often especially difficult to distinguish a life-size wax or similar figure from a human person […] whether it is animate or not." He goes on to say: "This peculiar effect makes its appearance even more clearly when imitations of the human form not only reach one's perception, but when on top of everything else they appear to be united with certain bodily or mental functions. For example, life-size automata that perform complicated tasks, blow trumpets, dance and so forth very easily give one a feeling of unease. The finer the mechanism and the truer to nature the formal reproduction, the more strongly will the special effect also make its appearance."[2] And he associates the "uncanny effect" with doubts, "intellectual uncertainty" about whether "an apparently animate being is really alive or, conversely, whether a lifeless object might not in fact be animate".[3]
Jentsch's subsequent citation of E.T.A.Hoffmann's stories in which automata are used as a psychological artifice, provokes Freud's rather convoluted digression in *The Uncanny*. He argues in particular that Olympia, the beautiful mechanical doll in *The Sandman,* is irrelevant to the uncanny aspects of the story, and that the source of the hero's breakdown lies in castration anxiety.

It is here that Freud asserts his key theoretical principle: "only that class of frightening that leads back to the old and familiar" can be of interest to psychoanaly-

vertraute zurückgeht" kann für die Psychoanalyse von Interesse sein. Um es anders zu formulieren: Ein emotionaler Effekt muss einen Prozess der Verdrängung durchlebt haben, von dem er zurückkehren kann, damit er eine Beziehung zum unbewussten Geist haben kann. Das Moderne und das Neumodische könnten nur dann eine Rückkehr des Verdrängten darstellen, wenn sie etwas auslösten, „das im Geiste vertraut und altbekannt ist", eine prägende Struktur für das Unterbewusste selbst, wie etwa den Kastrationskomplex. Es scheint, dass Jentsch sich sogar 1906 der Relevanz des Kinos für seinen Lehrsatz nicht bewusst war. Aber seine Kommentare über Kopien des menschlichen Körpers in der Unterhaltung vor der Ära des Kinos erregen eindeutig Freuds allgemeineren Widerstand gegen bestimmte Aspekte der modernen Welt und deren Erscheinungsformen. Stephen Heath wies in seinem Artikel *Cinema and Psychoanalysis* darauf hin, dass Freuds Feindschaft gegenüber dem Kino über seine vernünftigen Zweifel hinsichtlich dessen Fähigkeit, die Komplexitäten der psychoanalytischen Theorie auszudrücken, hinausging. Als er sich 1925 weigert, mit Hans Sachs an den Vorbereitungen zu G.W. Pabsts Film *Geheimnisse einer Seele* zusammenzuarbeiten, sind die tatsächlichen Worte, die er gebraucht, aufschlussreich. Er sagt: „Man kann den Film nicht vermeiden, genauso wenig wie man die Bubikopf-Mode vermeiden kann: ich jedoch werde mir mein Haar nicht schneiden lassen und werde mit diesem Film persönlich nichts zu tun haben."[4] Heath weist anschließend darauf hin, dass Freuds Ängste vor Verweiblichung in der Werbung für das Projekt Wirklichkeit wurden: „Das um Geschlechterrollen besorgte entmannende Bild ist mehr als passend: das Titelblatt von Sachs' Broschüre zeigt das Oval eines Frauengesichts […] Was will sie und was will das Kino mit einer Psychoanalyse, die über sie und mit ihr als Bild vermittelt wird?"[5]
Für Freud war das Kino so flüchtig wie die Mode und darüber hinaus, durch diesen überraschenden Kondensationsprozess, in seiner Essenz weiblich. Tatsächlich herrschte in jener Zeit die Ansicht vor, das Kino sei auf den Geschmack der modernen jungen Frau zugeschnitten (ein wenig später von Kracauer in *Little Shop Girls go to the Movies* zusammengefasst). So machte also aus Freuds Perspektive eben jene Modernität das Kino uninteressant, jene die neueste Technologie, die Neuheit, die Geschwindigkeit und den Glamour des großstädtischen Lebens, und in der Tat den roboterhaften androgynen Körper der modernen jungen Frau feiernde Modernität. Diese Verbindungen zwischen Weiblichkeit, Moderne und dem Kino legen auch die Möglichkeit einer feministischen Neuauslegung von Freuds Widerstand gegen das Kino durch seinen Mangel an Interesse an der mechanischen Puppe Olimpia nahe.

sis. To put it another way, for an emotional effect to have a relation to the unconscious mind, it must have undergone a process of repression from which it may return. The modern and the newfangled could only represent a return of the repressed if it triggered "something which is familiar and old established in the mind", a formative structure for the unconscious itself, such as the castration complex. It seems that, even in 1906, Jentsch was unaware of the cinema's relevance to his proposition. But his comments on replicas of the human body in pre-cinematic entertainment clearly arouse Freud's more general resistance to aspects of the modern world and its manifestations. Stephen Heath, in his article *Cinema and Psychoanalysis* has pointed out that Freud's hostility to the cinema went beyond his reasonable doubt about its ability to express the complexities of psychoanalytic theory. When refusing, in 1925, to collaborate with Hans Sachs on the development of the film that would be G.W. Pabst's *Secrets of a Soul,* the actual terms he uses are telling. He says: "There can be no avoiding the film, any more than one can avoid the fashion for bobbed hair ('Bubikopf'); I however, will not let my hair be cut and will personally have nothing to do with this film."[4] Heath goes on to point out that Freud's fears of feminisation were realised in the project's publicity: "The gender-anxious, emasculating image is more than appropriate: the cover of Sachs' pamphlet shows the oval of a woman's face […] What *does* she want and what does cinema want with psychoanalysis through her and with her for its figure?"[5]
For Freud, the cinema was as ephemeral as fashion and, furthermore, through this surprising process of condensation, essentially feminine. Indeed, at the time, the cinema was widely understood to be catering to the tastes of the young modern woman (summed up a little later by Kracauer in *Little Shop Girls go to the Movies*). Thus, from Freud's perspective, the very modernity of the cinema rendered it uninteresting, celebrating, as it did, with the newest technology, the novelty, speed and glamour of urban life and, indeed, the robotic, androgynous body of the young modern woman. These links between femininity, modernity and the cinema also suggest the possibility of a feminist re-reading of Freud's resistance to the cinema through his lack of interest in the mechanical doll, Olympia.

In Hoffmanns Geschichte *Der Sandmann* gibt es tatsächlich reichlich Hinweise darauf, dass ihr Protagonist Nathanael traumatische Kindheitserlebnisse gehabt hatte, die zu einer heftigen Kastrationsangst geführt haben könnten. Freud jedoch sieht seine Symptome sehr stark im Sinne einer verschobenen Angst um seine Augen, die an verschiedenen Stellen der Geschichte mit zwei rachsüchtigen Vaterfiguren verknüpft ist: Coppola/Coppelius, der Wetterglashändler, und Spalanzini, der „Vater" des Automatons Olimpia.

Nathanael hat Olimpia bemerkt und interessiert sich so sehr für diese schöne und geheimnisvolle junge Frau, dass er sich ein Zimmer in einem Haus gegenüber dem ihren mietet. Als er von Coppola ein Fernrohr kauft, schaut er damit sofort auf die andere Straßenseite und sieht Olimpia durch seine Linse. Es ist dieser Augenblick, der Augenblick, in dem ihm Olimpia in Vergrößerung erscheint, der seine Besessenheit auslöst. Was vorher noch erotisches Interesse an der „himmlisch-schönen Tochter" des Wissenschaftlers gewesen ist, verwandelt sich in eine fetischistische Faszination. Ein Symptom der Kastrationsangst, seine Angst um seine Augen, wird auf einen anderen Schlüsselbereich der Angst übertragen: den weiblichen Körper, der sich darüber hinaus noch durch einen die Sehkraft verstärkenden Mechanismus, das Fernrohr, offenbart hat. Der künstliche „Schnitt" in einen anderen Raum befreit also Nathanael von seiner von Coppola hervorgerufenen Angst. Die Puppe, aus Holz geschnitzt und durch „Montage" zusammengesetzt, wird ein Objekt typischer Freudscher Verleugnung. Freuds eigene Verleugnung der Vermittlerrolle der Puppe bei Nathanaels Kastrationsangst ist so heftig, dass er das tragische Ende der Geschichte missinterpretiert. Nathanael erholt sich von dem Nervenzusammenbruch, der dadurch ausgelöst worden war, dass er seinen beiden bösen Vaterfiguren zugesehen hatte, wie sie um seine hölzerne Geliebte kämpften und sie dabei zerlegten, und wird mit seiner lebendigen, liebenden Verlobten Klara wiedervereint. Eines Tages, als sie auf die Spitze eines hohen Turmes steigen, um die Aussicht zu bewundern, verwirrt sie eine seltsame Gestalt unten auf der Straße. Als er das Fernrohr zur Hand nimmt, um einen näheren Blick darauf zu werfen, richtet Nathanael die Linse nicht, wie Freud behauptet, auf Coppola/Coppelius, sondern auf Klara, die er mit der hölzernen Puppe verwechselt.**6** Seine Symptome kehren zurück, und nachdem er versucht hatte, Olimpia vom Turm zu stürzen, stürzt er selbst zu Tode.

Olimpia in *Der Sandmann* ist nicht nur ein Automaton, sondern fasziniert und erschreckt auch durch eine visuelle Technologie. Sie passt gut zu Annette Michelsons Analyse von Hadaly, einem

In Hoffmann's story *The Sandman* there is indeed ample evidence that its hero, Nathanael, had had traumatic childhood experiences that could have led to intense castration anxiety. Freud, however, sees his symptoms very much in terms of displaced anxiety about his eyes associated at various times during the story with two vengeful father figures, Coppola/Coppelius, the vender of eye-glasses and Spalanzini, the "father" of the automaton Olympia. Nathanael has noticed Olympia and has taken enough interest in this beautiful and mysterious young woman to rent a room in the house opposite hers. When he buys a telescope from Coppola, he immediately looks across the street and sees Olympia through its lens. It is this moment, when Olympia appears to him in close-up, that initiates his obsession. His previous erotic interest in the scientist's "beautiful daughter" is transformed into a fetishistic fascination. One symptom of castration anxiety, his fear for his eyes, is displaced onto another key site of anxiety, the woman's body that has, furthermore, materialised for him out of mechanism of enhanced vision, the telescope. The artificial "cut" into another space thus takes Nathanael out of the anxiety provoked by Coppola. The doll, carved out of wood and assembled by "montage", becomes a site of characteristic Freudian disavowal. Freud's own disavowal of the doll's mediating place in Nathanael's castration anxiety is so acute that he misreads the tragic ending of the story. Nathanael recovers from the nervous breakdown that had been precipitated by the sight of the two evil father figures fighting over and dismantling his wooden beloved, and he is re-united with his living, loving, fiancée, Klara. One day, when they climb to the top of a high tower to admire the view, a strange figure in the street below distracts them. Taking out his telescope to look more closely, Nathanael focuses the lens not, as Freud claims, on Coppola/Coppelius, but on Klara whom he mistakes for the wooden doll.**6** His symptoms return and, having tried to throw "Olympia" from the tower, he falls himself to his death.

Olympia in *The Sandman,* is not only an automaton but also fascinates and horrifies through a technology of vision. She fits well into Annette Michelson's analysis of Hadaly, an exquisite automaton in Villiers de Isle Adam's novel *On the Eve of the Future.* Michelson

erlesenen Automaton in Villiers de Isle Adams-Roman *Die Eva der Zukunft*. Michelson vertritt die Auffassung, dass die wunderschöne mechanische Frau, wie sie es ausdrückt, „der phantasmatische Boden des Kinos selbst ist". Darüber hinaus ist die mechanische Hadaly eine Übergangsfigur, die in die schönen Frauen in den magischen Shows von Georges Méliès mutieren wird, lebendige Frauen, die aber den mechanischen Tricks des Kinos unterworfen sind. Das ist nicht die Frau innerhalb der Ikonographie des Kinos, sondern der weibliche Körper „in einer ultimativen phantasmatischen Darstellungsweise als Kino".[7] Tatsächlich ist da etwas an der Art und Weise, wie Olimpia in Nathanaels Halluzination Klara ersetzt, das an Méliès' Austauschtrick, einen der Schlüsseleffekte in Méliès' magischem Kino, gemahnt. Wie er die Figur der Olimpia außer Acht lässt, übersieht Freud die entscheidende Position des weiblichen Körpers als Fetisch und Objekt der Übertragung für die Kastrationsangst, wofür er 1927 selbst eintreten würde. Jedoch ist es nur den von Freud erarbeiteten Konzepten und der psychoanalytischen Theorie zu verdanken, dass die feministische Filmtheorie in der Lage gewesen ist, das Bild der Frau als jenen Ort auszumachen, durch den die Mechanismen des Kinos selbst fetischistisch verleugnet werden.

Für mich kondensiert Freuds Ablehnung von Olimpia in seinem Abtun des Kinos als Symbol der urbanen Kultur der modernen jungen Frau. Der modische Backfisch beseitigte die mütterlichen Eigenschaften des weiblichen Körpers und kultivierte eine jungenhafte flache Brust und schmale Hüften. Gleichzeitig evozierten auch seine hohen Absätze und seine „gestellte" Haltung eine mechanische Bewegung, welche die Weiblichkeit aus der Natur in die Kultur überführte. Der Backfisch hatte eine symbolische Beziehung zur Moderne und zur robotischen Welt der Mechanisierung. Seine Absätze klackerten die Straße hinunter, seine Finger klackerten auf Schreibmaschinen und seine synkopierten, synchronisierten „High Kicks" in der Tanzrevue evozierten Siegfried Kracauers berühmten Kommentar: „Technologie, deren Anmut verführerisch ist, Anmut, die geschlechtslos ist, weil sie auf der Freude an der Präzision beruht. Eine Repräsentation amerikanischer Tugenden; ein Flirt mittels Stoppuhr."

So wie das wunderschöne Automaton abgesehen von seiner Mechanik kein „Inneres" hat, sind diese künstlich präpubertären, mechanisierten und modernen Körper ausgeweidet. Freud könnte andeuten, diese Körper seien vor der Unheimlichkeit gerettet, weil sie den Mutterleib verdrängen und die mütterlichen und verachtenswerten Aspekte des weiblichen Körpers, die er als den

argues that the beautiful mechanical woman is, as she puts it, "the phantasmatical ground of the cinema itself". Furthermore, the mechanical Hadaly is a figure of transition, which will mutate into the beautiful women featured in the magic shows of Georges Méliès, living but subject to the mechanical tricks of the cinema. This is not woman within cinematic iconography, but the female body "in an ultimate, phantasmatic mode of representation *as* cinema".[7] Indeed, there is something about the way that Olympia replaces Klara in Nathanael's hallucination that suggests a Méliès trick of substitution, one of the key effects in his magic cinema. As he disregards the figure of Olympia, Freud overlooks the crucial place of the female body as fetish and site of displacement for castration anxiety, for which he himself would argue in 1927. It is, however, only through the concepts elaborated by Freud and psychoanalytic theory that feminist film theory has been able to identify the image of woman as the site through which the workings of cinema itself are fetishistically disavowed.

To my mind, Freud's rejection of Olympia condenses with his dismissal of the cinema as emblematic of the urban culture of the young modern woman. The fashionable flapper erased the maternal features of the female body, cultivating a boyish flat chest and slim hips. At the same time, her high heels and "posed" stance also evoked a mechanical movement that took femininity away from nature into culture. The flapper had an emblematic relationship to modernity and the robotic world of mechanisation. Her heels clicked down the street, her fingers clicked on typewriters and her syncopated, synchronised high kicks in the chorus line prompted Sigfried Kracauer's well-known comment: "Technology whose grace is seductive, grace that is genderless because it rests on the joy of precision. A representation of American virtues; a flirt by stopwatch."

Just as the beautiful automaton has no "inside" apart from her mechanism, these bodies, artificially prepubescent, mechanised and modern are eviscerated. These bodies, Freud might imply, are saved from uncanniness because they repress the womb, and deny the maternal and abject aspects of the woman's

wahren Ort des Unheimlichen erachtet, verleugnen. „Es kommt oft vor, dass neurotische Männer erklären, das weibliche Genitale sei ihnen etwas Unheimliches. Dieses Unheimliche ist aber der Eingang zur alten Heimat des Menschenkindes, zur Örtlichkeit, in der jeder einmal und zuerst geweilt hat."[8] Der Mutterleib stellt für die menschliche Psyche das wahrhaft Archaische dar. Er ist nicht nur selbst das „erste Heim", sondern es muss auch die ferne Erinnerung an dessen Sicherheit und Totalität für das Kind verachtenswert werden, damit es ein unabhängiges und autonomes Wesen werden kann. Das Automaton in *Der Sandmann* könnte tatsächlich auf das uralte Problem des Mutterleibes zurückverweisen. Eine ausgeweidete mechanisierte Weiblichkeit verschleiert und markiert die Verleugnung sowohl des Ortes der Kastrationsangst als auch des Mutterleibs, des „ersten Heims". Das Element der Unsicherheit entspringt nicht nur aus der unscharfen Grenzlinie zwischen dem Organischen und dem Anorganischen, sondern auch aus der unsicheren Natur der Weiblichkeit selbst.

Als er die Geschichte 1816 schrieb, führte Hoffmann einen weiteren Faktor ein. Nathanael vertritt die Kultur der Gotik in ihrer Reaktion gegen die Aufklärung des späten 18. Jahrhunderts. Er und Klara verkörpern die diametral entgegengesetzten Begriffe Leichtgläubigkeit und Vernunft. Nathanael ist ein eifriger Anhänger des Okkulten, fasziniert vom Übersinnlichen und überzeugt, dass dunkle Mächte des Schicksals sein Leben steuern. Klara ihrerseits ist pragmatisch, mit dem Alltäglichen beschäftigt und widersteht Nathanaels Fantasien und den Ergüssen seiner Lyrik. („Aber lieber Nathanael, wenn ich dich nun das böse Prinzip schelten wollte, das feindlich auf meinen Kaffee wirkt? Denn, wenn ich, wie du es willst, alles stehen und liegen lassen und dir, indem du liesest, in die Augen schauen soll, so läuft mir der Kaffee ins Feuer und ihr bekommt alle kein Frühstück!") Ihr gesunder Menschenverstand erzürnt Nathanael und er verlässt sie mit den Worten „Du lebloses, verdammtes Automat!" Und dann findet er im tatsächlichen Automaton Olimpia ein lebloses Liebesobjekt, das, während es ununterbrochen in seine Augen schaut, jedes seiner Worte in stiller Ehrfurcht absorbiert und an dessen Realität er ohne einen Zweifel glaubt. Hoffmann entwarf die Figur des Nathanael als Darstellung der „Rückkehr des Verdrängten", einer Reaktion gegen die Vernunft der Kultur der Aufklärung. Aber er ist auch, in einer übertriebenen und neurotischen Form, ein Beispiel für das Interesse an Illusionen, das im späten 19. Jahrhundert so in Mode gekommen war, besonders als die Laterna magica technische Fortschritte machte und als Unterhaltungsform weite Verbreitung fand. Mit diesen Illusionen

body that he sees as a true site of the uncanny: "It often happens that neurotic men declare that there is something uncanny about the female genital organs. This *unheimlich* place, however, is the entrance to the former *Heim* of all human beings, the place where each one of us lived once upon a time and in the beginning."[8] The mother's body represents the truly ancient for the human psyche. Not only is it the "first home" itself but its once upon a time memory of security and totality must become abject for the child to become an independent and autonomous being. The automaton in *The Sandman* could, indeed, lead back to the ancient problem of the maternal body. An eviscerated, mechanised, femininity masks and marks disavowal of both the site of castration anxiety and the womb, the "first home". The element of uncertainty emanates not only from the blurred distinction between the inorganic and the organic but also from the uncertain nature of femininity itself.

Writing in 1816, Hoffmann introduced another factor into his story. Nathanael represents the culture of the Gothic, in its reaction against late eighteenth century Enlightenment. He and Klara are positioned at opposite poles of credulity and rationality. Nathanael is a keen follower of the occult, fascinated by the supernatural, convinced that dark forces of destiny drive his life. Klara, on the other hand is pragmatic, engaged with the everyday and resists Nathanael's fantasies as well as the outpouring of his poetry. ("Dear Nathanael, what if I have to accuse you of being the evil principle which is fatally influencing my coffee? For if I please you and drop everything to look into your eyes as you read, my coffee will boil over and no one will have breakfast!") Her common sense infuriates Nathanael, and he leaves her with the words "You damned, lifeless automaton!" And then, with the actual automaton Olympia, he finds a lifeless love object who, while looking ceaselessly into his eyes, absorbs his every word with silent reverence and in whose reality he believes without doubt. Hoffmann designed Nathanael's character to represent the "return of the repressed", a reaction against the rationality of Enlightenment culture. But he also exemplifies, in an exaggerated and neurotic form, the interest in illusions that had become so popular in the late nineteenth century especially as

fand die wissenschaftliche und technische Forschung in der Faszination des Übernatürlichen auf den Menschen einen Markt vor.

2. Der anorganische Körper und das technologisch Unheimliche

Freud erlaubt einer weiteren Ausgestaltung des anorganischen Körpers in seine Betrachtung des Unheimlichen einzutreten; einer, die wahrhaft archaisch ist, nicht in der Geschichte der Psyche des Individuums, jedoch in der menschlichen Kulturgeschichte. Er kommentiert „die unheimliche Erfahrung […] wenn primitive Vorstellungen, die schon überwunden gewesen sind, nochmals bestätigt zu werden scheinen." Das Alte und das Neue verschwimmt durch das Scheitern der „Zivilisation" an der Auslöschung des Irrationalen. Er beschreibt die beständige Kultur des Aberglaubens am genauesten mit dem Gefühl, das viele Menschen in Zusammenhang „mit Tod, mit Leichen und mit der Wiederkehr der Toten, mit Geistern und Gespenstern" verspüren. Und er verweist auf das beinahe universelle Beharren von sowohl Religion als auch Staat auf der Existenz eines Lebens nach dem Tod. Er kommentiert: „Da fast alle von uns in diesem Punkt noch so denken wie die Wilden, ist es auch nicht zu verwundern, dass die primitive Angst vor dem Toten bei uns noch so mächtig ist und bereitliegt, sich zu äußern, sowie irgend etwas ihr entgegenkommt."**9** Und dann: „Heutzutage glauben wir nicht mehr an [die Rückkehr der Toten] […] aber wir sind uns unserer neuen Vorstellungen nicht ganz sicher, und die Alten existieren noch in uns, bereit uns nach jeglicher Bestätigung zu ergreifen. Sobald in unserem Leben tatsächlich etwas passiert, das die alten verworfenen Vorstellungen zu bestätigen scheint, haben wir ein Gefühl des Unheimlichen."

Nachdem er Jentschs Verbindung zwischen dem Unheimlichen und intellektueller Unsicherheit hinsichtlich der Frage „ob ein lebendes Objekt auch wie ein lebendiges Wesen wird" abgetan hat, macht Freud einen leichten Rückzieher: „Und haben wir schließlich Recht, wenn wir die intellektuelle Unsicherheit als Faktor [beim Unheimlichen] völlig ignorieren, obwohl wir sehen, dass wir uns ihre Bedeutung in Bezug auf den Tod eingestanden haben?"

Hier gibt es zwei voneinander leicht verschiedene Punkte. Zunächst bezieht sich Freud nicht ganz frei von Ironie auf den anhaltenden Glauben der „zivilisierten" Menschen und ihrer Religionen an ein Leben nach dem Tod und letztendlich an die Wiederauferstehung des Körpers. Des Weiteren gibt es, gegen die Grundsätze der anerkannten Religionen, Überreste archaischer Ängste und Aberglauben dahingehend, dass die

the magic lantern advanced technologically and its entertainment became widely diffused. With these illusions, scientific and technological research found a market in human fascination with the supernatural.

2. The inorganic body and the technological uncanny

Freud allows another figuration of the inorganic body to enter into in his consideration of the uncanny, one that is truly archaic, not in the history of the individual psyche, but in the history of human culture. He comments on: "the uncanny experience […] when primitive beliefs which have been surmounted seem once more to be confirmed." The old and the new are blurred by the failure of "civilisation" to eradicate the irrational. He identifies the persistent culture of superstition most closely with the feeling, experienced by many people "in relation to death and dead bodies, to the return of the dead and to spirits and ghosts". And he points to the near universal insistence, by both religions and civil governments, on the existence of life after death. He comments: "Since most of us still think as savages do on this topic, it is no matter for surprise that primitive fear of the dead is still so strong within us and always ready to come to the surface on any provocation."**9** And then: "Nowadays we no longer believe in [the return of the dead] […] but we do not feel quite sure of our new beliefs, and the old ones still exist within us ready to seize upon any confirmation. As soon as something actually happens in our lives which seems to confirm the old discarded beliefs we get a feeling of the uncanny."

Having dismissed Jentsch's association between the uncanny and intellectual uncertainty in relation to "whether an animate object becomes too like an animate one" Freud backtracks slightly: "And are we after all justified in entirely ignoring intellectual uncertainty as a factor [in the uncanny] seeing that we have admitted its importance in relation to death?" There are two slightly different points here. First of all, Freud is referring, somewhat ironically to the persistent belief, on the part of "civilised" people and their religions, in the afterlife and, ultimately, the resurrection of the body. Secondly, against the precepts of established religion, there are residues of archaic fears and super-

Geister der Toten in der Lage sind die Lebenden zu besuchen und dass die natürliche Welt selbst von der Gegenwart von Geistern belebt wird.

Wenn Freud akzeptiert, dass intellektuelle Unsicherheit besonders durch ihr Verhältnis zum Tod ein „Faktor" sein könnte, regt er ganz zufällig eine Möglichkeit an, wie die Argumentation zu Jentschs Interesse am Neuen, Mechanischen und Unheimlichen zurückkehren könnte. Obwohl Jentsch den unheimlichen Effekt der anorganischen Nachbildung des menschlichen Körpers anführt – Automatons, Wachsfiguren, usw. –, war die populäre Unterhaltungskultur schon eine ganze Weile eng verbunden mit jener anderen fließenden Grenze zwischen dem Organischen und Anorganischen: der Auferweckung von Geistern und der Seelen der Toten. In seinem Buch *The Great Art of Light and Shadow* spürt Laurent Mannoni auf anschauliche Weise der immer wiederkehrenden Verbindung zwischen der Laterna magica und deren verbessertem Nachfolger, der Phantasmagorie, und Effekten des Unheimlichen nach. In den berühmten Illusionen von Philidor im Paris der Aufklärung, und später, nach der Revolution, von Etienne-Gaspard Robertson, war die Auferweckung von Geistern die zentrale Tour de Force ihrer Auftritte. Beide strebten danach, „absurde Vorstellungen zu zerstören, die kindischen Schrecken, welche die Intelligenz des Menschen entehren". Doch in Wirklichkeit „sollte das Spektakel eher Angst erzeugen als die okkulte Quelle der Angst zu beseitigen". Ein zeitgenössischer Kommentator beschrieb den Effekt in den folgenden Worten: „Die Vernunft sagt einem sehr wohl, dass das bloße Phantome sind, mit hoher Kunstfertigkeit ersonnene katoptrische Tricks, kompetent ausgeführt und intelligent präsentiert. Unser erlahmtes Gehirn kann nur glauben, was man es sehen lässt, und wir bilden uns ein, dass wir in eine andere Welt und andere Jahrhunderte befördert werden."**10**

In seiner Einleitung zum Buch lenkt Tom Gunning die Aufmerksamkeit auf Freuds Konzept des Unheimlichen als Nachklang eines irrationalen Glaubens, der oft sogar unbewusst da ist, nachdem das Bewusstsein den alten Glauben als Unsinn abgetan hat. Dann fasst er mit großer Genauigkeit die darin involvierten mentalen Prozesse zusammen: „So wie die Laterna magica im 17. Jahrhundert die Wunder der neuen Wissenschaft verkörpert hatte, spielte sie am Ende des 18. Jahrhunderts mit einer Form der Illusion, die beides gleichzeitig aufrufen konnte, den Kampf zwischen Aberglauben und Vernunft durch. Die Attraktion der Phantasmagorie, die bald eine weltweite Unterhaltungsform wurde, setzte das neue Bewusstsein der Modernität buchstäblich in Szene: hin und hergerissen zwischen

stitions that the spirits of the dead are able to visit the living and that the natural world is itself animated by the presence of spirits.

When Freud accepts that intellectual uncertainty may be "a factor" particularly due to its relation to death, he, quite incidentally, suggests a way in which the argument may return to Jentsch's interest in the new, mechanical, uncanny. Although Jentsch cites the uncanny effect of the human body's inorganic replication, automata, wax works, and so on, the culture of popular entertainment had, for quite sometime, been closely imbricated with that other blurred border between the organic and inorganic, the raising of ghosts and the spirits of the dead. In his book *The Great Art of Light and Shadow,* Laurent Mannoni vividly traces the recurring association between the magic lantern, and its improved descendent, the phantasmagoria, and effects of the uncanny. In the famous illusions created by Philidor in the Paris of the Enlightenment, and later by Etienne-Gaspard Robertson after the Revolution, the raising of spirits was the central tour-de-force of their performances. Both aimed to "destroy absurd beliefs, the childish terrors, which dishonour the intelligence of man". But, in its actuality, the spectacle itself "sought more to create fear than to dispel the occult source of fear". A contemporary commentator described the effect in the following terms: "Reason has told you well that these are mere phantoms, catoptric tricks devised with artistry, carried out with skill and presented with intelligence, your weakened brain can only believe what it is made to see, and we believe ourselves transported into another world and other centuries."**10**

Tom Gunning, in his introduction to the book, draws attention to Freud's concept of the uncanny as the lingering of an irrational belief, often even unconscious, after the conscious has dismissed the old belief as nonsense. He then sums up, with great precision, the complex mental processes involved: "As the magic lantern had embodied the marvels of the new science in the seventeenth century, so at the close of the eighteenth it acted out the contest between superstition and reason, with a form of illusion which could invoke both simultaneously. The attraction of the phantasmagoria, which soon became a world-wide form of

Zweifel und Leichtgläubigkeit, fasziniert von der Art und Weise, wie die Sinne unterhalten werden konnten, während die Logik, nicht immer erfolgreich, nach Erklärungen suchte."[11]
Dies ist jener Punkt, zwischen Logik und Leichtgläubigkeit, wo Unsicherheit als ein Schlüsselmerkmal der Moderne entsteht. Die von den Schaustellern der Phantasmagorien in Szene gesetzten Illusionen machten neue Technologien für alten Aberglauben nutzbar. Aus dieser Perspektive dramatisierten sie einen Punkt in der Geschichte des Intellekts und der Ästhetik, der die Moderne – sowohl was Massenunterhaltung als auch intellektuelle Haltung betrifft – schon heraufbeschwor.

Die Geschichte der Phantasmagorien legt Wege nahe, auf denen Freuds und Jentschs unterschiedliche Zugänge zum anorganischen Körper um das Konzept der Unsicherheit herum in einen Dialog gebracht werden könnten. Zunächst einmal bezieht sich Jentsch auf das technologische Unheimliche. Der vernünftigste Geist macht eine Erfahrung der Unsicherheit, wenn er mit einer Illusion konfrontiert ist, die, wenn auch nur für einen Augenblick, unerklärlich ist. Und da neue Technologien oft, wenn sie erstmals erscheinen, von der breiten Masse nicht verstanden werden, können die fortschrittlichsten wissenschaftlichen Entwicklungen paradoxerweise irrationale und abergläubische Vorstellungen ermöglichen und wieder aufleben lassen. Wie es Jentsch formuliert: „sogar, wenn sie wissen, dass sie gerade bloß von harmlosen Illusionen zum Narren gehalten werden, können viele Menschen ein extrem unbehagliches Gefühl nicht unterdrücken."[12] Diese Art Schauer kann eben in diesem Augenblick verortet werden, dem unerwarteten Moment des Zweifels, einem unwillkürlichen und bestürzenden Verlust des Vertrauens auf die Vernunft. Ein Hauptstrang innerhalb der gesamten Geschichte der visuellen Illusionen ist in *diesem* Effekt und deren Aufwand für *eben jenen* Augenblick enthalten. Er ist unmittelbar und wird durch eine bestimmte Begegnung erzeugt. Diese Geschichte und Jentschs Argumentation trifft dann Freuds Interesse am Animismus und dessen Nachhaltigkeit im menschlichen Geist, die sowohl tiefer verwurzelt als auch schwer zu verorten ist. Er kommentiert (wie bereits oben zitiert), dass die „primitive Angst vor dem Toten bei uns noch so mächtig ist und bereitliegt sich zu äußern, sowie irgendetwas ihr entgegenkommt." Um die beiden Seiten zusammenzuführen: Aberglaube und archaische Vorstellungen können innerhalb der Popularkultur der Illusionen, die nicht nur darauf angewiesen sind eben dieses Verdrängte auszubeuten, sondern auch einen verstörenden Effekt haben, zurückkehren. Hier verdichten sich uralte Zweifel und Unvertrautheit mit dem Neuen zu einem technischem Unheimlichen. Als sich die magischen

entertainment, literally enacted the new consciousness of modernity: torn between doubt and credulity, fascinated by the ways its senses could be entertained as its logic sought, not always successfully, for explanations."[11]
It is at that point, between logic and credulity, that uncertainty comes into being as a key attribute of modernity. The illusions enacted by the showmen of the phantasmagoria harnessed new technologies to old superstitions. From this perspective, they dramatise a point in intellectual and aesthetic history that prefigures modernity, both its mass entertainment and its intellectual stance.

The history of the phantasmagoria suggests ways in which Freud and Jentsch's differing approaches to the inorganic body might be brought into dialogue around the concept of uncertainty. First of all, Jentsch is referring to a technological uncanny. The most rational mind experiences uncertainty when faced with an illusion that is, only if momentarily, inexplicable. And as new technologies are often outside popular understanding when they first appear, the most advanced scientific developments can, paradoxically, enable and revive irrational and superstitious beliefs. As Jentsch puts it: "Even when they know they are being fooled by merely harmless illusions, many people cannot suppress an extremely uncomfortable feeling."[12] This kind of *frisson* can be located in the moment itself, the sudden moment of doubt, an involuntary and bewildered loss of certainty in the rational. A central strand running through the whole history of visual illusions is contained in *this* effect and its investment in *that* moment. It is instantaneous and produced by a particular encounter. This history and Jentsch's argument, then meets Freud's interest animism, and its persistence in the human mind that is both more deeply rooted and difficult to locate. He comments (as quoted above): "Primitive fear of the dead is still so strong within us and always ready to come to the surface on any provocation." To bring the two sides together: archaic beliefs and superstitions are able to return within the popular culture of illusions that not only depend on exploiting this particular repressed but also have a disorientating affect. Here ancient doubts and unfamiliarity with the new condense to create a tech-

Schausteller darauf spezialisierten, Geister zu erwecken, verstärkten sich Form und Inhalt gegenseitig. Das technische Unheimliche, die Illusion des Zauberers verschmolzen mit einer Wiederauferstehung des Körpers, der unheimlichen Rückkehr der lebenden Toten. Hier überschneidet sich Jentschs Interesse am Neuen und Mechanischen, das vom technischen Unheimlichen ausgeht, mit den Überresten des Glaubens an das Übernatürliche. Die Kulturen der Illusion schafften es den Punkt, an dem sich diese beiden Stränge trafen, zu vereinnahmen und auszubeuten.

Laurent Mannoni zeigt anschaulich, dass auf jede Phase der technischen Weiterentwicklung der Laterna magica eine Welle der Weiterverbreitung und Streuung in der Öffentlichkeit folgte, was manchmal zu blassen Abklatschen des Originals, manchmal zu weiteren technischen Fortschritten führte. Als diese kulturelle Durchdringung begann, sich mit den Technologien der modernen Massenunterhaltung, und letztendlich dem Kino, zu verbinden, konnten die archaischen Überreste des Aberglaubens die Basis für eine Popularkultur des Unheimlichen bilden. Die Tatsache ausschlachtend, dass der „zivilisierte" Geist es noch immer gern hat, zumindest die Illusion der Irrationalität zu genießen, sammelte das Kino auf äußerst rationale Weise eine Reihe von Effekten, die „Unheimlichkeit" auslösen. Mit dem lebendigen menschlichen Körper, und dann Storytelling und Fiktion, spielt es mit den formalen Eigenschaften und Mechanismen des technischen Unheimlichen, während es inhaltlich alle Arten von mythologischen Unmöglichkeiten, sei es nun in den Bildern oder in der Story, heraufbeschwört. Zwischen mechanischer Illusion und Aufhebung des Zweifels verstärken sich der Traum der Fiktion und die Magie des Kinos gegenseitig.

3. Der anorganische Körper und die lebenden Toten

Nach Tom Gunning eröffnete die Erfindung der Fotografie ein neues Feld für die Erforschung der Wahrnehmung und deren Verhältnis zu Wissen und Glauben. Insbesondere die spiritistische Bewegung bezog ihre Enthüllungen auf neue Technologien wie Elektrizität, Telegraphie, Chemie usw. Als sie erstmals aufkamen, schienen diese Technologien zu bestätigen, dass unsichtbare Kräfte die Welt beleben. Der Einfluss, den diese wissenschaftlichen Entwicklungen auf die damalige Vorstellungskraft hatten, lag nicht nur an den technischen Neuheiten, die sie hervorbrachten, sondern auch an der Tatsache, dass sie in der Natur Kräfte sichtbar machten, die bislang unsichtbar in der natürlichen Welt existiert hatten. Eine technische Neuheit kondensierte in einem

nological uncanny. As the magic showmen specialised in raising ghosts, form and content reinforced each other. The technological uncanny, the magician's illusion, merged with a resurrection of the body, the uncanny return of the living dead. It is here that Jentsch's interest in the new and the mechanical, emanating from the technological uncanny, overlaps with the residues of belief in the supernatural. The cultures of illusion came to exploit and inhabit the point at which they met.

Laurent Mannoni demonstrates that each phase of the magic lantern's technological development was followed by a wave of further popular distribution and dissemination, some of which were pale imitations of the original, some of which led on to further technological advances. When these cultural diffusions came to combine with the technologies of modern mass entertainment, ultimately the cinema, the archaic residues of superstition could form the foundation for a popular culture of the uncanny. Exploiting the fact that the "civilised" mind still likes to enjoy at least the illusion of irrationality, the cinema gathered together, in the most rational manner, a range of effects that trigger "uncanniness". With the animated human body, and then storytelling and fiction, it plays on the formal attributes and mechanisms of the technological uncanny, while conjuring up, as content, all kinds of mythological impossibilities, whether in image or story. In between mechanical illusion and suspension of disbelief, the dream of fiction and the magic of cinema reinforce each other.

3. The inorganic body and the living dead

According to Tom Gunning, the invention of photography created a new field for inquiry about perception and its relation to knowledge and belief. In particular, the Spiritualist Movement related their revelations to new technologies such as electricity, telegraphy, chemistry and so on. As they first appeared, these technologies seemed to confirm that invisible forces animated the world. The impact that these scientific developments had on the contemporary imagination was not only due to the technological novelties that they produced but also to the fact that they made

technischen Unheimlichen, aber im Schwellenbereich der Unsicherheit vollzog sich eine Kollision zwischen der natürlichen Welt und der Übernatürlichen. Daher führte die der Schwarz-Weiß-Fotografie innewohnende Geisterhaftigkeit zu dem Gefühl, dass die Maschine in der Lage sein könnte, eine für das menschliche Auge unsichtbare Erscheinung wahrzunehmen. In gleicher Weise hatte das Phänomen der Elektrizität den Weg veranschaulicht, wie das Unsichtbare in der Natur, wenn man es einmal nutzbar gemacht hat, gewaltige sichtbare Effekte zeitigen kann. Durch ihr Herbeirufen von Geistern beuteten die Spiritisten einerseits diesen neuen „Animismus" aus, das Gefühl einer von endlich sichtbar gemachten Geistern erfüllten Welt, andererseits schnitten sie das Thema des uralten Widerwillens des menschlichen Geistes, sich dem Tod zu stellen, an. Freud bemerkt in *Das Unheimliche* ironisch: „Der Satz: alle Menschen müssen sterben, paradiert zwar in den Lehrbüchern der Logik als Vorbild einer allgemeinen Behauptung, aber keinem Menschen leuchtet er ein, und unser Unbewusstes hat jetzt so wenig Raum wie vormals für die Vorstellung der eigenen Sterblichkeit."
Dann erwähnt er, in ebenso ironischem Ton den neuen Rummel um den Spiritismus: „Auf den Anschlagsäulen unserer Großstädte werden Vorträge angekündigt, welche Belehrungen spenden wollen, wie man sich mit den Seelen der Verstorbenen in Verbindung setzen kann, und es ist unleugbar, dass mehrere der feinsten Köpfe und schärfsten Denker unter den Männern der Wissenschaft, zumal gegen das Ende ihrer eigenen Lebenszeit, geurteilt haben, dass es an Möglichkeiten für solchen Verkehr nicht fehle."**13**
Da *Das Unheimliche* 1919 geschrieben wurde, war das natürlich eine Zeit, in der das Problem nicht nur für das Weiterleben des Selbst im Jenseits galt, sondern in der viele der Hinterbliebenen nach den schrecklichen Verlusten an Menschenleben während des Krieges versuchten, „die andere Seite" zu erreichen. Aber Kulturen des Todes bzw. Kulturen rund um den Tod waren auch im späten 19. Jahrhundert tief verwurzelt. Historiker und Kino theoretiker haben die Idee einer autochthonen Geburt des Kinos in Frage gestellt und dessen Heraufkommen wird heute vermittels seiner Kontinuitäten und Verknüpfungen mit seinen Vorgängern und Kontexten verstanden. Hatte das Phänomen des Spiritismus einmal begonnen in das Reich des Showbusiness und des Spektakels Einzug zu halten, „grub es in einer tiefen Faszination, die visuelle Spektakel, die das Publikum dadurch verblüfften, dass sie sich über konventionelle Vorstellung hinwegsetzten, ausübten". (Gunning)

visible forces that existed, hitherto invisibly, within the natural world. A technological novelty condensed with a technological uncanny, but in the threshold space of uncertainty the collision enacted was between the natural and supernatural worlds. Thus the intrinsic ghostliness of the black and white photograph elided with the sense that the machine might be able to perceive a presence invisible to the human eye. Similarly, the phenomenon of electricity had illustrated the way that the invisible in the natural world could, once harnessed, have powerful visible effects. In their summoning up of ghosts, the Spiritualists exploited on the one hand, this new "animism", the sense of a world filled with spirits at long last made visible; on the other they touched on the longstanding reluctance of the human mind to confront death. Freud comments ironically in *The Uncanny:* "It is true that the statement 'All Men are Mortal' is paraded in text books of logic as an example of a general proposition; but no human being really grasps it, and our unconscious has as little use now as it ever had for the idea of its own mortality."
And he goes on to mention, also ironically, the renewed fashion for spiritualism: "In our great cities, placards announce lectures that undertake to tell us how to get in touch with the souls of the departed; and it cannot be denied that not a few of our most able and penetrating minds among our men of science have come to the conclusion, especially towards the end of their own lives, that a contact of this kind is not impossible."**13**
As *The Uncanny* was written in 1919, it was, of course, a time in which the problem of death not only applied to the afterlife of the self, but many of the bereaved attempted to reach "the other side" after the appalling loses of life during the war. But cultures of and around death were also deeply engrained in the late nineteenth century. Historians and theorists of cinema have challenged the idea of an autochthonous birth of the cinema and its arrival is now understood through its continuities and entanglements with its predecessors and contexts. Once the phenomenon of Spiritualism began to move into the realm of show business and the spectacular, in Gunning's words "it mined a deep fascination in visual events that amazed spectators by defying conventional belief".

Es war dieses Aufeinandertreffen von „spektakulärem Spiritismus" und der Zaubershow des 19. Jahrhunderts, das die Schausteller dazu veranlasste sich in zunehmendem Maße von jenen Scharlatanen zu distanzieren, die darauf bestanden, dass ihre Tricks wahrhaftig die Toten erweckten. Diese explizite Anerkennung des Raumes zwischen Leichtgläubigkeit und Wissen gemahnt an den Jesuiten Athanasius Kircher, der Mitte des 17. Jahrhunderts darauf bestand, dass die von seiner Camera obscura geschaffenen Illusionen natürlichen und nicht magischen Ursprungs seien. Obwohl er betont, dass Kircher nicht, wie häufig angenommen, die Laterna magica erfunden hat, legt Mannoni nahe, dass er eine Tradition der Schaustellerei begründete, die bis zu den magischen Spektakeln des 19. Jahrhunderts herauf überleben würde: „Was Kircher mehr als alles andere anstrebte, war seine Anhänger mit der beinahe universalen Natur seines Wissens zu verblüffen. Er selbst wollte sich jedoch nicht als Zauberer ausgeben und brandmarkte die Quacksalber, welche die Optik missbrauchten, um die Leichtgläubigen auszunutzen. Kirchers Ziel bei der Enthüllung all dieser optischen Tricks mit Licht und Schatten war es die Allgemeinheit aufzuklären."[14]

Im 19. Jahrhundert sorgten Spiritismus und eine Kultur des Todes auf der einen Seite und ein rationaler Säkularismus auf der anderen für einen weiteren Aspekt hinsichtlich des Raumes intellektueller und technologischer Unsicherheit. John Neville Maskelyne zum Beispiel entwickelte seine Zaubershow, wie er es selbst ausdrückte, ohne die Hilfe von Geistern. Das waren Schausteller, die auf ihre eigene Kunstfertigkeit stolz waren und auf ihre Fähigkeit die Zuschauer am Scheitelpunkt zwischen naivem Glauben und Unglauben „Ich glaube es nicht!" keuchen zu lassen, obwohl sie es mit ihren eigenen Augen sahen. Harry Houdini verbiss sich ziemlich in einen Feldzug zur Entlarvung des Spiritismus, was zu seiner problembelasteten Freundschaft mit Conan Doyle führte, der überzeugt war, dass er seinen im Ersten Weltkrieg gefallenen Sohn über ein Medium erreicht hatte. Adam Phillips hat Houdinis unerbittliche Feindseligkeit gegenüber dem Spiritismus als tiefe Überzeugung beschrieben, die über bloße Professionalität hinausging: „Wie jeder erfolgreiche Berufszauberer – und Houdini war der Mann, der der Magie zum großen Durchbruch verhalf, sie aus der Quacksalberei heraus- und in die Mainstream-Unterhaltung hereinholte – hatte Houdini keine Lust auf das Unerklärliche. Er hatte keine Lust davon beeindruckt zu werden. Er behauptete nicht alles zu verstehen, aber was ihn schon immer fasziniert hatte, war jemandes Talent, Geheimnisse zu erschaffen. ‚Warum, Sir Arthur', sagte er einmal zu Doyle, ‚ich bin schon mein ganzes Leben in Geheimnissen ausgebildet worden

It was this encounter between "spectacular spiritualism" and the nineteenth century magic show that led the showmen to increasingly distance themselves from those charlatans who insisted that their tricks truly raised the dead. This explicit recognition of the space between credulity and knowledge recalls the mid-seventeenth century Jesuit, Athanasius Kircher's insistence that the illusions created by his camera obscura were of nature not magic. While pointing out that Kircher did not, as often supposed, invent the magic lantern, Mannoni suggests that he inaugurated a tradition of showmanship that would survive into the magic acts of the nineteenth century: "What Kircher aspired to more than anything was to astonish his followers by the almost universal nature of his knowledge. However, he did not want to pass himself off as a sorcerer, and denounced the quacks who used optics to take advantage of the credulous. Kircher's aim in revealing all these illuminated and shadowy optical tricks was to enlighten the general public."[14]

In the nineteenth century, Spiritualism and a culture of death, on the one hand, and rational secularism on the other, provided yet another twist to the space of intellectual and technological uncertainty. John Neville Maskelyne, for instance, developed his magic show without, as he put it, the help of spirits. These were showmen who prided themselves on their own skill and ability to make an audience gasp, on the cusp between credulity and incredulity, "I don't believe it!" while seeing with their own eyes. Harry Houdini became deeply involved in a campaign to debunk Spiritualism, leading to his fraught friendship with Conan Doyle who was convinced that he had reached his son, killed in World War 1, through a medium. Adam Phillips has described Houdini's implacable hostility to Spiritualism as going beyond professionalism to conviction: "Like any successful professional magician – and Houdini was the man who put magic on the map, who took it out of quackery and into mainstream entertainment – Houdini had no appetite for the inexplicable; he wasn't keen to be impressed by it. He didn't claim to understand everything, but what had always fascinated him was people's talent for creating mystery. 'Why, Sir Arthur' he once remarked to Doyle, 'I have been trained in mystery all my life and

und hin und wieder sehe ich etwas, das ich nicht begründen kann.' Aber wenn das passierte, wollte er dahinterkommen, wie jemand das gemacht hatte. Für Houdini waren Geheimnisse das große säkulare Gebrauchsgut."[15]

Für die Schausteller war es essenziell, ihre magischen Tricks von jeder Spur des Übernatürlichen zu säubern, um für eine andere Art des Erstaunens Raum zu schaffen. Wenn die Zuschauer glaubten, dass eine göttliche Macht eingegriffen hätte, wären sie in der Tat in Ehrfurcht erstarrt, aber der Trick wäre, die Bedingungen des Übernatürlichen vorausgesetzt, völlig erklärbar. Es war das Ziel der Schausteller dem Zweifel einen Raum zu verschaffen und in Verbindung mit dem Zusammenbruch rationalen Verstehens den Schauer zu erzeugen, der ein Gefühl intellektueller Unsicherheit zur Folge hat. Das ist ihre Moderne. Sie verlagerten die kulturelle Agenda in Richtung einer Art von Übermenschentum, in dem ihre eigenen transzendenten Kräfte im Zentrum der Bühne standen. Während die strenge Materialität der Performance Erstaunen hervorrief, warfen ihre Kunststücke unvermeidlich Fragen nach den Grenzen des Menschenmöglichen auf: auf der einen Seite eine übermenschliche Fähigkeit den Naturgesetzen zu trotzen, andererseits die ganz normale Unfähigkeit der Zuschauer zu entschlüsseln, was sie gerade sahen.

Die Situation ändert sich Mitte des 19. Jahrhunderts mit der Erfindung der Fotografie und ihrer Verbreitung. Das Unheimliche der Phantasmagorien und anderer gespenstischer Spektakel, in denen Technik und nachklingender Aberglaube so eng verflochten waren, wird in einem recht unterschiedlichen Sinne neu besetzt. Während die Laterna magica die Illusion geisterhaften Lebens erzeugt hatte, konservierte das Foto tatsächlich ein lebendiges Wesen, den lebendigen Körper, in lebloser Form. Der Erfolg der Laterna magica und der Phantasmagorie war größtenteils von der außergewöhnlichen Kunstfertigkeit der Schausteller abhängig gewesen, sowohl was ihre technische und künstlerische Vorbereitung betraf als auch die tatsächliche Leitung der Vorführung selbst. Das waren wunderschön und überzeugend heraufbeschworene Illusionen. Andererseits kann die Ahnengalerie der Fotografie auf die „naturmagischen" Vorführungen von Kircher, die Camera obscura und deren Fähigkeit, Bilder der wirklichen Welt zu reflektieren und manipulieren, zurückverfolgt werden. Auch die Fotografie reproduzierte ein Bild der wirklichen Welt durch Manipulation des Lichtes, doch war sie in der Lage jenen Augenblick der Wirklichkeit, der von der Linse belichtet und auf photosensitivem Material festgehalten wurde, einzufangen

once in a while I see something I can't account for.' But when this happened he wanted to discover how someone had made it. Mystery, for Houdini, was the great secular commodity."[15]

For the showmen, it was essential to purge their magic tricks of any trace of the supernatural in order to open up the space for a different kind of amazement. If the audience believed that a divine power had intervened, their emotions would be, indeed, awestruck but the act would be, given the terms of the supernatural, perfectly explicable. The showmen's aim was create a space for doubt and generate the *frisson* associated with the breakdown of rational understanding that gives rise to a sense of intellectual uncertainty. This is their modernity. They shifted the cultural agenda towards a kind of super-humanity in which their own transcendent powers were at the centre of the stage. While the rigorous materiality of the performance would cause astonishment, their feats would inevitably raise questions about the limits of the human: on the one hand a superhuman ability to defy the laws of nature, on the other the ordinary inability of the audience to decipher what they were seeing.

The picture alters with the invention of photography and its diffusion in the mid-nineteenth century. The uncanny of the phantasmagoria and other ghostly spectacles, in which technology and lingering superstition had been so closely entwined, are recast in rather different terms. While the magic lantern had created the illusion of ghostly life, the photograph actually preserved a living presence, the animate body, in an inanimate form. The success of the magic lantern and the phantasmagoria had very largely depended on the extraordinary skill of the showmen both in their technological and artistic preparation and the actual stage management of the show itself. These were beautifully and convincingly conjured illusions. On the other hand, the ancestry of photography can be traced back to the "natural magic" shows of Kircher, the camera obscura and its ability to reflect and manipulate images of the real world. Photography, too, reproduced an image of the real world through the manipulation of light, but it was able to capture and fix that moment of reality exposed by the lens and

und zu fixieren. Mit der Fotografie kamen Fragen nach der Zeit selbst, ihrem Vergehen und ihrem Verhältnis zur Vergangenheit und zum „Alten" ins Spiel.

Ian Christie betont, dass Unsicherheit in Zusammenhang mit dem Tod ein Schlüsselfaktor dabei war, wie die Menschen des späten 19. Jahrhunderts auf den Film reagierten: „Was wollten sie glauben? Im Grunde genommen, dass der Tod nichts Endgültiges war: das Kommunikation mit ‚der anderen Seite' möglich war [...] So stürzten sich die ehrbaren Viktorianer in den Spiritismus, Séancen, Tarotkarten und Magie jeglicher Art. In diesem Klima war es kaum überraschend, dass bewegte Bilder ihren ersten Betrachtern übernatürlich erschienen. Beide Pariser Zeitungen, die über die erste Vorführung der Brüder Lumière berichteten, endeten mit derselben Bemerkung: [...] der Tod wird aufhören absolut zu sein [...] es wird möglich sein unsere Nächsten, lang nachdem sie von uns gegangen sind, lebendig wiederzusehen."**16**
Und Maxim Gorki beschrieb seine Erfahrung 1896 für eine russische Zeitung in einem heute berühmten Absatz: „Es ist erschreckend anzusehen, aber es ist die Bewegung von Schatten, bloßer Schatten. Flüche und Geister, böse Geister, die ganze Städte in ewigen Schlaf gestoßen haben, kommen einem in den Sinn und man hat das Gefühl, Merlins teuflischer Trick wäre einem vorgeführt worden."

4. Méliès und Lumière

Die Schlüsselfigur, die die Tradition der magischen Schausteller mit dem Kino verbindet, ist natürlich Georges Méliès. Méliès hatte in seinem Leben zwei Offenbarungen. Die erste ereignete sich 1888 in der Egyptian Hall, Maskelynes ständigem magischen Theater, wo er seine Liebe zur Magie entdeckte und, nach seiner Rückkehr nach Paris, das Theater des berühmten Zauberkünstlers Jean-Eugène Robert-Houdin (nach dem sich Houdini später benannte) übernahm. Seine zweite hatte er 1895 anlässlich der Vorführung des Kinematographen der Gebrüder Lumière im Grand Café, wo er „Was für ein großartiger Trick! Das ist etwas für mich!" ausgerufen haben soll und dann ein Filmstudio geschaffen hat, in dem er das neue kinematographische Potenzial für Illusionen mit den Traditionen des magischen Theaters verschmolz. In vielerlei Hinsicht gemahnt sein Kino an Jentschs Unheimliches – mit seiner Ausbeutung technischer Neuheiten und der Fähigkeit des Kinos, die Grenze zwischen dem Lebendigen und dem Leblosen verschwimmen zu lassen. Paul Hammond beschreibt das wie folgt: „Ein Objekt kann, entweder

inscribed onto photosensitive material. With photography, the question of time itself, its passing, its relation to the past and to the "old" came into play.

Ian Christie points out that uncertainty associated with death was a key factor in the late nineteenth century citizen's response to film: "What did they want to believe? Essentially that death was not final: that communication with 'the other side' was possible [...] So the respectable Victorians threw themselves into spiritualism, seances, tarot cards and magic of any kinds. In this climate it was scarcely surprising that moving pictures seemed supernatural to their first viewers. Both the Paris papers which reported the first Lumière show ended on the same note: [...] death will cease to be absolute [...] it will be possible to see our nearest alive again long after they have gone."**16**
And Maxim Gorky, in a now famous paragraph, described his experience for a Russian newspaper in 1896: "It is terrifying to watch but it is the movement of shadows, mere shadows. Curses and ghosts, evil spirits that have cast whole cities into eternal sleep come to mind and you feel as though Merlin's vicious trick has been played out before you."

4. Méliès and Lumière

The key figure who links the tradition of the magic showmen to the cinema is, of course, Georges Méliès. Méliès had two moments of epiphany in his life. The first took place at Maskeleyne's permanent magic theatre, the Egyptian Hall, in London in 1888 where he fell in love with magic and, on his return to Paris, took over the theatre of the famous prestidigitator Jean-Eugene Robert-Houdin (after whom Houdini later named himself). The second was at the Lumières' demonstration of the cinematograph in 1895 at the Grand Café when he is said to have exclaimed: "What a great trick! That's for me!" and then created a film studio that fused the new, cinematic potential for trickery with the traditions of the magic theatre. In many ways, his cinema recalls Jentsch's uncanny, exploiting technological novelty as well as the cinema's ability to blur the boundary between the animate and the inanimate. As Paul Hammond describes: "An object can be transformed, either instantaneously or

augenblicklich oder schrittweise, in ein anderes Objekt verwandelt werden; ein Objekt kann vor unseren Augen wachsen oder schrumpfen, obwohl die Größenverhältnisse auf dem Rest des Bildes konstant bleiben; ein Objekt, üblicherweise ein Mensch, kann sich in seine Bestandteile auflösen, welche dann ein Eigenleben annehmen können; ein lebloses Objekt kann anfangen sich zu bewegen und ein lebendiges den Gesetzen der Schwerkraft trotzen; ein Objekt kann augenblicklich oder schrittweise verschwinden."

Und er kommentierte auch insbesondere das von Jentsch angeführte Phänomen, wonach leblose Abbilder des menschlichen Körpers scheinbar lebendig werden: „Nicht nur Statuen, sondern Vogelscheuchen, Schneemänner, Schaufensterpuppen, Skelette. Figuren auf Gemälden, Fotografien, Spielkarten- und Buchillustrationen – ihnen allen wird durch die Stop-Motion-Fähigkeit der Kamera Leben eingehaucht."

Méliès selbst beschrieb, wie er die Stop-Motion-Technik entdeckte, als seine Kamera während eines Drehs auf der Place de l'Opéra blockierte: „Wir brauchten eine Minute, um die Kamera wieder zum Laufen zu bringen. In dieser Minute hatten natürlich die Passanten, eine Pferdestraßenbahn und die Fahrzeuge ihre Positionen verändert. Bei der Projektion des an der Stelle der Pause zusammengefügten Streifens sah ich plötzlich, wie sich eine Madeleine-Bastille-Pferdestraßenbahn in einen Leichenwagen verwandelte, und Männer in Frauen." [Richard Abel] Dann beschreibt er die Schwierigkeiten und Komplexitäten dieses Kinos: die Blende, Überlagerung auf Schwarzweiß, Verdoppelung von Figuren durch Zurückspulen des Films (eine wahrhaftige chinesische Wasserfolter), all die Tricks, „die erlauben, dass das Übernatürliche, das Imaginäre und sogar das Unmögliche visuell wiedergegeben wird". So wie das Kino das leblose Foto zum Leben erweckte, hauchte er leblosen Objekten Leben ein.

In den 1950er Jahren stellten die Surrealisten eine Liste auf, die das Kino in zwei Kategorien unterteilte. Lumière führte die eine Liste an („Nicht Sehen"), Méliès die andere („Sehen"). Aus der Perspektive der Surrealisten standen die Brüder Lumière für das Reich des Sichtbaren, des buchstäblichen fotografischen Realismus, während Méliès ein Paralleluniversum der Magie und der fantastischen Effekte heraufbeschwören konnte. Wenn man nun, nachdem mehr als hundert Jahre vergangen sind, zurückschaut, scheint dieser Gegensatz seine Bedeutung geändert zu haben und beide Arten des Kinos haben wahrscheinlich magische Eigenschaften. Das Unheimliche wird vom Lauf der Zeit beeinflusst, und besonders das technische Unheimliche war zuerst sehr stark, nahm dann ab und erst in neuerer Zeit wieder

gradually, into another object; an object can grow or diminish before our eyes, while the rest of the image remains a constant size; an object, usually human, can disintegrate into parts, then these can assume a life of their own; an inanimate object can begin to move and an animate one defy the laws of gravity; an object appear or disappear instantaneously or gradually."
And he comments particularly on the phenomenon, noted by Jentsch, whereby inanimate images of the human body take on apparently animate properties: "Not only statues, but scarecrows, snowmen, dummies, skeletons. Figures in paintings, posters, photographs, playing card and book illustrations all pulsate with life, through the camera's stop motion capability." Méliès himself described how he discovered the stop motion when his camera jammed while filming in the Place de l'Opéra: "A minute was needed to make the camera work again. During this minute, the passersby, a horse trolley, and the vehicles had, of course, changed positions. In projecting the strip, rejoined at the point of the break, I suddenly saw a Madeleine-Bastille trolley change into a hearse and men changed into women." [Richard Abel] He goes on to describe the difficulties and complexities of this cinema: the fade, superimposition on black and white, doubling of characters by rewinding the film (a veritable Chinese water torture), all the tricks "that allow the supernatural, the imaginary, even the impossible to be rendered visually". Just as the cinema animated the inanimate photograph, so he gave life to lifeless objects.

In the 1950's, the Surrealists drew up a list dividing the history of the cinema into two categories. Lumière headed one list "Don't See", Méliès headed the other "See". From the Surrealists' perspective, the Lumière brothers stood for the realm of the visible, of literal photographic realism, while Méliès could conjure up a parallel universe of magic and marvelous effects. Looking back, after more than a hundred years have passed, this opposition seems to have changed its meaning and the two cinemas now both seem to have magical qualities. The uncanny is affected by passing time and the technological uncanny, in particular, waxes and wanes. If Gorky's initial reaction to the Lumière programme was in terms of the ghostly,

zu. Wenn Gorkis anfängliche Reaktion auf die Filme der Brüder Lumière Bezug auf das Gespenstische nahm, war dies eine Reaktion auf die fremdartige Technologie, ihre Belebung des Leblosen, ihre Stille und ihre fehlenden Farben. Im Lauf der Zeit würden die Filme der Brüder Lumière von der Banalität ihrer Wirklichkeit eingeholt werden, wie ein Home-Movie oder eine technische Vorführung. Aber heute, nachdem wiederum Zeit vergangen ist, ist eben jene Wirklichkeit der Ursprung der Unheimlichkeit. Wenn man zu Chris Petits Metapher des Kinos als Mausoleum zurückkehrt, dann sind die Gestalten von gewöhnlichen Menschen, die sich in ihrem Alltag bewegen, Gestalten von Toten. Die leblosen Bilder des Filmstreifens werden nicht nur durch den Mechanismus des Kinos bei der Projektion animiert, sondern sind auch die gespenstischen Bilder von zu scheinbarem Leben wiederauferstandenen Körpern. Es ist unmöglich, sie bloß als das Resultat der Vorführung einer Maschine zu sehen; jede Geste, jeder Ausdruck, jede Bewegung des Windes oder des Wassers erscheint wie von einem Geheimnis berührt. Es ist nicht das Geheimnis des Zaubertricks, sondern der beunruhigendere Eindruck das Leben versteinert zu sehen. Natürlich ist das nicht nur bei den Filmen der Brüder Lumière der Fall. Quer durch die ganze Kinogeschichte sehen wir mehr Tote als Lebende auf der Leinwand, und die Vorrichtung, die in ihrer Anfangszeit ein Mittel zur Erzeugung der Illusion von Bewegung gewesen ist, ist heute ein Mittel zur Erzeugung einer Illusion der lebenden Toten geworden. Wir können sicherlich mit Freud sagen, wir haben den Glauben an die Rückkehr der Toten, an lebendige Mächte in der Natur und sogar an das Leben nach dem Tod „überwunden". Jedoch ist die Anwesenheit der Vergangenheit im Kino auch die Anwesenheit des wieder auferstandenen Körpers und diese Bilder können, wenn auch nur als Assoziation, Fragen aufwerfen, die noch immer unwägbar scheinen: die Natur der Zeit, die Zerbrechlichkeit menschlichen Lebens und die Grenze zwischen Leben und Tod.

Bis zur Zeit, als Freud das Kino mit dem Modischen und dem Femininen verband, war es natürlich bereits in die Jugendjahre der Moderne hineingewachsen und war sein Zweckbündnis mit der Fiktion eingegangen. Heute ist es in die Jahre gekommen. Heute scheint das Kino dem archaischen Mutterleib und dem Freudschen Unheimlichen näher zu sein, obwohl die Kopien z.B. der Frühmodernen vom Zahn der Zeit unberührt geblieben sind und sich mit derselben mechanischen Exaktheit bewegen wie Jentschs Automatons. Darüber hinaus haben elektronische und digitale Technologien das Kino überholt, und wenn ein neues „Neues" aufkommt, wird das alte „Neue" zum „Alten" verbannt.

it was in response to the unfamiliar technology, its animation of the inanimate, its silence and its lack of colour. As time passed, the Lumières' films would be overtaken by the banality of their reality, like any home movie or technological demonstration. But now, with the further passing of time, that very reality is the source of uncanniness. To return to Chris Petit's image of cinema as mausoleum, the figures of ordinary people moving about in everyday life are figures of the dead. The inanimate images of the filmstrip are not only animated by the mechanism of cinema in projection, but are the ghostly images of bodies resurrected into the appearance of life. It is impossible to look at them as the result of a simple demonstration of a machine; every gesture, expression, movement of wind or water seems to be touched with mystery. This is not the mystery of the magic trick but the more disturbing sensation of seeing life fossilised. Of course, this is not only the case in the films of the Lumières. Across the whole history of cinema we see more of the dead on the screen than the living and the mechanism that started out as a means of creating an illusion of movement has now become a means of creating an illusion of the living dead. We can certainly say, with Freud, that we have "surmounted" belief in the return of the dead, of animate forces in nature and even in the afterlife. However, the presence of the past in the cinema is also the presence of the body resurrected and these images can trigger, if only by association, questions that still seem imponderable: the nature of time, the fragility of human life and the boundary between life and death.

By the time that Freud associated the cinema with the fashionable and the feminine, it had, of course, grown up into the youthfulness of modernity and acquired its objective alliance with fiction. Now, it has aged. Now the cinema seems closer to the archaic body of the mother and the Freudian uncanny while the replicas of, for instance, the young moderns are unchanged by time, moving with the same mechanical exactitude as Jentsch's automata. Furthermore, electronic and digital technologies have overtaken the cinema and, as a new "new" arrives, the old "new" becomes relegated to "the old". Paradoxically and incidentally, the new technologies have contributed further to bringing the

Paradoxerweise und zufälligerweise haben die neuen Technologien dazu beigetragen, das Unheimliche zurück ins Kino zu bringen. Die Leichtigkeit, mit der das bewegte Bild heute angehalten werden kann, legt die Mechanismen des Kinos und die Illusion seiner Bewegung offen, so als ob das wunderschöne Automaton seine Bewegungsfähigkeit verloren hätte. Gleichzeitig wird die auf der Leinwand belebte menschliche Gestalt in den Zustand des Leblosen und Anorganischen eingefroren. Obwohl Filmhistoriker richtigerweise betont haben, dass das Kino und seine Vorgeschichte ideologisch und technisch zu eng miteinander verwoben sind, als dass eine plötzliche „Geburt des Kinos" als Konzept seine Gültigkeit besäße, stellt das Heraufkommen der bewegten Bilder auf Zelluloid, aus dem Blickwinkel des Unheimlichen heraus betrachtet, doch einen entscheidenden Augenblick dar. Erst dann verschmolz die Realität der Fotografie mit der mechanischen Bewegung, die bis dahin auf animierte Bilder beschränkt gewesen war, um den Effekt des lebendigen und organischen Lebens selbst hervorzubringen. Notwendigerweise wurde das Abbild des Lebens von der Unheimlichkeit seiner Illusion heimgesucht. Das Kino verwandelt buchstäblich organische Bewegung in ihre anorganische Kopie, eine Abfolge statischer lebloser Bilder, die, einmal auf die Leinwand projiziert, lebendig wird und die Unterschiede zwischen den Gegensätzen verwischt. Die Homologien lassen sich noch ausweiten: auf der einen Seite das Leblose, Anorganische, Starre, Tote und auf der anderen das Organische, Belebte, sich Bewegende, Lebendige. Genau hier, bei der Verwischung dieser Grenzlinien, kehrt die unheimliche Natur des kinematographischen Bildes auf nachdrücklichste Weise zurück und mit ihr der konzeptuelle Raum der Unsicherheit, das heißt, die Schwierigkeit das Phänomen Zeit und die Gegenwart des Todes im Leben zu verstehen.

uncanny back to the cinema. The ease with which the moving image can now be halted exposes the cinema's mechanisms and the illusion of its movement, as though the beautiful automaton had lost its power to move. At the same time, the human figure, animated on the screen, is stilled into the inanimate and the inorganic. Although film historians have pointed out, quite correctly, that the cinema and its pre-history are too deeply imbricated, ideologically and technologically, for any abrupt "birth of the cinema" to be conceptually valid, from the perspective of the uncanny, the arrival of celluloid moving pictures constitutes a decisive moment. It was only then that the reality of photography fused with mechanical movement, which had hitherto been restricted to animated pictures, to give the effect of life itself, animate and organic. But the image of life was necessarily haunted by the uncanniness of its illusion. The cinema literally transforms organic movement into its inorganic replica, a series of static, inanimate images, which, once projected, then become animated to blur the distinctions between the oppositions. The homologies extend: on the one hand, the inanimate, inorganic, still, dead and, on the other, organic, animate, moving, alive. It is here, with the blurring of these boundaries, that the uncanny nature of the cinematic image returns most forcefully, and with it, the conceptual space of uncertainty that is the difficulty of understanding time and the presence of death in life.

Anmerkungen

1 Vanessa Schwartz: *Cinematic Spectatorship before the Apparatus.*
In: *Cinema and the Invention of Modern Life.* Hrsg. L. Charney and V. Schwartz.
San Francisco and Los Angeles: California University Press 1995.

2 Ernst Jentsch: *On the Psychology of the Uncanny* (1906).
In: *Angelaki* (1995), 2.1, S. 12.

3 Ibid, S. 10.

4 Stephen Heath: *Cinema and Psychoanalysis: Parallel Histories.* In: *Endless Night.*
Cinema and Psychoanalysis: Parallel Histories. Hrsg. Janet Bergstrom. Berkeley,
London, Los Angeles: University of California Press 1999, S. 27.

5 op. cit., S. 27.

6 Mein Dank an Daniel Morgan dafür, dass er mich auf diesen essenziellen Punkt
aufmerksam gemacht hat.

7 Annette Michelson: *On the Eve of the Future: The Reasonable Facsimile and the
Philosophical Toy.* In: *October* (1984), Nr. 29. Ich habe dieses Zitat auch in meiner
Diskussion des Pandora-Mythos in *Fetishism and Curiosity* verwendet.

8 Sigmund Freud: *The Uncanny.* In: *The Standard Edition of The Complete
Psychological Works of Sigmund Freud.* Hrsg. J. Strachey. Volume XVII, S. 245.

9 Ibid, S. 242.

10 Ibid, S. 163.

11 Ibid, S. XXV.

12 Jentsch, op. cit., S. 10.

13 Freud, op. cit., S. 242.

14 Laurent Mannoni: *The Great Art of Light and Shadow.* Exeter: University of
Exeter Press 2000, S. 23.
Da er in der Zeit der Gegenreformation lebte, war Kirchers Diskurs gegen jene
Überreste des Aberglaubens gerichtet, die vom uralten Kompromiss des Katho-
lizismus mit vorchristlichen Vorstellungen und Praktiken übrig geblieben waren.
Aber in den Augen seiner protestantischen Zeitgenossen war Kircher, besonders
weil seine Vorführungen in Rom stattfanden, als Schausteller und Katholik
kompromittiert. Mannoni betont, dass Constantin Huygens, der Neuerer der Optik,
der beinahe zufällig die Technik der Laterna magica meisterte, und sein Kreis
bekennende Protestanten waren und Gegner einer Verwechslung der Wissenschaft
mit Unterhaltung.

15 Adam Phillips: *Houdini's Box. On the arts of escape.*
London: Faber and Faber 2001, S. 130.

16 Ian Christie: *The Last Machine. Early Cinema and the Birth of the Modern World.*
London: BFI/BBC 1985, S. 111.

Notes

1 Vanessa Schwartz: *Cinematic Spectatorship before the Apparatus.*
In: *Cinema and the Invention of Modern Life.* Eds. L. Charney and
V. Schwartz. San Francisco and Los Angeles: California University
Press 1995.

2 Ernst Jentsch: *On the Psychology of the Uncanny* (1906).
In: *Angelaki* (1995), 2.1, p. 12.

3 Ibid, p. 10.

4 Stephen Heath: *Cinema and Psychoanalysis: Parallel Histories.*
In: *Endless Night. Cinema and Psychoanalysis: Parallel Histories.*
Ed. Janet Bergstrom. Berkeley, London, Los Angeles: University of
California Press 1999, p. 27.

5 op. cit., p. 27.

6 My thanks to Daniel Morgan for drawing this essential point to
my attention.

7 Annette Michelson: *On the Eve of the Future: The Reasonable
Facsimile and the Philosophical Toy.* In: *October* (1984), no. 29.
I have also used this citation in my discussion of the Pandora myth
in *Fetishism and Curiosity.*

8 Sigmund Freud: *The Uncanny.* In: *The Standard Edition of The
Complete Psychological Works of Sigmund Freud.* Ed. J. Strachey.
Volume XVII, p. 245.

9 Ibid, p. 242.

10 Ibid, p. 163.

11 Ibid, p. XXV.

12 Jentsch, op. cit., p. 10.

13 Freud, op. cit. p. 242.

14 Laurent Mannoni: *The Great Art of Light and Shadow.*
Exeter: University of Exeter Press 2000, p. 23.
Living, as he did, during the period of the Counter-Reformation,
Kircher's discourse was directed against the residue of superstition left
by Catholicism's ancient compromise with pre-Christian beliefs and
practices. But, in the eyes of his Protestant contemporaries, especially
as his demonstrations took place in Rome, Kircher was compromised
both as a showman and as a Catholic. Mannoni points out that
Constantin Huuygens, the optical innovator who almost incidentally
mastered the technology of the magic lantern, and his circle were committed Protestants, opposed to confusing science with entertainment.

15 Adam Phillips *Houdini's Box. On the arts of escape.*
London: Faber and Faber 2001, p. 130.

16 Ian Christie: *The Last Machine. Early Cinema and the Birth of the
Modern World.* London: BFI/BBC 1985, p. 111.

Kaja Silverman
Apparat zur Herstellung eines Bildes
Apparatus for the Production of an Image

Kaja Silverman ist *Class of 1940 Professor of Rhetoric and Film* an der University of California, Berkeley. Sie ist die Autorin von sieben Büchern: *James Coleman* (2002); *World Spectators* (2000); *Speaking About Godard* (1998; mit Harun Farocki); *The Threshold of the Visual World* (1996); *Male Subjectivity at the Margins* (1992); *The Acoustic Mirror: The Female Voice in Psychoanalysis and Cinema* (1988); und *The Subject of Semiotics* (1982) Ihre publizistische Tätigkeit und ihre Lehre konzentrieren sich im Augenblick vorwiegend auf Phänomenologie, Psychoanalyse, Fotografie und zeitabhängige bildende Kunst, aber sie schreibt auch weiterhin über das Kino und hält auch Kurse zu diesem Thema. Darüber hinaus interessiert sie sich immer mehr für Malerei. Auch bleibt sie nach wie vor feministischer Theorie, poststrukturalistischer Theorie, Queer Studies, Maskulinität und „Rassen"-Theorien verpflichtet. Silverman schreibt gerade ein Buch über Fotografie und ein Buch – mit dem Titel *Appropriations* – das sich in erster Linie mit Unterschieden bedingt durch Rasse, Geschlecht und Ökonomie beschäftigt. Beide knüpfen eng an *World Spectators* an. Hier zählen feministische Theorie, Psychoanalyse, Filmtheorie und Kulturwissenschaften zu ihren Interessensbereichen. Ausgewiesener Schwerpunkt auf Frauen, Gender und Sexualität.

Kaja Silverman is Class of 1940 Professor of Rhetoric and Film, University of California Berkeley. She is the author of seven books: *James Coleman* (2002); *World Spectators* (2000); *Speaking About Godard* (1998; with Harun Farocki); *The Threshold of the Visual World* (1996); *Male Subjectivity at the Margins* (1992); *The Acoustic Mirror: The Female Voice in Psychoanalysis and Cinema* (1988); and *The Subject of Semiotics* (1982). Her writing and teaching are concentrated at the moment primarily on phenomenology, psychoanalysis, photography, and time-based visual art, but she continues to write about and teach courses on cinema, and has a developing interest in painting. She maintains a continuing commitment to feminist theory, post-structuralis theory, queer studies, masculinity, and theories of „race". Silverman is currently writing a book on photography, and a book – entitled *Appropriations* – which is centrally concerned with racial, sexual and economic difference. Both follow closely from *World Spectators*. Her areas of interest include feminist theory, psychoanalysis, film theory, cultural studies, Designated emphasis in women, gender, and sexuality.

*Sehen ist gesehen haben […] Ein Seher hat immer
schon gesehen. Im Voraus gesehen habend
sieht er in die Zukunft. Er sieht das Futurum aus
dem Perfekt.*
Martin Heidegger, Der Spruch des Anaximander

*Sei nicht in Angst! Die Insel ist voll Lärm,
Voll Tön' und süßer Lieder, die ergötzen,
Und niemand Schaden tun. Mir klimpern manchmal
Viel tausend helle Instrument' im Ohr.
Und manchmal Stimmen, die mich, wenn ich auch
Nach langem Schlaf erst eben aufgewacht,
Zum Schlafen wieder bringen; dann im Träume
War mir, als täten sich die Wolken auf
Und zeigten Schätze, die auf mich herab
Sich schütten wollten, daß ich beim Erwachen
Aufs neu zu träumen heulte.*
William Shakespeare, Der Sturm

*To see is to have seen […] A seer has always already
seen. Having seen in advance he sees into the future.
He sees the future tense out of the perfect.*
Martin Heidegger, The Anaximander Fragment

*Be not afeard; the isle is full of noises,
Sounds, and sweet airs, that give delight and hurt not.
Sometimes a thousand twangling instruments
Will hum about mine ears, and sometimes voices
That, if I then had waked after long sleep,
Will make me sleep again; and then in dreaming,
The clouds methought would open and show riches
Ready to drop upon me, that when I waked,
I cried to dream again.*
William Shakespeare, The Tempest

In Kapitel 2 der *Traumdeutung* entwickelt Freud seine berühmte Definition der Diskursform, deren Untersuchung dieses Buch gewidmet ist. Ein Traum, schreibt er, *„ist die (verkleidete) Erfüllung eines (unterdrückten, verdrängten) Wunsches".*[1] Mit dieser Definition regt Freud an, dass die in unserem Schlaf mit solch halluzinatorischer Intensität vor uns vorüberziehenden Klänge und Bilder – weit davon entfernt, das Ergebnis eines Verarbeitungsprozesses oder einer bloßen Projektion weg von unserer haltungsbedingten Befindlichkeit zu sein – die Wahrheit über uns selbst sagen. Von ihnen können wir lernen, was wir anders nie erfahren: was es ist, was wir begehren. Diese Lektion ist uns jedoch so lange verwehrt, als wir dem, was wir hören und sehen, perzeptuellen Wert beimessen. Wir können uns der Wahrheit unseres Begehrens nur nähern, wenn wir die Klänge und Bilder unserer Träume als einfache Stellvertreter oder geheime Zeichen für das nicht direkt Aussprechbare erfassen. Man könnte daher sagen, dass Freud den manifesten Trauminhalt derealisiert.

Kaum überraschend wechselt Freud auf den darauf folgenden Seiten immer schnell von den Bildern und Klängen der Träume, die er analysiert, auf das, was sie verkleiden. Weder die visuelle Besonderheit eines bestimmten Traumbildes noch die verblüffende Form, in der eine Elterngestalt oder ein infantiles Objekt in ihnen rekonstruiert wird, scheint für sich genommen

In Chapter 2 of *Interpretation of Dreams,* Freud advances his famous definition of the discursive form to whose examination that book is devoted. A dream, he writes, is *"a (disguised) fulfilment of a (suppressed or repressed) wish".*[1] With this definition, Freud suggests that, far from being the result of a digestive process or a simple projection away from postural positionality, the sounds and images which pass with such hallucinatory intensity before us when we sleep tell us the truth about ourselves. From them we can learn what we could never otherwise know: what it is that we desire. However, this lesson is unavailable so long as we attribute perceptual value to what we see and hear. We can approach the truth of our desire only by grasping the sounds and images of our dreams as simple stand-ins or ciphers for what cannot be directly spoken. Freud might thus be said to derealize the manifest content of the dream.

Not surprisingly, in the pages that follow Freud always moves quickly away from the images and sounds of the dreams he analyzes to what they disguise. Neither the visual particularity of a given dream image nor the startling form in which a parental figure or an infantile object might be reconstituted there seems significant in its own right. Indeed, Freud encourages us to treat dream images

bedeutsam zu sein. In der Tat ermutigt uns Freud eher dazu, Traumbilder als Teile eines Bilderrätsels zu sehen, denn als etwas, dessen Betrachtung an sich Vergnügen bereitet. „Man würde offenbar in die Irre geführt, wenn man diese [visuellen] Zeichen [eines Traumes] nach ihrem Bilderwert anstatt nach ihren Zeichenbeziehungen lesen wollte", schreibt Freud in der *Traumdeutung*. „Die richtige Beurteilung […] ergibt sich offenbar erst dann […] wenn […] ich mich bemühe, jedes Bild durch eine Silbe oder ein Wort zu ersetzen, das nach irgendwelcher Beziehung durch das Wort darstellbar ist."(277-78)

Freud sagt uns in diesem Kapitel seines Traumbuches auch, dass die Traumarbeit die vorwiegend verbalen Erinnerungen, die er „Traumgedanken" nennt, nur aus „Rücksicht auf Darstellbarkeit" in Empfindungen übersetzt.(339-49) Bilder, behauptet er, eignen sich besser für die Erfordernisse der Kondensierung als Worte, weil ihre Bedeutung immer polyvalent ist. Aus demselben Grund unterstützen Bilder den Zensurmechanismus, der danach trachtet, die Motive des Begehrens hinter unseren Träumen zu verbergen; wo es viele mögliche Bedeutungen gibt, kann eine verbotene leicht versteckt werden.

In anderen Texten Freuds hat das Sehen nicht nur eine instrumentelle Funktion, sondern auch eine pathologische: es taucht als so etwas wie die „Krankheit" auf, für welche die Sprache ein „Heilmittel" darstellt. Bei der Behandlung der Patienten, deren Fallstudien die *Studien über Hysterie* ausmachen, erzählt uns Freud, dass er gelegentlich Sprache nicht nur dafür eingesetzt hat, das Trauma visueller Halluzinationen zu neutralisieren, sondern auch die Erinnerung eines Patienten daran auszulöschen, dass er/sie so eine Halluzination überhaupt jemals gehabt hatte.**2** Freuds Fallgeschichten der Dora, des kleinen Hans und des Wolfsmannes weisen alle markante Züge dessen auf, was man „visuelle Symptome" nennen könnte, und in jedem einzelnen dieser Texte führt der Autor den Begriff der „Talking Cure" [Gesprächstherapie] näher aus.**3** Und in *Jenseits des Lustprinzips* feiert Freud die Fähigkeit verbaler Rede, das Trauma von Alpträumen, das sonst zwangsläufig zurückkehren würde, zu „binden".**4**

Wie uns die Psychoanalyse jedoch lehrt, ist es nicht das Bewusstsein, der vorgebliche Sitz des Wissens, von dem wir am meisten zu lernen haben. Wohl eher ist dies der Andere, von dem man sagen könnte, dass er in jedem von uns wohnt. Dieser Andere, der nicht daran zu denken scheint, dass die Traumarbeit Bilder nur aus Rücksicht auf Darstellbarkeit

as parts of a rebus, rather than as something at which it is intrinsically pleasurable to look. "If we attempted to read [the visual] characters [of a dream] according to their pictorial value instead of according to their symbolic relations, we should clearly be led into error", Freud writes in *Interpretation of Dreams;* "we can only form a proper judgment […] if […] we try to replace each separate element by a syllable or word that can be represented by that element in some way or other."(277-78)

Freud also tells us in chapter 5 of his dream book that the dream work translates the predominantly verbal memories which he calls the "dream-thoughts" into perceptions only out of "considerations of representability".(339-49) Images, he maintains, serve the requirements of condensation better than words, since their meaning is always multivalent. For the same reason, images also aid the censoring mechanism, which seeks to conceal the motivating desires behind our dreams; where the possibilities for meaning are many, a forbidden one can be easily hidden.

In other Freudian texts, vision serves not merely an instrumental, but also a pathological function; it emerges as something like the 'disease' for which language provides the 'cure'. In treating the patients whose case studies form *Studies on Hysteria*, Freud tells us, he at times used language not only to neutralize the trauma of visual hallucinations, but also to erase the memory on the part of a patient that she had at one time even had such a hallucination.**2** Freud's case histories of Dora, little Hans, and the Wolfman all feature prominent examples of what might be called 'visual symptoms', and in each of these texts the author elaborates further upon the notion of the "talking cure".**3** And in *Beyond the Pleasure Principle,* Freud celebrates the capacity of verbal speech to "bind" the trauma of nightmares which would otherwise compulsively return.**4**

However, as psychoanalysis teaches us, it is not from consciousness, ostensible seat of knowledge, that we finally have the most to learn. It is, rather, from the Other whom each of us might finally be said to be. This Other, who does not seem to think that the dream-work produces images only out of considerations of representability, speaks eloquently from the site of Freud's own dreams.

produziert, spricht eloquent aus Freuds eigenen Träumen. Sowohl in diesen Träumen als auch in den Traumgedanken, aus denen sie auftauchen, nimmt die Aktivität des Schauens eine außergewöhnlich privilegierte Position ein.

In Freuds Traum von Irmas Injektion zum Beispiel spielt er die Rolle des diegetischen und des extradiegetischen Beobachters.**5** In ihm blickt er in Irmas, einer seiner hysterischen Patientinnen, Rachen hinunter und inspiziert ein Schauspiel, das ganz klar das Produkt einer verschwenderischen Menge Traumarbeit darstellt: „ausgedehnte weißgraue Schorfe an merkwürdigen krausen Gebilden, die offenbar den Nasenmuscheln nachgebildet sind".(107) Freud lädt Dr. M. ein, sich diesem Schauspiel anzuschließen, und kurz darauf versammeln sich noch zwei weitere männliche Kollegen vor Irma und bilden eine Gruppierung, die so theatralisch skopisch ist, wie eine von Charcot inszenierte es besser nicht sein könnte. Von Irmas Rachen ausgehend dehnen die Männer ihre visuelle Inspektion bald auf ihre Schultern aus. Trotz der Tatsache, dass sie voll bekleidet ist, können sie eine „infiltrierte Hautpartie" entdecken.

In seiner Analyse dieses Traums evoziert Freud eine seltsame visuelle Erinnerung an eine ehemalige Patientin: die Entdeckung im Mund einer schönen Gouvernante mit hässlichen falschen Zähnen.(109) Er sagt uns, dass diese Entdeckung, welche die Gouvernante verhindern wollte, indem sie ihren Mund nicht öffnete, nicht nur die Ursache des Verdrusses der Gouvernante war, sondern auch die seines eigenen. Doch obwohl Freud die Figur der Gouvernante hinter Irma ortet, die auch nicht gewillt scheint ihren Mund zu öffnen, bestärkt uns seine Darstellung der Traumgedanken keineswegs darin, den Traum als Nachstellung dieser ganz bestimmten visuellen Erinnerung zu lesen. Freud deutet eher an, der Traum von Irmas Injektion wäre vom Begehren inspiriert, einen ganz anderen Teil des weiblichen Körpers als die Mundhöhle zu betrachten. Ich sage „deutet an", weil der Autor der Traumdeutung eine merkwürdige Abneigung dagegen hegt anzuerkennen, was seine eigene Analyse veranschaulicht.

Wir erwarten uns von Freud in solchen Angelegenheiten keine Zimperlichkeit. Er teilt mit uns nicht nur recht unverfroren den Gedanken, sein Freund Otto sei verantwortlich für Irmas Krankheit (das heisst der Gedanke, dass die Infektion auf Irmas Schulter von einer Injektion herrühren müsse, die er ihr verabreicht hat [117]), sondern auch die Zweideutigkeit, mittels derer diese medizinische Übertretung eine sexuelle Übertretung

Both in these dreams and in the dream thoughts out of which they emerge, the activity of looking occupies an extraordinarily privileged position.

In Freud's dream of Irma's injection, for instance, he plays the role of a diegetic as well as an extradiegetic observer.5 In it, he looks down the throat of Irma, one of his hysterical patients, and peruses a spectacle which is clearly the product of a lavish amount of dream work: "extensive whitish grey scabs upon some remarkable curly structures which were evidently modeled on the turbinal bones of the nose".(107) Freud invites Dr. M. to join him in front of this spectacle, and shortly thereafter two more male colleagues collect around Irma as well, forming a grouping as theatrically scopic as any ever staged by Charcot. The men soon extend their visual inspection beyond Irma's throat to her shoulders. In spite of the fact that she is fully clothed, they are able to detect an "infiltration" in the skin.

In his analysis of this dream, Freud evokes a peculiar visual memory of a former patient: the discovery in the mouth of a beautiful governess of unsightly dentures. (109) He tells us that this discovery, which the governess attempted to forestall by not opening her mouth, was the source of dissatisfaction not only to the governess but also to Freud himself. But although Freud locates the figure of the governess behind Irma, who also seems reluctant to open her mouth, his account of the dream thoughts does not encourage us to read the dream as a restaging of this particular visual memory. Rather, Freud intimates in it that the dream of Irma's injection was inspired by the desire to look at a very different part of the female body from the oral cavity. I say "intimates" because the author of *Interpretation of Dreams* manifests a curious reluctance to acknowledge what his own analysis demonstrates.

We do not expect coyness from Freud on such matters. He quite unabashedly shares with us not only the concealed thought whereby he makes his friend Otto responsible for Irma's illness (the thought, that is, that the infusion on Irma's shoulder must have come from an injection given to her by him [117]), but also the double entendre by means of which this medical infraction becomes a sexual infraction: *"And probably the syringe had*

wird: *„Wahrscheinlich war auch die Spritze nicht rein"*.(118; Freuds Hervorhebung) In der Passage jedoch, wo Freud die Worte kommentiert, hinter denen sein eigenes skopisches Begehren verborgen ist – *„trotz des Kleides"* – stößt er auf den Nachdruck seines eigenen Widerstrebens gegen die Analyse. Folglich ist das Ergebnis dann keine einfache Aussage, sondern eher eine Verneinung – ein Bekenntnis durch Verleugnung:**6** „Die Kinder im Krankeninstitut untersuchten wir natürlich entkleidet", schreibt Freud, „es ist irgendein Gegensatz zur Art, wie man erwachsene weibliche Patienten untersuchen muß. Von einem hervorragenden Kliniker pflegte man zu erzählen, daß er seine Patienten stets nur durch die Kleider physikalisch untersucht habe. Das weitere ist mir dunkel, ich habe, offen gesagt, keine Neigung, mich hier tiefer einzulassen."(113)

Das ist aber nicht alles in Freuds Darstellung des Traumes von Irmas Injektion, womit man auf eine leidenschaftliche Skopophilie schließen könnte. Während er den Inhalt von Irmas Mund erörtert, bemerkt der Autor der *Traumdeutung,* dass „jeder Traum mindestens eine Stelle [hat], an der er unergründlich ist, gleichsam einen Nabel, durch den er mit dem Unerkannten zusammenhängt".(111, Fußnote) Viel später im selben Buch fügt Freud hinzu, dass diese Stelle den Ort des (vermutlich primären) Traumwunsches markiert.(525) Er führt die Unergründlichkeit des Traumnabels auf die dickichtartige Dichte der ihn umgebenden Traumgedanken zurück, Gedanken, die keine erschöpfende Interpretation erlauben, weil sie sich in zu viele Richtungen verzweigen.(525)**7**

Freud findet den Nabel des Traumes von Irmas Injektion in Irma selbst. Hinter dieser Figur verborgen, erzählt er uns, waren seine Frau, seine Tochter und eine Freundin von Irma.**8** Überraschenderweise legt er jedoch nicht die Behauptung nahe, dass Irma den Nabel des Traumes repräsentiert, indem er etwa die tiefgründige Natur der Traumgedanken, aus denen sie gebildet wurde, herausstreicht. Freud sagt eher, er könne uns keine erschöpfende Darstellung von Irmas Bedeutung vermitteln, da er seine Interpretation nicht weit genug vorangetrieben habe. Er hat das unterlassen, weil die Erforschung der gedanklichen Beweggründe für die Verdichtung seiner Frau, seiner Tochter und Irmas Freundin in eine zusammengesetzte Figur ihn „weit ab"(111, Fußnote) kommen hätte lassen. Mit diesen letzten Worten gesteht er selbst beinahe ein, was wir schon vermutet haben: dass seine Erwähnung von Irmas hybrider Konstruktion in der Fußnote eine falsche Fährte legt. Weit davon entfernt, ein entscheidender Augenblick in der analytischen Annullierung

not been clean".(118; Freud's emphasis) However, in the passage in which Freud glosses the words behind which his scopic desire lies concealed – "in spite of her dress" – he comes up against the force of his own resistance to the analysis. The result is consequently not a simple declarative, but rather a negation – an avowal through denial:6 "We naturally used to examine the children in the hospital undressed", Freud writes, "and this would be a contrast to the manner in which adult female patients have to be examined. I remembered that it was said of a celebrated clinician that he never made a physical examination of his patients except through their clothes. Further than this I could not see. Frankly, I had no desire to penetrate more deeply at this point."(113)

But this is not all in Freud's account of the dream of Irma's injection to connect it with a passionate scopophilia. In the course of discussing the contents of Irma's mouth, the author of *Interpretation of Dreams* remarks that "there is at least one spot in every dream at which it is unplumbable – a navel, as it were, that is its point of contact with the unknown".(111, footnote) Much later in the same book, Freud adds that this spot marks the location of the (presumably primary) dream wish.(525) He attributes the unplumbability of the dream navel to the thicketlike density of dream thoughts surrounding it, thoughts which branch out in too many directions to admit of an exhaustive interpretation.(525)7

Freud finds the navel of the dream of Irma's injection in Irma herself. Concealed behind this figure, he tells us, were his wife, his daughter, and a friend of Irma.8 Surprisingly, however, he does not support the claim that Irma represents the navel of the dream by underscoring the abyssal nature of the dream thoughts out of which she was formed. Rather, Freud says that he is not able to give us an exhaustive account of Irma's meaning because he didn't push his interpretation far enough. He did not do so because exploring the ideational motivations for the condensation of his wife, his daughter, and Irma's friend into this single, composite figure would have taken him "far afield".(111, footnote) With these last words, he himself comes close to acknowledging what we have already surmised: his mention of Irma's hybrid construction in the footnote is a false lead. Far from representing a crucial moment in the analytic undoing of repression,

der Verdrängung zu sein, ist diese Enthüllung selbst ein wesentlicher Bestandteil jenes Zensurprozesses, durch den, was von zweitrangiger Bedeutung ist, in den Vordergrund gerückt und, was von primärer Bedeutung ist, verborgen wird.

Freud selbst missinterpretiert den Nabel des Traumes von Irmas Injektion, ermöglicht uns aber seinen Fehler zu berichtigen. In seiner Analyse der Worte „trotz des Kleides" liefert er den fehlenden Tropus der Undurchdringlichkeit. Dadurch weist er darauf hin, dass diese Worte „die Stelle [...] die mit dem Unbekannten zusammenhängt" in diesem „exemplarischen Traum" der Psychoanalyse bezeichnen.**9** Einer der beiden Sätze, die unmittelbar auf den folgen, in dem Freud sich auf den berühmten Arzt bezieht, der seine Patienten immer vollständig bekleidet untersucht – „ich habe, offen gesagt, keine Neigung, mich hier tiefer einzulassen" – hilft uns auch zu verstehen, dass es nicht an einer Überdeterminierung der Bedeutung liegt, wenn Freuds Traum sich an diesem entscheidendem Punkt einer Interpretation entzieht. Es liegt eher daran, dass der Wunsch des Träumenden nicht zu sehen, was er sieht, genauso stark ist wie sein Verlangen es zu sehen.

Freuds Traum von der botanischen Monografie ist sogar noch stärker von visueller Sehnsucht durchtränkt, aber die Vehemenz der Verleugnung ist hier nicht annähernd so nachdrücklich.**10** Dieser Traum besteht zur Gänze aus einem einzigen Akt des Sehens. Freud träumt darin, dass ein einem Thema der Botanik gewidmetes Buch vor ihm liegt und er eine seiner eingeschlagenen farbigen Tafeln umblättert.(169) Andere Bücher mit farbigen Tafeln spielen in den Traumgedanken, aus denen der Traum von der botanischen Monografie auftaucht, eine markante Rolle. Freud spricht von der Leidenschaft, die er in seiner Zeit als Medizinstudent für derartige Bücher hegte. Wie wir erfahren, waren deren Bilder *„sein Entzücken"*.(172; meine Hervorhebung) Diese Erinnerung führt zu einer weiteren, in der Freud und seine Schwester als Kinder Bücher mit farbigen Tafeln auseinander nahmen. Auch diese Erinnerung erzeugt extreme Lust; „Seligkeit" (ibid) ist das Wort, mit dem Freud sie charakterisiert. Der Autor der *Traumdeutung* erzählt uns, dass das „Bild" dieses Zerstörungsaktes die einzige „plastische Erinnerung" an seine Kindheit war, was sowohl seine visuelle Konsistenz als auch seine Bedeutung noch deutlicher herausstreicht (ibid).

Was den Traum von der botanischen Monografie motivierte, war der Anblick einer botanischen Monografie in einem Schaufenster.(169) Dieser Anblick erinnerte Freud daran, dass auch

this revelation is itself part and parcel of that process of censorship through what is of secondary importance is pushed to the foreground, and what is of primary importance is concealed in the background.

But although Freud himself misidentifies the navel of the dream of Irma's injection, he makes it possible for us to rectify his mistake. In his analysis of the words "in spite of her dress", he provides the missing trope of unplumbability. He thereby indicates that it is these words which mark the "point of contact with the unknown" in this "specimen dream" of psychoanalysis.**9** One of the two sentences following the one in which Freud refers to the celebrated physician who always examined his patients fully clothed – "frankly, I had no desire to penetrate more deeply at this point" – also helps us to understand that if Freud's dream escapes interpretation at this crucial point, this is not because of an overdetermination of meaning. It is, rather, because the wish of the dreamer not to see what he is seeing is as strong as his desire to see.

Freud's dream of the botanical monograph is even more saturated with visual longing, but here the force of denial is not nearly as powerful.**10** This dream consists in its entirety of a single act of vision. In it, Freud dreams that a book devoted to a botanical topic is lying before him, and that he is turning over one of its colored plates.(169) Other books with colored plates figure prominently in the dream thoughts out of which the botanical monograph dream emerges. Freud speaks of the passion he had for such books during his days as a medical student. He was, we learn, *"enthralled"* by their images.(172; my emphasis) This memory leads to another, in which Freud and his sister as children disassembled books with colored plates. Again, this memory is generative of extreme pleasure; "bliss" (ibid) is the word with which Freud characterizes it. The author of *Interpretation of Dreams* tells us that the "picture" of this act of destruction was the only "plastic memory" he retained from his childhood, further underscoring both its visual consistency and its importance (ibid).

The motivating incident for the dream of the botanical monograph was the spectacle of a botanical monograph in a shop window.(169) This spectacle reminded Freud that he, too, once wrote a kind of botanical monograph, a book on the coca plant.(170) Lest we imagine for a moment that

er selbst einmal eine Art botanische Monografie geschrieben hatte, ein Buch über die Cocapflanze.(170) Damit wir bloß nicht annehmen, dass wenigstens diese letzte Erinnerung keine visuellen Verzweigungen aufweise, sagt uns Freud, dass sie sofort die Tagesphantasie einer Augenoperation auslöste, bei der er von einem imaginären Glaukom erlöst wurde (ibid).

Schließlich isoliert Freud den wichtigsten Wunsch hinter dem Traum von der botanischen Monografie, das Begehren *Die Traumdeutung* „fertig vor [ihm] liegen"(172) zu sehen. Er schreibt die Inspiration für den Traumwunsch zwei Zeilen aus einem Brief zu, den ihm Fliess kurz zuvor geschrieben hat: „Mit deinem Traumbuche beschäftige ich mich sehr viel. *Ich sehe es fertig vor mir liegen und blättere darin.*" (ibid; Freuds Hervorhebung) Die Formulierung jedoch, mit der Freud den Traumwunsch ausdrückt, macht offenkundig, welch große Resonanz Fliess' skopische Phantasie in seiner eigenen Psyche gefunden hat: „Wie habe ich ihn [Fliess] um diese Sehergabe beneidet! Wenn ich es doch auch schon fertig vor mir liegen sehen könnte!" (ibid)

In seinem Selbstsezierungstraum fungiert Freud nicht nur wieder selbst als diegetischer und extradiegetischer Zuschauer, sondern liefert auch selbst das Schauspiel, dem er zusieht. In diesem Traum stellt ihm sein ehemaliger Lehrer, der alte Brücke, die Aufgabe Louise N. dabei zu helfen sein eigenes Becken zu sezieren. Freud führt diese Aufgabe im Wesentlichen dadurch aus, dass er seine eigene Anatomie betrachtet. Was er sieht, spricht seine ästhetischen Fähigkeiten stark an und lädt ihn dazu ein zwischen Hintergrund und Vordergrund, dem Bildhauerischen und dem Malerischen und dem Natürlichen und dem Kulturellem zu differenzieren: „Ich [sehe mein Becken und meine Beine] vor mir", schreibt er. „Das Becken ist ausgeweidet, man sieht bald die obere, bald die untere Ansicht desselben, was sich vermengt. Dicke, fleischrote Knollen […] sind zu sehen.**11** Auch mußte etwas sorgfältig ausgeklaubt werden, was darüber lag und zerknülltem Silberpapier glich."(452) An einem bestimmten Zeitpunkt während seines Selbstsezierungstraumes verlässt Freud den Operationssaal, in dem er sein Becken eingehend prüft, und wird zu einem kleinen Holzhaus geführt. In diesem Moment ist er scheinbar völlig auf die Rolle eines Invaliden reduziert, der in Bezug auf seinen eigenen Blick nicht mehr als Schauspiel funktioniert. In Wahrheit jedoch bestätigt dieser Teil des Traumes in genauso vollem Maße wie der vorangegangene Teil eine narzisstische Skopophilie. Freud schreibt das Detail des Holzhauses seinem Verlangen zu, irgendwann in der Zukunft in einem Etruskergrab beigesetzt

this last memory, at least, has no visual ramifications, Freud tells us that it immediately gave rise to a fantasy of eye surgery, whereby he was delivered, with the help of cocaine, from an imaginary case of glaucoma (ibid).

Finally, Freud isolates as the most important wish behind the dream of the botanical monograph the desire to see *Interpretation of Dreams* "lying finished before [him]".(172) He attributes the inspiration for the dream wish to two sentences from a letter recently written to him by Fliess: "I am very much occupied with your dream-book. *I see it lying finished before me and I see myself turning over its pages.*" (ibid; Freud's emphasis) However, the formulation through which Freud expresses the dream wish makes evident how much resonance Fliess's scopic fantasy found within his own psyche: "How much I envied [Fliess] his gift as a seer! If only I could have seen it lying finished before me!" (ibid)

In Freud's dream of self-dissection, he not only once again functions as a diegetic as well as an extradiegetic spectator, he also provides the spectacle at which he looks. In this dream, his former teacher old Brücke sets him the task of helping Louise N. to dissect his own pelvis. Freud performs this task primarily through looking at his own anatomy. What he sees appeals strongly to his aesthetic faculties, inviting him to distinguish between background and foreground, the sculptural and the painterly, and the natural and the cultural: "I [see my pelvis and legs] before me", he writes. "The pelvis ha[s] been eviscerated, and it [is] visible now in its superior, now in its inferior, aspect, the two being mixed together. Thick flesh-colored protuberances […] [can] be seen.**11** Something which lay over it and was like crumpled silver-paper had also to be carefully fished out."(452) At a certain point in his dream of self-dissection, Freud leaves the operating room where he scrutinizes his pelvis and is carried toward a small wooden house. At this point, he is seemingly subsumed completely to the role of invalid, no longer functioning as a spectacle in relation to his own look. In fact, however, this part of the dream attests as fully as the earlier part to a narcissistic scopophilia. Freud attributes the detail of the wooden house to his desire to be buried at some future moment in an Etruscan grave. (454–55) In *The Future of an Illusion,* he returns to this dream, now explicitly connecting it to his love of ancient

zu werden.(154–55) In *Die Zukunft einer Illusion* kommt er auf diesen Traum zurück und verknüpft ihn nun explizit mit seiner Liebe zu alten visuellen Kunstgegenständen. Darüber hinaus ist es nicht mehr bloß sein Verlangen in einem Etruskergrab beigesetzt zu werden, was er als Traumerfüllung darlegt; Freud behauptet, dass der Traum auch sein Begehren befriedigt hätte, sich selbst in so einem Grab liegen zu *sehen*.**12**

Freuds Träume sind aber nicht die einzigen Elemente in *Der Traumdeutung,* die von der zentralen Bedeutung des Blickes in der Psyche zeugen. Das Modell der Psyche, dem jenes Werk gewidmet ist, ist an jedem Punkt ein visuelles Modell.

Die Psyche als optisches Gerät

Die Psyche, meint Freud in einer berühmten Passage aus *Die Traumdeutung,* ähnle „einem zusammengesetzten Mikroskop, einem photographischen Apparat".(536) Zunächst erscheint die Grundlage für diesen Vergleich ziemlich dürftig. Psychische Bilder, wie jene in diesen optischen Geräten sind eher „virtuell" als real; sie erscheinen an Orten, an denen kein „greifbarer Bestandteil" des Apparates gelegen ist. Aber eine Seite weiter erfahren wir, dass es eine weitere Basis für eine Analogie zwischen Psyche und Kamera gibt, wenn nicht gar Psyche und Mikroskop. Die verschiedenen Systeme, welche die Psyche ausmachen, stehen in einer regelmäßigen Beziehung zueinander, wie die Linsen in einer Kamera. Erregung durchläuft diese Systeme in einer bestimmten Reihenfolge, so wie das Licht die fotografischen Linsen.

Unmittelbar unter der oben zitierten Passage behauptet der Verfasser der *Traumdeutung,* dass eine psychische Lokalität „einem Orte innerhalb eines solchen Apparates [entspricht], an dem dann eine der Vorstufen des Bildes zustande kommt". (536) Mit dem Bildspender dieser Metapher betont Freud den teleologischen Aspekt eines photographischen Apparates. Eine Kamera, legt er nahe, sei nicht nur eine räumliche Anordnung, durch die sich das Licht bewegt, sondern auch ein zeitlicher Prozess, dessen Ziel die Erzeugung eines Bildes darstellt. Das deutsche Zeitwort, mit dem Freud den Bildspender seiner Metapher mit dem Bildempfänger verbindet und das Strachey mit dem englischen Wort *correspond* übersetzt, ist *entsprechen* **13**, ein Wort, das mehr als bloße Ähnlichkeit suggeriert; es bedeutet „to be equivalent", „to conform to" oder „to be commensurate with". Wenn die psychische Lokalität der Kamera in der Weise entspricht, wie Freud sie beschreibt, muss sie auch

visual artefacts. It is, moreover, no longer simply his desire to be buried in an Etruscan grave which he represents the dream as fulfilling; Freud maintains that the dream also satisfied his desire to *see* himself lying in such a grave.**12**

But Freud's dreams are not the only elements in *Interpretation of Dreams* attesting to the psychic centrality of the look. The model of the psyche to which that work is committed is at every point a visual model.

The Psyche as an optical Device

The psyche, Freud tells us in a famous passage from *Interpretation of Dreams,* resembles "a compound microscope or a photographic apparatus".(536) At first, the basis for this comparison seems fairly minor. Psychic images, like those inside these two optical devises, are "virtual" rather than real; they occur at sites where no "tangible component" of the apparatus is located. But a page later, we learn that there is another ground for the analogizing of psyche and camera, if not psyche and microscope. The various systems which constitute the psyche stand in a regular relation to each other, like the lenses in a camera. Excitation passes through these systems in a particular order, just as light does through the photographic lenses.

Immediately below the passage quoted above, the author of *Interpretation of Dreams* maintains that a psychical locality "correspond[s]" to "a point inside the apparatus at which one of the preliminary stages of an image comes into being".(536) With the vehicle of this metaphor, Freud stresses the teleological aspect of a photographic apparatus. A camera, he suggests, is not only a spatial organization through which light passes, but also a temporal process whose end is the production of an image. The German verb with which Freud links the vehicle of his metaphor to the tenor, and which Strachey translates with the English word *correspond,* is *entsprechen* **13**, which is suggestive of more than simple similarity; it means "to be equivalent to", "to conform to", or "to be commensurate with". If psychical locality corresponds to the camera in the way Freud specifies, it, too, must be the site for the emergence of what might be called "a picture in the making". The psyche in its entirety, like the

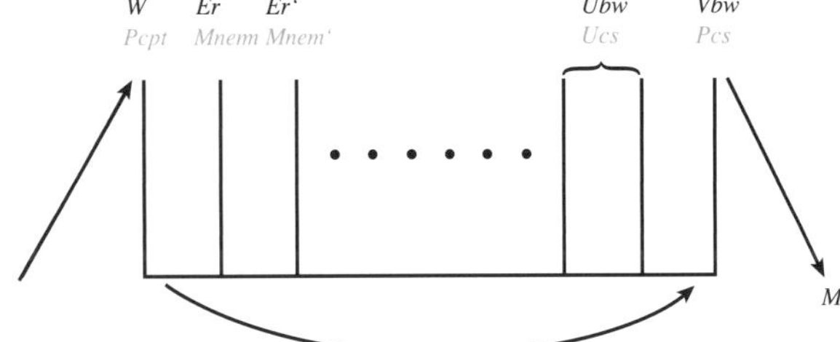

der Erscheinungsort dessen sein, was man „ein Bild in Vorbereitung" nennen könnte. Die Psyche muss, wie die Kamera, auch einen temporalen Prozess darstellen, dessen vorgegebener Endpunkt die Realisierung dieses Bildes ist.

Da sie ein Erinnerungssystem repräsentiert, ist eine psychische Lokalität mehr der Ort für eine Vorstufe in der Erzeugung eines Bildes als für das Erscheinen eines Bildes an sich. Freud gibt sich große Mühe festzulegen, dass sich die Wahrnehmung an einem vom Gedächtnis abgesonderten „Ort" ereignet. In *Die Traumdeutung* wie in *Jenseits des Lustprinzips* und seiner *Notiz über den Wunderblock* behauptet er, die Psyche sei in zwei unvereinbare Aktivitäten geteilt: Wahrnehmung und Erinnerung. Wo wir Sinnesreize empfangen, können wir sie nicht lagern. Oder umgekehrt, wo wir sie lagern, können wir sie nicht empfangen.[14]

Sowohl das Unbewusste als auch das Vorbewusste sind psychische Lokalitäten.[15] Erinnerungen jedoch sind in jede dieser Lokalitäten in sehr unterschiedlicher Form eingeschrieben. Unbewusste Erinnerungen sind Wahrnehmungen – und besonders visuelle Wahrnehmungen – zur Potenz. Sie trachten danach, das zu werden, was Freud „Dingvorstellungen" nennt, das heißt Vorstellungen, die sich als Dinge ausgeben können.[16] Vorbewusste Erinnerungen ihrerseits sind sprachlicher Natur und bestehen aus verbalen Signifikanten und konzeptuellen Signifikaten. Freud nennt diese Erinnerungen, die auch anderen Formen der Differenzierung unterliegen, „Wortvorstellungen".[17]

Die Wahrnehmung, die keine Lokalität ist, stellt einen weiteren Bereich der Psyche dar. Freud schreibt ihr in der *Traumdeutung* unterschiedliche, aber miteinander verkoppelte Tätigkeiten zu: was er „Wahrnehmung" nennt und was er „Bewusstsein" nennt. Auf dem abschließenden Diagramm darin, auf dem er den psychischen Apparat schematisiert, verweist Freud diese zwei Teile dessen, was er später sein „Wahrnehmungs-Bewusstseinssystem"[18] nennen wird, an die entgegengesetzten Enden des psychischen Apparats.[19] Zwischen ihnen ist das Unbewusste und das Vorbewusste geschaltet (siehe Diagramm).

Der Wahrnehmungsteil des Wahrnehmungs-Bewusstseinssystems ist nicht die eigentliche Wahrnehmung, sondern bloß die unbewusste psychische Erfassung eines äußeren Reizes. Bevor ein Wahrnehmungsreiz bewusst werden kann und so wirklich wahrgenommen werden kann, muss er sich mit einer unbewussten Erinnerung oder einer Anhäufung von unbewussten Erinnerungen verbinden. Diese Vereinigung, die Freud

camera, must also constitute a temporal process whose pregiven end point is the realization of this picture.

A psychical locality is the site for a preliminary stage in the making of an image rather than for the appearance of an image as such because it represents a memory system. Freud is at great pains to establish that perception occurs in a "place" apart from memory. In *Interpretation of Dreams,* as in *Beyond the Pleasure Principle* and *A Note upon the 'Mystic Writing-Pad',* he maintains that the psyche is divided between two incommensurate activities: perception and memory. Where we receive sensory stimuli, we cannot store them. Conversely, where we store them, we cannot receive them.[14]

Both the unconscious and the preconscious are psychical localities.[15] However, memories are inscribed in a very different form in each of these localities. Unconscious memories are perceptions – and specifically visual perceptions – in potentia. They aspire to become what Freud calls "thing-presentations" that is, representations which are capable of passing themselves off as things.[16] Preconscious memories, on the other hand, are linguistic in nature, consisting of verbal signifiers and conceptual signifieds. Freud refers to these memories, which are subject to other forms of differentiation as well, as "word-presentations".[17]

Perception, which is not a locality, constitutes another psychic division. Freud attributes it to different but interfacing agencies in *Interpretation of Dreams:* to what he calls "perception" and to what he calls "consciousness". In the final diagram there with which he schematizes the psychic apparatus, Freud relegates these two parts of what he will later call the "perception/consciousness system"[18] to opposite ends of the psychic apparatus.[19] Intervening between them are the unconscious and the preconscious (see figure).

The perception part of the perception/consciousness system is not perception proper, but merely the unconscious psychic registration of an external stimulus. Before a perceptual stimulus can become conscious, and so be truly perceived, it must coalesce with an unconscious memory or cluster of memories. This coalescence, which Freud calls "perceptual identity"[20], may be effected

„Wahrnehmungsidentität"[20] nennt, kann vermittels einer Verdichtung von Wahrnehmungsreiz und unbewusster Erinnerung bewerkstelligt werden. Sie kann auch im Rahmen einer libidinalen Verschiebung von der unbewussten Erinnerung auf den Wahrnehmungsreiz erfolgen. In beiden Fällen jedoch ereignet sich der Augenblick der Wahrnehmung im Bewusstseinsteil des Wahrnehmungs-Bewusstseinssystems.[21] Da das Bewusstsein für Freud nicht mehr ist als der Ort, an dem unsere psychisch überarbeiteten Wahrnehmungen für uns verfügbar werden, zögert er nicht, es als Sinnesorgan zu charakterisieren.[22]

In der *Traumdeutung* vergleicht Freud die Psyche nicht nur mit einem optischen Apparat; er liefert auch einen nachdrücklich spekulären Kommentar über seine revolutionäre Definition eines Traumes. In Kapitel 7 jenes Werkes schreibt er wieder, erneut kursiv hervorgehoben, dass ein Traum die verkleidete Erfüllung eines unterdrückten oder verdrängten Wunsches ist. Jedoch fügt er nun dem Begehren, aus dem ein Traum hervorgehen kann, ein neues Kriterium hinzu. Zusätzlich dazu, dass es verboten sein muss, muss dieses Begehren visueller oder „szenischer" Natur sein. Ein Traum, schreibt Freud, ist *„der durch Übertragung auf Rezentes veränderte Ersatz der infantilen Szene. Die Infantilszene kann ihre Erneuerung nicht durchsetzen; sie muß sich mit der Wiederkehr als Traum begnügen".*(546)

Darüber hinaus ist es seltsam, dass Freud hier die infantile Szene personifiziert: sie trachtet danach ihre eigene Neubelebung herbeizuführen, muss aber damit zufrieden sein in einer anderen Form wiederzukehren. Das ist nicht das einzige Mal, dass Freud unseren visuellen Erinnerungen so etwas wie Subjektivität zuschreibt. In *Die Traumdeutung* greift er immer wieder auf eine eigentümliche sprachliche Formel zurück. Er legt den Gedanken nahe, dass die unbewussten Erinnerungen eine mächtige Anziehungskraft auf andere Gedanken und Wahrnehmungen ausüben.

Als Freud den unbewussten Erinnerungen zum ersten Mal die Fähigkeit zuschreibt diese Anziehungskraft auszuüben, scheint er einfach eine Behauptung vorwegzunehmen, die er später in *Die Verdrängung* aufstellen wird. Diese besagt, dass wenn etwas verdrängt wird, es nicht nur vom Vorbewussten zurückgewiesen wird, sondern vom Unbewussten angezogen wird.[23] Ein paar Seiten weiter führt er jedoch an, dass die unbewussten Erinnerungen in diesem von ihm beschriebenen Ereignis eine wichtige Rolle spielen. Die „Verwandlung von Gedanken in visuelle Bilder" in unseren Träumen, schreibt

through the condensation of perceptual stimulus and unconscious memory. It may also be effected through a libidinal displacement from the unconscious memory to the perceptual stimulus. In both cases, though, the perceptual moment within this process of identification takes place within the consciousness part of the perception/consciousness system.[21] Because consciousness is for Freud nothing more than the site at which our psychically worked-over perceptions become available to us, he does not hesitate to characterize it as a sensory organ.[22]

Freud not only compares the psyche to an optical apparatus in *Interpretation of Dreams;* he also provides an emphatically specular gloss upon his revolutionary definition of a dream. In chapter 7 of that work, he tells us again, once more in italics, that a dream is a disguised fulfillment of a suppressed or repressed wish. However, he now adds a new criterion to the desire out of which a dream can emerge. In addition to being prohibited, this desire must be of a visual or "scenic" nature. A dream, Freud writes, is *"a substitute for an infantile scene modified by being transferred on to a recent experience.* The infantile scene is unable to bring about its own revival and has to be content with returning as a dream".(546)

Strangely, moreover, Freud here personifies the infantile scene: it is the one seeking to bring about its own revival and it is the one which must be content to return in another form. This is not the only time Freud imputes something like subjectivity to our visual memories. He reverts repeatedly in *Interpretation of Dreams* to a peculiar verbal formula. He suggests that our unconscious memories exercise a powerful force of "attraction" over our other thoughts and perceptions.

The first time Freud attributes to the unconscious memories a capacity to attract he seems to be simply anticipating a claim which he will later make in *Repression,* which is that when something is repressed it is not merely repelled by the preconscious, but attracted by the unconscious.[23] However, a few pages later he suggests that the *visual properties* of the unconscious memories have an important part to play in the event he is describing. The "transformation of thoughts into visual images" in our dreams, Freud writes, "may be in part the result of the attraction which memories couched in visual form and

Freud, sei „mit die Folge der Anziehung […], welche die nach
Neubelebung strebende, visuell dargestellte Erinnerung auf den
nach Ausdruck ringenden, vom Bewusstsein abgeschnittenen
Gedanken ausübt".(546)

Das deutsche Wort, das Strachey als „attraction" übersetzt,
lautet die *Anziehung* **24** und es kann sowohl eine Eigenschaft
als auch einen Vorgang ausdrücken. Es kann den Reiz bezeichnen, den eine Person oder ein Ding für andere hat, oder es
drückt ein aktives Ziehen seitens dieser Person oder dieses
Dinges aus, das andere Personen oder Dinge auf sie/es zubewegt. Freud scheint *die Anziehung* hier in beiderlei Sinne zu
gebrauchen. Die Traumgedanken, die hauptsächlich verbaler
Natur sind, finden die vorwiegend bildhaften Eigenschaften
der unbewussten Erinnerungen faszinierend. Die unbewussten
Erinnerungen tragen diese Eigenschaften, in der Hoffnung die
Traumgedanken in ihre Richtung zu lenken, stolz zur Schau.
Die erste dieser Interpretationen verdeutlicht wieder einmal,
von welch zentraler Bedeutung das Visuelle für unsere psychische Existenz ist. Die Zweite geht noch weiter: sie schreibt den
unbewussten Erinnerungen eine Art wirkende Kraft zu. Jene
Erinnerungen scheinen in der Tat der Ort eines bestimmten
Begehrens – eines Begehrens nach etwas, das man „Zuge-
hörigkeit" nennen könnte – zu sein.

Aber wenn nun die unbewussten Erinnerungen bei ihrem
Versuch Worte dazu zu verleiten, eine visuelle Beschaffenheit
anzunehmen, ihre visuellen Eigenschaften in der Nacht stolz zur
Schau tragen, begeben sie sich ihrerseits auf die Suche nach
visuellen Reizen, wenn das Tor zur Außenwelt offen steht. Freud
erklärt dieses Phänomen in *Entwurf einer Psychologie* mit dem
Konzept der Aufmerksamkeit. Die Aufmerksamkeit, meint er,
ist nicht der Zustand der bewussten Wachsamkeit, für den wir
ihn gewöhnlich halten. Sie ist vielmehr die Aussendung einer
„sehnsüchtigen Cathexis um allen Wahrnehmungen zu begegnen, da die Erwünschten unter ihnen sein könnten".**25** Was man
sich wünscht, ist eine Wahrnehmung, mit der sich eine visuelle
Erinnerung vereinigen kann.(361) Die Instanz, die diesen Wunsch
äußert, ist wieder jene Erinnerung selbst, die danach trachtet,
erneut gesehen zu werden. Was diese Erinnerung an der Wahrnehmung interessiert, ist genau das, was ihr selbst fehlt: eine
„wahrnehmende Eigenschaft".(309)

Ob sie nun verbale Erinnerungen auf sich ziehen oder sich auf
die Suche nach Sinnesreizen machen, scheinen die unbewussten Erinnerungen vom Begehren getrieben zu sein, bewusste

eager for revival bring to bear upon thoughts cut off from
consciousness and struggling to find expression".(546)

The German word which Strachey translates as "attraction" is die *Anziehung* **24**, which can signify either an
attribute or an action. It can designate the charms which
a person or a thing has for others; or it can signify a pulling on the part of that person or thing of other people or
things toward it. Freud seems to be using *die Anziehung*
here in both senses. The dream thoughts, which are
primarily verbal in form, find the predominantly imagistic
qualities of the unconscious memories fascinating. The
unconscious memories flaunt these qualities, in the hope
of drawing the dream thoughts in their direction. The first
of these interpretations makes evident, once again, how
central the visual is to our psychic existence. The second
does even more: it imputes to the unconscious memories
a kind of agency. Those memories seem, indeed, to be
the site of a certain desire – of a desire for what might
be called "affiliation".

But if unconscious memories flaunt their visual properties
at night, in an attempt to lure words into assuming a
visual consistency, it is they themselves who go in search
of visual stimuli when the door to the outside world
is open. Freud explains this phenomenon through the
concept of attention in *Project for a Scientific Psychology*.
Attention, he suggests, is not the condition of conscious
alertness which we usually think of it as being. Rather,
it is the sending out of "wishfu… cathexis… to meet all
perceptions, since those that are wished-for might be
among them".**25** What is wished for is a perception with
which a visual memory can coalesce.(361) The one doing
the wishing is again seemingly that memory itself, which
seeks to make itself seen once more. What interests this
memory in perception is precisely what it itself lacks:
"perceptual quality".(309)

Whether they draw verbal memories toward them, or go
out in search of sensory stimuli, the unconscious memories seem to be driven by the desire to become conscious
perceptions, a desire which they can realize only by find-
ing a new shape. In waking life, they achieve this metamorphosis by coalescing with perceptual stimuli. During
sleep, they achieve it by inducing verbal memories to provide an analogous visual habitus. If, in trying to make

Wahrnehmungen zu werden, einem Begehren, das sie nur verwirklichen können, indem sie eine neue Form finden. Im Wachzustand erreichen sie diese Metamorphose durch Vereinigung mit Wahrnehmungsreizen. Im Schlaf erreichen sie dies, indem sie verbale Erinnerungen dazu bewegen eine entsprechende visuelle Erscheinungsform zu bieten. Wenn ich nun, beim Versuch diese seltsame Darstellung der unbewussten Erinnerungen zu verstehen, nicht vermeiden kann, ihnen den Status eines Subjekts zuzuschreiben, liegt das daran, dass die Subjektivität selbst in ihrem tiefsten Sinne nichts anderes als eine Konstellation visueller Erinnerungen ist, die darum ringt, die Form einer Wahrnehmung zu erlangen.

Das Lustprinzip

Nicht nur aufgrund der zentralen Bedeutung, die dieses Modell dem Visuellen einräumt, muss es einem „anderen" Freud zugeschrieben werden. Die Passagen, in denen es Freud ausarbeitet, widersetzen sich auch der üblichen Zuordnungslogik, weil zu ihrem Verständnis eine Sichtweise des Lustprinzips vonnöten ist, die sich völlig von der unterscheidet, die in *Die Traumdeutung* und *Jenseits des Lustprinzips* vorgebracht worden ist. Gemäß letzterem Text steht das Lustprinzip für den Drang psychische Erregung – die teilweise von äußeren Reizen herbeigeführt wird, jedoch in einem volleren Ausmaß von unbefriedigten Trieben – auf ein „möglichst niedriges" Niveau zu reduzieren.**26**

Am Anfang des Lebens, wenn dieses Prinzip uneingeschränkt herrscht, trachten wir nicht nur danach eine solche Erregung loszuwerden, sondern möchten sie auch so schnell wie möglich loswerden. Freud behauptet, die Psyche sei aus diesem Grund ein „Reflexapparat".**27** Obwohl eine Reflexhandlung eine Handlung ist, die an ihren Ursprung zurückkehrt, scheint Freud sie nicht in diesem Sinne zu verwenden, sondern eher als Synonym für die Triebabfuhr.

Da die Halluzination den kürzesten Weg zur Lust darstellt, ist sie anfangs die bevorzugte Lösung des Problems psychischer Erregung; wenn das Kind hungrig ist, sagt Freud in der *Traumdeutung,* wandelt es einfach das Erinnerungsbild, das es von der Milch hat, in eine unmittelbare Wahrnehmung. Binnen kurzer Zeit macht sich diese ungewünschte Erregung jedoch wieder bemerkbar und im Lauf der Zeit lernt das Individuum ein gewisses Maß an Spannung als Vorbedingung des „Denkens" zu tolerieren. Das Ziel der „denkenden" Psyche bleibt aber genau dasselbe wie das ihres „gedankenlosen" Pendants:

sense of this strange account of unconscious memories, I am unable to avoid attributing to them the status of a subject, that is because subjectivity itself is in its most profound sense nothing other than a constellation of visual memories which is struggling to achieve a perceptual form.

The Pleasure Principle

It is not only because of the centrality which this model of the psyche affords the visual that it must be attributed to 'another' Freud. The passages in which Freud elaborates it also defy the usual logic of attribution because making sense of them requires a completely different understanding of the pleasure principle than the one explicitly put forth in *Interpretation of Dreams* and *Beyond the Pleasure Principle.* According to the latter text, the pleasure principle represents the urge to reduce psychic excitation – which derives in part from external stimuli, but more fully from unsatisfied drives – to a level "as low as possible".**26**

At the beginning of life, when this principle reigns supreme, we seek not only to evacuate such excitation, but to do so as quickly as possible. Freud maintains that for this reason the psyche is a "reflex apparatus".**27** Although a reflex action is one which returns to its point of origin, Freud does not seem to be using it in that sense, but more as a synonym for the drive to expel.

Since hallucination provides the shortest path to pleasure, it is initially the preferred solution to the problem of psychic excitation; when the infant subject is hungry, Freud tells us in *Interpretation of Dreams*, it simply converts the mnemonic image of milk into an immediate perception. Before long, though, the unwanted excitation makes itself felt once again, and over time, the subject learns to tolerate a certain amount of tension as the precondition for "thought". The goal of the "thinking" psyche nevertheless remains exactly the same as its "thoughtless" counterpart: it, too, operates at the behest of the pleasure principle. The only difference between the two is that the thinking psyche has learned to distinguish between fantasmatic discharge, and real discharge, and it knows that the path leading to the latter is generally more tortuous and circuitous than the path leading to the former.**28**

auch sie arbeitet auf Geheiß des Lustprinzips. Der einzige Unterschied zwischen den beiden ist, dass die denkende Psyche gelernt hat, zwischen phantasmatischer und realer Triebabfuhr zu unterscheiden und weiß, dass der Weg, der zu letzterer führt gewundener und umständlicher ist als der Weg zu ersterer.**28**

Das Modell der Psyche als optischer Apparat widerspricht seiner Darstellung des Lustprinzips in jeder Hinsicht. Es stellt nicht nur das Auftauchen eines Bildes als Ziel dar, auf das die Psyche zubewegt wird, sondern setzt dafür, dass dieses Ereignis eintritt, eher eine Steigerung als eine Verringerung der Erregung voraus. In der Tat muss nicht nur eine Reizquelle vorhanden sein, sondern zwei – eine äußere oder sensorische, und eine innere oder mnemonische, damit Wahrnehmung erfolgen kann. Bei der Wahrnehmung, sagt Freud, „[fließt] das Material an Erregungen dem Bw-Sinnesorgan von zwei Seiten her zu, von dem W-System her, dessen durch Qualitäten bedingte Erregung wahrscheinlich eine neue Verarbeitung durchmacht, bis sie zur bewußten Empfindung wird, und aus dem Innern des Apparats selbst, dessen quantitative Vorgänge als Quantitätenreihe der Lust und Unlust empfunden werden, wenn sie bei gewissen Veränderungen angelangt sind".**29** Die Erregung, die von den beiden von Freud genannten Reizen ausgelöst wird, ist darüber hinaus nicht bloß eine Art „Vorlust", die einer triebabführenden „Endlust" zu Diensten steht.**30** Diese Erregung oder „quantitative" Kraft wird schlussendlich nicht freigesetzt. Sie wird stattdessen in ein affektives Urteil über den Gegenstand der Wahrnehmung umgewandelt. Eine Quantität im Subjekt wird in eine Qualität im Objekt umgewandelt.**31**

Gegen Ende der *Traumdeutung* kommt eine weitere Passage, welche die kanonische Darstellung des Lustprinzips in Frage stellt. In dieser Passage unterwirft Freud das Konzept der (Trieb)abfuhr einem radikalen Bedeutungswandel, indem er etwa feststellt: „Der Primärvorgang strebt nach Abfuhr der Erregung, um mit der so gesammelten Erregungsgröße eine Wahrnehmungsidentität [mit der Erfahrung der Befriedigung] herzustellen."(602)

„Abfuhr" bedeutet hier nicht „Freisetzung psychischer Spannung", sondern stattdessen etwas wie „Übertragung von Libido von einer Erinnerung auf eine andere mit dem Zweck, dass der zweiten Erinnerung erlaubt wird den Platz der Ersten einzunehmen" – in anderen Worten: „Verschiebung". Das heißt, sie bezeichnet nicht die Abfuhr der Erregung von der Psyche nach außen, sondern vielmehr seine Zirkulation innerhalb eines

The optical apparatus model of the psyche contradicts this account of the pleasure principle in every respect. Not only does it represent the end toward which the psyche is driven as the emergence of an image, but it also specifies as the precondition for that event to occur a heightening rather than a diminution of excitement. Indeed, in order for perception to take place, not just one but two sources of stimulation must be present – one external or sensory, and one internal or mnemonic. In perception, Freud tells us, "Excitatory material flows in to the *Cs.* sense-organ from two directions, from the *Pcpt.* system, whose excitation, determined by qualities, is probably submitted to a fresh revision before it becomes a conscious sensation, and from the interior of the apparatus itself, whose quantitative processes are felt qualitatively in the pleasure-unpleasure series when, subject to certain modifications, they make their way into consciousness".**29** The excitement elicited by the two stimuli mentioned by Freud is, moreover, not simply a kind of "fore-pleasure", which is at the service of an evacuatory "end-pleasure".**30** This excitation or "quantitative" force is not ultimately released. Rather, it is transformed into an affective judgment about the perceptual thing. A quantity in the subject is converted into a quality in the object.**31**

Near the end of *Interpretation of Dreams* comes another passage challenging the canonical account of the pleasure principle. In this passage, Freud subjects the concept of "discharge" to a radical resignification. "The primary process", he observes there, "endeavors to bring about a discharge of excitation in order that, with the help of the amount of excitation thus accumulated, it may establish a 'perceptual identity' [with the experience of satisfaction]."(602)

Here, "discharge" means not "release of psychic tension", but rather something like "transfer of libido from one memory to another for the purpose of allowing the second memory to take the place of the first" – "displacement", in other words. It designates, that is, not the evacuation of excitation from the psyche into the exterior, but rather its circulation within a closed system. Discharge is also a process without any logical terminus; libido is no sooner removed from one memory than it is invested in another, which itself releases its cathexis only so that it can be located in a third, and so on.

geschlossenen Systems. Die Abfuhr ist auch ein Prozess ohne logische Endstation. Sobald die Libido einer Erinnerung entnommen ist, wird sie in eine andere angelegt, welche dann selbst ihre Cathexis/Objektbesetzung loslässt, sodass diese dann in einer dritten ausfindig gemacht werden kann, und so weiter. Schlussendlich führt die Wahrnehmungsidentität nicht zur Abfuhr; stattdessen stellt sie das dar, wohin die Abfuhr selbst führt. Durch die Verschiebung der Erregung weg von einer Erinnerung auf einen Wahrnehmungsreiz oder eine andere Erinnerung, hat letztere die perzeptuelle „Aufladung" der ersteren.

Da der Transfer der Libido von einem Begriff auf den anderen etwas ist, das nur passiert, wenn der Trieb, die Erregung von der Psyche nach außen abzuführen, blockiert ist, scheint er nichtsdestotrotz eher die Frustration als die Erfüllung des Lustprinzips darzustellen. In einer wichtigen Passage in *Jenseits des Lustprinzips* stellt Freud die Sache so dar: „Was man an einer Minderzahl von menschlichen Individuen als rastlosen Drang zu weiterer Vervollkommnung beobachtet, lässt sich ungezwungen als Folge der Triebverdrängung verstehen, auf welche das Wertvollste an der menschlichen Kultur aufgebaut ist. Der verdrängte Trieb gibt es nie auf, nach seiner vollen Befriedigung zu streben, die in der Wiederholung eines primären Befriedigungserlebnisses bestünde; alle Ersatz-, Reaktionsbildungen und Sublimierungen sind ungenügend, um seine anhaltende Spannung aufzuheben, und aus der Differenz zwischen der *gefundenen* und der *geforderten* Befriedigungslust ergibt sich das treibende Moment, welches bei keiner der hergestellten Situationen zu verharren gestattet, sondern nach des Dichters Worten ‚ungebändigt immer vorwärts dringt'."**32**

Jedoch bestätigt Freud hier offen, dass die Hemmung vor der energischen Freisetzung eines Impulses die treibende Kraft hinter der Subjektivität darstellt. Er behauptet auch, dass die Frustration des Triebabfuhrdranges zur Schöpfung all dessen führt, was „das Wertvollste an der menschlichen Kultur [...] ist". Hiermit bestärkt uns Freud, das Kontrollprinzip der Psyche auf eine Weise zu verstehen, die seiner eigenen Definition davon diametral entgegengesetzt ist.

Auf der Basis dieser drei entscheidenden Einbrüche unbewusster Wahrheit in Freuds ikonoklastischen Diskurs möchte ich vorschlagen, dass das Lustprinzip nicht das Nirwana-Prinzip ist, als das er es postuliert. Es hat überhaupt nichts zu tun mit einem Nullzustand der Erregung oder der Wiedererlangung einer verlorenen Befriedigung. Stattdessen ist das Lustprinzip

Finally, perceptual identity does not lead to discharge; rather, it is that to which discharge itself leads. Through the displacement of excitation away from one memory to a perceptual stimulus or another memory, the latter comes to have the perceptual "charge" of the former.

Since the transfer of libido from one term to another is something which occurs only when the drive to expel excitation from the psyche into the "outside" is blocked, it might nevertheless appear to represent more the frustration than the fulfilment of the pleasure principle. This is how Freud himself represents the matter in an important passage in *Beyond the Pleasure Principle:* "What appears in a minority of human individuals as an untiring impulsion towards further perfection", he writes in this passage, "can easily be understood as a result of the instinctual repression upon which is based all that is most precious in human civilization. The repressed instinct never ceases to strive for complete satisfaction, which would consist in the repetition of a primary experience of satisfaction. No substitutive or reactive formations and no sublimations will suffice to remove the repressed instinct's persisting tension; and it is the difference in amount between the pleasure of satisfaction which is *demanded* and that which is actually *achieved* that provides the driving factor which will permit of no halting at any position attained, but, in the poet's words, 'ungebändigt immer vorwärts dringt'." ['presses ever forward unsubdued']**32**

However, Freud here openly acknowledges that it is the inhibition of the impulse toward energic evacuation which constitutes the driving force behind subjectivity. He also claims that the frustration of the urge to evacuate leads to the creation of "all that is most precious in human civilization". Freud thereby encourages us to understand the controlling principle of psychic life in a way that runs directly counter to his own definition of it.

On the basis of these three crucial irruptions of unconscious truth into Freud's iconoclastic discourse, I would like to suggest that the pleasure principle is not the nirvana principle which he himself claims it to be. It has nothing whatever to do either with a zero state of excitation or with the recovery of a lost satisfaction. Rather, the pleasure principle is psychoanalysis's name for what

die Bezeichnung der Psychoanalyse dafür, was uns psychisch
steuert, wenn wir entdecken, dass unsere Lust *nicht* befriedigt
wird – wenn wir uns dem metonymischen und metaphorischen
„Gleiten" hingeben, dass uns vom scheinbaren Ursprung weg-
führt statt zu ihm zurück.**33** Das Lustprinzip triumphiert daher
nicht, wenn es uns gelingt wiederzuerlangen, was wir gemäß
unserer Vorstellung einmal besessen haben, sondern dann,
wenn es uns mittels einer Serie assoziativer Verbindungen gelingt auf eine neue Weise darzustellen, wonach wir uns sehnen.

Weiters möchte ich darauf hinweisen, dass das Lustprinzip kein
verallgemeinertes Prinzip der Wiederholung darstellt, sondern
eines, das ausdrücklich visuell ist. Am besten kann man das
Lustprinzip als ermächtigende Kraft hinter einer besonderen Art
des Sehens definieren: der Art des Sehens, die Schönheit und
Edles schafft. Es ist der Impetus, der uns treibt, visuelle Erfüllung in Wahrnehmungen zu finden, die unsere Erinnerungen nur
unzulänglich wiederholen, und – auf diese Weise – stets neue
Geschöpfe und Dinge zu veredeln. Ihm verdanken wir unsere
Fähigkeit, die Vielfalt der Phänomene unserer irdischen Erscheinungsform zu bejahen: Weltzuschauer zu werden. Wenn das
Lustprinzip das ist, was das Subjekt von einem visuellen Signifikanten zum nächsten führt, anstatt, wie Freud manchmal behauptet, eine beinahe physiologische und auf einen Nullzustand
der Erregung drängende Kraft, dann ist es eindeutig nichts
Angeborenes. Seine Aktivierung bedarf einer symbolischen, an-
stelle einer biologischen wirkenden Kraft. Wie ich im Buch, dem
dieser Aufsatz entnommen ist, zu veranschaulichen versuche,
ist diese wirkende Kraft das Verwandtschaftsverhältnis.

Die Zeit des Weltbildes

Das Wort, das Freud immer wieder verwendet, um auf das Bild
zu verweisen, mit dessen Erzeugung die Psyche beschäftigt ist,
und das James Strachey als „thing-presentation" übersetzt,
lautet *Sachvorstellung*.**34** Mit dieser Übersetzung gelingt es ihm
die perzeptuelle Natur psychischer Bilder zu kommunizieren.
„Thing-presentation" ist jedoch in mancherlei anderer Hinsicht
eine nicht vollauf zufrieden stellende Übersetzung des Original-
textes. Als zusammengesetztes Hauptwort bringt *Sachvorstellung* ein Wort aus einer Reihe von deutschen Wörtern, die
„thing" bedeuten, nämlich *Sache,* mit dem semantisch ergiebigen Wort *Vorstellung* zusammen, das als „presentation", „representation", „introduction", „performance", „idea", oder „show",
übersetzt werden kann und als Zeitwort wörtlich „to position or
stand before" bedeutet.

governs us psychically when we find our pleasure in
not being satisfied – when we give ourselves over to the
metonymical and metaphorical "slide" which leads away
from, rather than back to, the ostensible point of origin.33
The pleasure principle therefore does not triumph when
we succeed in possessing again what we imagine
ourselves once to have had, but rather when, through a
series of associative connections, we succeed in representing what we yearn for in a new way.

I would also like to suggest that the pleasure principle
does not constitute a generalized principle of repetition,
but rather one which is specifically visual. The pleasure
principle can best be defined as the enabling force behind
a particular kind of looking: the kind of looking which is
creative of beauty or preciousness. It is the impetus driving us to find visual gratification in perceptions that only
imperfectly replicate our memories, and – in so doing – to
ennoble ever new creatures and things. It is that to which
we owe our capacity to affirm the phenomenal multiplicity of our earthly habitus: to become world spectators. If
the pleasure principle is what leads the subject from one
visual signifier to another, rather than, as Freud at times
maintains, a nearly physiological force pushing for a zero
state of excitation, then it is clearly not something imma-
nent within the newborn subject. It must depend for its
activation upon a symbolic rather than a biological agency. As I attempt to demonstrate in the book this essay is
derived from, that agency is kinship.

The Age of the World Picture

The word which Freud consistently uses to refer to the
image toward whose production the psyche moves is
*Sachvorstellung*34, which James Strachey translates as
"thing-presentation". With this translation, he succeeds in
communicating the perceptual nature of psychic images.
However, "thing-presentation" is in other respects a less
than satisfactory translation of the original text. A compound noun, *Sachvorstellung* brings together one of a
series of German words for "thing", *Sache,* with the se-
mantically rich word *Vorstellung,* which can be translated as "presentation", "representation", "introduction",
"performance", "idea", or "show", and which in its verbal
form literally means "to position or stand before".

Für jenen Heidegger von *Die Zeit des Weltbildes* ist der eigentliche Sinn des Wortes die Hauptbedeutung von *Vorstellung*. Diese Bedeutung macht etwas greifbar, das im Innersten aller Repräsentation steckt: das Bestreben seitens dessen, der repräsentiert, alles in Beziehung auf sich selbst zu ordnen. Vorstellung ist nicht nur, etwas „vor sich stellen" und „es als so gestelltes ständig vor sich haben".**35** Man macht auch die Person, die schaut „zu jenem Seienden, auf das sich alles Seiende in der Art seines Seins und seiner Wahrheit gründet" – zur „Bezugsmitte des Seienden als solchen".(Heidegger, 128) Der Betrachter, den ich gerade beschrieben habe, ist für Heidegger das moderne oder Cartesianische Subjekt. Es ist ein Charakteristikum dieses Subjekts, nicht nur isolierte Phänomene auf diese Weise zu behandeln, sondern die Welt an sich als ein Bild zu betrachten. Für jemanden, für den die Welt ein Bild ist, schreibt Heidegger in demselben Aufsatz, ist es „eine wesentliche Entscheidung über das Seiende im Ganzen. Das Sein des Seienden wird in der Vorgestelltheit des Seienden gesucht und gefunden".(Heidegger, 130) Mit dieser Entwicklung taucht die Kategorie des Gegenstandes – die letztendlich eine Kategorie des Besitzes darstellt – als solche auf. Alles was ich repräsentieren konnte, gehört mir, oder sollte mir gehören. Es ist mein (oder sollte mein sein), damit zu tun, was ich für richtig halte. Es ist, in anderen Worten, *für* mich.

Die Sprache, die Freud bei der Beschreibung des den Traum von der botanischen Monografie motivierenden Begehrens gebraucht – „Wenn *ich* es doch auch schon fertig vor mir liegen sehen könnte!" – lässt in einem unheimlichen Grade das Begehren, das Heidegger im Innersten der Moderne verortet, widerhallen. Freuds Traum von Irmas Injektion ist für dieselbe Kritik anfällig. Er zeugt eindrucksvoll von der Subjekt/Objekt-Binarität, die Heidegger im Innersten dessen ansiedelt, was er „die Zeit des Weltbildes" nennt. Irma ist für Freud nicht nur eine geeignete Repräsentation für eine Menge anderer Frauen; sie ist zusätzlich ein Objekt, das man beherrschen, manipulieren und kennen kann. Der dritte Traum, den ich schon andernorts in diesem Kapitel besprochen habe – der Traum von der Selbstsezierung – spricht auch ein Begehren nach visueller Herrschaft an. In ihm versucht Freud den Blick der Öffentlichkeit zu internalisieren, in Beziehung zu dem seine eigene Sexualität durch die zukünftige Veröffentlichung der *Traumdeutung* positioniert wird, indem er *sich selbst* als denjenigen festigt, der auf seine Geschlechtsteile blickt. Obwohl sie die visuelle Natur des Begehrens eindringlich dramatisieren, sind diese drei Träume weit davon entfernt, von der Großzügigkeit des Blickes zu zeugen.

For the Heidegger of "The Age of the World Picture", the literal signification is the primary meaning of *Vorstellung*. This meaning makes manifest something which is at the heart of all representation: the aspiration on the part of the one who represents to order everything in relation to herself. To represent is not merely to set something "in place before oneself", and "to have it fixedly before oneself as set up in this way".**35** It is also to make of the one who looks "that being upon which all that is, is grounded as regards the manner of its Being and its truth" – to make of her the "center of that which is as such".(Heidegger, 128) The viewer I have just described is for Heidegger the modern or Cartesian subject. It is characteristic of this subject not merely to treat isolated phenomena in this way, but to regard the world itself as a picture. For the one for whom the world is a picture, writes Heidegger in the same essay, "an essential decision takes place regarding what is, in its entirety. The Being of whatever is, is sought and found in the representedness of the latter".(Heidegger, 130) With this development, the category of the object – which constitutes, finally, a category of possession – emerges as such. Everything that I succeed in representing belongs to me, or should belong to me. It is mine (or should be mine) to do with as I see fit. It is, in other words, *for* me.

The language which Freud uses to describe the desire driving the dream of the botanical monograph – "If only I could have seen it lying finished before me!" – echoes to an uncanny degree the desire which Heidegger locates at the heart of modernity. Freud's dream of Irma's injection is vulnerable to the same critique. It attests powerfully to the subject/object binary which Heidegger locates at the heart of what he calls "the age of the world picture". Irma is not merely a convenient representation, for Freud, of a host of other women; she is, in addition, an object to be handled, manipulated, and known. The third dream which I discussed earlier in this chapter – the dream of self-dissection – also speaks to a desire for visual mastery. In it, Freud attempts to internalize the public look in relation to which his sexuality will be placed by the future publication of *Interpretation of Dreams* by consolidating *himself* as the one who looks at his private parts. Although vividly dramatizing the visual nature of desire, these three dreams are far from testifying to the generosity of the look.

Für Mikkel Borch-Jacobsen, der auch die zentrale Bedeutung des Sehens bei Freud erwähnt hat, hat das Konzept der *Sachvorstellung* keinen anderen Wert als den, den ihm Heidegger zuschreiben würde. Er fragt: „Wenn der ‚Inhalt' des Unbewussten im Wesentlichen als Repräsentation definiert ist, als *Vorstellung* […] kommen wir dann umhin zu fragen, wo*vor,* vor welcher ‚wirkenden Kraft' diese *Vor-stellung* postuliert oder präsentiert wird? Was ist diese Psyche, wenn nicht nach wie vor und immer ein Subjekt [der Repräsentation]?"**36** Aus der Vorrangstellung, die Freud der *Sachvorstellung* zubilligt, folgt jedoch nicht, dass wir alle zu einer ständigen Wiederholung des *Cogito* verdammt sind. Borch-Jacobsen findet in Freuds Darstellung der Psyche keinen beschreibenden Wert. Seiner Meinung nach begehren die Träumenden in den Träumen, die Freud erzählt, nicht zu *haben,* was sie sehen; stattdessen wollen sie es *sein.***37** In dem Augenblick, in dem dieses mimetische Begehren erfüllt ist, verliert der Zuschauer jede Distanz gegenüber der Szene der Darstellung und wird schlicht und ergreifend Teil des Bildes. Folglich könnte die Art „Sehen", mit der sich jeder von uns in seinen Träumen beschäftigt, nicht weiter von der Art Sehen entfernt sei, die Descartes in seinem *Bericht über die Methode* und den *Meditationen über die Erste Philosophie* eingeführt hat. Obwohl ich mich nicht der Auffassung anschließe, dass Borch-Jacobsen reüssiert, wo Freud scheitert, so scheint mir doch, dass er eine weitere der Formen, die der unbewusste Blick annehmen kann, erkennt.**38** Klarerweise gibt es auch Gelegenheiten, bei denen jeder von uns eher in einer erkennenden Weise als in einer aneignenden Weise betrachtet, was er sieht. Doch sehe ich in dieser erweiterten Darstellung unserer Optionen als Zuschauer keinen großen Anlass zum Feiern. Während sich das Begehren zu besitzen auf der Ebene des Sehens vermittels der Gehört-mir-Eigenschaft bestimmter Arten der Darstellung ausdrückt**39**, drückt sich mimetisches Begehren auf der Ebene des Sehens klassischerweise als Sehnsucht nach Vereinnahmung des idealen Bildes aus. Es ist, wie Borch-Jacobsen selbst verdeutlicht, das mörderischste aller Begehren; es kann seine Erfüllung nur durch Negation des Anderen als solchen finden. „Mimesis ist […] die Matrix der Rivalität, des Hasses und (in der sozialen Ordnung) der Gewalt", schreibt er in *The Freudian Subject;* „‚Ich will, was mein Bruder, mein Vorbild, mein Idol will – und ich will es an seiner Stelle.' Und folglich: ‚Ich möchte ihn töten, ihn eliminieren.'" (Borch-Jacobsen, 27)

Obwohl die Wechselbeziehungen des „Seins" und „Habens" das Interesse der Psychoanalyse bis zur faktischen Ausschließung jeder anderen monopolisiert haben, stellen sie nicht unsere

For Mikkel Borch-Jacobsen, who has also noted the centrality of vision in Freud, the concept of the *Sachvorstellung* has no value other than the one Heidegger would impute to it. "If the 'content' of the unconscious is defined essentially as representation, as *Vorstellung* […] can we avoid asking *in front of* what, in front of what 'agency', this *Vor-stellung* is posited or presented? What is this psyche… unless it is, still and always a subject [of representation]?" he asks.**36** However, it does not follow from the primacy which Freud gives to the *Sachvorstellung* that we are all doomed to a constant reenactment of the *Cogito.* Borch-Jacobsen finds no descriptive value in Freud's account of the psyche. In his view, the dreamers whose dreams Freud recounts do not desire to *have* what they see; rather, they desire to *be* it.**37** At the moment that this mimetic desire is ful-filled, the spectator loses all distance from the scene of representation, and becomes purely and simply part of the picture. Consequently, the kind of 'seeing' in which each of us engages in our dreams could not be farther removed from the kind Descartes inaugurated in the *Discourse on Method* and the *Meditations on First Philosophy.* While I do not subscribe to the notion that Borch-Jacobsen succeeds where Freud fails, it does seem to me that he identifies another of the forms which the unconscious look can assume.**38** Clearly, there are times when each of us looks in an identificatory rather than a possessive way at what we see. However, I do not find in this expanded account of our spectatorial options much cause for celebration. Whereas the desire to possess expresses itself at the level of vision through the belong-to-be quality of certain kinds of representation**39**, mimetic desire classically expresses itself at the level of vision through the aspiration to incorporate the ideal image. It is, as Borch-Jacobsen himself makes clear, therefore the most altruicidal of all desires; it can achieve its end only by negating the other as such. "Mimesis is […] the matrix of rivalry, hatred, and (in the social order) violence", he writes in *The Freudian Subject;* "'I want what my brother, my model, my idol wants – and I want it in his place.' And, consequently, 'I want to kill him, to eliminate him.'" (Borch-Jacobson, 27)

Fortunately, although the relations of "being" and "having" have monopolized psychoanalytic attention to the virtual exclusion of any other, they do not constitute our only scopic options. As *Interpretation of Dreams* helps us to

einzigen Möglichkeiten des Sehens dar. Wie uns die *Traumdeutung* zu verstehen hilft, kann sich der Blick auf das, was er sieht, auch in der Weise des Zeigens beziehen. Und wenn wir *zeigen,* was wir sehen, anstatt danach zu trachten, es zu ersetzen oder in unseren Besitz zu bringen, hat die *Vorstellung* nicht länger den Status, den Heidegger ihr zuweist. Stattdessen grenzt sie an die Offenlegung selbst.

Erregung im Sehorgan

Freuds Darstellung der Erzeugung der Wahrnehmung lässt jenen Prozess eher exhibitionistisch als skopophil erscheinen. Die treibende Kraft hinter der Wahrnehmung scheint mehr das Begehren seitens einer vergangenen Wahrnehmung zu sein, sich noch einmal sichtbar zu machen, als das Begehren des Sehenden zu sehen. *Die Traumdeutung* liefert uns anscheinend eine eindeutige Erklärung für dieses Begehren sich zu zeigen. In verschiedenen Momenten in jenem Text behauptet Freud, dass der Träumende selbst immer das Zentrum des Schauplatzes innehat. Um noch präziser zu sein, schreibt er, dass alle Träume „völlig egoistisch [sind]: das geliebte Ich erscheint in allen von ihnen, auch wenn es verkleidet sein könnte".(267)**40** Hiermit legt er nahe, dass eben weil wir in erster Linie unser eigenes Bild in unseren Träumen sehen wollen, letztere oft mehr mit Zurschaustellung zu tun haben scheinen als mit dem Sehen.

Im Kapitel 7 der *Traumdeutung* stellt Freud jedoch eine völlig gegensätzliche Behauptung auf. Er vergleicht den Träumenden nicht mit dem Helden einer Geschichte, sondern mit dem Autor eines Theaterstückes, und er geht sogar soweit, darauf zu bestehen, wir seien uns in unseren Träumen immer bewusst, dass wir diese Rolle spielen.(571-72) Der Autor eines Stückes ist im Allgemeinen ein Schriftsteller, der etwas verfasst, mit dem Ziel, jemand anderen oder etwas anderes zu zeigen. Und andernorts in der *Traumdeutung* beschreibt Freud eine Art des Schauens, die auch auf das Zeigen abzielt: ein Schauen, das dem, was es sieht, dabei hilft sich selbst als Schauspiel zu begreifen. Implizit stellt er auch die Lust, die ein solches Schauen bereitet, der Lust, welche die Selbstbetrachtung mit sich bringt, gegenüber. „Scherner nimmt einen Zustand von ‚Gesichtsreiz', von innerer Erregung im Sehorgan an, wenn die Träume eine besondere Lebhaftigkeit ihrer visuellen Elemente oder einen besonderen Reichtum an solchen erkennen lassen", schreibt Freud am Anfang jener Passage.(546) Die Worte, die er äußert, stammen zwar von einem anderen Autor **41**, doch signalisiert er unmittelbar anschließend sein grundsätzliches Einverständnis mit

understand, the look can also relate to what it sees in the mode of *showing.* And when we *show* what we see, instead of seeking to replace it or take possession of it, the *Vorstellung* no longer has the status Heidegger imputes to it. Instead, it becomes coterminous with disclosure itself.

Excitation in the Organ of Vision

Freud's account of the production of a perception often makes that process seem more exhibitionistic than scopophilic. The driving force behind perception appears to be the desire on the part of a past perception to make itself seen once again, rather than the desire on the part of a seer to see. *Interpretation of Dreams* seems to provide us with an unambiguous explanation for this desire to show. At several different moments in that text, Freud maintains that the dreamer herself always occupies the center of the scene. To be more precise, he writes that all dreams are "completely egoistic: the beloved ego appears in all of them, even though it may be disguised".(267)**40** He thereby suggests that it is because it is primarily our own image which we seek to see in our dreams that the latter often seem more concerned with exhibiting than with seeing.

However, in chapter 7 of *Interpretation of Dreams* Freud makes a directly contrary claim. He compares the dreamer not to the hero of a story, but to the author of a play, and he goes so far as to insist that we are always aware in our dreams that we are performing this role.(571-72) The author of a play is generally a writer who composes with the aim of showing someone or something else. And in another passage in *Interpretation of Dreams,* Freud describes a kind of looking which also aims to show: a looking which helps what it sees realize itself as spectacle. He also implicitly opposes the pleasure which such looking provides to the pleasure entailed in looking at oneself. "Scherner supposes that, when dreams exhibit particularly vivid and copious visual elements, there is present a state of 'visual stimulation', that is, of internal excitation in the organ of vision", Freud writes at the beginning of this passage.(546) Although the words he utters derive from another author**41**, he goes on in the immediately following passage to signal his fundamental agreement with the latter's theoretical formulation. Freud then describes

dessen theoretischer Formulierung. Dann beschreibt Freud einen seiner eigenen Träume. Es ist einer, der genau diesen von Scherner beschriebenen Zustand von „Gesichtsreiz" auslöste.

Der besagte Traum wird erstmals in Kapitel 6 der Traumdeutung(463-68) besprochen. Auf den ersten Blick scheint er eine so einleuchtende Instantiation des Prinzips zu sein, demzufolge unsere Träume narzisstisch motiviert seien, dass jede Interpretation überflüssig ist. In ihm findet er sich in einem Schloss an einem Meer wieder, auf dem sich ein Kriegsschiff befindet. Er ist freiwilliger Marineoffizier unter dem Kommando eines Gouverneurs. Dieser Gouverneur, Herr P., stirbt recht unvermittelt, was ein Vakuum hinterlässt, das nur Freud füllen kann. Auf diese Weise wird er implizit vom einfachen Untergebenen zum Oberbefehlshaber befördert.

Überraschenderweise liest Freud jedoch den Traum in der unmittelbar darauf folgenden Interpretation als eine Geschichte seines eigenen Todes anstatt des Todes von Herrn P. Er tut dies, indem er eben jene Ersatzlogik betont, die auf Geheiß der narzisstischen Lust zu arbeiten scheint. Freud schreibt: „Nun weist aber die Analyse nach, daß Herr P. nur ein Ersatzmann für mein eigenes Ich ist (im Traum bin ich sein Ersatzmann). Ich bin der Gouverneur, der plötzlich stirbt."(464-65) Gleichzeitig verfolgt Freud den Traum auf etwas zurück, was er die „heitersten Reminiszenzen" nennt, Erinnerungen, die sowohl nachdrücklich visuell als auch entschieden der Welt zugewandt sind: „Es war ein Jahr vorher in Venedig, wir standen an einem zauberhaft schönen Tag an den Fenstern unseres Zimmers auf der Riva Schiavoni und schauten auf die blaue Lagune, in der heute mehr Bewegung zu finden war als sonst. Es wurden englische Kriegsschiffe erwartet, die feierlich empfangen werden sollten."(465)

Als Freud in der *Traumdeutung* später auf diesen Traum zurückkommt, verweist er nicht mehr auf die Rolle, die er selbst darin gespielt hat. Stattdessen spricht er nur über die Lust am Schauen, die nun seine Haupterfahrung gewesen zu sein scheint – nicht nur an dem Tag, als er auf die Riva Schiavoni hinunterblickte, sondern auch im Traum selbst. „Und was hatte mein Sehorgan in diesen Reizzustand versetzt?", fragt er sich. Seine skopische Erregung, erklärt er dann, abgeleitet aus der Vereinigung eines äußeren Wahrnehmungsreizes mit einer Rei- he von früheren Erinnerungen: „Ein rezenter Eindruck, der sich mit einer Reihe früherer zusammentat. Die Farben, die ich sah, waren zunächst die des Ankersteinbaukastens, mit dem die Kinder am Tage vor meinem Traume ein großartiges Bauwerk

one of his own dreams. It is one which induced precisely that state of "visual stimulation" described by Scherner.

The dream in question is initially discussed in chapter 6 of *Interpretation of Dreams*.(463-68) It seems at first glance to provide so transparent an instantiation of the principle that our dreams are narcissistically motivated as to render interpretation superfluous. In it, Freud finds himself in a castle by a sea in which a naval battle is taking place. He is a volunteer naval officer, under the command of a governor. This governor, Herr P., dies quite suddenly, leaving a vacuum which only Freud can fill. He is thus implicitly promoted from lowly subordinate to commander in chief.

Surprisingly, though, in the interpretation which immediately follows, Freud reads the dream as a narrative of his own death, rather than that of Herr P. He does so by emphasizing the very substitutory logic which seems to work at the behest of narcissistic pleasure. "The analysis showed", writes Freud, "that Herr P was only a substitute for my own self. (In the dream *I* was a substitute for *him*.) *I* was the Governor who suddenly died."(464-65) At the same time, Freud traces the dream back to what he calls "the most cheerful recollections", recollections which are both emphatically visual, and decidedly worldly: "It was a year earlier, in Venice, and we were standing one magically beautiful day at the windows of our room on the Reva degli Schiavoni and were looking across the blue lagoon on which that day there was more movement than usual. English ships were expected and were to be given a ceremonial reception."(465)

When Freud returns to the topic of this dream later in *Interpretation of Dreams,* he makes no reference to the role he himself played in it. Instead, he talks only about the pleasure of looking, which now seems to have been his primary experience not only on the day he stood gazing at the Riva degli Shiavoni, but also on the occasion of the dream itself. "What was it that had brought my visual organ into this state of stimulation?" Freud asks. His scopic excitation, he then explains, derived from the coalescence of an external perceptual stimulus with a series of earlier memories: "A recent impression, which attached itself to a number of earlier ones. The colors which I saw were in the first instance those of a box of toy bricks with

aufgeführt hatten, um es meiner Bewunderung zu zeigen. Da fanden sich das nämliche düstere Rot an den großen, das Blau und Braun an den kleinen Steinen. Dazu gesellten sich die Farbeneindrücke der letzten italienischen Reisen, das schöne Blau des Isonzo und der Lagune und das Braun des Karstes."(547)

Freud beschließt diese bemerkenswerte Passage mit der verblüffenden Behauptung, dass „die Farbenschönheit des Traums nur eine Wiederholung der in der Erinnerung gesehenen [war]". (547) In charakteristischer Weise kann er hier den manifesten Inhalt dieses Traumes nicht „sehen", wenn auch die Lust, die er ihm abgewann, klarerweise einem ganz besonderen Rot, einem ganz besonderen Blau und einem ganz besonderen Braun innewohnte. Nichtsdestotrotz ermöglicht das, was Freud hier über seinen Traum offenbart, eine gänzlich andere Beschreibung der Art des Schauens, die er mit sich brachte.

Zunächst würde dieser Traum sehr genau die zweite Formulierung erfüllen, mit der Freud den Traum definiert. In ihm kehrt eine Anhäufung von Szenen, die unfähig sind ihre eigene perzeptuelle Wiederkehr herbeizuführen, in der Verkleidung einer anderen zurück. In Freuds ursprünglicher Darstellung bleibt verborgen, dass der Traum in einer umformenden Verkleidung den Wunsch befriedigt noch einmal zu sehen, was man schon gesehen hat. Der maritime Schauplatz, an dem das ersehnte Blau, Rot und Braun wiederkehren, evoziert im Träumenden keine Lust, sondern stattdessen einen „hochgespannten, düsteren Eindruck".(464) Der Affekt ist in sein Gegenteil umgedreht worden – „Fröhlichkeit in Schreck".(465) Freud schreibt diese affektive Umkehrung der latenten Bedeutung der Farben in seinem Traum zu, die vermutlich die Vorwegnahme seines eigenen Todes bezeichnet. In der späteren Passage jedoch ist die affektive Umkehrung ungeschehen gemacht worden. Freud bestätigt nicht nur ganz offen, dass der Traum ihm große Lust bereitet hat, sondern schreibt diese Lust auch den Bildern des Traumes selbst zu, und nicht irgendeinem non-visuellen Signifikat. Doch liefert diese Passage mehr als eine plastische Dramatisierung des Prinzips, demzufolge vor allem das Begehren *wiederzusehen* unsere Träume motiviert. Sie bestätigt auch die erregende Natur der visuellen Lust. Wenn Freud die Farben in seinem Traum betrachtet, erfährt er keinen Spannungsabbau. Stattdessen fühlt er sich stimuliert, und diese Stimulation bringt Lust. Darüber hinaus zeigt Freuds Zustand der Erregung aufregende Dinge. Die Bausteine, die der Wahrnehmungsreiz für Freuds Traum gewesen sind, werden edel oder – wie er es selbst formuliert – schön. Folglich dramatisiert

which, on the day before the dream, my children had put up a fine building and shown it off for my admiration. The big bricks were of the same dark red and the small ones were of the same blue and brown. This was associated with color impressions from my last travels in Italy: the beautiful blue of the Isonzo and the lagoons and the brown of the Carso."(547)

Freud concludes this remarkable passage with the astonishing claim that "the beauty of the colors in my dream was only a repetition of something seen in my memory". (547) In characteristic fashion, he cannot here 'see' the manifest content of this dream, even though the pleasure he took in the latter clearly inhered in a very particular red, a very particular blue, and a very particular brown. Nevertheless, what Freud reveals to us here about his dream makes possible another account altogether of the kind of looking it entailed.

First, this dream would seem to fulfill in a very precise way the second formulation with which Freud defines a dream. In it, a cluster of scenes which are unable to bring about their own perceptual revival return in the guise of another. That the dream satisfies in a transformative guise the wish to see once again what has been seen before is concealed in Freud's original account of it. The marine setting in which the desired blue, red, and brown return evokes not pleasure in the dreamer, but rather "a tense and sinister impression".(464) The affect has been turned into its opposite – "cheerfulness into fear".(465) Freud attributes this affective reversal to the latent meaning signified by the colors in his dream, which presumably means the anticipation of his own death. However, in the later passage, the affective reversal has been undone. Not only does Freud openly acknowledge that the dream gave him a great deal of pleasure, but he also attributes that pleasure to the dream's images themselves, rather than to some nonvisual signified. But this passage provides more than a vivid dramatization of the principle that it is above all the desire to resee that motivates our dreams. It also attests to the excitatory nature of visual pleasure. When Freud looks at the colors in his dream, he does not experience a release of tension. Rather, he is stimulated, and this stimulation brings pleasure. Freud's state of excitement is, moreover, creative of exciting things. The toy bricks which were the perceptual

diese Passage sehr präzise die Veränderung vom „Quantitativen" ins „Qualitative".

Die egoische Todeserfahrung schließlich, die Freud in seinem Traum macht, scheint die Vorraussetzung zu sein für die Lust, die er aus deren visuellen Signifikanten schöpft. Ich beschreibe diesen Tod als „egoisch", weil er nicht Freuds Ende als Subjekt bedeutet, sondern stattdessen die Auflösung jenes „Trugbilds", das ihn nicht sehen lässt, wer er ist.**42** Was man den „Bausteintraum" nennen könnte, ist in gewisser Weise ein Ruf ans Begehren: eine eindringliche Aufforderung an Freud damit zu beginnen, seine ganz besondere Sprache des Begehrens zu sprechen und – indem er ihr nachkommt – „er selbst" zu werden. Freud hört diesen Ruf nicht. Aber zumindest in der kurzen Zeitspanne, die er für das Verfassen der oben zitierten Sätze benötigte, hat er, könnte man sagen, gesehen – nicht um seiner selbst Willen, sondern für das, was das Sehen möglich macht: das Erscheinen von Geschöpfen und Dingen. Er wurde ein Seher, der affektiv auf die Seite dessen, was er sah, hinübertrat.

Freud sagt uns, das Tor zur Welt sei geschlossen, wenn wir schlafen.**43** Es würde also schwierig sein, diesen Traum als Beispiel für die Weltbetrachtung zu postulieren, wie ich es implizit getan habe. Doch in jenen Minuten oder Stunden, während derer Freud seine schöpferischen Fähigkeiten in der Weise ausübte, die ich gerade beschrieben habe, schlief er nicht. Stattdessen träumte er, während er wach war. Und nicht nur war das Tor zur Welt offen, Freud ging auch durch. Gaben bringend kehrte er zurück zum Wahrnehmungsreiz, mit dem der Traum selbst begann: zu den roten, blauen und braunen Bausteinen, mit denen seine Kinder ihr „großartiges" Bauwerk errichteten, in dem fortan der Glanz des Isonzo, der Lagunen und des Karsts schimmerte. Nun können wir schließlich Freuds Behauptung, dass der psychische Apparat „konstruiert ist wie ein Reflexapparat" verstehen. Solange wir am Gedanken festhalten, dass das Lustprinzip die Freisetzung von Erregung vorschreibt, bleibt das unerklärbar. Die Aufhäufung von Erregung an einem Ende des psychischen Apparates und deren Freisetzung am anderen stellt keinen Reflex dar, der eine Rückwendung auf den Ursprung miteinschließt.**44** Wenn wir jedoch das Lustprinzip einmal als die Kraft hinter der Wahrnehmungsidentität verstehen, haben wir keine Schwierigkeiten damit seine reflexartige Natur zu erklären. Insofern als die Handlung, die mit dem Empfang eines Sinnesreizes beginnt, in der Tat mit der Erzeugung eines Bildes endet, beugt sie sich [*bends back*] notwendigerweise zum Sinnesreiz selbst zurück. Indem sie dies tut, verleiht sie

stimulus for Freud's dream become precious, or – as he himself puts it – beautiful. This passage thus dramatizes in a very precise way the change from the "quantitative" into the "qualitative".

Finally, the egoic death which Freud undergoes in this dream seems to be the precondition for the pleasure he takes in its visual signifiers. I qualify this death as "egoic" because it does not denote the end of Freud as subject, but rather the dissolution of that "mirage" which blinds him to who he is.**42** What might be called the "toy brick dream" is, in a sense, a call to desire: a solicitation to Freud to begin speaking his very particular language of desire, and – in so doing – to come to "himself". Freud does not hear this call. But at least in the brief period it took him to compose the sentences quoted above, he could be said to have looked not for his own sake, but rather for the sake of what looking makes possible: the appearance of creatures and things. He became a seer who passed over affectively to the side of what he saw.

Freud tells us that when we sleep, the door to the world is closed.**43** It would thus seem difficult to posit this dream as an instance of world spectatorship, as I have been implicitly doing. However, during the minutes or hours during which Freud exercised his creative faculties in the way I have just described, he was not asleep. Rather, he was dreaming while awake. And not only was the door to the world open, but Freud went through it. He returned, bearing gifts, to the perceptual stimulus with which the dream itself began: to the red, blue, and brown bricks with which his children constructed their "fine" building, which thereafter shimmered with the radiance of the Isonzo, the lagoons, and the Carso. Now at last we are able to make sense of Freud's claim that the psychical apparatus is "constructed like a reflex apparatus". As long as we remain faithful to the notion that the pleasure principle decrees the evacuation of excitation, this is an inexplicable assertion. The accumulation of excitation at one end of the psychic apparatus and its release at the other does not constitute a reflex, which involves what the *Oxford English Dictionary* calls the "bending back" of something from whence it came.**44** However, once we understand the pleasure principle as the force behind perceptual identity, we have no difficulty in explaining its reflex nature. Insofar as the action which

jenem Sinnesreiz etwas, was er sonst nicht haben könnte: psychischen Wert. So etwas wie ein Reflexbogen spielt auch in Heideggers eigener Darstellung des Blicks eine wichtige Rolle.**45** Er ist die Form der Sorge.**46**

Meine LeserInnen mögen daher nicht überrascht sein zu erfahren, dass die Welt nicht in Konkurrenz zu unseren Träumen steht. Ganz im Gegenteil greift sie nach der Neuheit und Wundersamkeit, die nur sie alleine uns bieten können. Sehr im Geiste des Caliban in *Der Sturm* murmeln die Bäume den Bächen zu, und die Vögel den Wolken: „Wenn das der Schlaf ist, so lasst sie weiter träumen."

begins with the reception of a sensory stimulus in fact ends with the production of an image, it necessarily bends back toward the sensory stimulus itself. In so doing, it imparts to that stimulus what the latter could not otherwise have: psychic value. Something like a reflex arc also figures prominently in Heidegger's own account of the look.**45** It is the shape of care.**46**

My reader may therefore not be surprised to learn that the world is not in competition with our dreams. On the contrary, it intends toward the newness and braveness which they alone can provide. Much in the spirit of Caliban in *The Tempest,* the trees are murmuring to the brooks, and the birds to the clouds: "If this be sleep, let them go on dreaming."

Anmerkungen

1 Sigmund Freud: *The Interpretation of Dreams.* In: *The Standard Edition of the Complete Psychological Works.* Trans. James Strachey. London: Hogarth 1953, vol. 5, S. 160. [Freuds Hervorhebung] In der Folge in Klammer mit einfacher Seitenzahl zitiert.

2 Joseph Breuer, Sigmund Freud: *Studies on Hysteria,* in: *The Standard Edition,* Bd. 2, S. 59, 84.

3 Siehe Freuds Diskussion der zwei Träume von Dora in *Analysis of a Case of Hysteria,* in: *The Standard Edition,* Bd. 7, S. 64–111, seine Erörterung von Hans' Angst vor Pferden in *Analysis of a Phobia in a Five-Year-Old Boy,* in: *The Standard Edition,* Bd. 10, S. 23–25, und seine Darstellung des Traumes des Wolfsmannes und der wesentlichen Szene in *From the History of an Infantile Neurosis,* in: *The Standard Edition,* Bd. 17, S. 29–47.

4 Sigmund Freud: *Beyond the Pleasure Principle.* In: *The Standard Edition,* Bd. 18, S. 12–19.

5 Die Wörter *diegetisch* and *extradiegetisch,* die im Bereich der Filmtheorie häufig gebraucht werden, bedeuten „innerhalb der fiktionalen Welt" und „außerhalb der fiktionalen Welt".

6 Das ist Freuds eigene Definition der Verleugnung, wie dargelegt in *Negation.* In: *The Standard Edition,* Bd. 19, S. 235–39.

7 Für eine ausgezeichnete Diskussion des Traumnabels und eine, die Freuds Darstellung davon näher steht als meine, siehe Sam Weber: *The Legend of Freud.* Minneapolis: University of Minnesota Press 1982, S. 65–83.

8 Für eine sehr gute Analyse dieser Ersatzlogik und „Sexual Politics", die sich ihr entgegenstellen, siehe Shoshana Felman: *Postal Survival, or the Question of the Navel.* In: *Yale French Studies,* 69 (1985), S. 49–72.

9 So bezieht sich Freud selbst in der *Traumdeutung* auf den Traum von Irmas Injektion. *The Standard Edition,* Bd. 4, S. 107–21.

10 Freud diskutiert diesen Traum bei zwei verschiedenen Gelegenheiten in der

Notes

1 Sigmund Freud: *The Interpretation of Dreams.* In: *The Standard Edition of the Complete Psychological Works.* Trans. James Strachey. London: Hogarth 1953, vol. 5, p. 160. [Freud's emphasis] Further quotes by simple indication of page number in brackets.

2 Joseph Breuer, Sigmund Freud: *Studies on Hysteria.* In: *The Standard Edition,* vol. 2, pp. 59, 84. For a further discussion of the capacity of words to erase images, see the next chapter.

3 See Freud's discussion of Dora's two dreams in *Fragment of an Analysis of a Case of Hysteria,* in: *The Standard Edition,* vol. 7, pp. 64–111; his discussion of Hans's horse phobia in *Analysis of a Phobia in a Five-Year-Old Boy,* in: *The Standard Edition,* vol. 10, pp. 23–25; and his account of the Wolfman's dream and the primal scene in *From the History of an Infantile Neurosis,* in: *The Standard Edition,* vol. 17, pp. 29–47.

4 Sigmund Freud: *Beyond the Pleasure Principle.* In: *The Standard Edition,* vol. 18, pp. 12–19.

5 The words *diegetic* and *extradiegetic,* which are extensively deployed within film studies, mean 'interior to the fiction', and 'exterior to the fiction'.

6 This is Freud's own definition of negation, as offered in *Negation.* In: *The Standard Edition,* vol. 19, pp. 235–39.

7 For an excellent discussion of the navel of the dream, and one which re-mains closer to Freud's account of it than to my own, see Sam Weber: *The Legend of Freud.* Minneapolis: University of Minnesota Press, 1982, pp. 65–83.

8 For a very fine analysis of this logic of substitution, and of the sexual politics that subtends it, see Shoshana Felman: *Postal Survival, or the Question of the Navel.* In: *Yale French Studies,* no. 69 (1985), pp. 49–72.

9 This is how Freud himself refers to the dream of Irma's injection in *Interpretation of Dreams.* In: *The Standard Edition,* vol. 4, pp. 107–21.

Traumdeutung. Siehe *The Standard Edition,* Bd. 4, S. 169–76 und 281–84.

11 Obwohl Strachey die gesamte Transkription des Traumes im Präteritum wiedergibt, gibt Freud sie bis zu diesem Punkt im Präsens wieder.
Siehe *Die Traumdeutung*. In: Sigmund Freud: *Studienausgabe.* Hrsg. Alexander Mitscherlich, Angela Richards, James Strachey. Frankfurt am Main: Fischer 1972, Bd. 2, S. 436–37.

12 Sigmund Freud: *The Future of an Illusion.* In: *The Standard Edition,* Bd. 21, S. 17.

13 Freud: *Die Traumdeutung,* S. 512.

14 Siehe Freud: *Interpretation of Dreams,* in: *The Standard Edition,* Bd. 5, S. 615–16; *Beyond the Pleasure Principle,* S. 25; und *A Note upon the 'Mystic Writing-Pad',* in: *The Standard Edition,* Bd. 19, S. 227–32.

15 Der Begriff der Lokalität ist eine der Metaphern, mit denen Freud das Vorbewusste und Unterbewusste in der *Traumdeutung* konzeptualisiert. Er konzeptualisiert sie später auch als Prozesse. Siehe *The Standard Edition,* Bd. 5, S. 588–609 für diese dynamischere Darstellung der Psyche.

16 Freud: *The Unconscious.* In: *The Standard Edition,* Bd. 14, S. 201.

17 Ibid.

18 Freud: *Beyond the Pleasure Principle,* S. 24.

19 *Interpretation of Dreams.* In: *The Standard Edition,* Bd. 5, S. 541, Abb. 3. Das Bewusstsein scheint auf diesem Diagramm nicht offen auf. Stattdessen scheint das Vorbewusste den Endpunkt jeder Wahrnehmung darzustellen. Jedoch bezeichnet hier „vorbewusst" nicht nur die Reserve an sprachlich organisierten Erinnerungen, sondern die letzte Stufe vor dem Bewusstsein.

20 Im deutschen Original „Wahrnehmungsidentität" (*Die Traumdeutung,* S. 539).

21 Freud: *Interpretation of Dreams.* In: *The Standard Edition,* Bd. 5, S. 566–67.

22 Ibid, S. 616.

23 Freud: *Repression.* In: *The Standard Edition,* Bd. 14, S. 148.

24 Freud: *Die Traumdeutung,* S. 522.

25 Sigmund Freud: *Project for a Scientific Psychology.* In: *The Standard Edition,* Bd. 1, S. 361.

26 Obwohl auf S. 8 von *Beyond the Pleasure Principle* Freud den Grad der vom Subjekt erfahrenen Lust zum Grad der Verringerung des Erregungszustandes in Beziehung setzt und vollständige Entleerung zum Inbegriff der Lust macht, meint er auf S. 9, dass das Lustprinzip auch ein Konstanzprinzip sein könnte. Wie Jean Laplanche in *Life and Death in Psychoanalysis* anführt, sind die beiden Definitionen nicht miteinander kompatibel. Vgl. Jean Laplanche: *Life and Death in Psychoanalysis.* Trans. Jeffrey Mehlman. Baltimore: Johns Hopkins University Press, 1976, S. 103–24.

27 Freud: *Interpretation of Dreams.* In: *The Standard Edition,* Bd. 5, S. 538. Das Deutsche hier lautet „Reflexapparat".

28 Ibid, S. 565–67.

29 Ibid, S. 616.

30 Die Unterscheidung zwischen Vorlust und Endlust trifft Freud in *Three Essays on a Theory of Sexuality.* In: *The Standard Edition,* Bd. 7, S. 210.

31 Die Idee, dass Erregungsquantität in affektive Qualität umgewandelt werden könnte, schneidet Freud selbst in *Project for a Scientific Psychology,* auf S. 309 und 312 an.

10 Freud discusses this dream in detail on two different occasions in *Interpretation of Dreams.* See *The Standard Edition,* vol. 4, pp. 169–76 and 281–84.

11 Although Strachey renders the entire transcript of the dream in the past tense, Freud himself renders it in the present up to this point. See *Die Traumdeutung.* In: Sigmund Freud: *Studienausgabe.* Ed. Alexander Mitscherlich, Angela Richards, James Strachey. Frankfurt am Main: Fischer 1972, vol. 2, pp. 436–37.

12 Sigmund Freud: *The Future of an Illusion.* In: *The Standard Edition,* vol. 21, p. 17.

13 Freud: *Die Traumdeutung,* p. 512.

14 See Freud: *Interpretation of Dreams,* in: *The Standard Edition,* vol. 5, pp. 615–16; *Beyond the Pleasure Principle,* p. 25; and *A Note upon the 'Mystic Writing-Pad',* in: *The Standard Edition,* vol. 19, pp. 227–32.

15 The notion of a locality is only one of the metaphors through which Freud conceptualizes the preconscious and the unconscious in *Interpretation of Dreams.* He also conceptualizes them later as processes. See *The Standard Edition,* vol. 5, pp. 588–609, for this more dynamic account of the psyche.

16 Freud: *The Unconscious.* In: *The Standard Edition,* vol. 14, p. 201.

17 Ibid.

18 Freud: *Beyond the Pleasure Principle,* p. 24.

19 *Interpretation of Dreams.* In: *The Standard Edition,* vol. 5, p. 541, fig. 3. Consciousness does not overtly figure within this diagram. Rather, the preconscious seems to represent the final destination of any given perception. However, 'preconscious' here signifies not only the reserve of verbally organized memories, but the last stage before consciousness.

20 The German here is "Wahrnehmungsidentität" (*Die Traumdeutung,* p. 539).

21 Freud: *Interpretation of Dreams.* In: *The Standard Edition,* vol. 5, pp. 566–67.

22 Ibid, p. 616.

23 Freud: *Repression.* In: *The Standard Edition,* vol. 14, p. 148.

24 Freud: *Die Traumdeutung,* p. 522.

25 Sigmund Freud: *Project for a Scientific Psychology.* In: *The Standard Edition,* vol. 1, p. 361.

26 Although, on p. 8 of *Beyond the Pleasure Principle,* Freud correlates the degree of pleasure experienced by the subject to the degree of diminution in the state of excitation, making complete evacuation the epitome of pleasure, on p. 9 he suggests that the pleasure principle may also be a constancy principle. As Jean Laplanche argues in *Life and Death in Psychoanalysis,* the two definitions are incompatible with each other. See Jean Laplanche: *Life and Death in Psychoanalysis.* Trans. Jeffrey Mehlman. Baltimore: Johns Hopkins University Press, 1976, pp. 103–24.

27 Freud: *Interpretation of Dreams.* In: *The Standard Edition,* vol. 5, p. 538. The German here reads "Reflexapparat".

28 Ibid, pp. 565–67.

29 Ibid, p. 616.

32 Freud: *Beyond the Pleasure Principle,* S. 42.

33 Lacan liefert eine ähnliche Definition des Lustprinzips in *The Seminar of Jacques Lacan, Book VII: The Ethics of Psychoanalysis, 1959–1960.* Übs. Dennis Porter. New York: Norton 1992. Auf S. 58 schreibt er: „The pleasure principle governs the search for the object and imposes the detours which maintain the distance in relation to its end […] The transference of the quantity from *Vorstellung* to *Vorstellung* always maintains the search at a certain distance from that which it gravitates around." Siehe auch S. 51 und 57.

34 Siehe z.B. *Das Unbewusste.* In: *Studienausgabe,* Bd. 3, S. 159.

35 Martin Heidegger: *The Age of the World Picture.* In: *A Question Concerning Technology and Other Essays.* Übs. William Lovitt. New York: Harper and Row 1977, S. 129.

36 Mikkel Borch-Jacobsen: *The Freudian Subject.* Übs. Catherine Porter. Stanford: Stanford University Press 1988, S. 4–5.

37 Ibid, S. 1–52.

38 Wie ich anschließend ausführen werde, bestätigt Freud selbst, dass wir uns oft am liebsten selbst sehen wollen.

39 Ich übernehme den Begriff „belong-to-me-ness" von Lacan. In *Four Fundamental Concepts of Psycho-Analysis* schreibt er in stillschweigendem Verweis auf Heidegger: „The privilege of the subject seems to be established here from that bipolar reflexive relation by which, as soon as I perceive, my representations belong to me." Vgl. Jacques Lacan: *Four Fundamental Concepts of Psycho-Analysis.* Trans. Alan Sheridan. New York: Norton 1978, S. 81.

40 Siehe auch Freud: *Interpretation of Dreams.* In: *The Standard Edition,* Bd. 4, S. 322–23; und Bd. 5, S. 440–41.

41 Freud zitiert hier Karl Albert Scherner: *Das Leben des Traumes.* Berlin: Verlag con Heinrich Schindler 1861.

42 In *Seminar VII* legt Lacan nahe, dass das Ich ein Trugbild ist, das die *manque-à-être* des Subjekts verbirgt (298).

43 Freud: *Interpretation of Dreams.* In: *The Standard Edition,* Bd. 5, S. 544.

44 Im Wortlaut des *Oxford English Dictionary* ein „bending back of something from whence it came". *The Compact Oxford English Dictionary,* S. 1542.

45 Für die Passage, auf die ich mich beziehe, siehe Martin Heidegger: *Parmenides.* Übs. André Schuwer und Richard Rojcewicz. Bloomington: Indiana University Press 1992, S. 107. Obwohl der Blick in dieser Passage Heidegger wieder mit einer Metapher für eine Diskussion des Sich-Öffnens/der Offenlegung ausstattet, ordnet er, was er angeblich darstellt, in manchen Augenblicken fast unter.

46 Obwohl das ein grundlegendes Konzept Heideggers ist, erscheint es nicht in der Passage in *Parmenides,* die dem Blick gewidmet ist. Ich lese diese Passage auch vor dem Hintergrund von *Sein und Zeit.*

30 The distinction between fore-pleasure and end-pleasure is one Freud makes in *Three Essays on a Theory of Sexuality.* In: *The Standard Edition,* vol. 7, p. 210.

31 The notion that excitatory quantity can be commuted into affective quality is one which Freud himself broaches in *Project for a Scientific Psychology,* pp. 309 and 312.

32 Freud: *Beyond the Pleasure Principle,* p. 42.

33 Lacan provides a similar definition of the pleasure principle in *The Seminar of Jacques Lacan, Book VII: The Ethics of Psychoanalysis, 1959–1960.* Trans. Dennis Porter. New York: Norton 1992. On p. 58, he writes: "The pleasure principle governs the search for the object and imposes the detours which maintain the distance in relation to its end… The transference of the quantity from *Vorstellung* to *Vorstellung* always maintains the search at a certain distance from that which it gravitates around." See also pp. 51 and 57.

34 See, for instance, *Das Unbewuste.* In: *Studienausgabe,* vol. 3, p. 159.

35 Martin Heidegger: *The Age of the World Picture.* In: *A Question Concerning Technology and Other Essays.* Trans. William Lovitt. New York: Harper and Row 1977, p. 129.

36 Mikkel Borch-Jacobsen: *The Freudian Subject.* Trans. Catherine Porter. Stanford: Stanford University Press 1988, pp. 4–5.

37 Ibid, pp. 1–52.

38 As I will indicate in a moment, Freud himself acknowledges that it is often ourselves whom we most seek to see.

39 I take the notion of "belong-to-me-ness" from Lacan. In *Four Fundamental Concepts of Psycho-Analysis,* he writes, in tacit reference to Heidegger: "The privilege of the subject seems to be established here from that bipolar reflexive relation by which, as soon as I perceive, my representations belong to me." See Jacques Lacan: *Four Fundamental Concepts of Psycho-Analysis.* Trans. Alan Sheridan. New York: Norton 1978, p. 81.

40 See also Freud: *Interpretation of Dreams.* In: *The Standard Edition,* vol. 4, pp. 322–23; and vol. 5, pp. 440–41.

41 The text from which Freud here quotes is Karl Albert Scherner: *Das Leben des Traumes.* Berlin: Verlag con Heinrich Schindler 1861.

42 In *Seminar VII,* Lacan suggests that the ego is a mirage concealing the subject's *manque-à-être* (298).

43 Freud: *Interpretation of Dreams,* In: *The Standard Edition,* vol. 5, p. 544.

44 *The Compact Oxford English Dictionary,* p. 1542.

45 For the passage to which I refer, see Martin Heidegger: *Parmenides.* Trans. André Schuwer and Richard Rojcewicz. Bloomington: Indiana University Press 1992, p. 107. Although in this passage the look once again provides Heidegger with a metaphor for talking about disclosure, it comes close at moments to subordinating what it ostensibly represents.

46 Although this is a crucial Heideggerian concept, it does not appear in the passage in *Parmenides* devoted to the look. I am here reading this passage together with *Being and Time.*

Judy Radul
Lampenfieber: Die Theatralität der Performance
Stage Fright: The Theatricality of Performance

Biographie Judy Radul: siehe Index
Biography Judy Radul: see Index

Einleitung

Ich konzipierte diesen Aufsatz in den späten Neunzigerjahren und schrieb ihn im Jahr 2000, damit ich mit der Einsicht ins Reine kam, dass mein langjähriges Interesse an Performancekunst und Aktionskunst konzeptuell gegen traditionelle Vorstellungen vom Theater inszeniert gewesen war. Gleichzeitig jedoch begann eine gewisse vage Idee von Theatralität einen Reiz auf mich auszuüben, die mehr mit Kunst an sich und Raum zu tun hatte als mit eigentlichen dramatischen Texten und Theateraufführungen. Heute scheint mir, dass das, was da auftauchte, eine Art verärgerter Expressionismus war, der sich seiner Abstammung – einschließlich der tiefenlosen Hysterie Warholscher Schauspielerei, des „Deskilling" der Konzeptkunst – und seiner Existenz zwischen prüfendem Blick und Vernachlässigung seitens einer spektakulären Medienüberwachung kritisch bewusst war.

Seit ich diesen Aufsatz geschrieben habe, sind in der zeitgenössischen Praxis zwei Tendenzen aufgetaucht, die das Verhältnis der bildenden KünstlerInnen zum hier ausgeführten weitläufigen Begriff der Theatralität noch weiter ausweiten würden. Die eine Tendenz ist die Faszination, die Schauspieler und Schauspielerei ausüben. Diese Arbeiten scheinen sich oft auf die Probe, die Wiederholung und eine Mehrdeutigkeit hinsichtlich der Frage, was nun die eigentliche Performance darstellt, zu konzentrieren. (Das ist in meiner eigenen Arbeit der Fall und auch in den Arbeiten von vielen anderen; z.B. Rashid Masharawis Video *Waiting* (2002), das Erfahrungen in Palästina und Israel dadurch kommentiert, dass Schauspieler mit der Videokamera gefilmt werden, die einen Casting-Anruf erhalten mit dem Auftrag zu warten.) Künstler nehmen den Schauspieler immer mehr als verfügbaren Agenten wahr, eine Art kulturellen Söldner, der angeheuert und „in die Schlacht geworfen" werden kann (Saddams Doppelgängern nicht ganz unähnlich). In der kapitalistischen Kultur der Traumfabrik liegen kleine Kinder im Bett und träumen davon Filmschauspieler zu sein. Wir stellen uns vor, wie wir selbst „spielen", doch sind wir uns nie sicher, wie das Spielen selbst, der „Act", aussehen sollte. Da immer mehr Menschen diesem Tagtraum nachhängen, wächst der Talente-Pool kontinuierlich. Man mag vielleicht keinen „Star" casten, dafür aber sicher einen Star-Ersatz. Einer der unheimlichen Effekte von Paul McCarthys und Mike Kelleys Remake von Vito Acconcis Arbeit in *Fresh Acconci* (1995) ist, dass die Akteure anscheinend unter den Noch-auf-ihre-Entdeckung-Wartenden Hollywoods gecastet worden sind. Wir sehen muskulöse aufstrebende Schauspieler, fast auf pornografische Weise verfügbar und willig, Acconcis verstörende

Introduction

This essay was conceptualized in the late nineties and written in 2000 to try to come to terms with the realization that my longstanding interest in performance art and actions had been conceptually staged against received ideas of theatre. Simultaneously, however, some vague notion of theatricality, having more to do with artifice and space than actual dramatic texts and theatrical performances was beginning to appeal. It seems to me now that what was emergent was a kind of vexed expressionism critically aware of it's lineage which includes the depthless hysterics of Warholian acting, the deskilling of conceptualism, and existing under the obsessive scrutiny and neglect of spectacular media surveillance.

Since writing this essay two tendencies have emerged in contemporary work which continue to expand visual artists' relation to the broad notion of the theatrical outlined here. One tendency is a fascination with actors and acting. These works often seem to focus on rehearsal, repetition and an ambiguity concerning what constitutes the performance. (This is the case in my own work and in works by many others, for instance Rashid Masharawi's 2002 video *Waiting*, which comments on experience in Palestine and Israel by video taping actors responding to a casting call who are told that their assignment is to wait.) Artists increasingly recognize the actor as an available agent, a kind of cultural mercenary who can be hired and "sent in". (Not unlike Saddam's doubles.) In capitalist-dream-factory culture little children lie in bed and fantasize that they are movie actors. We imagine ourselves "acting" yet we are never sure what the act itself should be. As the fantasy is taken up by more and more individuals the "talent pool" grows. You might not be able to cast a "star" but you can hire a star-surrogate. One of the uncanny effects of Paul McCarthy and Mike Kelley's remake of Vito Acconci's work in *Fresh Acconci* (1995) is that the performers appear to be cast from Hollywood's still-waiting-to-be-discovered. We see buff, aspiring actors, almost pornographically available and willing, reenact Acconci's unsettling actions in the nude in an unfurnished California mansion. The original hunger-anger of

Handlungen nachstellen – nackt in einer unmöblierten kalifornischen Villa. Der ursprüngliche Hunger-Zorn von Acconcis Subversionen und Zuschauermanipulationen wird vom spürbaren Begehren der Darsteller, „es zu schaffen", gedoppelt. Also fungiert der Schauspieler nun als eine Art neues Medium in der bildenden Kunst, ein komplexer Signifikant, der Ausdruck, Kunst(fertigkeit) und ökonomische Verhältnisse in sich vereint.

Die zweite „theatralische" Tendenz, die an Einfluss gewonnen hat, ist das wieder aufkommende künstlerische Interesse an Built Environments, Architektur und sozialem Raum. Hinweise auf diesen Trend wären etwa die Abwendung von der Performance hin zum gebauten Raum bei Künstlern wie Acconci und Burden, oder neue Bücher wie Anthony Vidlers *Warped Space,* das die räumliche Praxis von KünstlerInnen wie Rachel Whiteread, Mike Kelley, Martha Rosler und Vito Acconci in einem architektonischen Kontext untersucht. Ebenso ist „Informelle Architektur" das kommende Thema des Artists-in-Residence-Programms des kanadischen Banff Centers, dessen Programmthemen gewöhnlich weltweite Trends reflektieren/vorwegnehmen. Obwohl das Kino – teilweise durch seine steigende Verwendung dreidimensionaler Modelle, die den Planern ermöglichen sich durch digital konstruierte imaginäre Räume zu bewegen – in zunehmendem Maße ein Bezugspunkt für die zeitgenössische Architektur ist, scheint mir doch, dass da etwas grundlegend *Theatralisches* am gebauten Raum ist. Ein offensichtlicher Unterschied zwischen Kino und Theater ist, dass das Theater und die Menschen im Theater (Publikum und Akteure) an einen zusammenhängenden Raum in der wirklichen Welt gebunden sind. So wie Sie und ich. Im Kino und in den Träumen springen wir von einem Ort zum anderen, von einer Zeit in die andere, aber im Wachzustand befinden wir uns von unserer Geburt bis zu unserem Tod bloß in einem Raum, den wir betreten, nur um dann in einen anderen angrenzenden Raum abzugehen. Darum sind Auftritte und Abgänge sowohl im Leben als auch im Theater dramatische Ereignisse, die den Lauf einer Geschichte verändern. Es ist wohl einer der charmantesten Aspekte des Theaters, dass es unser Los unbarmherziger Sichtbarkeit erforscht, indem es alle möglichen Mechanismen verwendet, die Darsteller auf die Bühne rauf und wieder runter bzw. in Sicht und außer Sichtweite zu bringen. Mich fasziniert diese Abgrenzung von Spielraum und Hinterbühne. Ich gehe durch die Türflügel ab. Ihr könnt mich jetzt nicht sehen. Also bin ich fort! Das hat sicher seine Wurzeln in Versteckspielen aus der Kindheit. Und, wie es scheint, sind auch unsere sozialen und kommerziellen Räume in ähnlicher Weise um Hinterbühne, Bühne und Publikumsbereiche herum konzipiert und suggerieren bestimmte Regeln der Interaktion.

Acconci's subversions and audience manipulations is doubled by the palpable desire of the actors to "make it". So, the actor has come to function as a kind of new media in visual art, a complex signifier which links to expression, artifice and economic relations.

The second "theatrical" tendency which has gained ascendancy is artists' reemerging interest in built environments, architecture and social space. Evidence of this trend can be found in the movement from performance to built space by artists such as Acconci and Burden as well as recent books such as *Warped Space* by Anthony Vidler which examines the spatial practices of artists Rachel Whiteread, Mike Kelley, Martha Rosler and Vito Acconci in an architectural context. Similarly the upcoming thematic residency at the Banff Center, Canada whose program themes tend to reflect/anticipate art world trends is "Informal Architecture". Although cinema – in part through the increasing use of three dimensional modeling which allows the planners to move through digitally constructed imaginary spaces – is increasingly a reference point for contemporary architecture, it seems to me that there is something fundamentally *theatrical* about built space. One obvious difference between cinema and theatre is that theatre and the subjects of theatre (audience and actors) are tied to a contiguous, real-world space. Just like you and me. In cinema and dreams we jump from one place-time to another, but in waking life, we are, from birth to death, simply within one space which we enter, only to exit into another contiguous space. This is why entrances and exits both in life and theatre, are dramatic, narrative altering events. One of the most charming aspects of theatre is that it explores our condition of relentless visibility by using all sorts of mechanisms to bring players on and off of the stage and in and out of view. This delineation of playing space against backstage is a fascination of mine. I'm exiting through the wings, and now, you can't see me, so, I'm gone! Surely this relates back to some childhood game of hiding and revealing. And it seems our social-commercial spaces are similarly designed around back stage, stage and audience areas which suggest rules of interaction. For instance the ubiquitous (in North America at least) franchise coffee bars involve delineations typical of

Zum Beispiel beinhalten die (zumindest in Nordamerika) allgegenwärtigen Franchise-Coffee-Bars Abgrenzungen, die für viele kommerzielle Räume typisch sind. Die Kunden finden diese beruhigend klar: es gibt ein verborgenes Hinterzimmer für die Lagerung und Vorbereitung, die Angestellten betreten und verlassen die Bühne durch eine Tür, durch die man auf diese Hinterbühne gelangt. Es gibt einen Bühnenbereich hinter einer vierten Wand/Theke, der oft sogar erhöht ist, und hier bereiten die Angestellten den Kaffee vor und treiben ihre Späße mit den Kunden oder miteinander. Der Publikumsbereich ist für die Kunden, die ihre Rolle auf der anderen Seite der Theke spielen.

Ein öffentlicher Raum, wo diese Abgrenzungen nicht klar sind, ist der zeitgenössische Galerie- bzw. Museumsraum. Die Hinterbühne, wo Ausstellungen vorbereitet und organisiert werden, wo die Kunstwerke (Requisiten/Dekoration und Bauten) gelagert werden, liegt auf der Hand. Aber was genau trennt Zuschauer(raum) und Aufführung(sraum) in der Galerie? Nichts! Wie Michael Fried in seinem Aufsatz *Art and Objecthood* (1967; dt.: *Kunst und Objekthaftigkeit,* 1968) kritisiert, findet sich das Publikum im Kontext zeitgenössischer Kunst oft plötzlich und auf vielleicht unangenehme Weise mit der Kunst auf der Bühne wieder. Medieninstallationen, die diesem Unbehagen mit einer traditionellen cinematischen Raumabgrenzung begegnen (im Dunkeln sitzendes Publikum, Performance auf der Leinwand) sind ein wichtiger Faktor dabei, dass, wie ich finde, das Publikum Videoprojektionen in zunehmendem Maße angenehmer findet als andere Kunstformen. Jedoch reflektiert eine Reorganisation des Museums in Konformität zum Multiplex-Kino wohl kaum die Möglichkeiten einer neuen Raumerforschung, die Museen bieten können. Nun, da den Ängsten vor der gefährdeten Lebensfähigkeit des Museums und dessen bevorstehendem Tod, mit denen man sich von den Siebzigern bis in die Neunzigerjahre herumgequält hatte, anscheinend vorübergehend durch eine Erneuerung – zuerst durch ortspezifische Kunst und Kunst im öffentlichen Raum, aber in noch jüngerer Zeit auch durch eine Neubelebung des musealen Raumes durch Medienkunst und neue Architektur – Einhalt geboten worden ist, können wir fragen, was für eine Art von Theater genau das zeitgenössische Kunstmuseum nun *ist.*

Einen Auftritt machen

Das *Theatralische* ist eine Form oder Tendenz, die auch in Abwesenheit jeglichen traditionellen Theaterbegriffes vorkommen kann. Die Konnotationen dieses Begriffes haben sich im Laufe der vergangenen dreißig Jahre jedoch beträchtlich verändert.**1** In seinem

many commercial spaces. Customers find these reassuringly clear: there is a hidden backroom for storage and preparation, the employees enter and exit the stage through a door which leads to this backstage. There is a staging area behind a fourth wall/serving counter which often even incorporates a raised floor and here the employees prepare the coffee and banter with each other and the customers. The audience area is for the customers who play their role on the other side of the counter.

One public space where these delineations are not clear is the contemporary gallery-museum space. The backstage where exhibitions are prepared and organized, where the art works (props/sets) are stored is obvious. But what clearly separates the audience (space) from the performance (space) in the gallery? Nothing! As Michael Fried criticizes in his 1967 *Art and Objecthood* essay, often, with contemporary art, the audience finds themselves suddenly, and perhaps uncomfortably, onstage with the art. Media installations which answer this discomfort with a traditional cinematic spatial delineation (audience sitting in the dark, performance on the screen) are an important factor in what I perceive as audiences' increased comfort with video projection over other art forms. However, the reorganization of the museum to conform to a cinema multi-plex hardly reflects the possibilities for new spatial exploration which museums can provide. Now that fears of the museum's compromised viability and impending death, agonized over from the seventies to the nineties, seem to have been answered temporarily by a renewal – at first through site specific and public art but more recently through the reinvigoration of museum space by media art and new architecture – we can ask, just what kind of theatre *is* the contemporary art museum?

Making an Entrance

The *theatrical* is a mode or tendency which can occur in the absence of any traditional notion of theatre. However, the connotations of the term have shifted significantly over the past thirty years.**1** In his 1967 essay *Art and Objecthood* (published in *Artforum* magazine) Michael Fried used the term "theatrical" to

Aufsatz *Art and Objecthood* (veröffentlicht im Magazin *Artforum* 1967) verwendete Michael Fried den Begriff „theatralisch", um die Minimal Art und damals auftauchende interdisziplinäre Formen vehement zu kritisieren. Zehn Jahre später verfocht Michel Benamou die Performativität (was Fried Theatralität genannt hatte) als die vorherrschende Eigenschaft des Postmodernen.[2] Ähnliche Argumente wurden 1984 von Douglas Crimp[3] und 1989 von Henry Sayre[4] vorgebracht. Mitte bis Ende der Neunziger hat sich das Performative als wichtiges Konzept für Theoretikerinnen wie Judith Butler, Peggy Phelan und Amelia Jones etabliert, die dem Performativen eine Wirkung zubilligen, die statischeren Formulierungen von Subjektivität, Gender oder Rasse fehlt.

Der Begriff des Theatralischen wird auch weiterhin als mehrdeutiges/unklares Synonym für Performance gebraucht. Da das Theatralische abwechselnd verdammt und hochgelobt wird, wird dieser veränderliche Gebrauch verwirrend. Dieser Aufsatz zieht Begriffe der Theatralität in Bezug auf die bildende Kunst und die Performancekunst in Betracht. Ich beginne mit einer Erörterung von Konzepten der Performance und der Theatralität, insbesondere von Frieds problematischem, aber prägendem Aufsatz, und gehe dann dazu über, auf eine Reihe von anderen Tendenzen hinzuweisen, die unter die umstrittene Rubrik Theatralität fallen. Letztendlich überlege ich, mit Rücksicht auf die Realisierbarkeit solcher Ausdrucksfähigkeit, wie Theatralität sowohl Ausdruck als auch kritisches Misstrauen generiert.

Praxis und Rezeption der Performance entziehen sich in auffallender Weise Definitionen. In seinem gründlichen Überblick über Performancepraxis und -theorie *Performance: A Critical Introduction* nennt Marvin Carlson die Performance ein „umstrittenes Konzept"[5]. Er stellt fest, dass „Performance sich aufgrund ihrer Natur einer Schlussfolgerung entzieht, so wie sie sich jener Art Definitionen, Grenzen und Rahmen entzieht, die für das traditionelle akademische Schreiben so nützlich sind" (Carlson, 189). Die Art und Weise, wie die Performance diesen Widerstand inszeniert, ist verantwortlich für ihre Allgegenwärtigkeit als Modell der Postmoderne: „Es gibt mehrere Gründe für die große Popularität der ‚Performance' als Metapher oder analytisches Werkzeug für aktuelle Fachleute aus einer so weiten Palette der Kulturwissenschaften. Einer ist die große Umorientierung vom ‚Was' der Kultur auf das ‚Wie' in vielen Kulturbereichen, von der Anhäufung sozialer, kultureller, psychologischer, politischer oder linguistischer Daten zu einer Betrachtung, wie dieses Material geschaffen, aufgewertet und verändert wird, wie es durch seine Handlungen innerhalb der Kultur existiert und agiert. Seine wirkliche Bedeutung wird jetzt in

vehemently critique minimal art and emerging interdisciplinary forms. Ten years later, Michel Benamou championed performativity (what Fried had called theatricality) as the dominant quality of the postmodern.[2] Similar arguments were put forward by Douglas Crimp, in 1984[3], and Henry Sayre, in 1989[4]. In the mid to late-nineties the performative is established as an important concept for theorists such as Judith Butler, Peggy Phelan, Amelia Jones, who credit the performative with an agency lacking in more static formulations of subjectivity, gender, and race.

The term theatrical continues to be used as an ambiguous synonym for performance. As the theatrical is alternately damned and lauded, this shifting use becomes confusing. This essay considers notions of theatricality in relation to visual art and performance art. I begin by considering concepts of performance and theatricality, particularly Fried's problematic but formative essay and then proceed to suggest a number of other tendencies which fall under theatricality's contested rubric. Finally, I consider how theatricality produces both expression and a simultaneous critical suspicion with regard to the viability of such expressiveness.

The practice and reception of performance conspicuously defies definitions. In his thorough overview of performance practice and theory, *Performance: A Critical Introduction,* Marvin Carlson refers to performance as a "contested concept"[5]. He states, "Performance by its nature resists conclusion, just as it resists the sort of definitions, boundaries and limits so useful to traditional academic writing and academic structures" (Carlson, 189). The ways in which performance enacts this resistance are responsible for its ubiquity as a postmodern model: "There are several reasons for the great popularity of 'performance' as a metaphor or analytical tool for current practitioners of so wide a range of cultural studies. One is the major shift in many cultural fields from the 'what' of culture to the 'how', from the accumulation of social, cultural, psychological, political or linguistic data to a consideration of how this material is created, valorized, and changed, to how it lives and operates within the culture, by its actions. It's real meaning is now

seiner Praxis gesucht, seiner Performance." (Carlson, 195) Dieses Theoretisieren der Handlung und Inszenierung der Theorie mit Körpern in Raum und Zeit generiert Bedeutungen, die radikal vom Publikum, der Situation, der Methode der Nacherzählung abhängig sind und daher eine Autorschaft aus einer singulären, vereinten und gebieterischen Position widerlegen. In dieser Weise läuft die Performance (und die Anerkennung des Performativen) parallel zu Projekten des Poststrukturalismus und des Postmodernismus, welche die Stabilität von Autor, Text, Subjekt und Objekt, Akteur und Publikum in Frage stellen.

Auch wenn Carlsons Buch langatmige Ausführungen liefert über die vielen Arten, auf die bildende Kunst, Theater, Anthropologie, Ethnologie, Linguistik und postmoderne Praktiken Begriffe der Performance benutzen und beeinflussen, postuliert er schließlich, dass da eine nützliche Unterscheidung zwischen dem, was er „kulturelle" Performance und dem, was er „theatralische" Performance nennt, bleibt. Kulturelle Performance „kann fast jede kulturelle oder soziale Tätigkeit umfassen" (Carlson, 198). Seine Beispiele reichen von politischen Kampagnen, Sportereignissen und religiösen Riten bis zu subtilen performativen Tätigkeiten wie Schreiben, persönlichem Alltagsritual und der Inszenierung der Identität. Obwohl sich die „kulturellen" und „theatralischen" Formen der Performance nicht gegenseitig ausschließen, liegt die Hauptunterscheidung für Carlson darin begründet, dass bei der „theatralischen" Performance ein wichtiges und letztendlich *politisches* Ereignisgefühl zum Tragen kommt, das von den Zuschauern und den Akteuren in gleicher Weise erkannt wird. Das definiert „die besondere Qualität und Energie der ‚theatralischen' Performance […] eine derartige Performance wird von einem Individuum erfahren, das auch Teil einer Gruppe ist, sodass soziale Beziehungen in die Erfahrung selbst eingebaut sind" (Carlson, 199). Diese sozialen Beziehungen werden durch ein implizites Einverständnis verstärkt, demzufolge sowohl Akteur als auch Publikum eine interpretatorische Beschäftigung mit der Aktivität ausüben. Zusammen mit der Körperlichkeit der Performance, denkt Carlson, ist diese in wechselseitigem Einverständnis ausgeübte Beschäftigung (im Gegensatz zu beispielsweise der Vernachlässigbarkeit einer gemeinsamen kritischen oder interpretatorischen Rezeption eines Footballspiels oder einer Fernsehsendung) ein bestimmender Faktor der „theatralischen" Performance als Ort für „den endlos faszinierenden Prozess kultureller und persönlicher Selbstreflexion und Experimentierfreude". Folglich möchte er die Kategorie der „theatralischen" Performance nicht fallen lassen oder mit der kulturellen Performance im Allgemeinen zusammenfallen lassen.

sought in its praxis, its performance."(Carlson, 195) This theorizing of action and enacting of theory with bodies in time and place produces meanings which are radically contingent on the audience, the situation, the method of retelling and therefore refute authorship from a single, unified, masterful position. In this way performance (and recognition of the performative) parallels projects of poststructuralism and postmodernism which question the stabilities of author and text, subject and object, performer and audience.

Even though Carlson's book provides a lengthy elaboration of the many ways in which visual art, theatre, anthropology, ethnology, linguistics, and postmodern practices employ and influence notions of performance, he ultimately posits that there remains a useful distinction between what he calls "cultural" performance and "theatrical" performance. Cultural performance can encompass "almost any cultural or social activity" (Carlson, 198). Examples range from political rallies, sporting events and religious rites, to subtle performative activities such as writing, personal quotidian ritual and the enacting of identity. While the "cultural" and "theatrical" modes of performance are not mutually exclusive, the main distinction for Carlson is that in "theatrical" performance, an important, ultimately *political* sense of occasion is recognized by both spectators and performers alike. This defines "the particular quality and power of 'theatrical' performance […] such performance is experienced by an individual who is also part of a group, so that social relations are built into the experience itself" (Carlson, 199). These social relations are augmented by an implicit agreement that both performer and audience are carrying on an interpretive engagement with the activity. Combined with the physicality of performance, Carlson finds these mutually agreed engagements (in contrast, for instance, to the de-emphasis of shared critical or interpretive reception of a football game or television program) to be a defining factor of "theatrical performance" as a site for "the endlessly fascinating process of cultural and personal self-reflection and experimentation". Thus, he doesn't want to abandon the category of "theatrical" performance or collapse it into cultural performance in general.

Diese Unterscheidung zwischen kultureller und theatralischer Performance ist nützlich und gleichzeitig bedenklich. Obwohl ich einer Betonung der Beschäftigung der Performance mit dem Sozialen zustimme – durch den gemeinsamen Akt der Rezeption und Interpretation seitens des Publikums –, könnte, in einen adäquaten Kontext gesetzt, eine „kulturelle" Performance, wie ein Rave oder eine Modeschau, genauso viel Selbstreflexion und Experimentierfreude auslösen wie eine traditionelle „theatralische" Performance. Das Bedürfnis nach Definitionen hat seine Ursache in unserer Unsicherheit, wie wir unsere Rolle(n) innerhalb der „Mediascape" kultureller und kommerzieller Performances, die wir bewohnen, differenzieren sollen. Künstler neigen zur „theatralischen" Performance, um auf diese allgegenwärtigen „kulturellen" Performances zu reagieren, sie nachzuspielen oder zu verwerfen. Jedoch erscheint es weit hergeholt, dass der Begriff „theatralisch" Spuren eines kritischen Bewusstseins bezeichnen soll, wenn Broadwayspektakel wie *Cats, Showboat* oder *Rent* die beherrschenden Beispiele dafür sind. Was stattdessen betont werden sollte, sind die Möglichkeiten für Publikum und Akteure, ihren gemeinsamen Akt der Rezeption und Interpretation anzuerkennen, der das Potenzial hat, jede Performance in eine „theatralische" oder kritisch engagierte Erfahrung zu machen.

Auch in diesem Text habe ich mich schon bei der Verwendung von Begriffen wie „Performance der Massenmedien" oder „kommerzielle Performance" ertappt. Aber ist eine Performance noch immer eine Performance, wenn sie einmal aufgezeichnet, editiert und reproduziert worden ist? Peggy Phelan hat behauptet, dass die Performance eine im Grunde unreproduzierbare Ausdrucksform sei. „Die Performance lebt nur in der Gegenwart. Performance kann nicht gespeichert, aufgenommen, dokumentiert werden oder in sonst einer Weise am Umlauf der Repräsentationen *von* Repräsentationen teilhaben; wenn sie das tut, wird sie zu etwas anderem. In dem Maße, in dem die Performance in die Ökonomie der Reproduktion einzutreten versucht, verrät und schmälert sie das Versprechen ihres eigenen ontologischen Status. Das Sein der Performance, wie die darin vorgeschlagene Ontologie der Subjektivität, verwirklicht sich durch Verschwinden."[6] Phelans Heraufbeschwörung der Verpflichtung der Performance gegenüber der Gegenwart liefert eine zwingende Definition der Performance als radikal zufällig, ziellos/objektlos, spurlos und in Opposition zur Massenreproduktion stehend. Da bei den vorherrschenden Filmen und Fernsehshows das Endprodukt auf sorgfältige Weise mit der Aura einer originären Performance veredelt wird, kann man plausibel argumentieren, sie sind keine Performance. Doch zu sagen, die Performance eines Fernsehdarstellers sei

This distinction between cultural and theatrical performance is useful while, simultaneously, precarious. Although I agree with an emphasis on performance's engagement of the social – through the audience's shared act of reception and interpretation – adequately contextualized a "cultural" performance such as a rave or fashion show might provoke self-reflection and experimentation as much as a traditional "theatrical" presentation. The need for definitions of performance stems from our uncertainties concerning how to differentiate our participation in the media-scape of cultural and commercial performances, which we inhabit. Artists tend to use "theatrical" performance to critically respond to, reenact, or reject these ubiquitous "cultural" performances. However, that the term "theatrical" should signify the traces of a critical consciousness when Broadway spectacles such as *Cats, Showboat* or *Rent* are the dominant examples seems, perhaps, farfetched. Rather, what should be stressed are the possibilities for the audience and performers to acknowledge their shared act of reception and interpretation, which has the potential to turn any performance into a "theatrical" or critically engaged experience.

Already in this text I have found myself needing to employ such terms as: "mass media performance" or "commercial performance". But is a performance still a performance once it has been recorded, edited, reproduced? Peggy Phelan has argued that performance is a fundamentally unreproducable form. "Performance's only life is in the present. Performance cannot be saved, recorded, documented, or otherwise participate in the circulation of representations *of* representations; once it does so, it becomes something other than performance. To the degree that performance attempts to enter the economy of reproduction it betrays and lessens the promise of its own ontology. Performance's being, like the ontology of subjectivity proposed here, becomes itself through disappearance."[6] Phelan's evocation of performance's commitment to the present tense provides a compelling definition of performance as radically contingent, objectless, traceless, and in opposition to mass reproduction. As dominant films and television shows carefully sublimate the sense of an original performance

keine Performance, scheint die Zirkularität durcheinander zu bringen, gemäß der – so beunruhigend diese auch sein möge – unsere Performance des Selbst von den Massenmedien vermittelt wird. Wenn wir einmal das Gefühl der Kamera für Dauer und Wiederholbarkeit verinnerlicht haben, kann unsere performative Geste/Ausdrucksweise/Rezeption nicht mehr von ihrem Potenzial an Reproduzierbarkeit bzw. Spuren von Reproduktion getrennt werden. Die Erfahrung bei der Betrachtung einer Live-Performance ist nicht frei von medialer Vermittlung – eben jenes Gefühl des Publikums dafür, wie lange die Performance „dauert", gründet in großem Maße auf den von den Massenmedien vorgegebenen Normen für Dauer. Eine Definition der sich der Reproduktion widersetzenden Performance macht es auch schwierig, die Arbeit einer zeitgenössischen Künstlergeneration zu verorten, die sich weniger mit dieser ontologischen Unreproduzierbarkeit der Performance beschäftigt, sondern eher dazu neigt, die Live-Erfahrung und das schon Aufgezeichnete frei zu kombinieren und damit die Teilnahme an sowohl einer Ökonomie des Verschwindens in Echtzeit als auch einer Ökonomie der medialen Reproduktion wagt und diese beiden Gegensätze in Einklang bringt.

Der weitest gefasste Begriff der Performance dehnt die Möglichkeit der Performance auf lebendige *und* leblose Akteure aus. Hier verschiebt sich der Schwerpunkt von der Performance als Sache für sich allein auf das Performative als eine Beziehung, durch die Existenz (doch ausdrücklich nicht Essenz) in Szene gesetzt wird. Ein kunsthistorischer Präzedenzfall für diese Definition der Performance – gemäß der eine Skulptur oder eine Fotografie als performativ erachtet werden kann – findet sich in Michael Frieds *Art and Objecthood*. In der Tat ist dieser Aufsatz ein problematischer Ausgangstext geworden, auf den zurückzukommen Performancetheoretiker sich immer wieder gezwungen fühlen.**7** Er tadelt die Minimal Art (die er im Gegensatz zu von ihm verfochtenen abstrakten Werken als „literalistisch" bezeichnet), weil sie „zu theatralisch" sei. Frieds „Theatralität" bezeichnet keinen aufgeführten Text oder eine aufgeführte Handlung, sondern eine Beziehung zwischen dem Publikum und dem Kunstwerk – egal ob letzteres lebendig oder leblos ist. „Die literalistische Sensibilität ist theatralisch, weil sie sich zunächst einmal mit den tatsächlichen Umständen befasst, unter denen der Betrachter dem literalistischen Werk begegnet. Morris macht das deutlich. Während in früherer Kunst das, „was man vom Werk haben kann, strikt innerhalb [des Werkes] verortet ist", erfährt man durch die literalistische Kunst ein Objekt *in einer Situation* – eines, das praktisch per definitionem *den Betrachter mit einbezieht"***8** (Fried, den Bildhauer Robert Morris zitierend; Hervorhebungen im Original). Es ist Frieds Aufsatz

to the final product, one can plausibly argue that they are not performance. Yet, to say that a TV actor's performance is not a performance seems to confuse the circularity – troubling though it may be – by which our performance of self is informed by the mass media. Having internalized the camera's sense of duration and repeatability, our performative gesture/enunciation/reception can not be separated from its potential for, and traces of, reproduction. The experience of watching a live performance is not unmediated – the audience's very sense of how long the performance is "taking" is largely predicated on mass media's norms of duration. A definition of performance which opposes reproduction also makes it difficult to situate the work of a contemporary generation of artists who are less concerned with this ontological irreproducibility of performance and tend to freely combine the live and prerecorded risking/reconciling participation in an economy of real-time disappearance and an economy of mediated reproduction.

The broadest notions of performance extend the possibility of performance to inanimate as well as animate performers. Here the emphasis shifts from the performance as a thing in its own right to the performative as a relationship through which existence (although explicitly not essence) is enacted. This definition of performance – in which a sculpture or photograph may be considered performative – finds an art historical precedence in Michael Fried's *Art and Objecthood*. In fact, this essay has become a troubled parent-text to which performance theorists are compelled to return.**7** Fried rebukes minimal art (which he calls "literalist" to contrast it with the abstract work he champions) as "too theatrical". Fried's "theatricality" doesn't denote a performed text or action but a relationship between the audience and the work of art – be it a live or inanimate work. "Literalist sensibility is theatrical because, to begin with, it is concerned with the actual circumstances in which the beholder encounters literalist work. Morris makes this explicit. Whereas in previous art "what is to be had from the work is located strictly within [it]" the experience of literalist art is of an "object *in a situation* – one that, virtually by definition, *includes the beholder"***8** (original emphasis; Fried, citing sculptor Robert Morris). It is

zu verdanken, dass die „Theatralität" ihre Aufnahme in den Wort-schatz der bildenden Kunst als pejorativer Begriff gefunden hat.

Semantische Verwirrung ist durch die Tatsache erzeugt worden, dass die Charakteristika von Frieds „Theatralität" bald synonym mit dem Postmodernen und Performativen gebraucht wurden. Fried selbst bestätigt diese Veränderung. „Im Rückblick auf die letzten dreißig Jahre stellt sich klar heraus, dass Frieds ‚Theatra-lität' das ist, was wir jetzt ‚Postmodernismus' nennen."**9** Viele Autoren, die auf Frieds Begriff reagieren (z.B. Amelia Jones in ihrem Buch *Body Art/Performing the Subject*) erkennen, dass die künstlerischen Tendenzen, die Frieds modernistische Sensibilität beleidigt haben, im Großen und Ganzen jene Tendenzen sind, die postmoderne KünstlerInnen verfochten haben. Die Theatralität wird also aus einem negativen in einen positiven Begriff ver-wandelt; und das ohne die Feinheiten des Begriffes (die Fried als Code für die Bezeichnung von *allem* benutzte, was er an der neuen Kunst nicht mochte). Wenn wir aber akzeptieren, dass aus Frieds Theatralität Postmodernismus geworden ist, und anerken-nen, dass, obwohl die Performance die exemplarische Kunstform der Postmoderne sein mag, nicht jede Performance theatralisch ist, ist es sinnvoll erneut zu fragen, was Theatralität ist. Oder vielleicht: Wozu taugt die Theatralität, wenn sie existiert?

In einer Diskussion von Frieds Theatralität ist es aber auch not-wendig den Vorbehalt einzubringen, dass er, auch wenn seine leidenschaftliche Rhetorik es jenen, die sich mit Performance und Theater beschäftigen, leicht macht seine Argumentation ohne Umschweife zurückzuweisen, das Theater nicht *buchstäblich* meinte. Das „Theater" in Statements wie: „Kunst degeneriert in ihrer Annäherung an die Bedingungen des Theaters" (Fried, 141) oder „das Eintreten der Literalisten für die Objekthaftigkeit be-deutet nichts anderes als ein Plädoyer für eine neue Art von The-ater, und Theater ist heute die Negation von Kunst" (Fried, 125) ist eine Beziehung zwischen Betrachter und Objekt, die Parallelen zu einer traditionellen theatralischen Aufführung aufweist; eine Bühnenhaftigkeit der Aufstellung des Werkes, durch welche die gesamte Betrachtungssituation zur Mise-en-Scène wird, welche letztendlich das Werk *ist*. Fried stellte fest, das Theater selbst (seine Beispiele sind Brecht und Artaud) hätte sein Bedürfnis erkannt, das Theatralische zu besiegen.

Während Frieds Kritik der Theatralität in der nachfolgenden Kunst und Theorie gründlich widerlegt worden ist, bleiben die Begriffe von Bedeutung, die er etabliert hat und welche die meisten seiner Kritiker für ihre Beschreibung des Theatralischen und des Perfor-

through Fried's essay that "theatricality" entered the visual arts lexicon in a pejorative manner.

A semantic confusion has been engendered by the fact that the characteristics of Fried's "theatricality" have come to be identified as synonymous with the postmodern and performative. Fried himself acknowledges this shift. "In thirty-year retrospect, it has become clear that Fried's 'theatricality' is what we now call 'post-modernism'."**9** Many writers who respond to Fried's term (for instance, Amelia Jones, in her book, *Body Art/Performing the Subject*) recognize that the artistic tendencies which offended Fried's modernist sensibility are, by and large, the same tendencies postmodern artists have championed. Theatricality, then, is inverted from negative to posi-tive without the specifics of the term (which Fried used as a cipher to designate *everything* he didn't like about the new art) being questioned. If, however, we accept that Fried's theatricality has become postmodernism, and allow that although performance may be the exemplary mode of the postmodern, every performance isn't theatrical, it makes sense to ask again, What is theatricality? Or perhaps: What good is theatricality if it exists?

When speaking of Fried's theatricality it is necessary to offer the caveat that even though his passionate rhetoric makes it easy for those invested in perform-ance and theatre to reject his argument outright, he didn't mean theatre *literally*. The "theatre" in state-ments such as: "Art degenerates as it approaches the condition of theatre."(Fried, 141) or "the literalist espousal of objecthood amounts to nothing other than a plea for a new genre of theatre; and theatre is now the negation of art." (Fried, 125) is a relationship between the spectator and the object, which parallels that of a traditional theatrical presentation; a staged quality to the installation of the work, by which the whole viewing situation, becomes a *mise-en-scène* which *is* the work. Fried stated that theatre itself (his examples are Brecht and Artaud) had recognized it's need to defeat the theatrical.

While Fried's critique of theatricality has been thor-oughly refuted by subsequent art and theory, what

mativen beibehalten haben. In *From Acting to Performance* liefert Philip Auslander eine nuancierte Darstellung, wie Frieds Argumentation gegen das Theatralische ironischerweise einem aufkommenden Postmodernismus, der fest entschlossen war derartige Dualismen zu verwerfen, die Begriffe bereitstellte. „Die kritischen Diskurse über den Postmodernismus sowohl in der bildenden Kunst als auch in der Performance steckten auf dem von Fried definierten diskursiven Feld Greenbergschen Modernismus' ihre Positionen ab und erwischten sich selbst dabei, unabsichtlich Greenbergs Erbe der formalistischen Kritik fortzuführen, sogar obwohl sie sich für künstlerische Praktiken aussprachen, die im Greenbergschen System keinen Platz haben […] Die abschließende Ironie in der Geschichte der Kritik könnte wohl sein, dass Fried bei seinem Versuch, die Übergriffe des Postmodernismus und der Theatralität auf die bildende Kunst abzuwehren, einen Diskurs etablierte, der eine theoretische Beschäftigung mit der postmodernen Performance ermöglichte, einem Phänomen, das praktisch die Antithese verkörpert zur hermetischen modernistischen Abstraktion, die Fried beschützen wollte."**10**

Frieds Theatralität: Situation, Präsenz, Dauer, Objekthaftigkeit

Der Gedanke, ein Kunstwerk könne nicht von seinem Kontext oder seiner Rezeption getrennt werden, ist ein so grundlegender Lehrsatz des Postmodernismus, dass es für manche schwierig sein könnte, Frieds Position in dieser Hinsicht zu verstehen. Für Fried ist diese Abhängigkeit des Werks von seinem Betrachter eine Grundbedingung der Theatralität und signalisiert einen beunruhigenden Mangel an Autonomie innerhalb des Kunstwerks. Bei den Werken der Minimal Art, die Fried anspricht, und in zunehmendem Maße in der postmodernen Kunst im Allgemeinen, wird *der Kontext* das Kunstwerk. In Frieds Beschreibung haben minimalistische Skulpturen eine Art Präsenz, die sich aus ihrer Inszenierung/Installation in der Galerie ergibt und zu einem theatralischen Gesamteffekt beiträgt. Diese Präsenz wird von einem Anthropomorphismus vorangetrieben und resultiert in einem; er hat das Gefühl, die Werke koexistieren mit dem Betrachter in einer Weise wie fühlende Wesen. (Fried ortet diesen Anthropomorphismus auch in einer Tendenz in Richtung hohler Formen.) Die spürbare Präsenz der Kunstwerke „tritt dem Betrachter gegenüber" und verstärkt das Gefühl sich in einer „Situation" zu befinden. Die Art und Weise, wie die Kunst den Betrachter wie auf einer Bühne in Bezug auf sich selbst positioniert, macht den Betrachter auf eine Weise befangen, die in der zeitgenössischen Kunst nicht unüblich ist, aber der Idee des entkörperten,

remains important here are the terms which he established and which most of his critics have retained for describing the theatrical and the performative. In *From Acting to Performance* Philip Auslander gives a nuanced account of how Fried's argument against theatricality ironically set the terms for an emergent postmodernism bent on rejecting such dualisms. "Critical discourses on postmodernism in both the visual arts and performance staked out positions on the discursive field of Greenbergian modernism defined by Fried, and found themselves unintentionally perpetuating Greenberg's legacy of formalist criticism even while speaking for artistic practices that have no place in the Greenbergian scheme […] The final irony of this chapter in the history of criticism may be that, in trying to stave off the encroachment of postmodernism and theatricality in the visual arts, Fried established a discourse that made it possible to theorize postmodern performance, a phenomenon that is virtually the antithesis of the hermetic modernist abstraction Fried sought to protect."**10**

Fried's Theatricality: Situation, Presence, Duration, Objecthood

The idea that an art work can't be separated from its context or reception is such a foundational tenant of postmodernism that it might be hard for some to understand Fried's position in this regard. For Fried this dependence of the work on the beholder is a central condition of theatricality and signals a troubling lack of autonomy within the work. With the minimal works Fried is addressing, and increasingly in postmodern art in general, the context *becomes* the work. Fried describes minimalist sculptures as having a kind of presence which results from their staging/installation in the gallery and contributes to an overall theatrical effect. This presence extends from and results in an anthropomorphism; he feels that the works co-exist with the viewer in the relational manner of sentient beings. (Fried also locates this anthropomorphism in a tendency towards hollow forms.) The work's palpable presence "confronts" the viewer and heightens a sense of being in a "situation". The way the art situates the viewer in relation to itself, as if in a scene, makes the viewer self-conscious in a manner

idealisierten, modernistischen Betrachters entgegensteuert. Diese Konfrontation zwischen Kunstwerk und Betrachter initiiert eine Beziehung zur „ganzen Situation" (Fried, 127) und das bedeutet „wirklich *alles* – einschließlich, so scheint es, des *Körpers* des Betrachters." (Fried, 127)

Fried verunglimpft die effektive, aber oberflächliche Präsenz der Werke als eine „Bühnenpräsenz" (Fried, 127). Diese Bühnenpräsenz ist eine Art billiger Trick, verglichen mit der „reinen Gegenwart" von Augenblick zu Augenblick, die echte modernistische Kunstwerke „absondern" (Fried, 146). Die modernistische reine Gegenwart hegt eine Erfahrung, die dadurch, dass sie sich in jedem neuen Augenblick erneuert, es scheut, die Rezeption des Betrachters in und im Verlauf der Zeit zu berücksichtigen. Dieser zeitliche Verlauf der Erfahrung ist genau das, wozu die theatralische Präsenz beiträgt, womit ein weiteres Unterscheidungsmerkmal der theatralischen Sensibilität eingeführt wäre: die Faszination der Dauer. „Die literalistische Beschäftigung mit Zeit – präziser ausgedrückt, mit der Dauer der Erfahrung – ist, wie ich meine, paradigmatisch theatralisch: so als stünde das Theater dem Betrachter gegenüber und isoliert ihn dabei mit der Endlosigkeit nicht nur der Objekthaftigkeit, sondern der Zeit, oder als wäre das Gefühl, welches das Theater im Grunde anspricht, ein Gefühl der Temporalität, von vergangener und kommender Zeit, gleichzeitig herannahend und verschwindend, wie aus einer unendlichen Perspektive wahrgenommen" (Fried, 145).**11**

Fried stellt auch die ultimative Frage nach der „Objekthaftigkeit" des Kunstwerkes, und Objekthaftigkeit und Theater sind für Fried Synonyme. Ein Objekt ist ein Ding auf der Welt wie jedes andere auch. Es erhebt sich nicht (auf transzendentem modernistischem Wege) über seine Materialität im Hier und Jetzt. Folglich ist es kein echtes modernistisches Kunstwerk, sondern nur ein Ding auf der Welt, das den Betrachter nur an seine eigene Ausgestaltung, Materialität, Zweckdienlichkeit und das Fehlen eines höheren Zwecks erinnert. Diese Alltagsqualität der Objekthaftigkeit, die sich in den eher düsteren minimalistischen Formen äußert, würde zunächst als das Gegenteil der vernakulären Konnotationen der Theatralität erscheinen, die eher etwas Verschmitztes, Prahlerisches und Unauthentisches suggerieren. Doch die Übersendung des Objekts ins Hier und Jetzt inszeniert ein performatives (Frieds *theatralisches*) Modell. Entschieden im Gegensatz zur Natur sind diese Skulpturen sozial: sie sind *für* den Betrachter gestaltet; sie stellen keinen Anspruch auf Autonomie gegenüber der spezifischen Situation. Folglich ist die „Authentizität" des Kunstwerks

which is not uncommon in contemporary art, but goes against the notion of a disembodied, idealized, modernist viewer. This confrontation between artwork and viewer instigates a relationship with "the entire situation"(Fried, 127), and this means "*all* of it – including, it seems, the beholder's *body*." (Fried, 127)

Fried disparages the effective, but facile presence of the works as a "*stage* presence" (Fried, 127). This stage presence is a kind of cheap trick in comparison with the moment to moment "presentness" which Fried finds "secreted" (Fried, 146) from proper modernist works. Modernist presentness fosters an experience which in making itself new with each instant, eschews taking into account the viewer's reception in and through time. However, this duration of experience is precisely what theatrical presence contributes to, thus establishing another distinguishing characteristic of theatrical sensibility: a fascination with duration. "The literalist preoccupation with time – more precisely, with the *duration of experience* – is, I suggest, paradigmatically theatrical: as though theatre confronts the beholder, and thereby isolates him, with the endlessness not just of objecthood but of *time;* or as though the sense which, at bottom, theatre addresses is a sense of temporality, of time both passing and to come, simultaneously approaching and receding, as if apprehended in an infinite perspective" (Fried, 145).**11**

Fried also poses the ultimate question of the work's "objecthood," and objecthood and theatre, for Fried are synonymous. An object, is a thing in the world like any other; it doesn't elevate itself (by transcendent modernist means) above it's material here and now. Thus it isn't a proper modernist artwork but merely a thing in the world, one which only serves to remind the viewer of his own embodiment, materiality, instrumentality, and lack of higher purpose. This everyday quality of objecthood, manifested in the rather somber minimalist forms, would seem to be the opposite of theatricality's vernacular connotations, which suggest something arch, showy, and inauthentic. But it is the object's consignment to the here-and-now that enacts a performative (Fried's *theatrical*) model. Resolutely unlike nature, these sculptures are social: they are

als *Objekt* (seine Objekthaftigkeit) der Sitz seiner „Inauthentizität"
oder seines Mangels an Bindung als modernistisches Kunstwerk.

Das Verhältnis zwischen Alltagsleben und Theater wurde auch
(ohne abwertendes Misstrauen gegenüber der materiellen Welt)
von Soziologen wie etwa Irving Goffman untersucht, die in den
späten Fünfzigern und den Sechzigerjahren das menschliche
Verhalten studierten. Umberto Eco bezieht sich auf Goffman,
wenn er lakonisch feststellt: „Es ist nicht so, dass das Theater
das Leben imitieren kann; eher ist das Sozialleben als eine un-
unterbrochene Performance gestaltet und deswegen gibt es eine
Verbindung zwischen Theater und Leben."**12** Diese Umkehrung
von Künstlichkeit und Authentizität – in der Tat die wachsende
Geringschätzung solcher Oppositionen – war, was Fried bei den
Minimalisten und ihrer Verwendung von industriellen Materialien,
serieller Wiederholung, maschinellen Verfahren und Objekteigenschaften ortete.

Die „theatralischen" Eigenschaften, die zur „Objekthaftigkeit" des
Kunstwerkes beitragen, peinigen Fried nicht nur um ihrer selbst
willen, sondern weil er davon ausgeht, dass das Kunstwerk ein
Modell dafür ist oder vorschreibt, wie der Betrachter draußen in
der Welt existieren soll. Sensibilisiert durch seine Ängste erscheint
Frieds Einklang mit der phänomenologischen, körperlichen Beziehung zwischen uns selbst und einem Objekt/Akteur plastischer
und aussagekräftiger als viele heutige Theoretiker und Verfechter
der Performativität. „Man muss nur den Raum betreten, in dem
ein literalistisches Kunstwerk platziert worden ist, um jener
Betrachter zu *werden,* dieses Einpersonenpublikum – und insofern
als das literalistische Werk vom Betrachter *abhängig* ist, ohne ihn
unvollständig ist, hat es auf ihn gewartet. Und wenn er einmal im
Raum ist, weigert sich das Werk hartnäckig ihn allein zu lassen,
das heißt, es weigert sich aufzuhören ihn zu konfrontieren, ihn zu
distanzieren, ihn zu isolieren. (Solch eine Isolation ist im selben
Maße keine Einsamkeit mehr, wie solch eine Konfrontation Kommunikation ist.)" (Fried, 140)

Ich beneide Fried um seine anthropomorphischen Projektionen;
Ich warte noch immer darauf, bei einem Stahlwürfel so starke
Gefühle zu bekommen. In Frieds Beschreibung ist die Skulptur
wie eine Prostituierte, die versucht den Betrachter anzusprechen.
Seine Erfahrung ist einem Begriff von Individualität und Maskulinität verpflichtet, die, wenn sie gebieterisch sein soll, einzigartig
sein muss und sich daher von der Gegenwart eines anderen
bedroht fühlt. Sogar ein unbewegliches Holz- oder Stahlgebilde
stürzt die zentrale Position des Betrachters in die Krise. Fried

constructed *for* the viewer; they don't assert an
autonomy from the specific situation. Therefore the
work's "authenticity" as an *object* (its objecthood) is
the seat of it's "inauthenticity" or lack of commitment
as a work of modernist art.

The relationship between everyday life and theatre
was also pursued (without pejorative distrust of the
material world) by social scientists, such as Irving
Goffman, who were studying human behaviour in the
late 50's and 60's. Umberto Eco references Goffman
when he succinctly states: "It is not theatre that is
able to imitate life; it is social life that is designed as
a continuous performance and, because of this, there
is a link between theatre and life."**12** This reversal
of artificiality and authenticity – in fact, the growing
disdain for such binaries – was what Fried located
in the minimalists' use of industrial materials, serial
repetition, machine process, object qualities.

The "theatrical" qualities which contributed to the
work's "objecthood" distress Fried not only in and of
themselves but because he assumes that the work
of art models or prescribes the way the viewer is to
exist in the world. Sensitized by his anxieties, Fried's
attunement to the phenomenological, physical relation
between ourselves and an object /performer seems
more vivid and significant than many latter day theorists who champion performativity. "(S)omeone has
merely to enter the room in which a literalist work has
been placed to *become* that beholder, that audience
of one – and inasmuch as literalist work *depends on*
the beholder, is *incomplete* without him, it *has* been
waiting for him. And once he is in the room the work
refuses, obstinately, to let him alone, which is to say, it
refuses to stop confronting him, distancing him, isolat-
ing him. (Such isolation is not solitude any more than
such confrontation is communication.)" (Fried, 140)

I envy Fried's anthropomorphic projections; I'm still
waiting to feel this much from a steel cube. In Fried's
description, the sculpture is like a hustler trying to
solicit the viewer. His experience is bound-up with a
sense of individuality and masculinity which, if it is to
be masterful, must be singular and is therefore threat-
ened by the presence of another. Even an inert wood

passiert das mit einem geeigneten modernistischen Objekt, etwa einem Gemälde von Noland oder Olitski nicht, weil es genau wie er ist; es tritt ihm nicht gegenüber, ist Modell seines idealen Selbstbegriffes – autonom, leicht abgehoben, außergewöhnlich, aber nicht prahlerisch, bedeutungsvoll, aber nicht offensichtlich, tief(sinnig), aber nicht vom Lauf der Zeit beeinflusst (d.h. sterblich). Frieds Reaktion gesteht eine ängstliche Beziehung zwischen Erkennen und Ähnlichkeit ein (die kindische Redensart ist, „man braucht einen, um einen zu kennen"), die in vielen postmodernen „Lesarten" von sowohl Kunstobjekten als auch Performance undurchsichtig wird.

Der Begriff der Performance, den ich produktiv provokativ finde, dehnt Frieds (implizit dargebotene) Analyse des Performativen aus und stellt Fragen hinsichtlich Gender, dem Körper und Subjektivität. Ich würde sagen, die Performance betrifft etwas – ein Objekt, einen Text, eine Aktion –, das auf keinen Fall von seiner Rezeption getrennt werden kann. An dieser Definition ist nichts Einzigartiges; sie entspricht den fast kanonischen Anliegen der postmodernen und poststrukturalistischen Theorien, welche die Dualitäten von Subjekt und Objekt bzw. Selbst und Anderem dekonstruieren. Diese Verunsicherung fixer Positionen und Bedeutungen wird als Ermächtigung des Beobachters/Lesers verstanden, der nun durch seine Interaktionen in die Generierung von Bedeutung eingreift. Diese Nichtautonomie der Performance (ihre Abhängigkeit vom Publikum) brachte die Postmodernisten dazu, ihre Provokationen als eine willkommene Grenze für die großen Erzählungen und die mutmaßliche Autonomie und Autorität des Kunstwerkes zu verkünden. Donna Haraway arbeitet in ihrem Aufsatz über Objektivität mit dem Titel *Situated Knowledges* eine postmoderne Darstellung des (wissenschaftlichen oder anderweitigen) Untersuchungsobjekts aus. „Geortete Kenntnisse erfordern, dass der Untersuchungsgegenstand als Akteur und Agent dargestellt wird, nicht als Projektionsfläche, Terrain oder Ressource, letztendlich niemals als ein Sklave des Herrn, der die Dialektik absperrt kraft seines einzigartigen ‚objektiven' Wissens."13 Haraways Statement ist vergleichbar mit Frieds Behauptung, dass „insofern als das literalistische Werk vom Betrachter *abhängig* ist, [es] ohne ihn *unvollständig* ist" (Fried, 140). Beide Statements charakterisieren die besagten Objekte als Akteure. Für Haraway befreit dies „vorher passive Kategorien von Wissensgegenständen"14. Für Fried signalisiert die Befreiung des Objekts, dass es unzulänglich und auf beunruhigende Weise abhängig vom Betrachter ist. Er beschreibt ein derart abhängiges Objekt als abwechselnd anwidernd und bedrohlich. Zunächst scheint es, als hätte es der ideale modernistische Betrachter – vielleicht das

or steel form provokes a crisis to the centrality of the viewer. This doesn't happen for Fried with a proper modernist object, a painting by Noland or Olitski, for instance, because it is just like him; it doesn't confront him, it models an ideal sense of himself – autonomous, slightly removed, extraordinary but not showy, meaningful but not obvious, deep but not durational (i.e. mortal). Fried's reaction admits an anxious relationship between recognition and resemblance (the childish saying is "it takes one to know one") which gets obscured in many postmodern "readings" of both art objects and performance.

The notion of performance which I find productively provocative expands Fried's (obliquely rendered) analysis of the performative and also asks questions about gender, the body and subjectivity. I would say performance concerns something – an object, text or action, – which can't be definitively separated from its reception. There is nothing unique in this definition; it corresponds to the almost canonical concerns of postmodern and poststructural theories which deconstruct the dualities of subject and object, self and other. This unsettling of fixed positions and meanings is understood as empowering to the observer/reader, who now intervenes in the production of meaning through his or her interactions. This non-autonomy of performance (its reliance on the audience) caused postmodernists to herald its provocations as a welcome limit on master narratives and the presumed autonomy and authority of the work of art. Donna Haraway elaborates a postmodern account of the object of inquiry (scientific or otherwise) in her essay on objectivity entitled *Situated Knowledges*. "Situated knowledges require that the object of knowledge be pictured as an actor and agent, not a screen or a ground or a resource, never finally as a slave to the master that closes off the dialectic in his unique agency of 'objective' knowledge."13 Haraway's statement is comparable to Fried's claim that "inasmuch as literalist work *depends* on the beholder, is *incomplete* without him"(Fried, 140). Both of these statements characterize the objects in question as active agents. For Haraway, this liberates "previously passive categories of objects of knowledge".14 For Fried the liberation of the object signals that it is deficient and

Privileg genießend, weiß, männlich und der Mittelklasse angehörig zu sein – nicht nötig von der Kunst benötigt zu werden. Er hat keine Lust Akteur auf der Bühne zu werden. Andererseits haben Frieds Beschreibungen einen Anflug von einer Sehnsucht, sich dem Kunstwerk mit einer passiven Selbstvergessenheit zu *unterwerfen,* vor der einen aber die Reflexivität der postmodernen Betrachtungssituation abhält.

Frieds Vorschriften in ihr Gegenteil verkehrend – das heißt sich selbst gegen das Theater inszenierend und gleichzeitig das Performative feiernd**15** – behauptete die Performancekunst der 60er und 70er Jahre (wird oft als anmaßend interpretiert) eine Art Authentizität des Körpers gegenüber der Täuschung und Verkleidung von Figuren, Story, Kostüm, die man im Allgemeinen mit dem Theater verband. Ob diese Experimente – von so unterschiedlichen Praktikern wie Vito Acconci, Ana Mendietta, Carolee Schneemann, Marina Abramovic und Ulay, Chris Burden oder Dennis Oppenheim – eine modernistische Auseinandersetzung mit „Ursprung" und „Gegenwart" (hier im menschlichen Körper gelegen) darstellen oder die Unmöglichkeit, diese Gegenwart zu inszenieren, ist diskutierbar.**16** Ungeachtet dieser Ambivalenz entwickelte sich aus diesen frühen Arbeiten eine Sprache der Performancekunst, die vorsätzlich einen Keil zwischen Performancekunst und Theatralität trieb. Obwohl die nächste Generation von Performancekünstlern schrittweise gesprochenen Text, Kostüme, Musik, Figuren und in jüngerer Zeit Video wiedereinverleibte, kamen diese Elemente oft auf eine theoretisch unreflektierte Weise wieder hinzu. Während Performance und Performativität nach allgemeinem Verständnis von zentraler Bedeutung für die postmoderne Kunst sind, muss das Verhältnis von Theatralität und Performance noch näher ausgeleuchtet werden, wenn auch viele KünstlerInnen**17** weiter dessen Raum ausloten.

Das ambivalente Theatralische

Ist Theatralität bloß ein Synonym für die Performativität der postmodernen Kultur oder kann der Begriff mit einer spezifischeren Referenz aufwarten? Was mich betrifft, obwohl der Begriff von Fried vergiftet bleibt, fühle ich keine Notwendigkeit ihn zu retten. In der Tat passt es mir ins Konzept einen Begriff zu verwenden, der sowohl Enthusiasmus als auch Abscheu konnotiert. Das Theatralische selbst löst so eine Oszillation aus. Meine Wahrnehmung dieses „ambivalenten" Theatralischen ist von Fried beeinflusst, wie auch von vielen anderen vernakulären und theoretischen Verwendungen dieses Wortes.

troublingly dependent on the viewer. He describes an object so contingent as to be alternately cloying and threatening. It would seem that the ideal modernist spectator – perhaps enjoying the privilege of being white, middle class and male – doesn't need to be needed by the art. He has no desire to become an actor in the scene. To the contrary, Fried's descriptions are tinged with a longing to *submit* to the work of art with a passive abandon which the reflexivity of the postmodern viewing situation discourages.

In following Fried's prescription in a contrary manner – that is, staging itself against theatre while celebrating the performative**15** – performance art in the 60's and 70's (is often read as asserting) asserted a kind of authenticity of the body against the pretense and disguise of character, narrative, costume, usually associated with the theatre. Whether these experiments – by practitioners as varied as Vito Acconci, Ana Mendietta, Carolee Schneeman, Marina Abramovic and Ulay, Chris Burden, Dennis Oppenheim – represent a modernist investment in "origin" and "presence" (here located in the human body), or were staging the impossibility of this presence, is arguable.**16** Regardless of this ambivalence, a language of performance art developed out of these early works that purposely drove a wedge between performance art and theatricality. While the next generation of performance artists gradually reincorporated spoken text, costume, music, character and more recently video, these elements often reentered in an untheorized manner. While performance and performativity have been understood as central to postmodern art, the relationship between theatricality and performance art has yet to be figured even though many artists**17** continue to explore its range.

The Ambivalent Theatrical

Is theatricality simply a synonym for the performativity of postmodern culture or can the term provide a more specific reference? For me, although theatricality remains salted with Fried's venom I feel no need to rescue it. In fact it suits my purpose to use a term which connotes both enthusiasm and loathing. The theatrical itself induces such an oscillation. My sense

Im allgemeinen Jargon ist Theater theatralisch, wenn es sich selbst zitiert, wenn es seine eigenen Merkmale in den Vordergrund rückt oder übertreibt – wenn es seine Bühnenhaftigkeit auf die Bühne bringt. Doch stellen die Beispiele für das Theatralische, die mich interessieren, eine größere Kluft dar als diese Autoreferentialität, vielleicht weil sie außerhalb des eigentlichen Theaters passieren und sich so der Definition als Autoreflexivität des Theaters widersetzen. Der Kunstkritiker Henry Sayre, dessen Buch *The Object of Performance* eine Bewertung der amerikanischen Avantgarde der Siebziger in Bezug auf die Performance bot, stellt fest, dass „Theatralität als jene Neigung in der bildenden Kunst erachtet werden könnte, nach der sich ein Werk im Geist des Betrachters als etwas anderes herausstellen sollte, als es gemäß unserer Erfahrung eigentlich ist." Wenn ich seiner Beschreibung folge und sie nicht auf die bildende Kunst beschränke, würde ich sagen, die Theatralität generiert eine *zwingende Erfahrung von etwas, das nicht überzeugend ist.* Und diese Möglichkeit, sinnvolle Erfahrung zu manifestieren und gleichzeitig Wahrheitsansprüche zu scheuen, ist das Potenzial der Theatralität. Das scheint damit übereinzustimmen, wie Roland Barthes die Funktion der „dritten Bedeutung" in seinem gleichnamigen Aufsatz aus dem Jahre 1970 beschreibt.

„Ich realisierte dann, dass der ‚Skandal', der Zusatz oder die Abweichung, die dieser klassischen Darstellung der Trauer auferlegt wurde, ganz deutlich von einer ganz feinen Beziehung herrührte: jener des tiefen Kopftuchs, der geschlossenen Augen und des nach außen gewölbten Munds […] von einer Beziehung zwischen der ‚Tiefe' des Kopftuches, abnorm knapp über den Augenbrauen getragen wie bei den Verkleidungen, die danach streben einen albernen und dummen Ausdruck zu erzeugen, der gekrümmte Akzent geformt von den alten verblassten Augenbrauen, die unmäßige Krümmung der gesenkten Augenlider, eng beisammen, aber anscheinend blinzelnd, und der Strich des halboffenen Mundes, der übereinstimmt mit der Linie des Kopftuchs und jener der Brauen, metaphorisch gesprochen, wie ein Fisch auf dem Trockenen'. All diese Merkmale (das absurd tiefe Kopftuch, die alte Frau, die blinzelnden Augenlider, der Fisch) haben als vage Referenz so etwas wie niedrige Sprache, die Sprache einer ziemlich armseligen Verkleidung. Vereint mit der edlen Trauer der offensichtlichen Bedeutung, formen sie einen so feinen Dialogismus, dass man für dessen Intentionalität nicht garantieren kann. Das Charakteristikum dieser dritten Bedeutung – zumindest bei Eisenstein – lässt die Grenzlinie zwischen Ausdruck und Verkleidung tatsächlich verschwimmen, stellt diese Oszillation aber auch recht lakonisch dar: eine elliptische

of this "ambivalent" theatrical accretes from Fried as well as from a variety of vernacular and theoretical uses of the term.

In general parlance, theatre is theatrical when it quotes itself, when it foregrounds or exaggerates its own characteristics – when it stages its staginess. However, the instances of the theatrical which interest me pose a larger gap than this self-referentiality, perhaps because they occur outside the theatre proper and so defy the definition of theatricality as theater's self-consciousness. Art critic Henry Sayre whose book, The *Object of Performance,* offered an assessment of the American seventies' avant-garde in relation to performance, states that "theatricality may be considered that propensity in the visual arts for a work to reveal itself within the mind of the beholder as something other than what it is known empirically to be". Following his description, and not limiting it to the visual arts, I would say that theatricality generates a *compelling experience of something which isn't convincing.* And it is this possibility for manifesting meaningful experience, while eschewing truth claims, which is theatricality's potential. This seems to correspond to how Roland Barthes describes the function of the "third meaning" in his 1970 essay by that name.

"I realized then that the 'scandal', the supplement or deviation imposed upon this classical representation of grief, derived quite explicitly from a tenuous relation: that of the low kerchief, the closed eyes, and the convex mouth […] from a relation between the 'lowness' of the kerchief, worn abnormally close to the eyebrows as in those disguises which seek to create a foolish and stupid expression, the circumflex accent formed by the old, faded eyebrows, the excessive curve of the lowered eyelids, close-set but apparently squinting, and the bar of the half open mouth corresponding to the curve of the kerchief and to that of the brows, metaphorically speaking 'like a fish out of water'. All these features (the absurdly low kerchief, the old woman, the squinting eyelids, the fish) have as a vague reference a somewhat low language, the language of a rather pathetic disguise. United with the noble grief of the obvious meaning, they form a dialogism so tenuous that there is no guarantee of its

Emphase sozusagen, ein komplexes, sehr verzwicktes Arrangement (da es eine Temporalität der Bedeutung impliziert)."[18]

Was Barthes als „dritte Bedeutung" beschreibt, ist diese zwingende Erfahrung von etwas, das nicht überzeugend ist. Die dritte Bedeutung ist eine Art Exzess, eine „unscharfe" Bedeutung, welche die direktere „offensichtliche" Bedeutung verkompliziert, aber nicht außer Kraft setzt. „Die unscharfe Bedeutung hat dann wohl etwas mit Verkleidung zu tun […] Ein Schauspieler verkleidet sich zwei Mal (einmal als Figur in der Geschichte, einmal als Akteur in der Dramaturgie […] ohne dass die eine Verkleidung die andere zerstört; eine Schichtung von Bedeutungen, die der vorherigen immer erlaubt weiterzubestehen, wie in einer geologischen Formation, das Gegenteil zu sagen ohne die Sache, der widersprochen wird, zu leugnen."[19] Barthes ortet diese „nicht verneinende *Farce des Ausdrucks*"[20] in einer Serie von Standbildern aus Eisensteins *Panzerkreuzer Potemkin* (1925).

Barthes' Beschreibung dieser unscharfen Bedeutung erinnert an eine zeitgenössische Ästhetik, die ich jetzt das „ambivalente" Theatralische nenne. Diese Theatralität verwendet, was Barthes als „die Sprache einer ziemlich armseligen Verkleidung" beschreibt. Eine Spannung zwischen der intentionalen Aufrichtigkeit der offensichtlichen Bedeutung und der Abweichung, die durch den Exzess des Ausdrucks auferlegt wird, ist notwendig dafür, dass die dritte Bedeutung in dieser ambivalenten Position gehalten wird, daran gehindert wird, völlig in Ironie oder Camp abzugleiten. Dieses ambivalente Theatralische bringt einfache Lesarten der Performance als Aktion, Präsenz, Authentizität oder Ausdruck durcheinander und lässt ein Ringen mit Bedeutungen in das Werk einfließen. Da das ambivalente Theatralische eine Form des Performativen ist, hat es auch eine Beziehung zu einigen der strukturellen Grundlagen der Performance wie Situation, Präsenz, Dauer und Objekthaftigkeit, die ich schon besprochen habe. Weiterführende Erörterungen des ambivalenten Theatralischen werden Fragen des Körpers, der kritischen Distanz, der Materialität, Tod und Raum berühren. Diese Eigenschaften bilden eine im Entstehen begriffene Beschreibung der Bedingungen der Theatralität und einer ganz besonderen Beziehung, gemäß der das ambivalente Theatralische die Performance von sich selbst distanziert.

intentionality. The characteristic of this third meaning – at least in Eisenstein – actually blurs the limit separating expression from disguise, but also presents this oscillation quite succinctly: an elliptical emphasis, so to speak, a complex, very intricate arrangement (for it implies a temporality of signification)."[18]

It is this compelling experience of something which isn't convincing which Barthes describes as the "third meaning". The third meaning is a kind of excess, an "obtuse" meaning which complicates but doesn't invalidate the more direct "obvious" meaning. "The obtuse meaning, then, has something to do with disguise […] An actor disguises himself twice over (once as actor in the anecdote, once as actor in the dramaturgy), without the one disguise destroying the other; a layering of meanings which always allows the previous one to subsist, as in a geological formation; to speak the contrary without renouncing the thing contradicted."[19] Barthes locates this "non negating *mockery of expression*"[20] in a series of stills from Eisenstein's *Battleship Potemkin* (1925).

Barthes' description of this obtuse meaning is evocative of a contemporary aesthetic which I am calling the "ambivalent" theatrical. This theatricality employs what Barthes describes as "the language of a rather pathetic disguise". A tension between the sincerity of intention of the obvious meaning and the deviation imposed by the excess of the expression is necessary to hold the third meaning in this ambivalent position, to stop it from slipping entirely into irony or camp. This ambivalent theatrical confounds simple readings of the performance as action, or presence, or authenticity, or expression and introduces a struggle with signification into the work. As the ambivalent theatrical is a mode of the performative, it shares a relationship to some of performance's structuring conditions such as situation, presence, duration and objecthood, which have already been discussed. Further discussion of this ambivalent theatrical will touch on questions of the body, critical distance, materiality, death, and space. These qualities form a nascent description of the conditions of theatricality and a particular relation whereby the ambivalent theatrical distances the performance from itself.

Fühle, wie du fällst

Die Oszillation zwischen unscharfer und offensichtlicher Bedeutung, die Barthes beschreibt, impliziert eine Temporalität, die an folgendes Statement von Fried erinnert: „Die literalistische Beschäftigung mit Zeit – präziser ausgedrückt, mit *der Dauer der Erfahrung – ist,* wie ich meine, paradigmatisch theatralisch: so als stünde das Theater dem Betrachter gegenüber und isoliert ihn dabei mit der Endlosigkeit nicht nur der Objekthaftigkeit, sondern der Zeit, oder als wäre das Gefühl, welches das Theater im Grunde anspricht, ein Gefühl der Temporalität, von vergangener und kommender Zeit, gleichzeitig herannahend und verschwindend, wie aus einer unendlichen Perspektive wahrgenommen" (Fried, 145).

Dieses Gefühl von Temporalität ist auch die Zeit der Propriozeption (Eigenwahrnehmung oder Tiefensensibilität), des Körpers komplexer Erfahrung seiner selbst. Die Propriozeption erfolgt „durch die sensorischen Nerven mit spezialisierten Rezeptoren, die Muskeldehnung, Zug auf den Sehnen, Gelenkskompression und Position des Kopfes in Bezug auf die Schwerkraft aufzeichnen".[21] Diese Informationen werden verarbeitet von der „somatosensorischen Rinde des Großhirns […] das Kleinhirn ist insbesondere verantwortlich für die ständige Koordination und Korrektur von Haltung, Bewegung und Muskeltonizität. Was sogar noch faszinierender ist, behält es das Bild davon, wo man gerade gewesen ist, wo man im Augenblick ist; und es projiziert, wo man als nächstes hingeht. Kennen Sie das Gefühl, wenn Sie mit dem Fuß nach einer Stufe tasten und das ist keine? In solchen Fällen unterscheidet sich ihre Gehirnprojektion von der Wirklichkeit." (Ibid) Die Angst davor, dass einem ein Bein gestellt wird oder durch unseren Körper/als unser Körper bloßgestellt zu werden, liegt dieser propriozeptiven Zeit zugrunde und passt zu Frieds ängstlicher Beschreibung. Sie zeugt von der Fortdauer einer Dualität von Geist und Körper, nach der die Vollkommenheit (reine Gegenwart) des „immateriellen" Geistes dem Prozess (Dauer) des materiellen Körpers entgegengestellt wird. Propriozeptive Reaktionen erinnern uns daran, dass wir nicht von einem Geist ausgehen können, der den Körper wie ein Objekt oder Gefäß belebt, sondern von einem Körperbewusstsein, vermittels dessen wir die Welt erfahren.

Stehe zurück

Die modernistische Sensibilität erhebt Einspruch gegen die alles umhüllende Natur der grundlegenden Reziprozität von Subjekt und Objekt in der performativen Interaktion. In Frieds an Greenberg gemahnendem Urteil (die Frage betreffend, was in der

Feel Yourself Falling

The oscillation of the obtuse and obvious meaning which Barthes describes implies a temporality of signification which brings to mind Fried's statement that: "The literalist preoccupation with time – more precisely, with the *duration of experience – is,* I suggest, paradigmatically theatrical: as though theatre confronts the beholder, and thereby isolates him, with the endlessness not just of objecthood but of *time;* or as though the sense which, at bottom, theatre addresses is a sense of temporality, of time both passing and to come, simultaneously approaching and receding, as if apprehended in an infinite perspective" (Fried, 145).

This sense of temporality is also the time of proprioception, the body's complex experience of itself. Proprioception is carried out by "the sensory nerves with specialized receptors to record muscle stretch, pull on tendons, joint compression and the position of your head in relation to gravity".[21] This information is processed by the "somatosensory cortex of the cerebrum […] The cerebellum, in particular, is responsible for constant coordination and correction of posture, movement and muscle tone. Even more fascinating, it holds the image of where you just were, where you are now, *and* it projects where you will go next. Remember the sensation of reaching for a stair with your foot when there was none? Your brain projection was different from actuality". (Ibid) A fear of being tripped up, or exposed by/as our bodies in this proprioceptive time fits Fried's anxious description. It is evidence of the persistence of a mind/body duality whereby the perfection (presentness) of the "immaterial" mind is pitted against the process (duration) of the material body. Proprioceptive responses remind us that it is not a mind which animates the body as an object or vessel, but a body consciousness by which we experience the world.

Stand Back

Modernist sensibility objects to the enveloping nature of the constitutive reciprocity of subject and object in the performative interaction. In Fried's Greenbergian formulation of judgment (concerning what is *authentic*

Kunst *authentisch* und *zwingend* ist) ist Distanz eine Grundvoraussetzung für Objektivität. Wenn die postmoderne Performance die Intersubjektivität privilegiert, den Essentialismus anficht und hartnäckige Cartesianische Gegensätze zwischen Subjekt und Objekt dekonstruiert, macht sie die Idee der Distanz als Quelle der Objektivität vorsätzlich unhaltbar. Dennoch sollte man diese Distanz/Objektivität selbst nicht ausschließlich mit einem rückschrittlichen modernistischen Formalismus gleichsetzen. Aus der Perspektive der postmodernen Wissenschaft schreibend, theoretisiert Donna Haraway über eine feministische Objektivität, die bedingt ist, ein „geortetes Wissen", das immer durch Eingeständnis seiner Perspektive oder seines Ortes kontextualisiert wird. Der Performancetheoretiker Jon Erickson ficht die Dualität von Subjekt und Objekt an und beschreibt die Vergegenständlichung als eine Bewegung, einen Prozess, „der niemals völlig vollendet werden kann. Es ist in Wirklichkeit ein Aspekt der Funktion des Bewusstseins, dass es Dinge vergegenständlichen muss, um sie von vornherein zu erkennen; dazu dient die Erinnerung. Das Projekt der Vergegenständlichung ist notwendigerweise unvollständig. Ein ‚Kunstgegenstand', ein ‚literarischer Gegenstand', sogar ein ‚theoretischer Gegenstand' ist nichts Statisches; stattdessen ist es etwas, dass ständig neu vergegenständlicht wird, solange man ihm Aufmerksamkeit schenkt [...] Die große Frage in der Kunst oder im künstlerischen Leben ist, ob man anderen erlauben soll, einen zu vergegenständlichen, oder versuchen soll seine eigene Vergegenständlichung in die Hand zu nehmen [...] Das ist ein Performanceproblem, eine Art Selbstvergegenständlichung oder Selbstgestaltung".**22**

Die zufälligen Konstellationen von Akteur und Betrachter müssen die Distanz nicht in sich zusammenstürzen lassen, doch könnte die Performance des einen die Bewegung auslösen, die notwendig ist, um eine Distanz zwischen Subjekt und Objekt zu schaffen, ohne aber diese beiden Positionen erstarren zu lassen.**23**

Die ambivalente Theatralität reißt eine Kluft auf, die kein „Außen" postuliert, sondern den Ausdruck von innen befremdend macht. Das ambivalente Theatralische arbeitet gegen die totalisierenden Effekte der Interaktivität, um etwas einzuspeisen, das in die eindringliche Erfahrung hineingelesen werden muss (etwas Bedeutungserzeugendes). Unschärfer als ein Brechtsches Distanzierungsmittel bringt es den Betrachter aber in ähnlicher Weise aus einer exklusiven Beziehung zum Objekt/zur Performance heraus. Das Theatralische arbeitet gegen die Präsenz der Performance, aber anstatt das Performative zu negieren, braucht es ein Performance-Umfeld, um darin wirken zu können.

and *compelling* in art) a distance necessary for objectivity is essential. Postmodern performance's privileging of intersubjectivity contests essentialism and deconstructs persistent Cartesian oppositions between subject and object – it purposely makes untenable the notion of distance as objectivity. Yet this distance/objectivity itself should not be solely equated with a retrograde modernist formalism. Donna Haraway, writing from the perspective of postmodern science, theorizes about a feminist objectivity which is conditional, a "situated knowledge" always contextualized by admitting its perspective or location. Performance theorist Jon Erickson refutes the dualities of subject/object and describes objectification as a movement or process "which is never fully completed. It is in fact an aspect of ongoing consciousness that it needs to objectify things in order to recognize them in the first place; this is a function of memory. The project of objectification is necessarily an incomplete one. An 'art object', a 'literary object', even a 'theoretical object' is not something static; rather, it is something that is always being objectified as long as attention is paid to it [...] The big question in art or in an artful life is whether to allow others to objectify you or to try and take control of your own objectification [...] This is a performance problem, a kind of self-objectification as self-fashioning".**22**

The contingencies of performer and spectator need not collapse distance, but as Erickson suggests, one's performance may initiate the movement necessary to put distance between subject and object without ossifying either position.**23**

Ambivalent theatricality opens up a gap which posits no "outside" but makes strange from inside the expression. The ambivalent theatrical works against the totalizing effects of interactivity to inject something that must be read (something which is signifying) into the immersive experience. More obtuse than a Brechtian distanciation device, it similarly brings the spectator out of a exclusive relationship to the object/performance. The theatrical works against the presence of performance but rather than negating the performative it requires a performance environment to operate within.

Körper, Dia-Projektor, Haufen der Verrottung…

In seiner Erscheinungsform mittels Verkleidung, Make-up, falscher Akzente – ein ambivalenter Exzess der Bedeutungen – ist diese dritte Bedeutung durch Materialität greifbar. Objekthaftigkeit ist so eine Materialität, das heißt der Stoff der Welt – Make-up oder Stahlträger – unberührt von höherem Zweck oder höherer Bedeutung. Die Materialität bietet eine Möglichkeit, sich dagegen zu widersetzen, total als Bedeutung konsumiert zu werden, lesbar zu sein. Folglich ist das Theatralische etwas, das suggeriert, einer Interpretation zur Verfügung zu stehen, sich dieser aber dann doch durch seine Ambivalenz, seine *Dicke,* widersetzt. Diese Art von Widerstand verbindet die Materialität wieder mit dem Körper, der sich (aus unserer menschlichen Perspektive) niemals völlig mit anderer Materie zusammenschließt, niemals ein Gegenstand in einem Feld von Gegenständen wird, sich niemals völlig dematerialisiert, um ein Zeichen zu werden. Erickson beschreibt das Dilemma des Körpers in seiner Beziehung zu sowohl modernistischer Gegenwart und postmodernistischer Dematerialisierung: „Also bleibt ein zweifaches Problem des Körpers in der Performance; wenn man die Absicht hat, den Körper selbst als Fleisch, als Körperlichkeit, als lebender Organismus, der selbst frei von Zeichen ist, zu präsentieren, bleibt er nichtsdestotrotz ein Zeichen – allermindestens das Zeichen von ‚der Körper', ‚Sterblichkeit', ‚Sinnlichkeit'. Er ist *nicht in ausreichendem Maße* reiner Körper. Wenn man die Absicht hat, den Körper des Akteurs in erster Linie als Zeichen, Idee, oder Repräsentation zu präsentieren, kommt immer die Körperlichkeit dazwischen, und er ist *zu sehr* Körper."[24]

Das Übersprechen zwischen dem Schauspiel der Materialität als Gegenwart und dem Zeichen als Abwesenheit wird von der Theatralität erhöht, die sich sowohl als Material als auch als Zeichen einschaltet. Diese Materialität manifestiert keine seelenartige Anwesenheit, sondern die problematische, materielle, endliche und vom Lauf der Zeit geprägte Gegenwart des Körpers. Die frühe Performancekunst und Körperkunst hinterfragte nicht nur den Status des Kunstgegenstandes als Ware, sondern machte sich auch die befangene Anwesenheit von Zuschauern im Galerieraum zunutze (die im Gegensatz zur Dunkelheit im Theater das Körperbewusstsein des Zuschauers verstärkt), um die Problematik der Objekteigenschaften des Körpers zu inszenieren. Wenn man den Körper als Material verwendet, verknüpft man das assoziativ mit einer Hinterfragung der trägen, stabilen und gegenständlichen Eigenschaften anderer lebloser Materialien.

Body, slide projector, piles of rotting…

In its manifestation through disguise, makeup, false accents – an ambivalent excess of signification – this third meaning is manifest through materiality. Objecthood is such a materiality, that is, the stuff of the world – makeup or steel I beams – not transformed by a higher purpose or meaning. Materiality offers a resistance to being totally consumed as meaning, to being readable. Thus the theatrical is something which suggests it is available to be read but resists such a reading by its ambivalence, its *thickness.* This type of resistance links the material back to the body, which (from our human perspective) never totally integrates with other matter, never becomes one object in a field of objects, never fully dematerializes to become a sign. Erickson describes the dilemma of the body, in relation to both modernist presence and postmodernist dematerialization: "So the problem of the body in performance remains twofold; when the intention is to present the body itself as flesh, as corporeality, as living organism itself free of signs, it remains a sign none the less – at the very least the sign of 'the body', 'mortality', 'sensuality'. It is not *enough* of a pure corpus. When the intention is to present the performer's body as a primarily a sign, idea, or representation, corporeality always intervenes, and it is *too much* of a body."[24]

The crosstalk between plays of materiality as presence and sign as absence, are heightened by theatricality, which weighs in as both material and sign. This materiality doesn't manifest a soul-like presence, but the problematic material, finite, durational presence of the body. Early performance and body art not only questioned the art object as commodity but made use of the uneasy presence of spectators in the gallery space (which, as opposed to the darkness of the theatre, heightens the viewer's physical awareness) to stage the problematics of the object qualities of the body. To use the body as material is to question the inert, stable, objective, qualities of other inanimate materials by association.

Frauenhände oder die Hände einer Frau

Im radikalen „Drag" strebt man oft danach, eine Schicht weiblicher Charakteristika hinzuzufügen ohne die Männlichen zu verschleiern – zum Beispiel wäre die Praxis seinen Schnauzbart zu behalten, obwohl man alle anderen Merkmale weiblich gemacht hat, die Art Verkleidung, wie sie von der dritten Bedeutung beschrieben wird. Doch unter dem Patriarchat hat die *Weiblichkeit* diese geschichtete, widerstandsfähige Bedeutung, die Barthes beschreibt, nicht ohne Umstände entwickeln können. Obwohl die patriarchalischen Diskurse die körperliche Erfahrung und deren Haltlosigkeiten traditionellerweise als weiblich verunglimpft haben, haben sie auch die „Inauthentizitäten" der Theatralität dem Bereich des Weiblichen zugewiesen. Das Weibliche/der weibliche Körper ist beharrlich als exzessiv, mysteriös, explizit materiell – in der Tat „unlesbar" – konstruiert worden. Warum hat man sich diese Unverständlichkeit nie als eine Komplikation oder dritte Bedeutung vorgestellt, die eine homogene Interpretation des Weiblichen unterminiert? Die „Unverständlichkeit" der Frau ist mit ihrer „offensichtlichen" Bedeutung verschmolzen worden. Ihre weibliche „Unlesbarkeit" verknöchert anstatt zu oszillieren. **25** Eine Menge jüngerer Performance-Arbeiten von Frauen hinterfragen, welche Art von „Verkleidung" oder Akzent Auswirkungen auf die Vorherrschaft der „offensichtlichen" Interpretation der Frau als weiblich haben könnte. Es ist ein schwieriger Akt – um „unscharf" zu bleiben, muss das ambivalente Theatralische genug von seiner offensichtlichen, buchstäblichen oder traditionellen Bedeutung zurückbehalten, um seine Mehrdeutigkeit nicht zuzuschütten. Für eine Akteurin bedeutet das, nicht zur Gänze aus dem Weiblichen herauszuschlüpfen, sondern es gegen sich selbst auszuspielen oder sogar Teile des Körpers gegen den Ganzen auszuspielen. Es scheint auch auf der Hand zu liegen, dass die Interpretation der Theatralität oder der „dritten Bedeutung" kulturell bedingt ist. Nicht jeder ist willens oder in der Lage, in einem Zeichen Ambivalenz zu entdecken.

Der Raum als Bühne

Das Theatralische hat mit Raum, Bewegung und Distanz zu tun. Es findet statt, findet buchstäblich „eine Stätte". Das theatralische Subjekt ist um Auftritte und Abgänge herum organisiert. Auftritte und Abgänge treiben die Handlung voran oder schaffen ihre eigene grundlegende Handlungsstruktur. Sowohl das cinematische als auch das digitale Subjekt (nehmen wir der Einfachheit halber an, wir wissen, was damit gemeint ist) kann im Zeitgefüge neu zusammengesetzt werden – es ist nicht einmal sinnvoll, von dessen

A Woman's Hands or the Hands of a Woman

Radical drag often seeks to add a layer of feminine characteristics without obscuring masculine ones – for instance, the practice of keeping one's mustache while all other features are feminized would be the kind of disguise described by the third meaning. Yet *femininity* under patriarchy hasn't easily produced the layered, resistant meaning which Barthes describes. Although patriarchal discourses have traditionally denigrated bodily experience and its instabilities as feminine, so too have they placed the "inauthenticities" of theatricality on the side of the feminine. The female/body has been persistently constructed as excessive, mysterious, explicitly material – in fact, "unreadable". Why hasn't this obscurity been figured as a complication or third meaning which undermines an homogeneous reading of the feminine? Woman's "obscurity" has been conflated with her "obvious" meaning. Her feminine "unreadability" ossifies instead of oscillates. **25** Much recent performance work by women questions what kind of "disguise" or accent would interfere with the predominance of woman's "obvious" reading as female. It is a difficult act – to remain "obtuse" the ambivalent theatrical must retain enough of its obvious, literal, or traditional meaning so as not to overwhelm its ambiguity. For a female performer, this means not slipping completely out of the feminine, but playing it against itself, or even playing parts of the body against the whole. It also seems evident that the reading of "theatricality" or the "third meaning" is cultural. Not everyone is able or willing to find the ambivalence in the sign.

Staged Space

The theatrical is concerned with space, movement and distance. It literally "takes place". The theatrical subject is organized around entrances and exits. Entrances and exits drive the narrative or create a basic narrative of their own. The cinematic and the digital subject (let's imagine for the sake of brevity that we know what such things are) can both be reorganized in time – it doesn't even make sense to speak of their "fragmentation", for existing as a collection of fragments is their natural state. The theatrical subject,

„Fragmentierung" zu sprechen, da eine Existenz als Sammlung von Fragmenten ihr natürlicher Zustand ist. Das theatralische Subjekt jedoch kann nur den Raum „schneiden", indem es auftritt und abgeht. Gebunden an physikalische Grenzen, kann das theatralische Subjekt die Bühne verlassen, aber es kann nicht wirklich verschwinden; während es am Leben ist, ist es niemals wirklich „abwesend". (Daher die Notwendigkeit einer Anwesenheit, die das Publikum eine greifbare Abwesenheit fühlen lässt, wenn der Akteur die Bühne verlässt).[26] Der Tod verfolgt den Körper des Akteurs, seine Sterblichkeit wird, fast unmerklich, immer gezeigt. Den Tod aufzuführen bereitet jedoch logistische Probleme. Die Leiche, die mitten auf der Bühne liegt, hat zur Folge, dass die Handlung abbricht.

Fried mag wohl minimalistische Objekte für ihre inszenierte Präsenz kritisiert haben, doch erkannte er, dass diese Präsenz von einer Absenz abhing, einem Gefühl von Leere, das sich der Betrachter gezwungen fühlte zu füllen. Zumindest eine minimalistische Skulptur inspirierte Fried als Kritiker; Tony Smiths ca. 1,8 Meter hoher schwarzer Stahlwürfel *Die* (1962) lässt einen Vergleich mit einer erschossenen, aber noch nicht von der Bühne geschleppten Menschengestalt zu. Sie stellt weiter und weiter eine Todesszene dar, um den Betrachter beharrlich an ihre Leblosigkeit zu erinnern. Jeder sterbliche Körper mag einen Hauch der „abwesenden Anwesenheit" des Todes in sich tragen, aber nur der finale Abgang wird die „gegenwärtige Abwesenheit" manifestieren, und das erfordert, dass man etwas verlässt – nicht den Raum, sondern den Körper selbst.[27] Leblosigkeit gekennzeichnet durch die Abwesenheit des Geistes/der Seele bekräftigt in absentia das geheimnisvolle etwas Mehr des lebendigen Wesens. Wie soll man diese Kluft zwischen wirklichem Tod und theatralischem Tod theoretisch erörtern? Diese „sterblichen Überreste" des Theatralischen sind instabil; sie riskieren in wirkliche Leblosigkeit abzugleiten und dabei ein „Objekt" zu werden, oder aber sie blinzeln und atmen und werden somit untot. Auf der Bühne müssen die Toten tot bleiben, bis die Lichter ausgehen oder der Vorhang fällt. In einer Galerie bleiben die Lichter an und das Objekt geht nicht ab – das muss schon der Betrachter tun.

Bring das Geschäft zum Abschluss

Darstellungen der postmodernen Performativität sind reich an Beschreibungen der Fähigkeit der Performancekunst, Cartesianische Dualitäten zu demontieren.[28] Im Idealfall bringt uns diese Demontage von Dualitäten einer in stärkerem Maße partizipatorisch geprägten Kultur näher, in der Oppositionen nicht mehr

however, can only "cut" into space, by entering and exiting. Bound by physical limits, the theatrical subject can exit the stage, but it can't really disappear, while alive it is never really "absent". (Thus the necessity of a presence that makes the audience feel a palpable absence when the performer leaves the stage).[26] Death haunts the performing body, its mortality is always subtly on display. However performing death presents logistical problems, the body lying center stage, has the effect of stopping the narrative.

While Fried may have critiqued minimalist objects for their staged presence, he recognized that this presence was contingent on an absence, a sense of emptiness which the viewer feels compelled to fill. At least one minimalist sculpture which inspired Fried's criticism; Tony Smith's six foot square black steel cube *Die* (1962), bears comparison with a body shot dead, but not yet dragged off stage. It continues to perform a death scene, to persistently remind the viewer of its lifelessness. Every mortal body may carry a whiff of death's "absence presence", but only the final exit will manifest the "present absence", and this requires leaving, not the room, but the body itself.[27] Lifelessness, marked by an absence of spirit, confirms in absentia the mysterious something more of the animate being. How to theorize this gap between real death and a theatrical death? These theatrical "remains" are unstable, they risk slipping into real lifelessness, thereby becoming an "object" or alternately they may blink and breathe, and become undead. On stage, until the lights go out or the curtain comes down the dead must stay dead: in a gallery the lights stay bright and the object won't exit – so the viewer has to.

Close the Deal

Accounts of postmodern performativity are rich with descriptions of performance art's capacity for disassembling Cartesian dualities.[28] The ideal is that this dissembling of dualities brings us closer to a more participatory culture where opposition no longer provides the primary basis for the production of meaning. The ruling term or the status quo is decentered and must relinquish the authority to describe, control, authenticate the other. Postmodern performativity

die Hauptgrundlage zur Generierung von Bedeutung darstellen.
Der vorherrschende Begriff oder der Status quo wird dezentriert
und muss seine Herrschaft über Beschreibung, Kontrolle und
Authentifizierung des anderen aufgeben. Postmoderne Performativität ist eine radikale Kritik des Strebens nach Authentizität.
Die Metapher der Entfremdung (des Distanziert-Seins) entsprach
existentialistischen Konzepten eines geteilten und seiner Authentizität beraubten Selbst, das von einer Massengesellschaft
gezwungen wurde in „böser Absicht" zu handeln und als Abbild
zu leben. Heute scheint das Gefühl der Entfremdung gegenüber
der Massengesellschaft von seinem Gegenteil abgelöst worden
zu sein – einem Gefühl zu großer Nähe, Vereinnahmung über
die Grenzen des Blickfelds hinaus, umhüllt vom Digitalen, Inter-
aktiven und Globalen. Die existenzialistische Entfremdung findet
ihre Umkehrung in der Teilnahme und Performativität, die der
Spätkapitalismus erfordert. Ich muss dann berücksichtigen, dass
das Performative nicht nur mein potentielles Wesen beim Durch-
spielen der Rollen beschreibt, die mir die Gesellschaft zuschreibt,
sondern meine Teilnahme auf einer Bühne, auf der ich mein Outfit
und meinen Tonfall ändern und meine Zeilen improvisieren kann;
aber ich kann nicht aufhören zu spielen, zu handeln, zu sprechen.
Das Teuflische an der Schaffung seiner Wirklichkeit ist – man
kann nicht aufhören.

Es erscheint jedoch fair anzunehmen, dass eine völlig intersubjektive Erfahrung des Eintauchens genauso eine Fiktion ist wie der
Begriff eines objektiven Raumes außerhalb der Erfahrung. Wenn
ich das Intersubjektive als etwas Gleichzeitiges akzeptiere, als
einen gemeinsamen Schöpfungsakt von Subjekt und Objekt,
ist die Fähigkeit die Positionen zu ändern von grundlegender
Bedeutung. Wenn wir frei sein wollen, solche Veränderungen
aufzuführen, benötigen wir eine kritische Distanz zu einem essen-
tialistischen Begriff des Seins. Die Performance kann Methoden
beinhalten, mit denen wir unser Selbst, unsere Situation und
unsere Kultur fremd machen oder „entfremden" – mit dem Ziel,
diese Begriffe als Konstruktionen zu erkennen. Theatralität ist *ein*
Name für eine Form, die einen kognitiven Sprung zwischen einer
Erfahrung und deren Authentizität anbahnt. Die theatralische
Erscheinungsform dieser Mehrdeutigkeit schichtet, *was sein
könnte* auf das, *was ist.* Die Theatralität ist mehrdeutig, weil sie
mit dem, was sie nicht ist, nicht in Konflikt steht. Die Theatralität
arbeitet gegen das reibungslose Eintauchen in die *Präsenz* der
Performance, aber sie braucht die Performance, um in ihr zu
wirken. Die ambivalente Theatralität manifestiert sich oft als
Irrtum oder als Fehleinschätzung; wird daher von Amateuren
gut in Szene gesetzt. Wie der Soundeffekt an der falschen Stelle,

is a radical critique of the quest for authenticity. The
metaphor of alienation (of being distanced) was
commensurate with existentialist concepts of a self
divided, made inauthentic, forced by mass society
to act in "bad faith" and to live as a representation.
Presently, a feeling of alienation from mass society
seems to have been replaced by its opposite – a
feeling of being held too close, in beyond the limits
of focus, enveloped by the digital, the interactive, the
global. Existentialist alienation finds its inverse in the
participation and performativity which is required
by late capitalism. I must consider, then, that the
performative describes not only my potential agency
as I act out the roles which society ascribes, but my
participation in a scene in which I can change my
outfit, alter my inflections, improvise my lines; but I
can't stop acting, doing, speaking. The diabolical side
of creating one's reality is – that you can't stop.

It seems fair, however, to assume that a completely
intersubjective and immersive experience is as much
a fiction as the notion of an objective space outside
experience. If I accept the intersubjective as a simulta-
neity, a co-creation of subject and object, the ability to
shift positions is essential. To be free to perform such
shifts we require a critical distance from an essential-
ized sense of being. Performance can involve methods
for making strange, "alienating" one's self, one's
situation, one's culture, for the purpose of recognizing
these as constructions. Theatricality is one name
for a mode which initiates a cognitive jump between
an experience and its authenticity. The theatrical
manifestation of this ambiguity layers *what could be,*
on top of *what is.* Theatricality is ambiguous because
it is not at odds with what it is not. Theatricality
works against the smooth, immersive, *presence* of the
performance, but it needs the performance to work
within. Ambivalent theatricality often manifests as an
error, or a lapse in judgment; it is therefore well done
by amateurs. Like the sound effect which doesn't
happen on time, the accent which shifts from North to
South, it calls the performance into question. It is both
a longing and a limit. As theatricality is aligned with
excess, disguise, false accents and ambiguity, it is not
easily codified or willfully reproduced. Once codified
into a style, theatricality ceases to become excessive

der Akzent, der sich von Norden nach Süden verschiebt, stellt sie die Performance in Frage. Sie ist gleichzeitig Begehren und Grenze. Da die Theatralität mit Exzess, Verkleidung, falschen Akzenten und Mehrdeutigkeit verbunden ist, kann man sie nicht ohne weiteres festschreiben oder vorsätzlich reproduzieren. Wenn sie einmal in einen Stil festgeschrieben ist, ist die Theatralität nicht mehr exzessiv oder unscharf, sondern verändert sich in Richtung einer offensichtlichen Bedeutung. Was theatralisch oder exzessiv ist oder als Verkleidung erscheint, ändert sich von Epoche zu Epoche, während es gleichzeitig bei unseren Versuchen, eine offensichtliche Bedeutung zu bezeichnen, immer wieder hervorsprudelt. Da unsere kulturelle Lust auf Inauthentizität wächst, können wir uns nur in unserer Phantasie ausmalen, wo sich das Theatralische als nächstes offenbaren wird.

Erstmals veröffentlich im Jahr 2000 in *Live at the End of the Century: Aspects of Performance Art in Vancouver.* Ed. Brice Canyon. The Visible Art Society: grunt gallery 2000, S. 36–55.
Anmerkung: Dieser Aufsatz begann ursprünglich mit einer etwas ausführlicheren Diskussion der Performance und Performancekunst. Ich habe ihn auf die Teile zusammengekürzt, die mir für diese Ausstellung am relevantesten erscheinen, insofern als sie sich mit Begriffen der Theatralität befassen.

or obtuse, but shifts toward an obvious meaning. What seems theatrical or excessive, or what appears as a disguise, changes from era to era as it bubbles over from attempts to signify an obvious meaning. As our cultural appetite for inauthenticity grows, we can only imagine where the theatrical will manifest next.

Originally published 2000 in *Live at the End of the Century: Aspects of Performance Art in Vancouver.* Ed. Brice Canyon. The Visible Art Society: grunt gallery 2000, pp. 36–55.
A note: This essay originally began with a more lengthy discussion of performance and performance art. I have cut it down to the parts which seem most pertinent to this exhibition in that they engage notions of theatricality.

Anmerkungen

1 Meine eigene Praxis ist eine Parallele zu der sich verändernden Bewertung des Begriffes theatralisch. Als Kunststudentin in den frühen Achtzigerjahren übernahm ich, wie man das halt so tut, eine pejorative Verwendung des Begriffes. Wenn wir sagten, dass ein Werk „theatralisch" war, meinten wir, es würde das Publikum manipulieren und bedürfe einer Bühne. Als ich mit einer Arbeitsweise anfing, die ich und andere für „Performancekunst" hielten, suchte ich nach Ideen, die diese damals theoretisch kaum erörterte Praxis betreffen könnten. Ich begegnete oft der lakonischen Erklärung, dass Performancekunst einfach „nicht Theater" wäre. Eric Metcalfe zum Beispiel, der seit 1975 Kurator für Performance Art am Western Front (Center) ist, gebrauchte diese Definition wiederholt im Gespräch und in öffentlichen Diskussionen, um die stärkere Verbindung zur bildenden Kunst statt zum Theater zu verdeutlichen). Im Rückblick realisiere ich jetzt, dass ich mich mit einer Kunstform befasste, die damals gerade die Werte des Modernismus und des Postmodernismus ausverhandelte.

2 Michel Benamou: *Presence and Play.* In: *Performance in Postmodern Culture.* Hrsg. Michel Benamou and Charles Carmello. Milwaukee: Wisc. Center for Twentieth Century Studies 1977, S. 3.

3 Douglas Crimp: *Pictures.* In: *Art After Modernism: Rethinking Representation.* Hrsg. Brian Wallis. New York: New Museum of Contemporary Art; Boston, MA: David R. Godine, S. 179–87.

4 Henry Sayre: *The object of performance: the American avant-garde since 1970.* Chicago: University of Chicago Press 1989, S. XI–XIV.

Notes

1 My own practice has paralleled the shifting valuation of the term theatrical. As an art student in the early 1980's I inherited, as one does, without much reflection, a pejorative use of the term. If we said a work was "theatrical" we meant it was manipulative of the audience and dependent upon being staged. As I began to do work which I and others considered to be "performance art" I looked for ideas concerning the then relatively untheorized practice. Very often I encountered performance- art explained simply as "not theatre". (For instance, Eric Metcalfe, who since 1975 has been the curator of performance art at the Western Front, used this definition repeatedly in conversation and public discussion to make clear performance art's link with the visual arts rather than theatre.) In retrospect, I realize that I was engaging an art form which was, at that moment, negotiating between the values of modernism and postmodernism.

2 Michel Benamou: *Presence and Play.* In: *Performance in Postmodern Culture.* Eds. Michel Benamou and Charles Carmello. Milwaukee: Wisc. Center for Twentieth Century Studies 1977, p. 3.

3 Douglas Crimp: Pictures. In: *Art After Modernism: Rethinking Representation.* Ed. Brian Wallis, New York: New Museum of Contemporary Art; Boston, MA: David R. Godine, pp. 179–87.

4 Henry Sayre: *The object of performance: the American avant-garde since 1970.* Chicago: University of Chicago Press 1989, pp. XI–XIV.

5 Marvin A. Carlson: *Performance, a critical introduction.*
London: Routledge 1996, S. 5.

6 Peggy Phelan: *Unmarked: the politics of performance.*
London, New York: Routledge 1993, S. 146.

7 Fried war ein Schüler des berühmten modernistischen Kritikers Clement
Greenberg. Fried war mit dem, was er Greenbergs „Ahistorizismus" nannte,
nicht einverstanden, verfocht aber viele derselben Künstler und verfolgte eine
im Grunde genommen spätmodernistische Kunstbetrachtung.

8 Michael Fried: *Art and objecthood: essays and reviews.*
Chicago: University of Chicago Press 1998, S. 125.

9 Philip Auslander: *From acting to performance: essays in modernism and
postmodernism.* London, New York: Routledge 1997, S. 52.

10 Ibid, S. 57.

11 Genau in dieser Opposition zur Dauer „besiegen", nach Frieds Empfinden,
erfolgreiche modernistische Kunstwerke wie jene von Caro oder Olitski das Theater.
„Ich möchte behaupten, dass die modernistische Malerei und Bildhauerei kraft ihrer
reinen Gegenwart und Augenblicklichkeit das Theater besiegen." (Fried, 146)

12 Umberto Eco: *The Semiotics of Theatrical Performance.* In: *The Drama Review*
(1977), Vol. 21, S. 107–117; hier S. 113.

13 Donna Jeanne Haraway: *Simians, cyborgs, and women: the reinvention of nature.*
London: Free Association Books 1991, S. 198.

14 Ibid, S. 199.

15 Auslander stellt diese historische Entwicklung detailliert dar.

16 Letzteres ist die Argumentation von Amelia Jones in *Body Art: Performing
the Subject.* Minneapolis, London: University of Minnesota Press 1998, ersteres
von Henry Sayre in *The Object of Performance.*

17 Zum Beispiel in den USA: Paul McCarthy manchmal in Zusammenarbeit mit
Mike Kelley, Yvonne Rainer in ihrem 1996er Film *Murder and murder,* die Videos
von Cecelia Doherty. In Kanada: Warren Arcan, Jonathan Wells, Geoffry Farmer,
Phillip McCrum.

18 Roland Barthes: *The Third Meaning.* In: *The Responsibility of Forms: Critical
Essays on Music, Art, and Representation.* Tr. Richard Howard. Berkley: University
of California Press 1985, S. 48.

19 Ibid, S. 48 f.

20 Ibid, S. 49.

21 Andrea Olsen: *Bodystories: A Guide to experimental anatomy.*
New York: Station Hill Press 1991, S. 15.

22 Jon Erickson: *The fate of the object: from modern object to postmodern sign in
performance, art, and poetry.* Ann Arbor: University of Michigan Press 1995, S. 4 f.

23 Fragen der Distanz scheinen in unserer komprimierten zeitgenössischen
Existenz von immer größerer Bedeutung zu sein. Martin Heidegger beginnt seinen
Aufsatz *Das Ding* (1950) mit einer Reflexion über den Verlust der Distanz und dem
damit verbunden Verlust des Gefühls für Nähe. Paul Virilio und Fredrick Jameson
konstatieren beide einen Verflachungseffekt, eine Auslöschung der Distanz, die in
der spätkapitalistischen Kultur und in unseren Reproduktionstechnologien am Werke
ist. Mehr als Paradigmen für das Bewusstsein beschreiben Fragen nach Distanz
(und analog dazu Fragen nach Raum und Dauer) die Bedingungen, unter denen
unser Bewusstsein existiert. Nach meiner Erfahrung hat die Performance, und
insbesondere die Live-Performance, das Potenzial eine Reziprozität zwischen Akteur
und Publikum einzuleiten, welche die Distanz dazwischen neu belebt.

5 Marvin A. Carlson: *Performance, a critical introduction.* London:
Routledge 1996, p. 5.

6 Peggy Phelan: *Unmarked: the politics of performance.* London,
New York: Routledge 1993, p. 146.

7 Fried was a disciple of the famous modernist critic Clement
Greenberg. Fried took issue with what he called Greenberg's
"ahistoricism" but championed many of the same artists and pursued
a fundamentally late modernist way of looking at art.

8 Michael Fried: *Art and objecthood: essays and reviews.* Chicago:
University of Chicago Press 1998, p. 125.

9 Philip Auslander: *From acting to performance: essays in modernism
and postmodernism.* London, New York: Routledge 1997, p. 52.

10 Ibid, p. 57.

11 It is precisely in oppostion to this duration that Fried feels
successful modernist works such as those by Caro or Olitski "defeat"
theatre. "I want to claim that it is by viture of their presentness and
instantaneousness that modernist painting and sculpture defeat
theatre." (Fried, 146)

12 Umberto Eco: *The Semiotics of Theatrical Performance.*
In: *The Drama Review* (1977), Vol. 21, pp. 107–117; 113.

13 Donna Jeanne Haraway: *Simians, cyborgs, and women: the
reinvention of nature.* London: Free Association Books 1991, p. 198.

14 Ibid, p. 199.

15 Auslander gives a detailed account of this history.

16 The latter is the argument of Amelia Jones in *Body Art: Performing
the Subject.* Minneapolis, London: University of Minnesota Press 1998,
the former of Henry Sayre in *The Object of Performance.*

17 For instance in the USA: Paul McCarthy sometimes in collaboration with Mike Kelley, Yvonne Rainer in her 1996 film *Murder and
murder,* the videos of Cecelia Doherty. In Canada: Warren Arcan,
Jonathan Wells, Geoffry Farmer, Phillip McCrum.

18 Roland Barthes: *The Third Meaning.* In: *The Responsibility of
Forms: Critical Essays on Music, Art, and Representation.* Tr. Richard
Howard. Berkley: University of California Press 1985, p. 48.

19 Ibid, pp. 48, 49.

20 Ibid, p. 49.

21 Andrea Olsen: *Bodystories: A Guide to experimental anatomy.*
New York: Station Hill Press 1991, p. 15.

22 Jon Erickson: *The fate of the object: from modern object to postmodern sign in performance, art, and poetry.* Ann Arbor: University of
Michigan Press 1995, pp. 4, 5.

23 Question of distance seem increasingly important in our
compressed contemporary existence. Martin Heidegger begins his
essay *The Thing* (1950) with a rumination on the loss of distance
and the corresponding loss of a sense of nearness. Paul Virilio and
Fredrick Jameson both suggest a flattening effect, an eradicating
of distance at work in late capitalist culture and our technologies
of reproduction. More than paradigms for consciousness, questions
of distance (and corresponding questions of space and duration)
describe the conditions in which our consciousness exists. In my

24 Erickson, op. cit., S. 66.

25 Die Theatralität ist nicht synonym mit Begriffen der Maskerade, die in Bezug auf die Konstruktion des Weiblichen theoretisch erörtert worden sind. Maskerade funktioniert auf der Ebene der offensichtlichen Bedeutung – deren Konstruiertheit kann kritisch dekonstruiert werden –, wird aber nicht unbedingt ambivalent oder unscharf gemacht.

26 Im Kino setzte sich schnell die Konvention durch, dass ein Schnitt notwendig ist, bevor der Schauspieler den Raum verlässt, sonst stünde man mit einer Einstellung eines leeren Raumes da, und so einer Einstellung fehlt nach den Regeln des Kinos im Allgemeinen jeglicher narrativer Impuls.

27 Paul-Louis Landsberg entwickelt diese Idee des Todes als eine abwesende Gegenwart und eine gegenwärtige Abwesenheit in *The Experience of Death,* veröffentlicht in *Essays in Phenomenology.* Hrsg. Maurice Natanson, Martinus Nijhoff, Den Haag 1966, S. 198–204, besonders S. 196.

28 z.B. Amelia Jones bei der Beschreibung der Motivation hinter ihrem Buch, *Body Art, Performing the Subject:* "Es [das Buch] ist auch eine Instantiation der tiefen Veränderung in der Konzeption und Erfahrung von Subjektivität, die sich im Lauf der letzten drei Jahrzehnte ergeben hat. Schneemanns und Kusamas performative Selbstbloßlegungen, ihre Selbstinszenierungen als sowohl Autor und Objekt, dramatisieren diesen Wandel; diese Projekte postulieren das Subjekt beharrlich als *intersubjektiv* (abhängig vom Anderen) und nicht in sich selbst geschlossen (das Cartesianische Subjekt, zentriert und voller Selbsterkenntnis in seiner Wahrnehmung). Diese Projekte verdeutlichen, dass das Cartesianische „Ich denke, also bin ich", die treibende Logik hinter modernistischer Kunsttheorie und Praxis, in welcher der Körper (vorzugsweise männlich) durch reines Denken und reine Schöpfung transzendiert wird, im dezentrierenden System des Postmodernismus nicht mehr brauchbar ist (wenn es das jemals war)." (Jones, 10)

experience, performance, particularly live performance, has the potential to instate a reciprocity between performer and audince which reinvigorates the distance between.

24 Erickson, op. cit., p. 66.

25 Theatricality is not synonymous with notions of "masquerade" which have been theorized in relation to the construction of the feminine. Masquerade works on the level of the obvious meaning – the constructed nature of which can be critically deconstructed – but is not necessarily made ambivalent or obtuse.

26 Cinematic convention quickly established that it is necessary to cut before the actor leaves the room otherwise one is left with a shot of an empty room and such a shot is usually seen as devoid of narrative impulse.

27 Paul-Louis Landsberg develops this idea of death as an absent presence and a present absence in *The Experience of Death*, published in *Essays in Phenomenology*. Eds. Maurice Natanson, Martinus Nijhoff. The Hague: 1966, pp. 198–204, particularly p. 196.

28 For instance, Amelia Jones in describing the project of her book, *Body Art, Performing the Subject:* "It [the book] is also an exploration of body art as an instantiation of the profound shift in the conception and experience of subjectivity that has occurred over the past three decades. Schneemann's and Kusama's performative self-exposures, their enactments of themselves as both author and object, dramatize this shift; these projects insistently post the subject as *intersubjective* (contingent on the other) rather than complete within itself (the Cartesian subject who is centered and fully self-knowing in his cognition). These projects make clear that the Cartesian "I think therefore I am", the logic powering modernist art theory and practice wherein the body (privileged as male) is transcended through pure thought or creation, is no longer viable in the decentering regime of postmodernism (if it ever was)." (Jones, 10)

Abb
Illus

bildungs

strations

teil

Fabienne Audéoud/John Russell
*John Russell Kills Fabienne Audéoud
in the Style of William Burroughs,* 2001

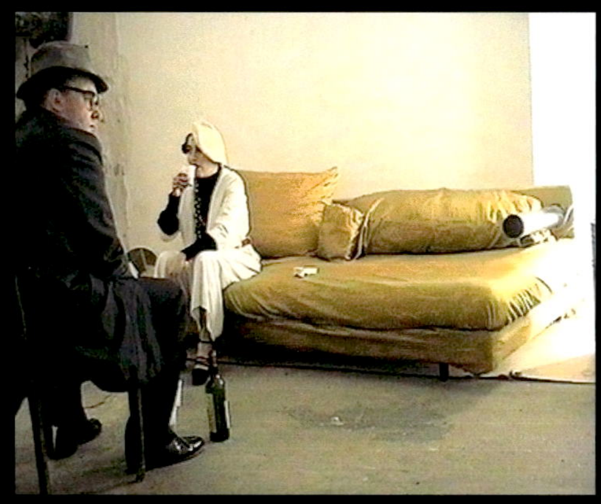
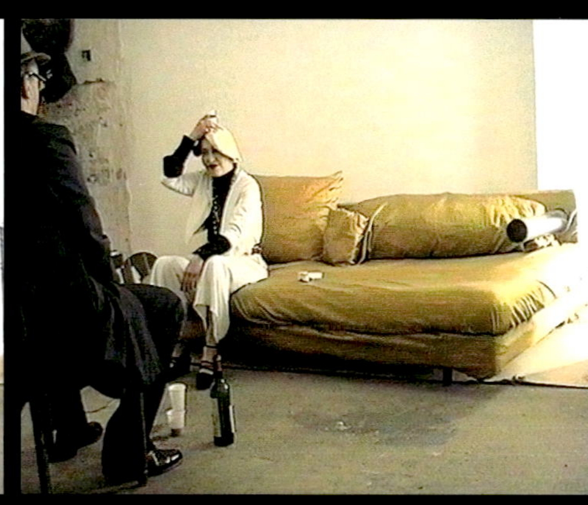
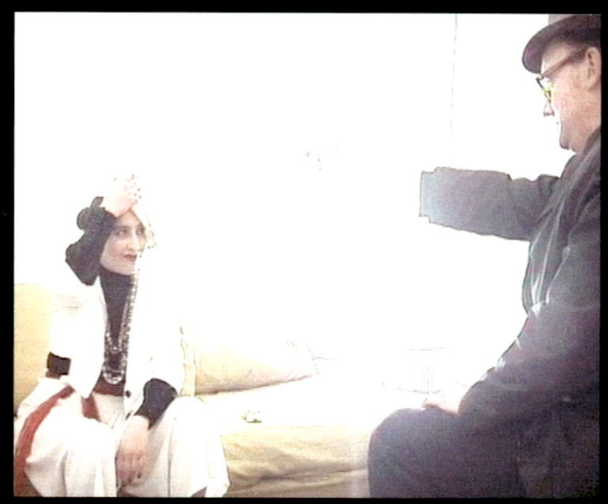

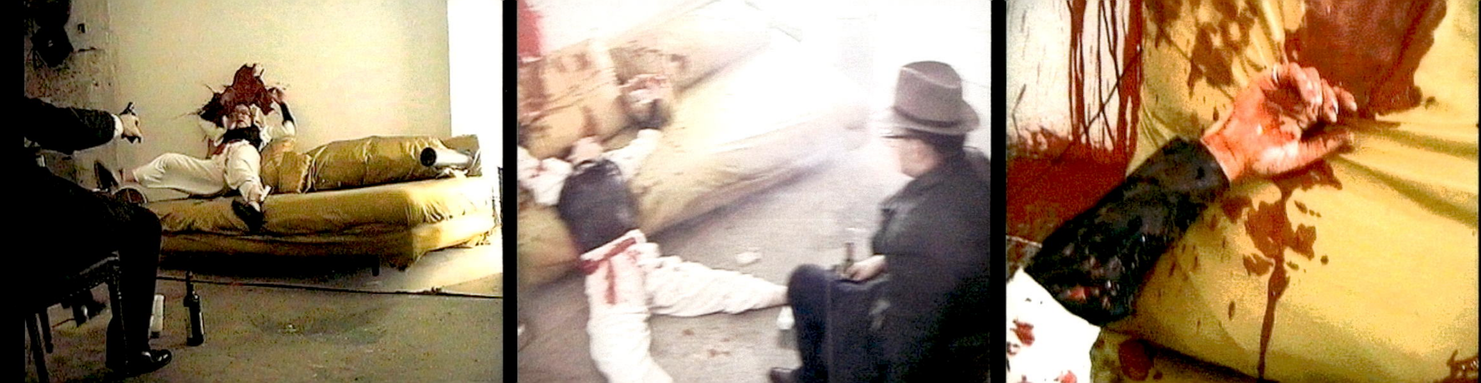

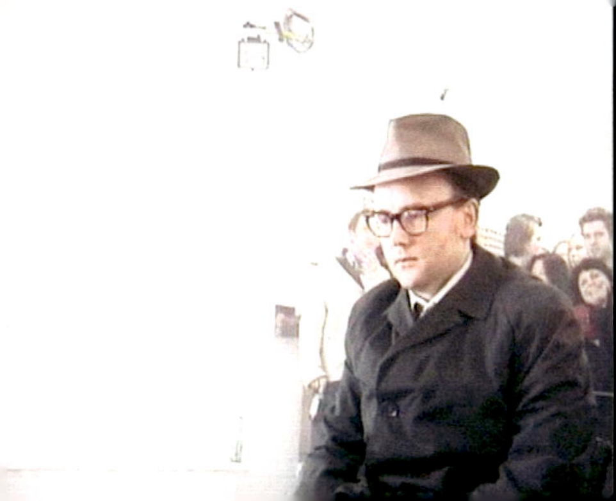

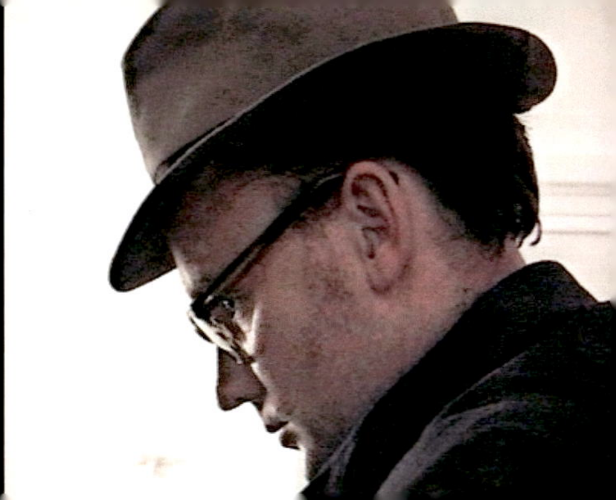

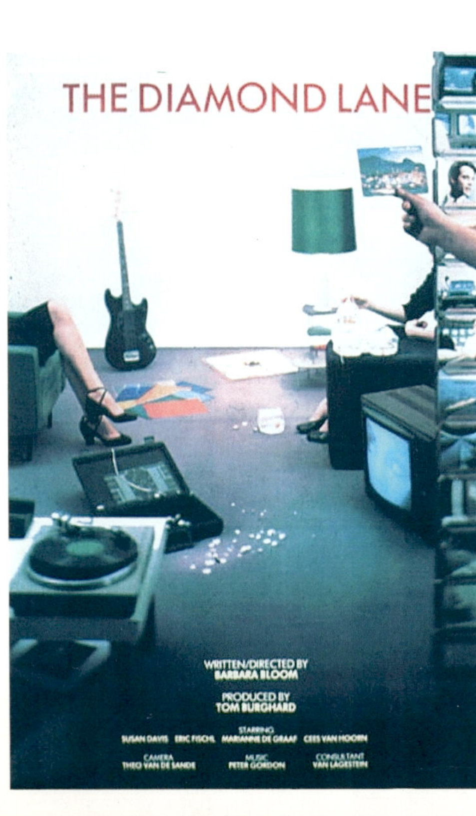
THE DIAMOND LANE
WRITTEN/DIRECTED BY
BARBARA BLOOM
PRODUCED BY
TOM BURGHARD
STARRING:
SUSAN DAVIS   ERIC FISCHL   MARIANNE DE GRAAF   CEES VAN HOORN
CAMERA
THEO VAN DE SANDE
MUSIC
PETER GORDON
CONSULTANT
VAN LAGESTEIN

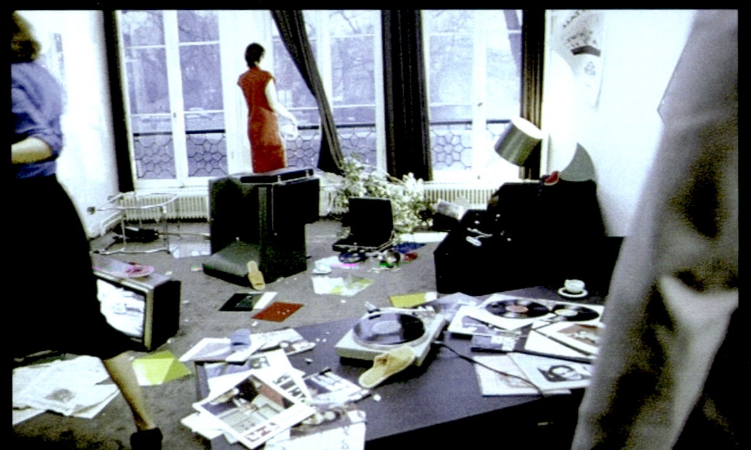

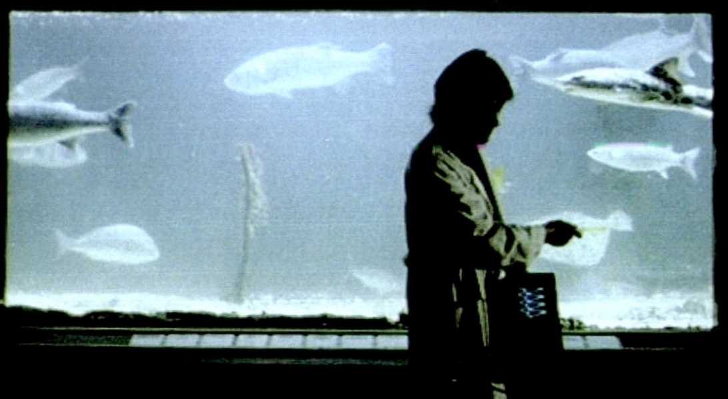

AFRIKA

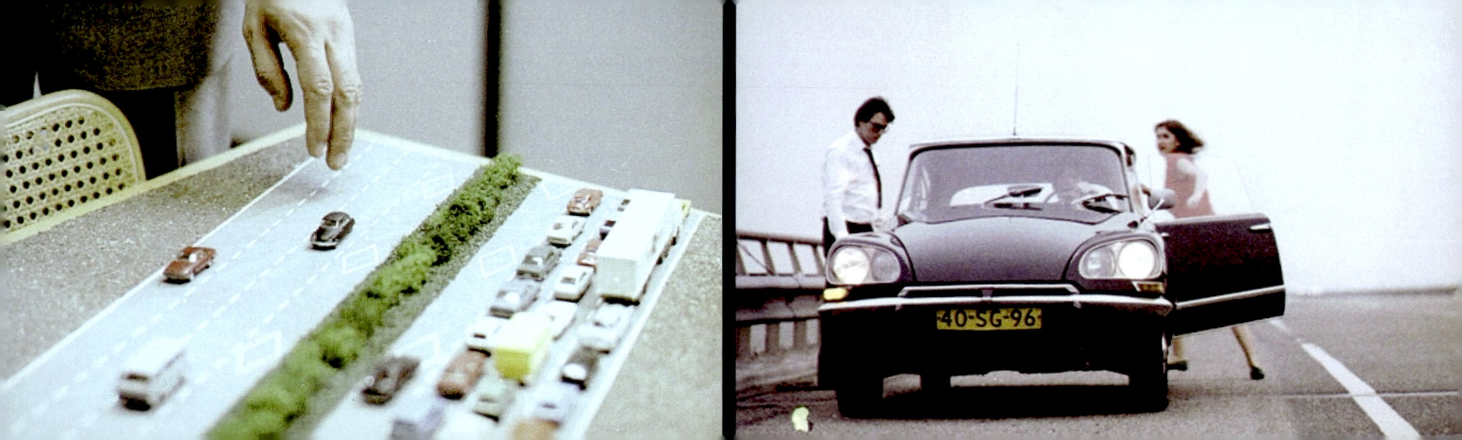

40-SG-96

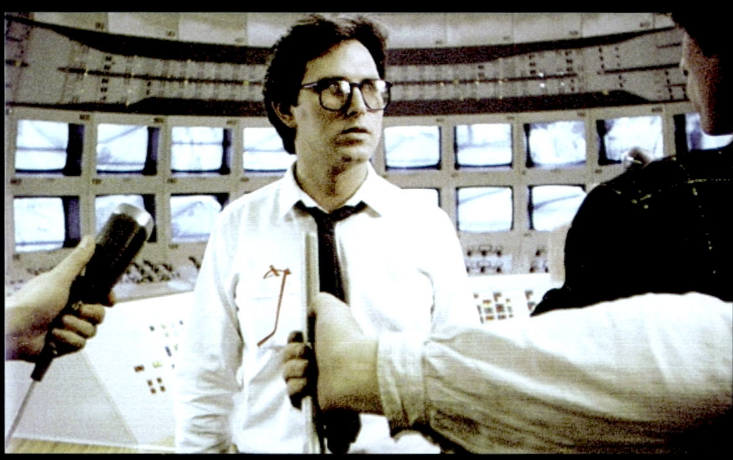

Janet Cardiff/George Bures Miller
The Muriel Lake Incident, 1999

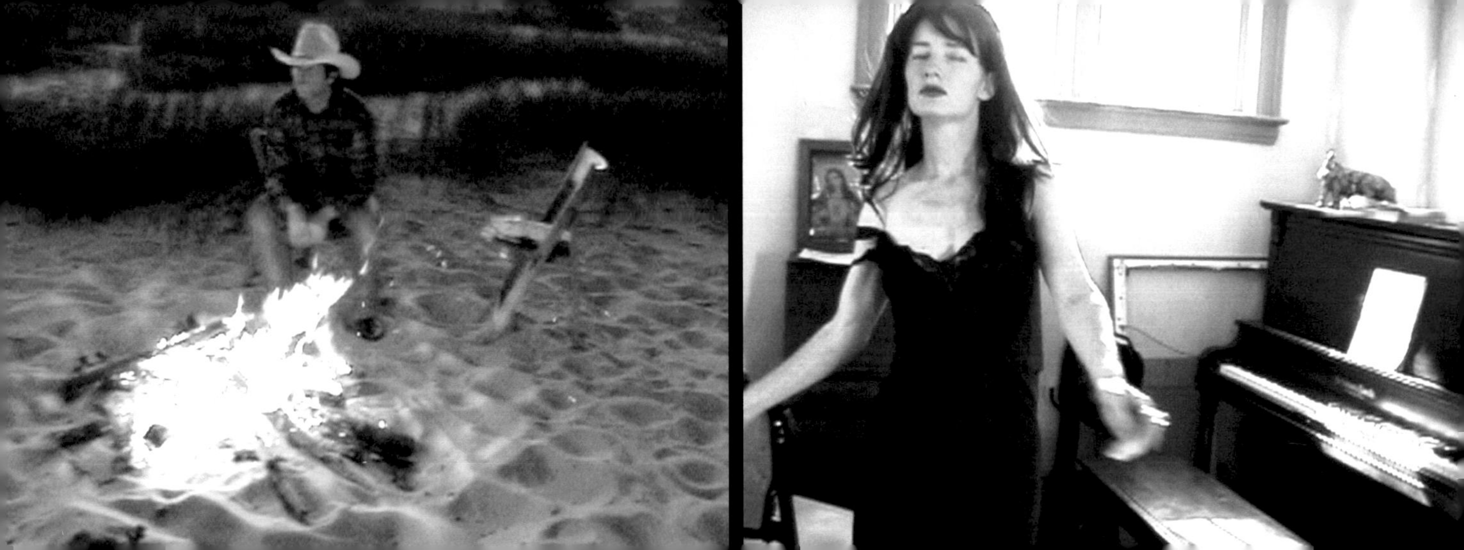

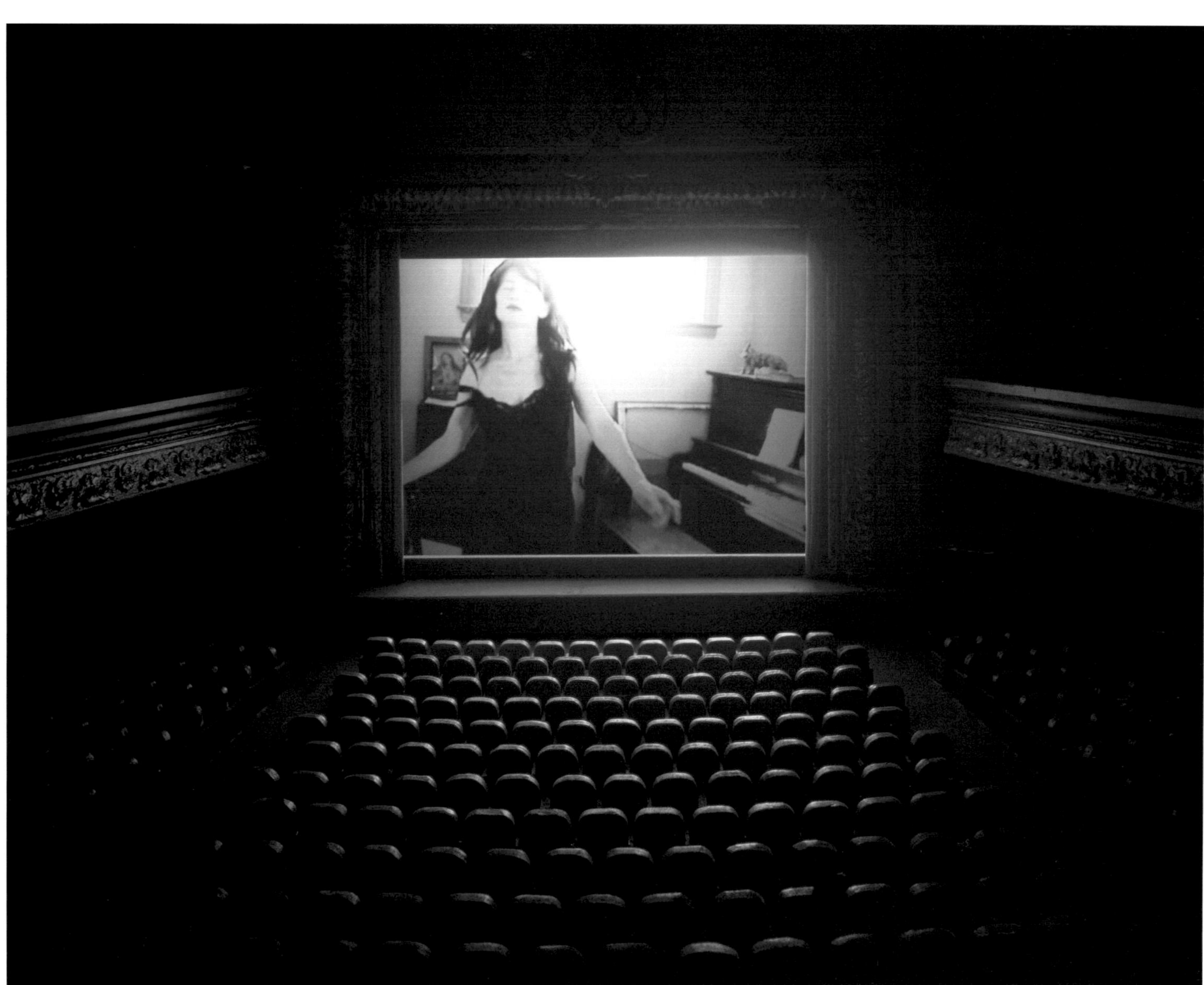

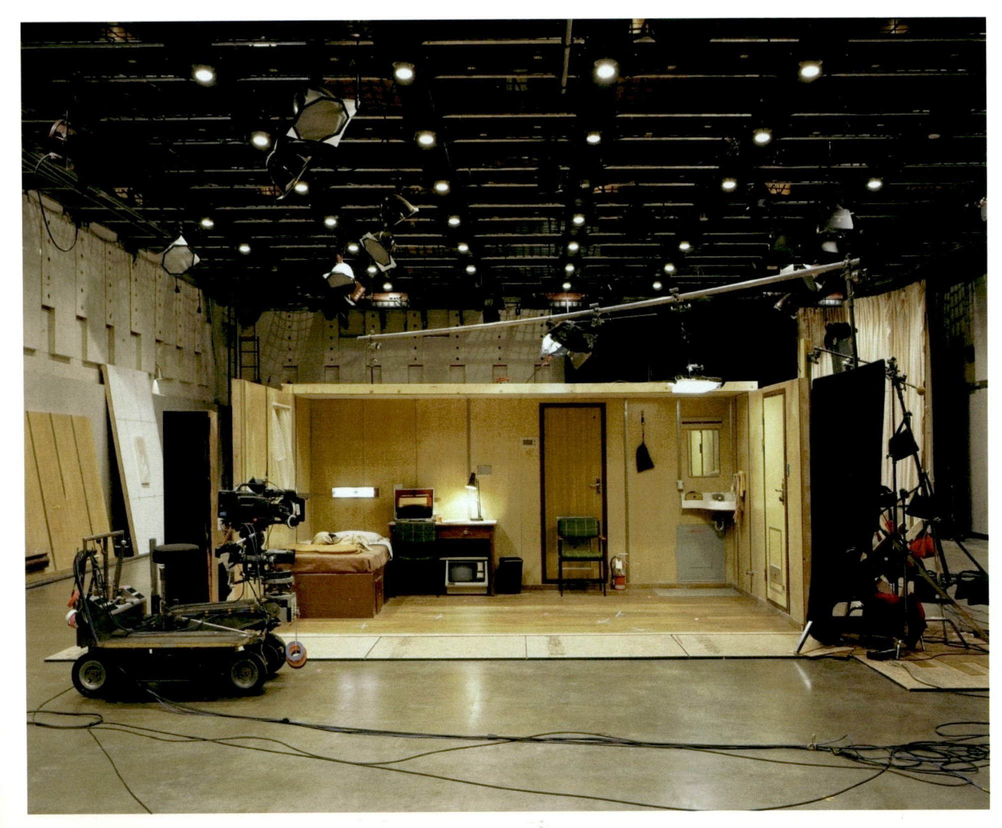

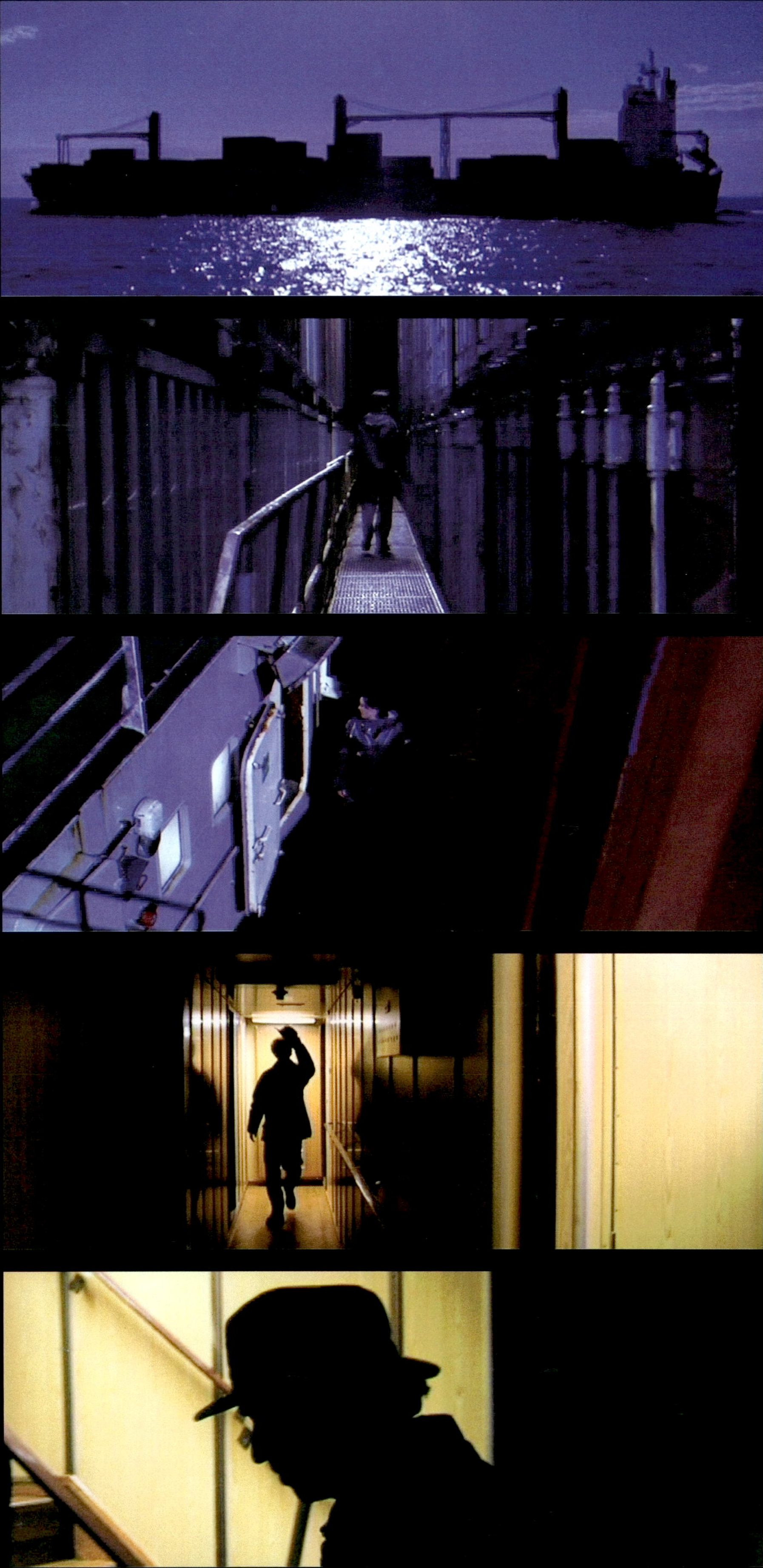

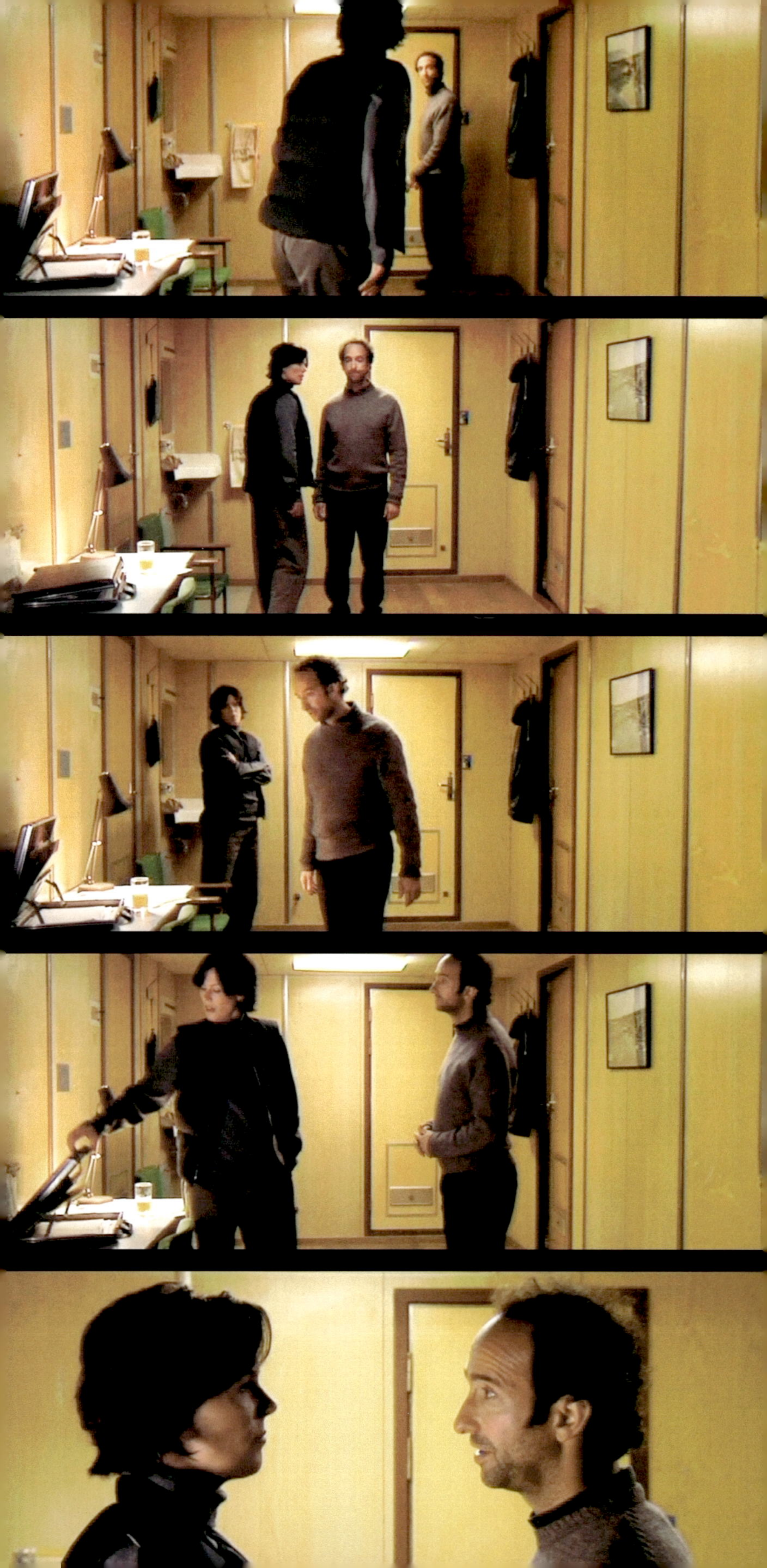

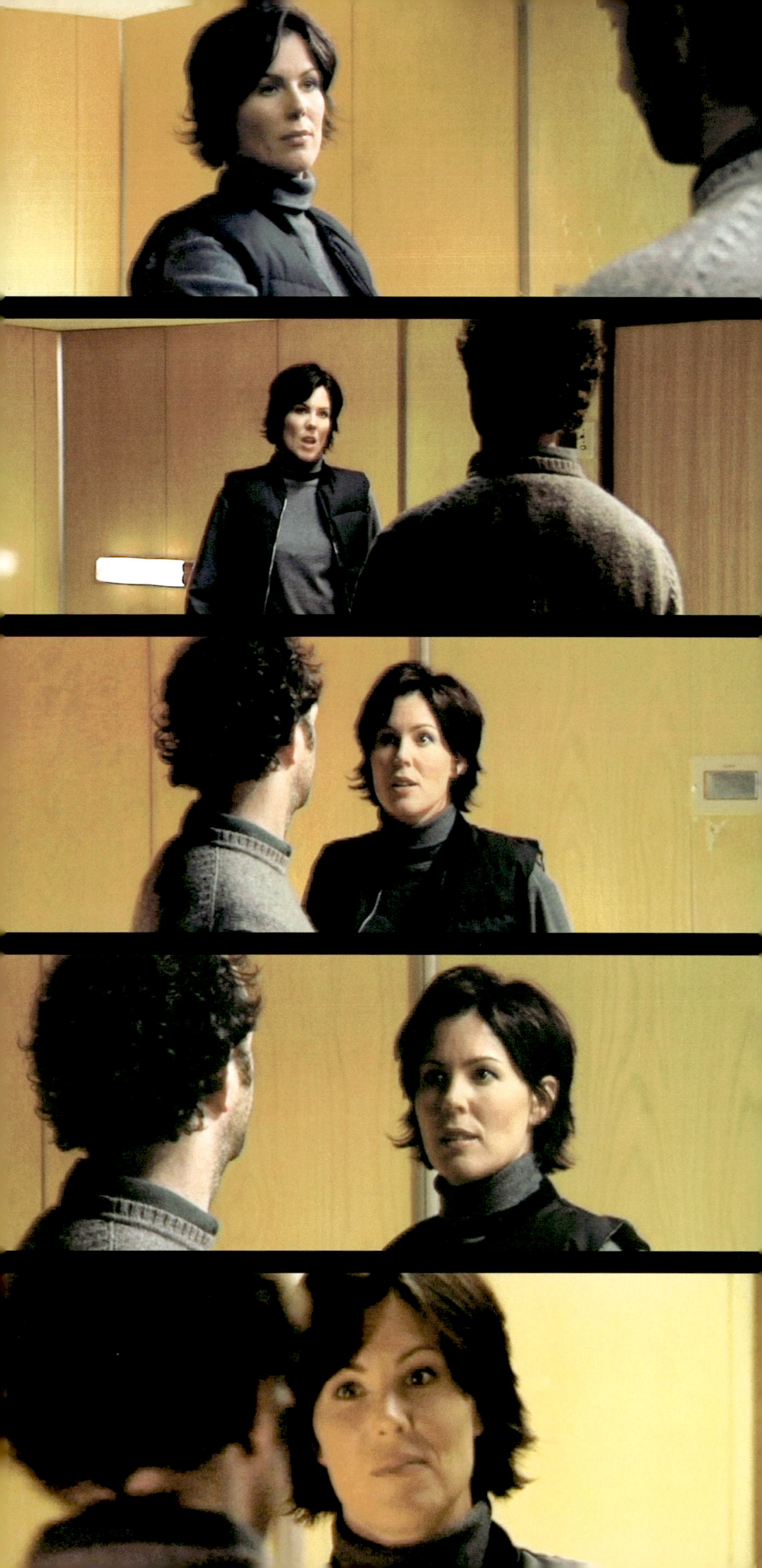

Rodney Graham
A Reverie Interrupted by the Police, 2003
Halcion Sleep, 1994

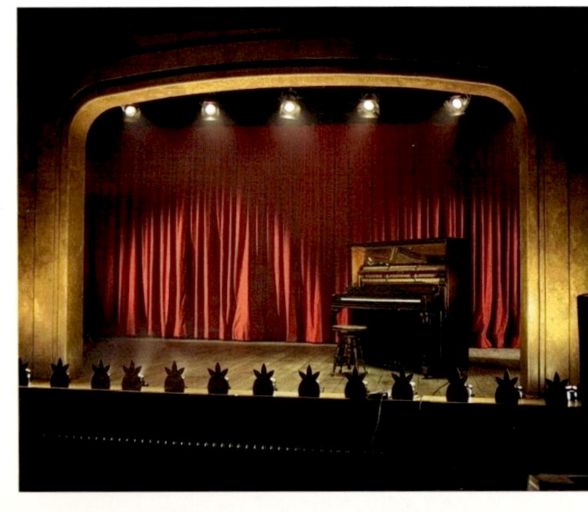
Rodney Graham
A Reverie Interrupted by the Police, 2003
Halcion Sleep, 1994

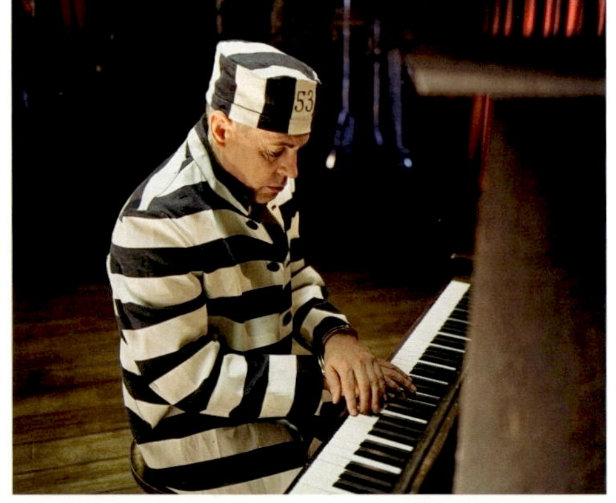

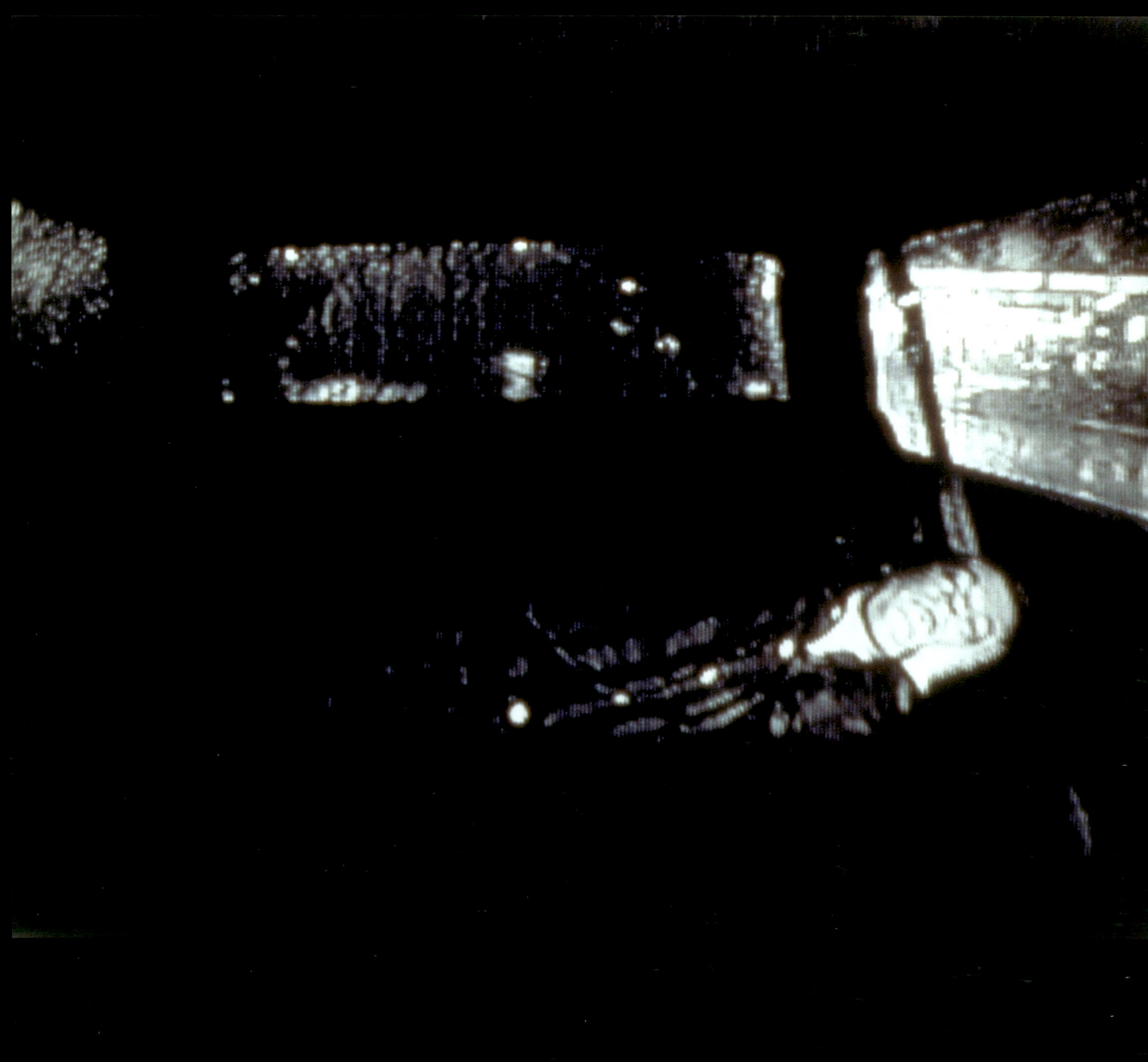

Teresa Hubbard/Alexander Birchler
House with Pool, 2004

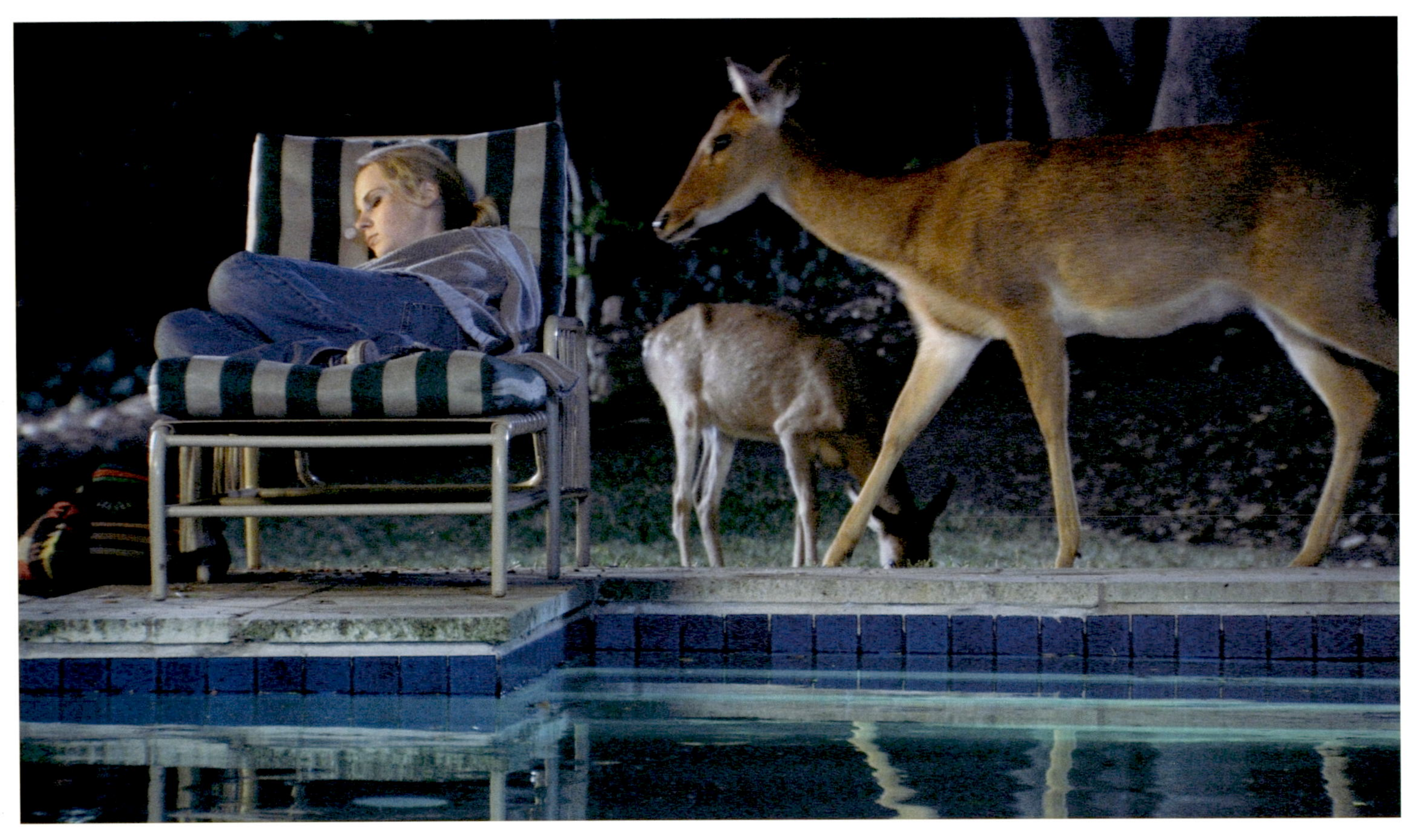

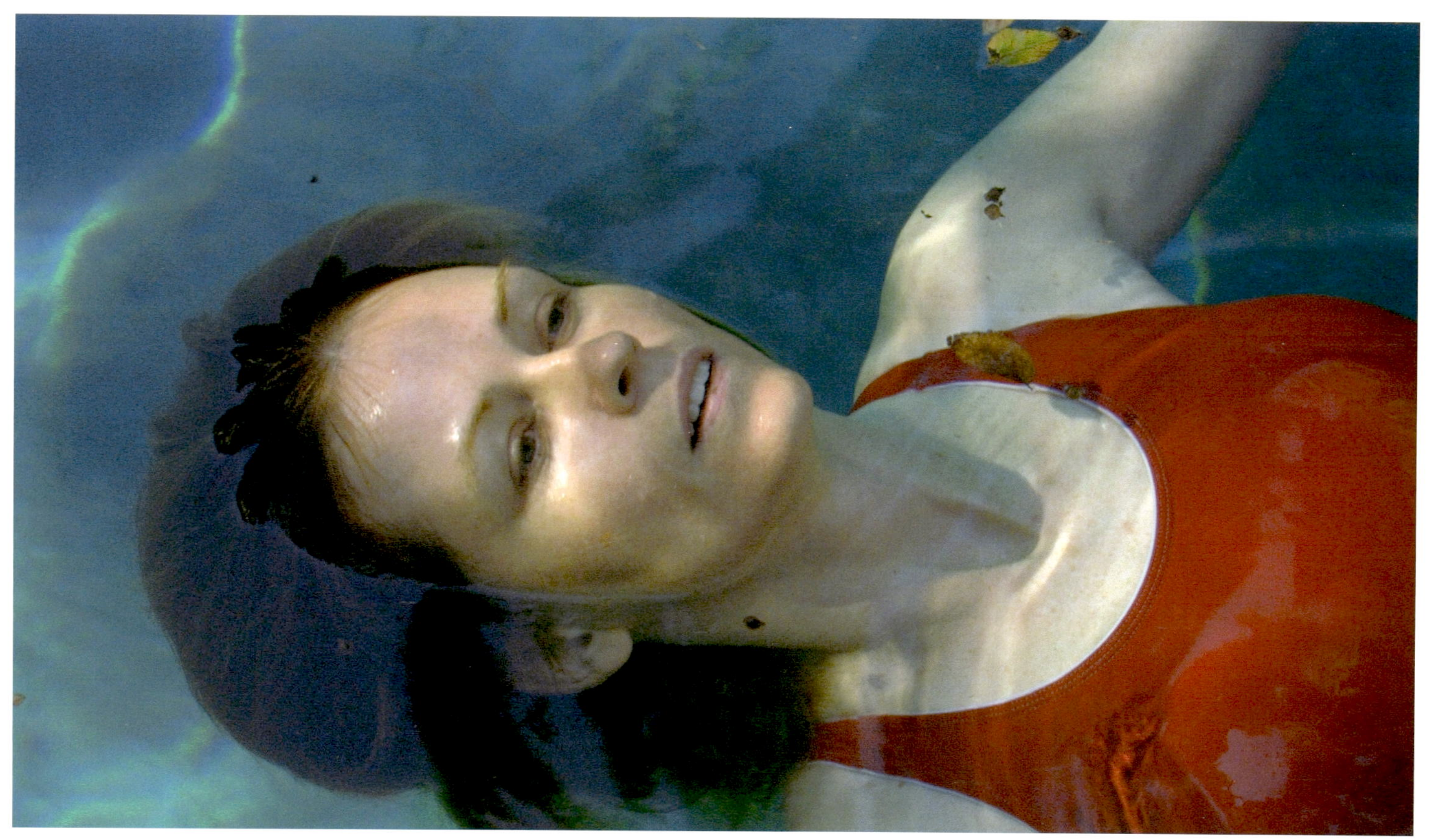

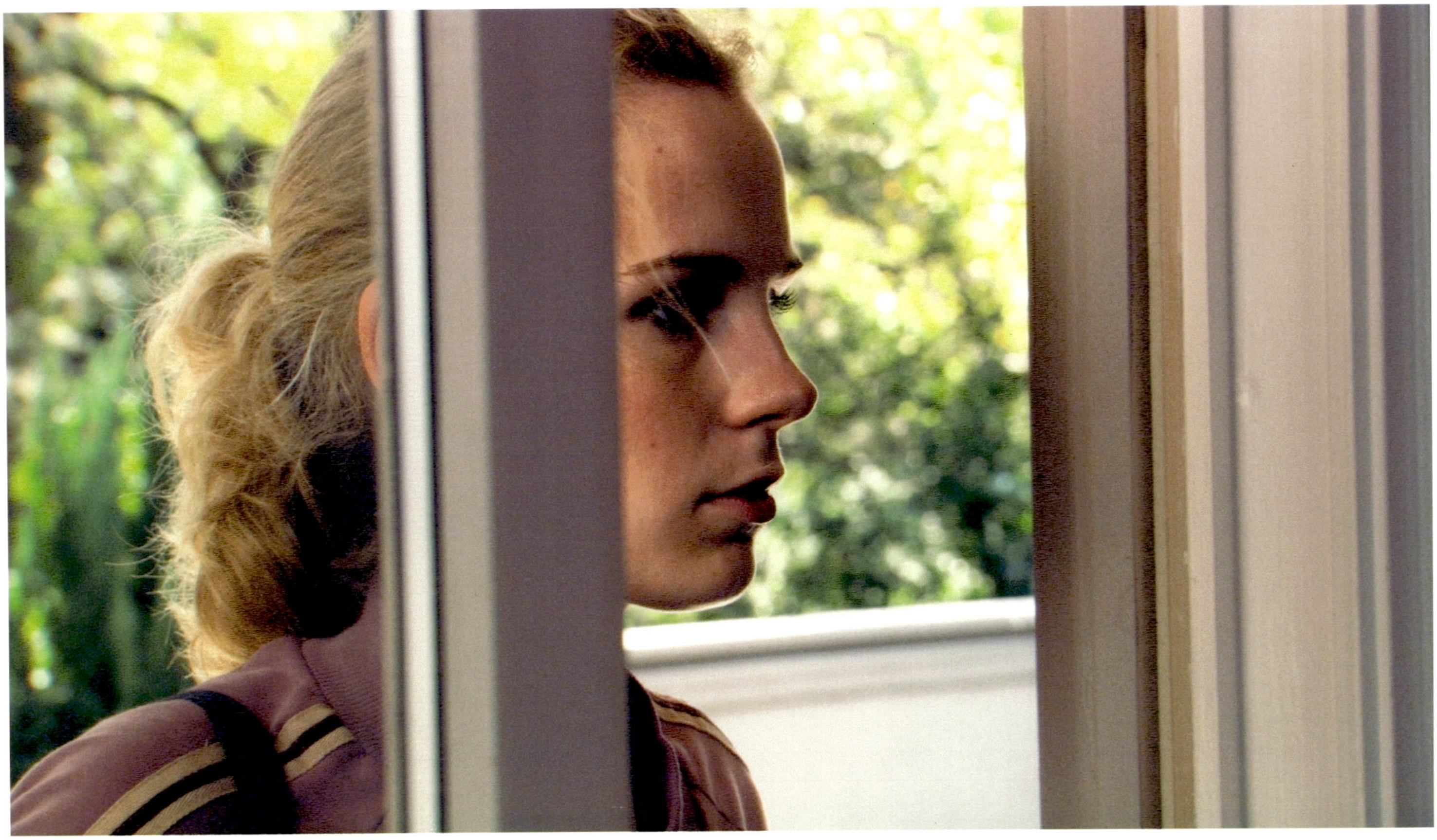

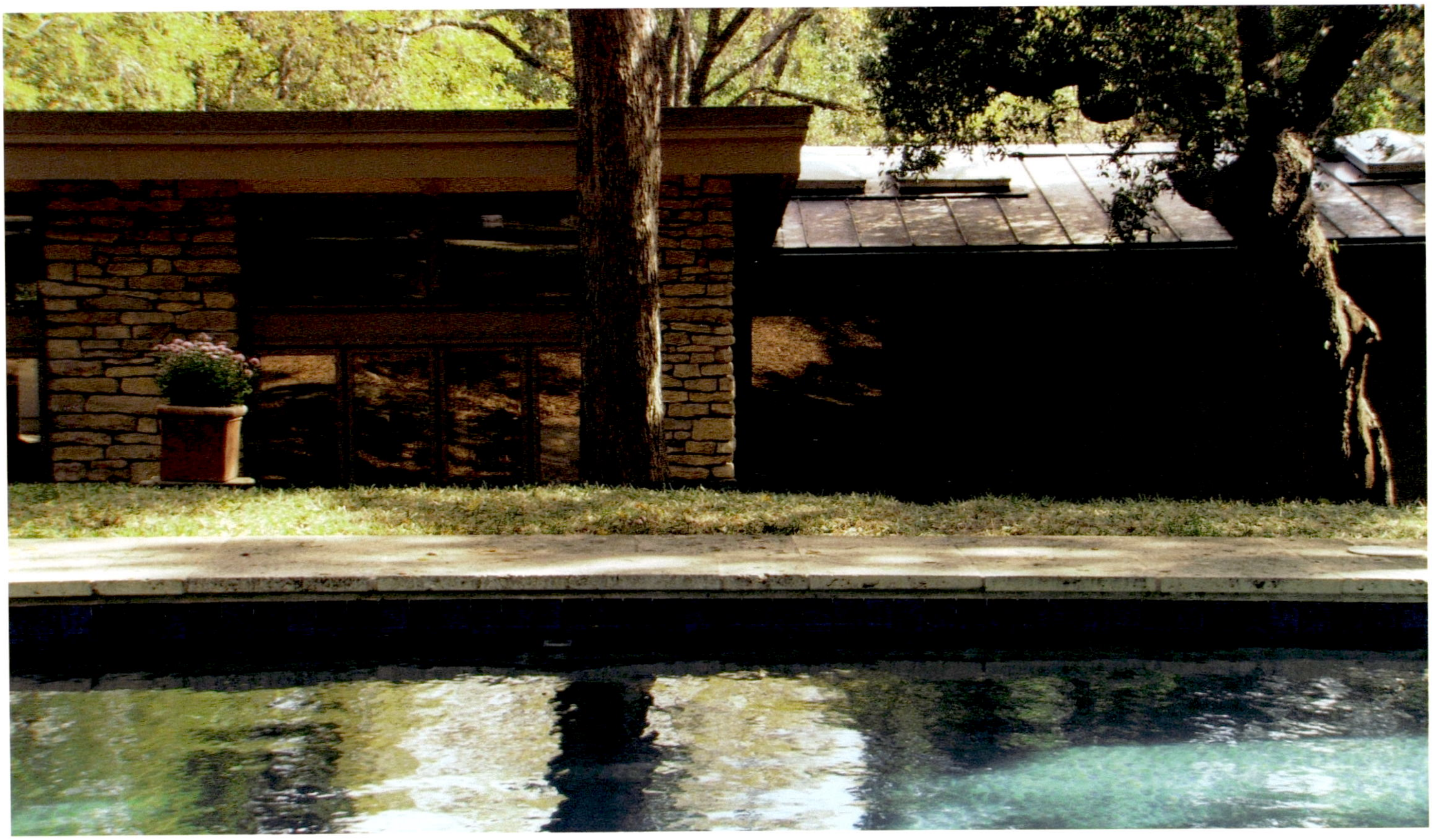

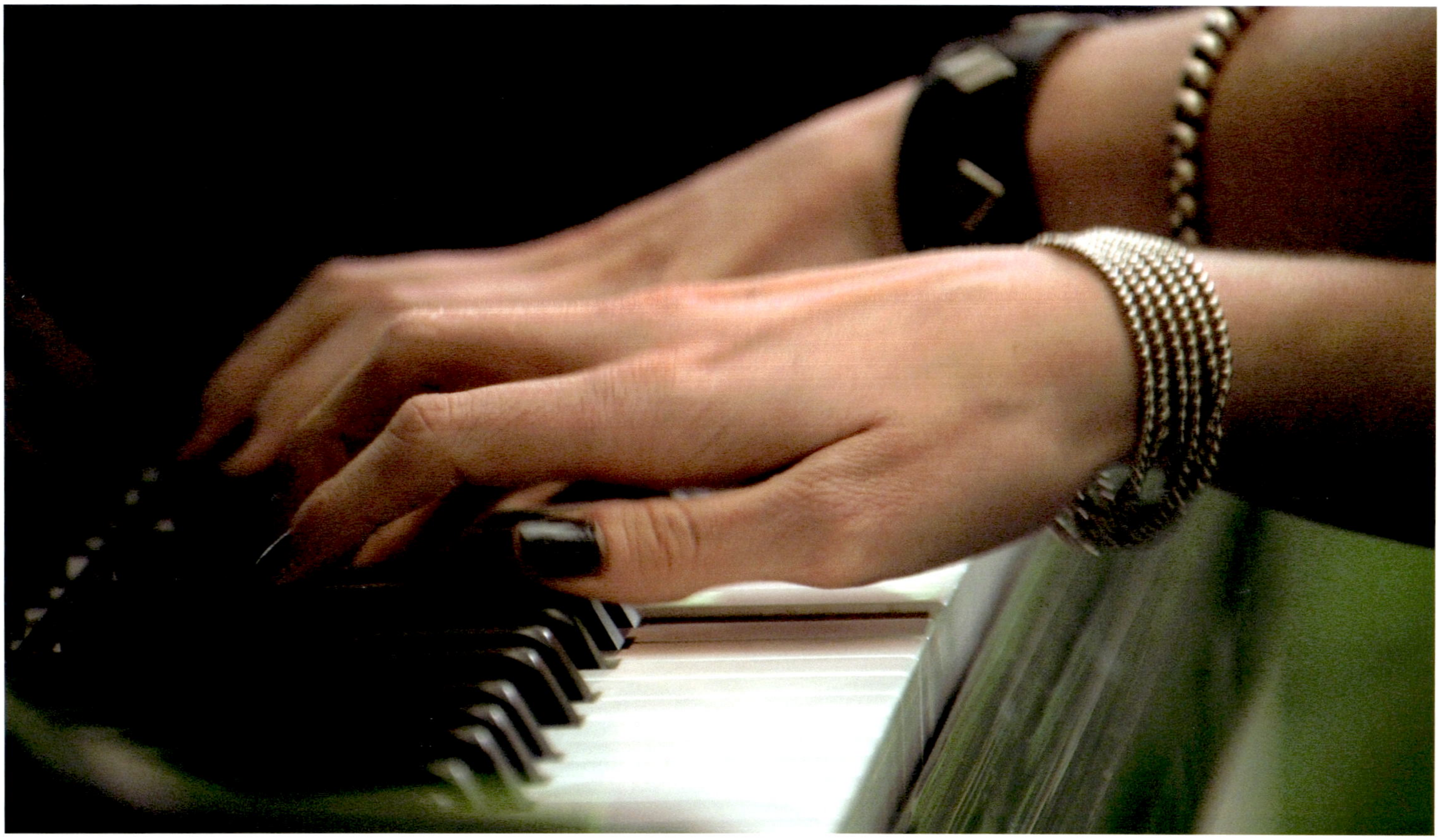

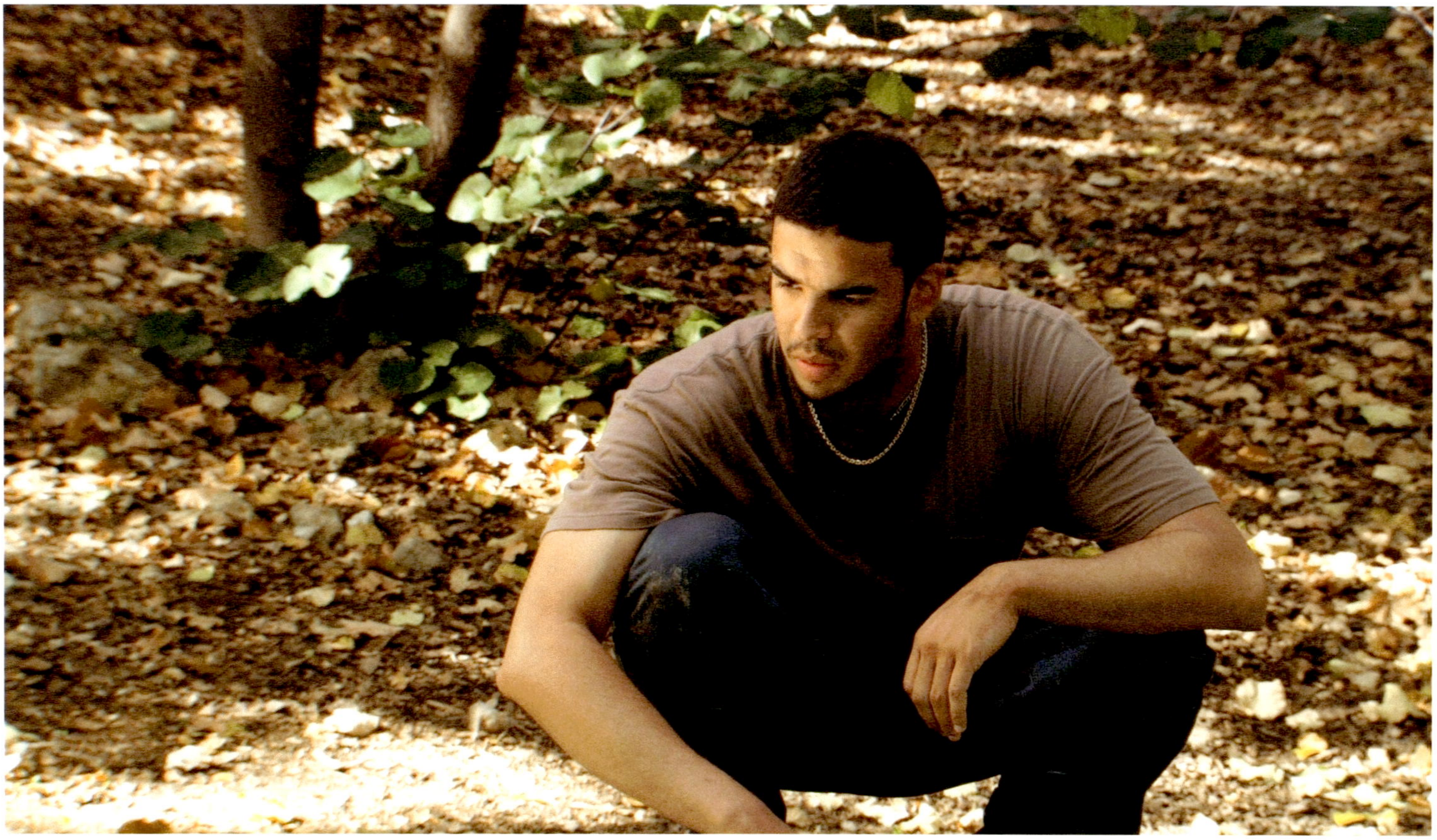

Joan Jonas
My New Theatre III: In the Shadow a Shadow, 1999
Volcano Saga, 1989

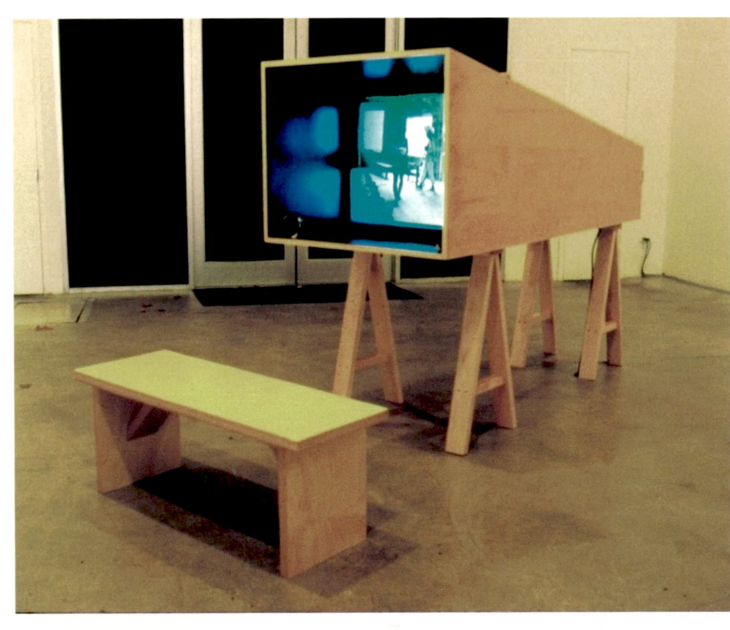

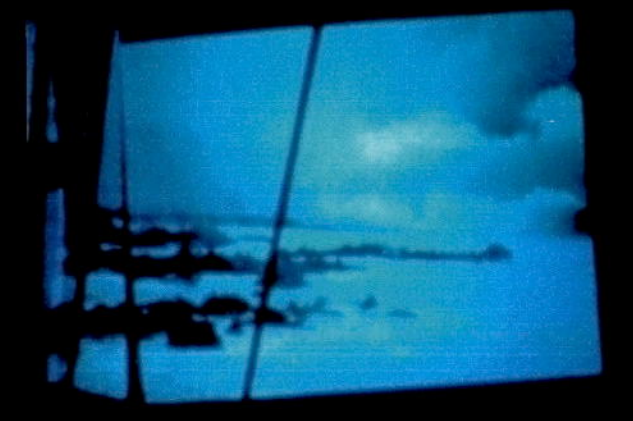 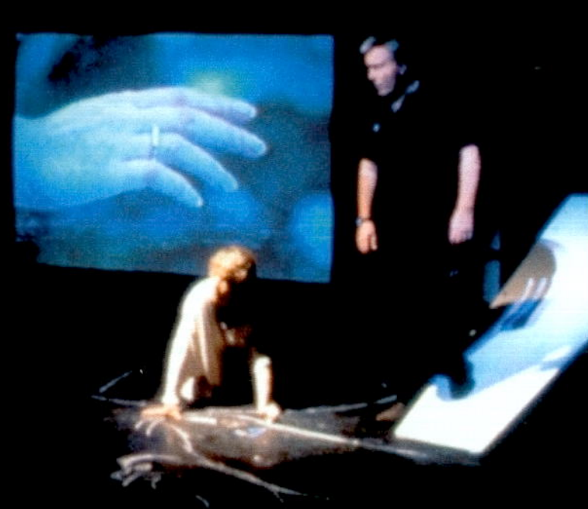 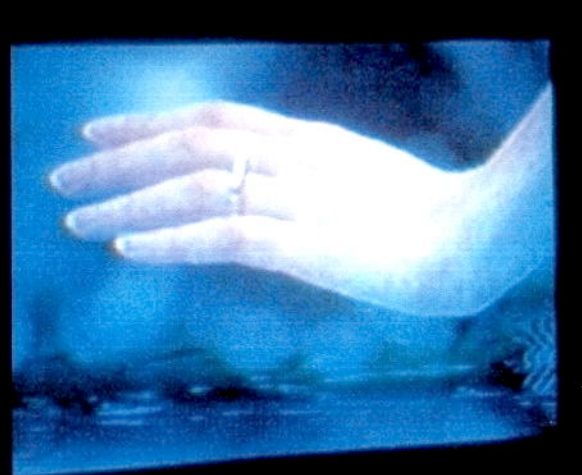 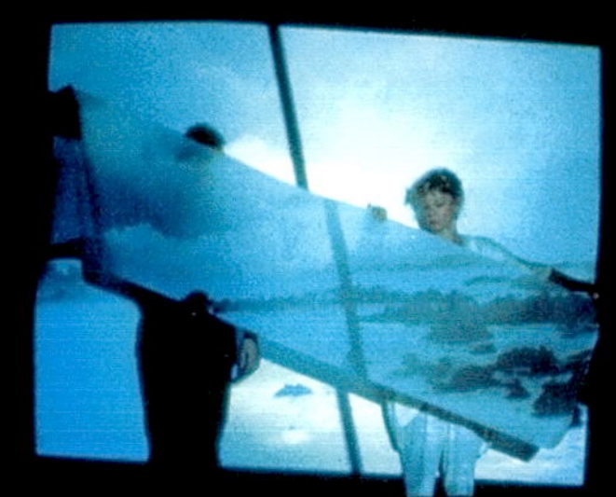

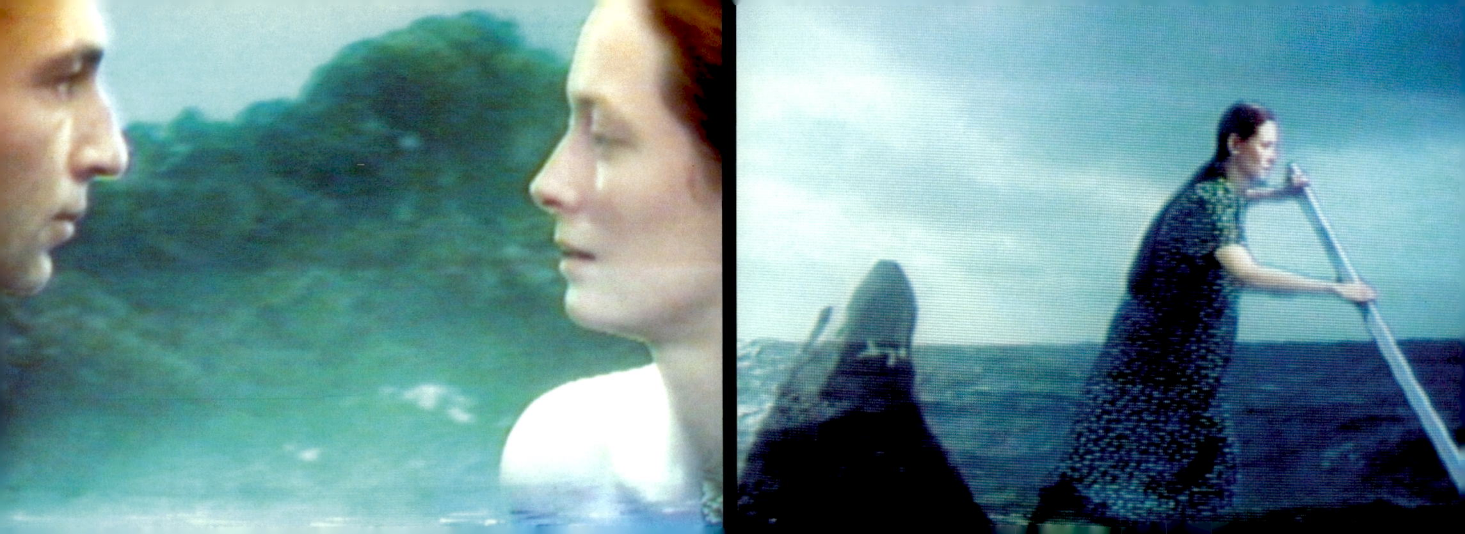

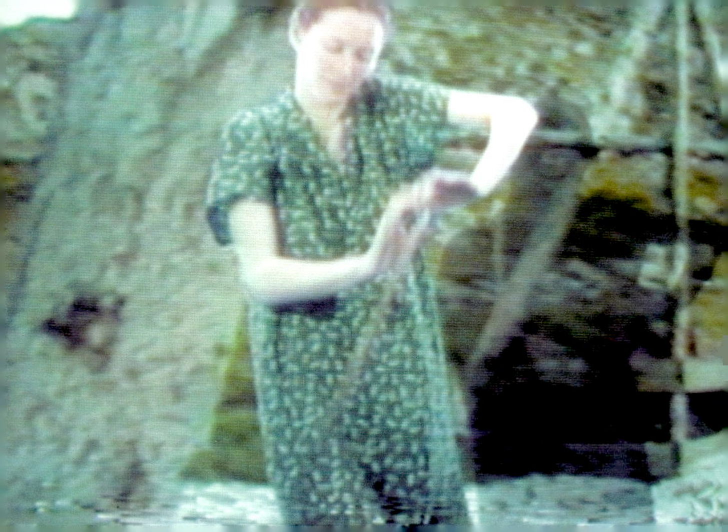

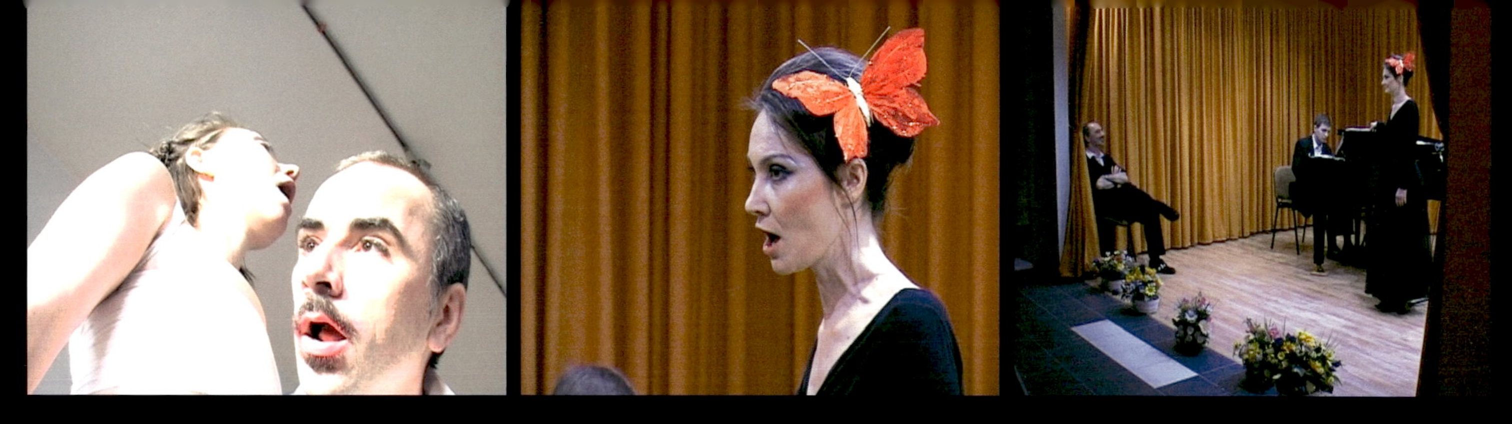

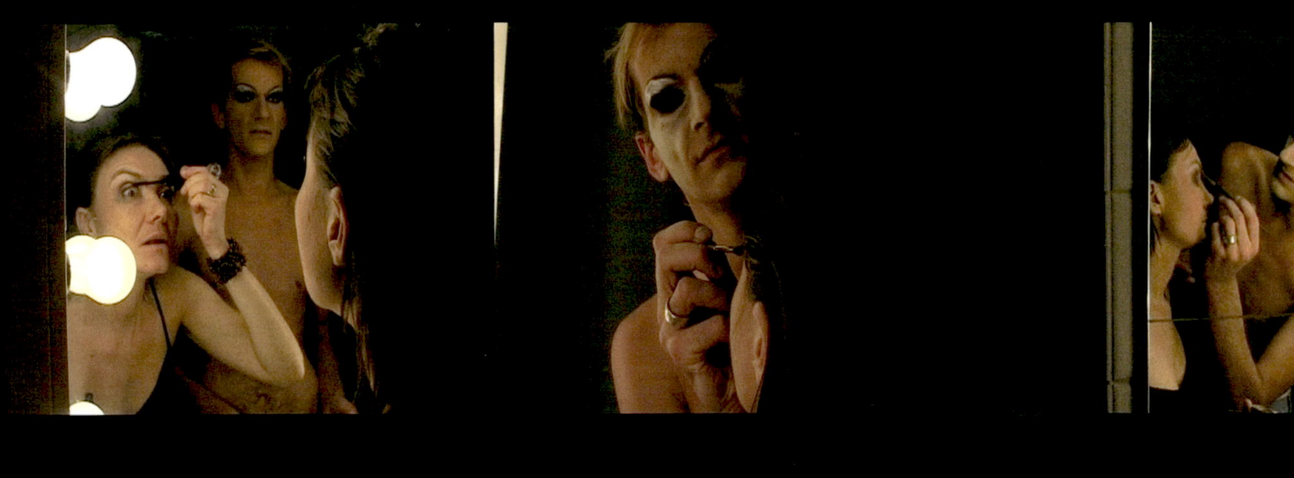

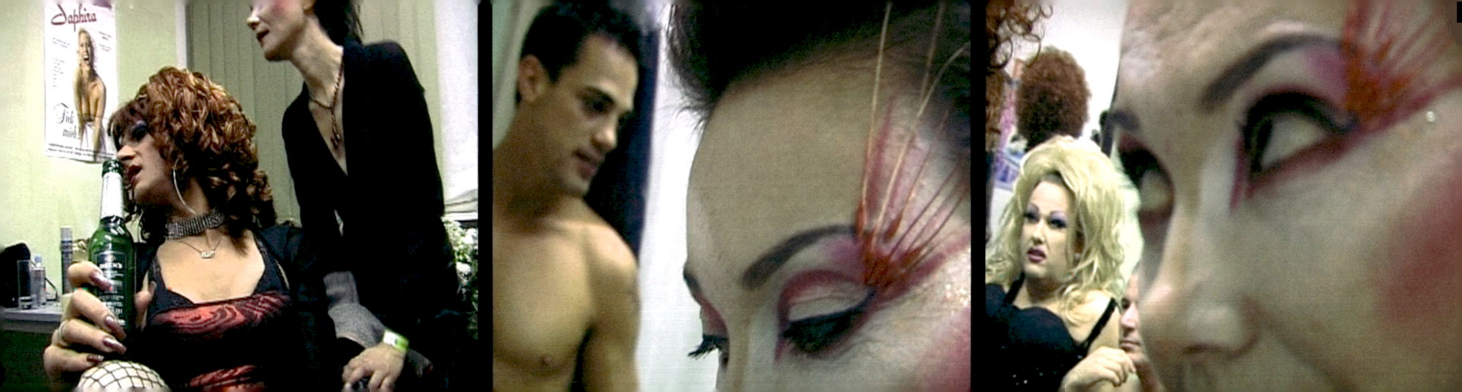

Mark Lewis
Brass Rail, 2003

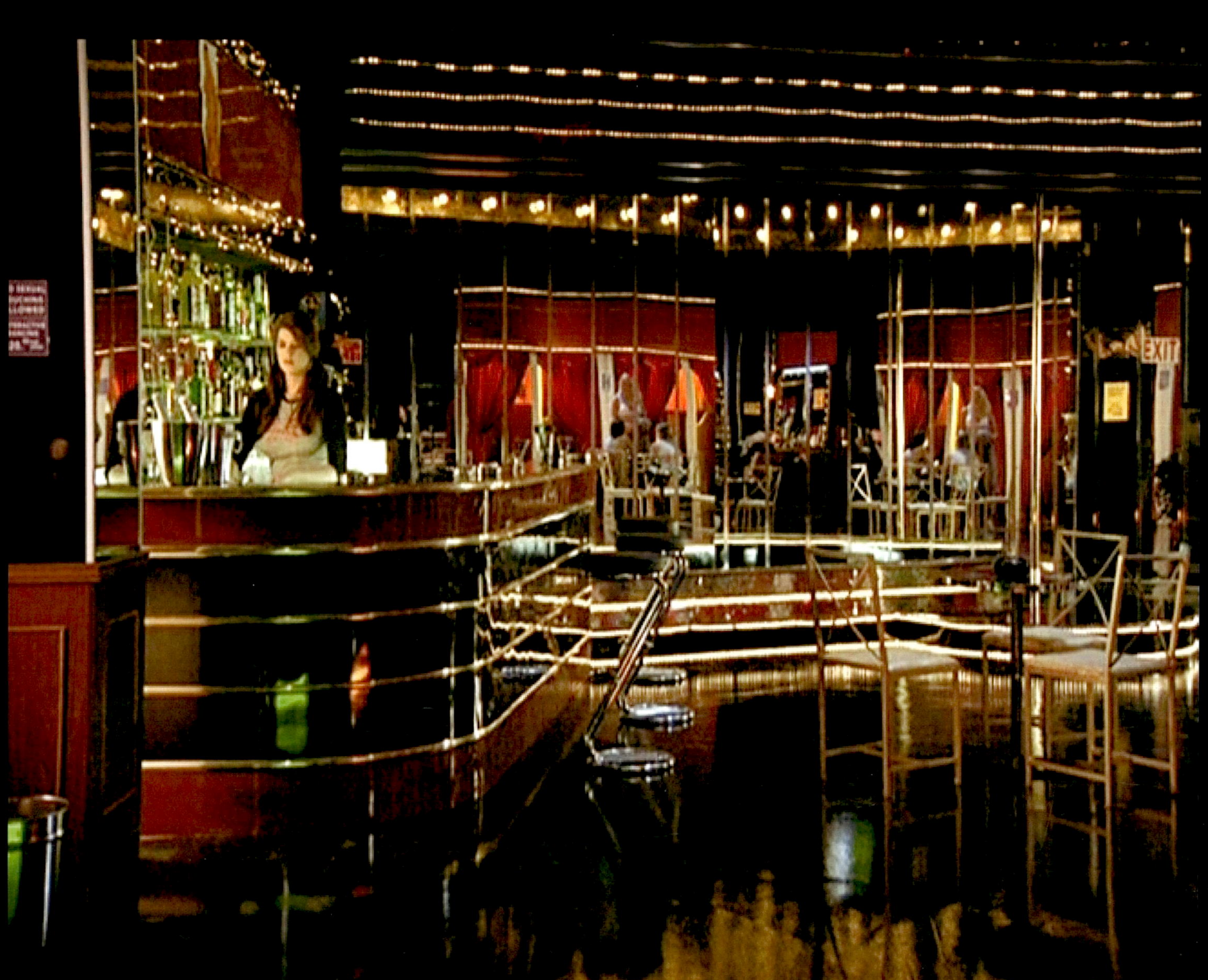

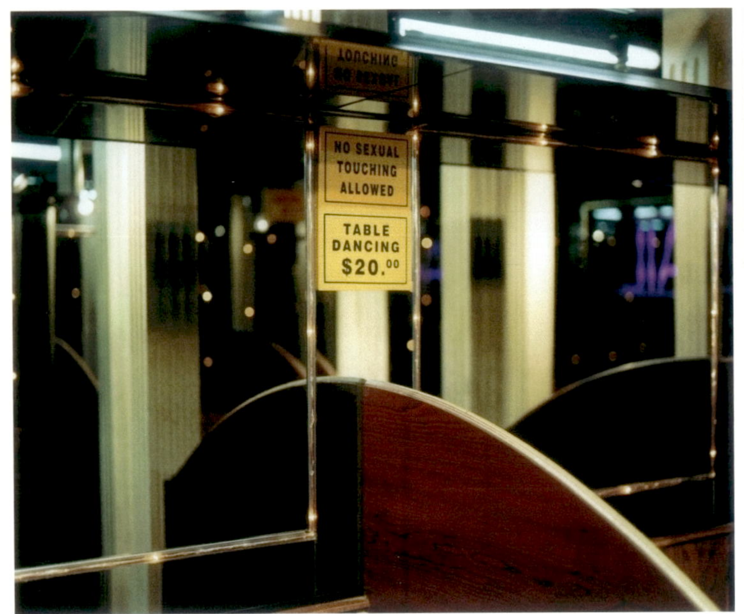
NO SEXUAL
TOUCHING
ALLOWED
TABLE
DANCING
$20.00
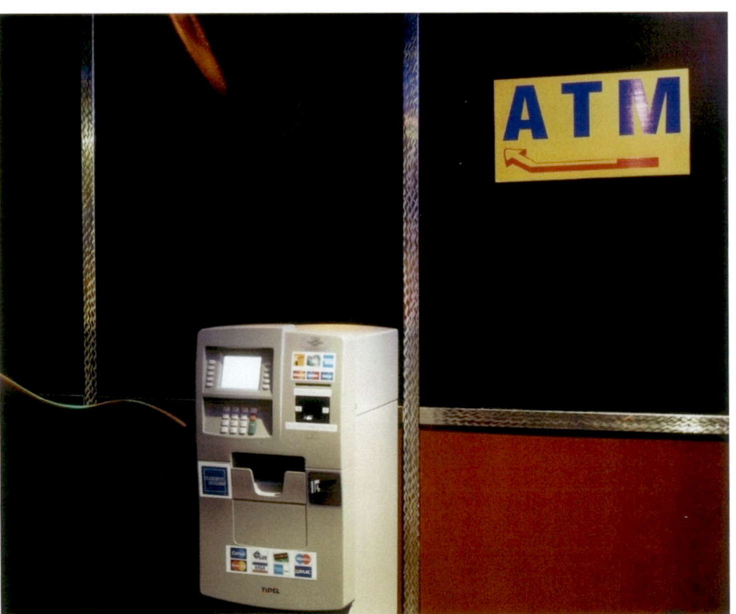
ATM

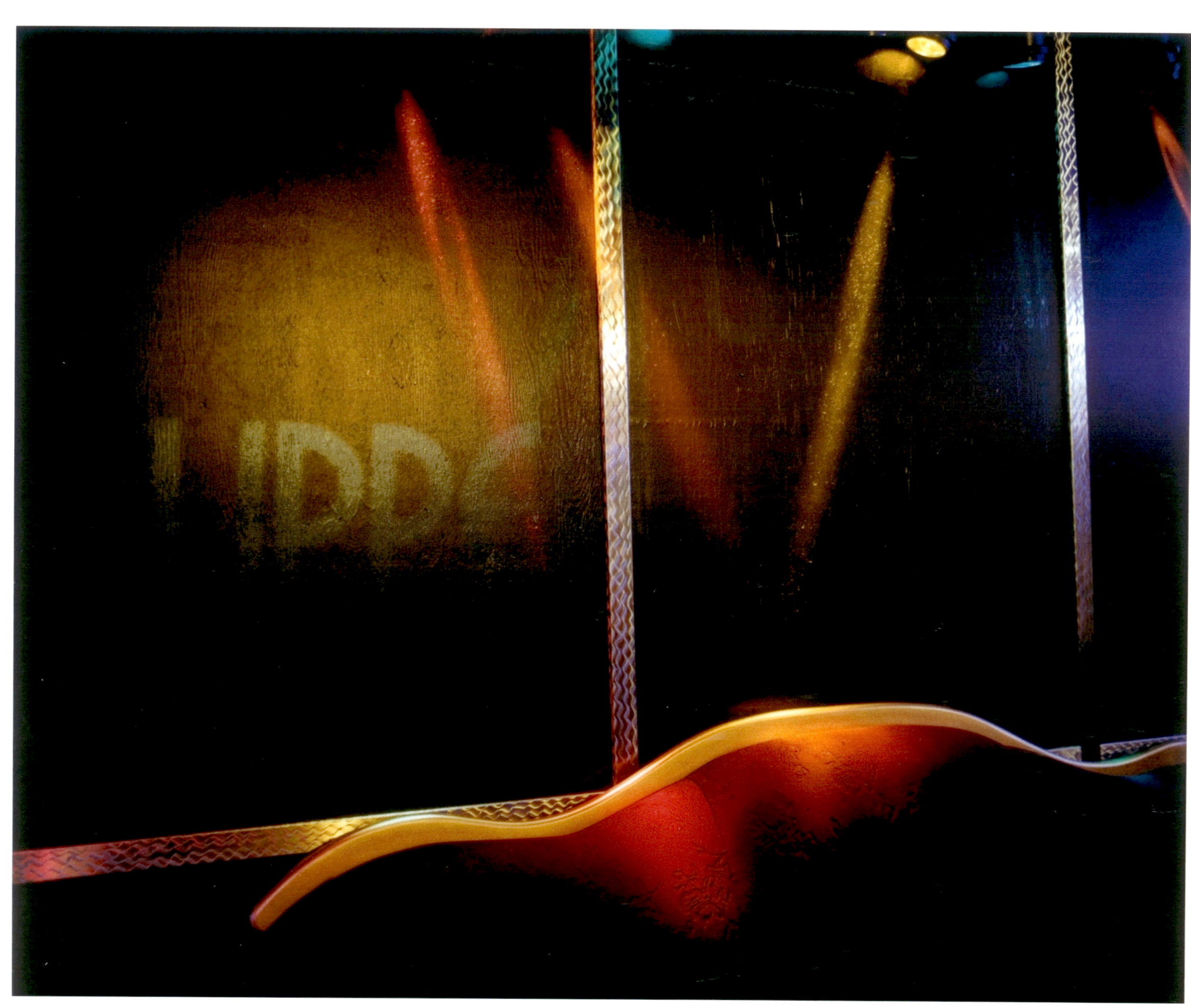

Sharon Lockhart
Teatro Amazonas, 1999

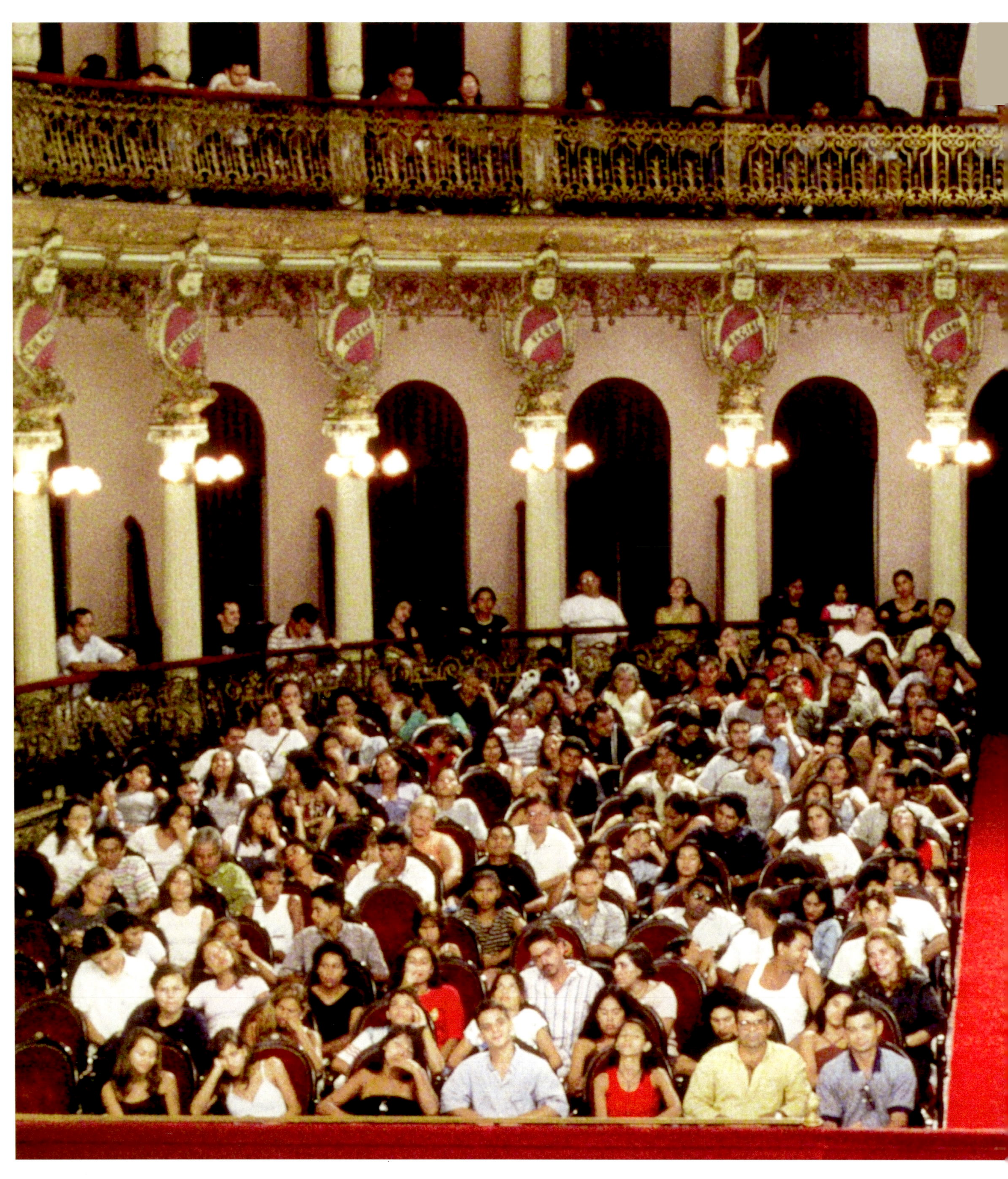

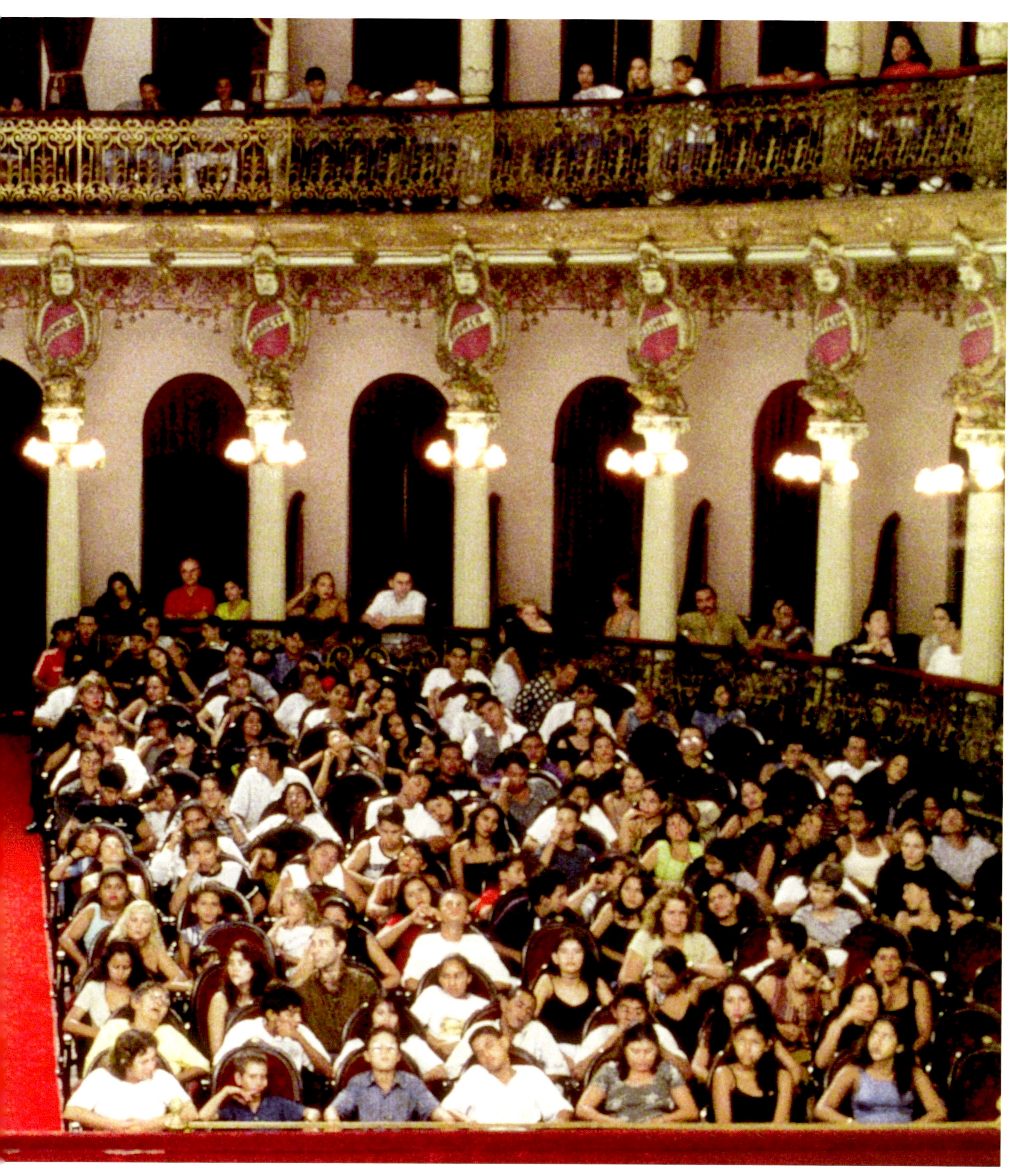

Sharon Lockhart
Goshogaoka, 1997

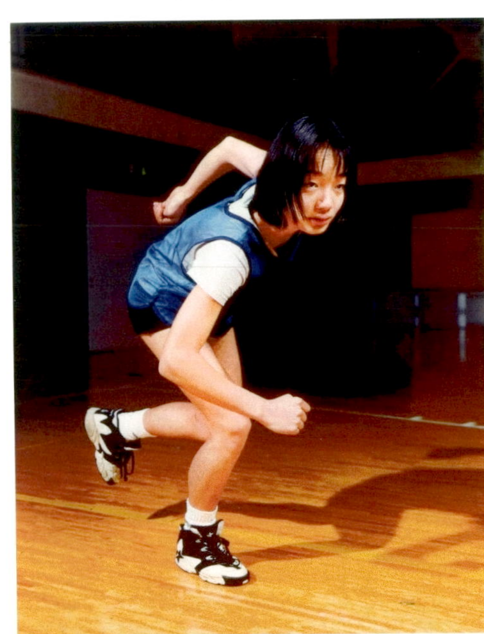
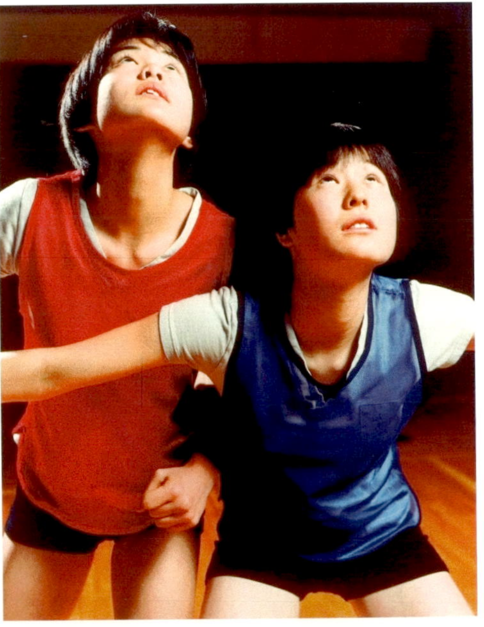

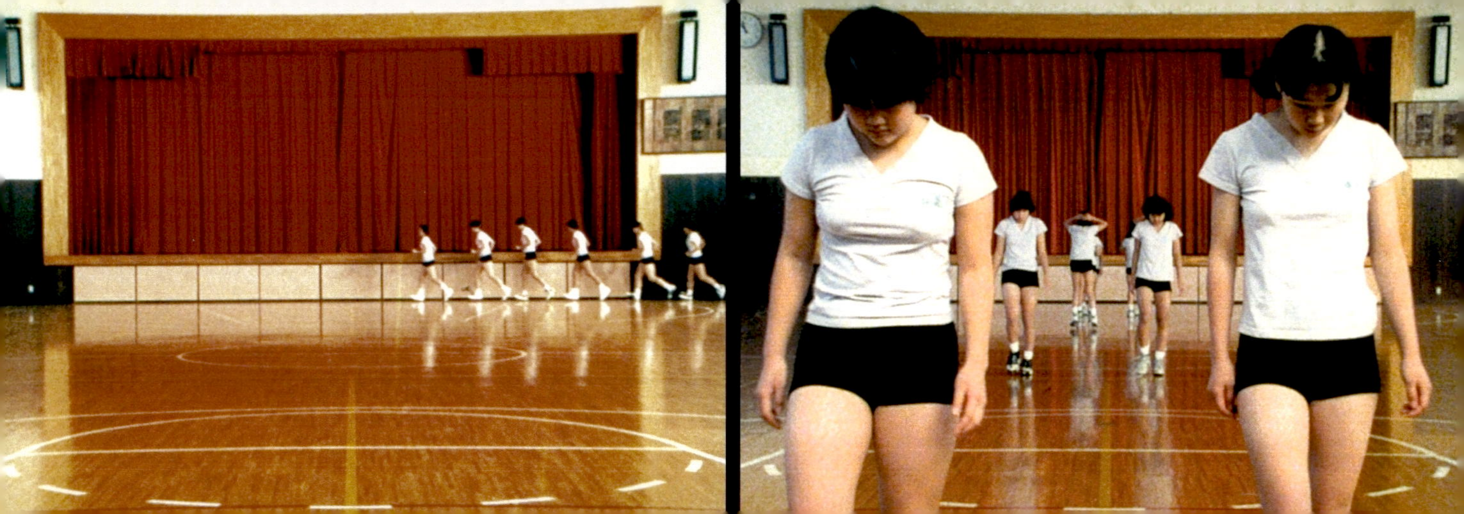

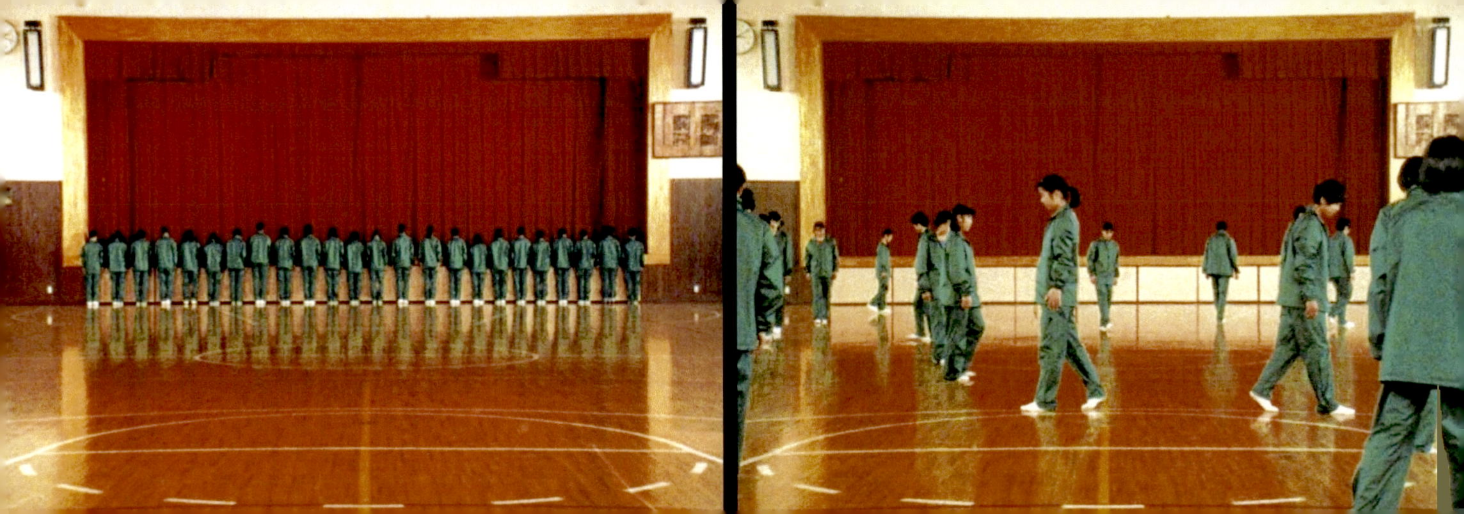

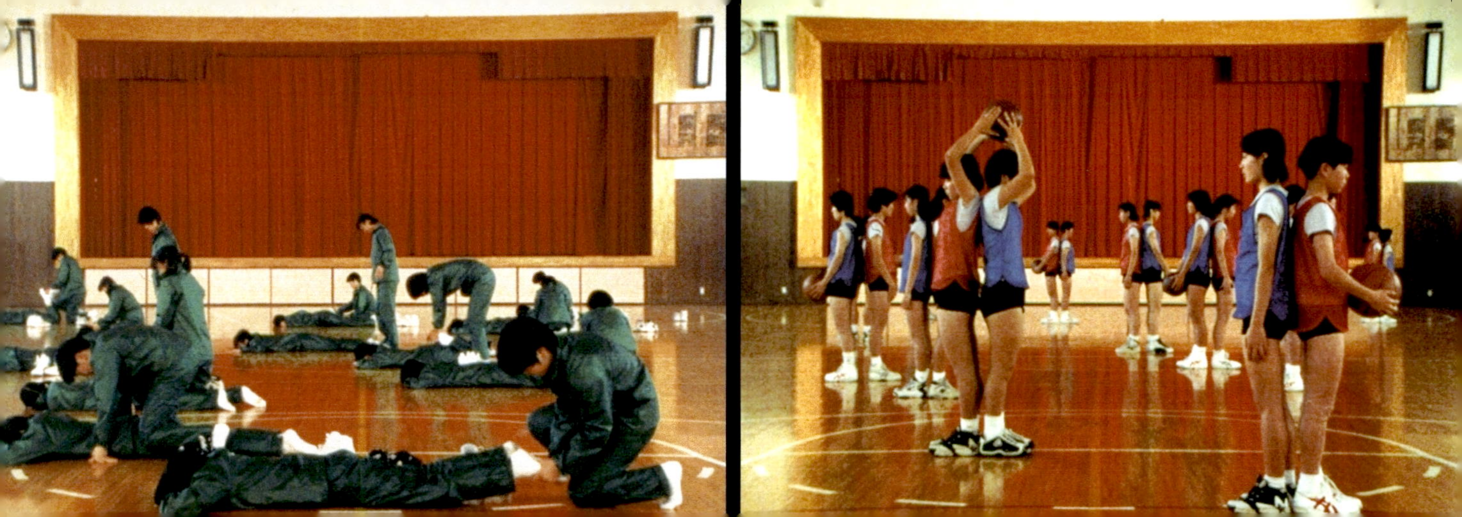

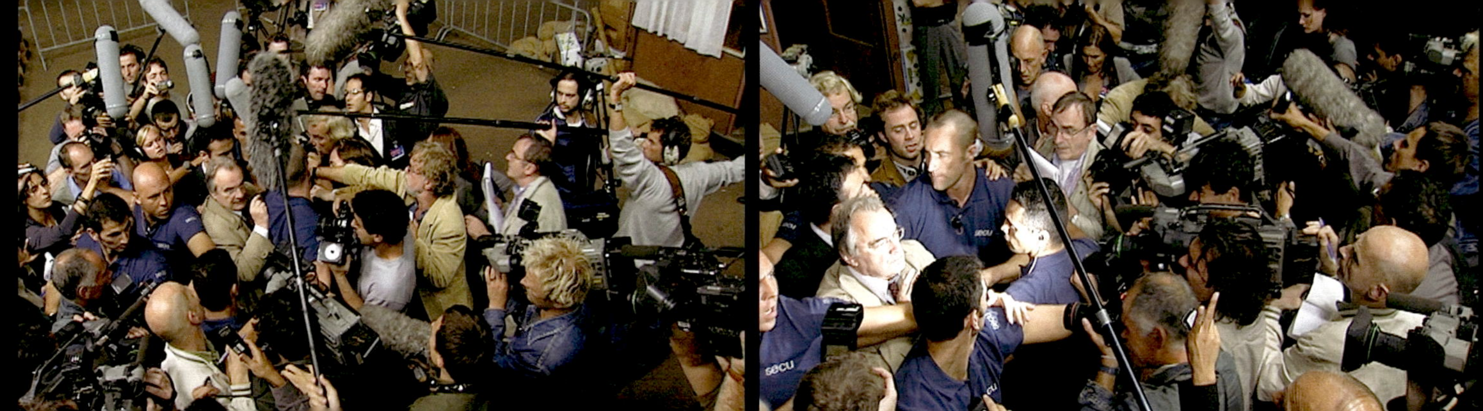

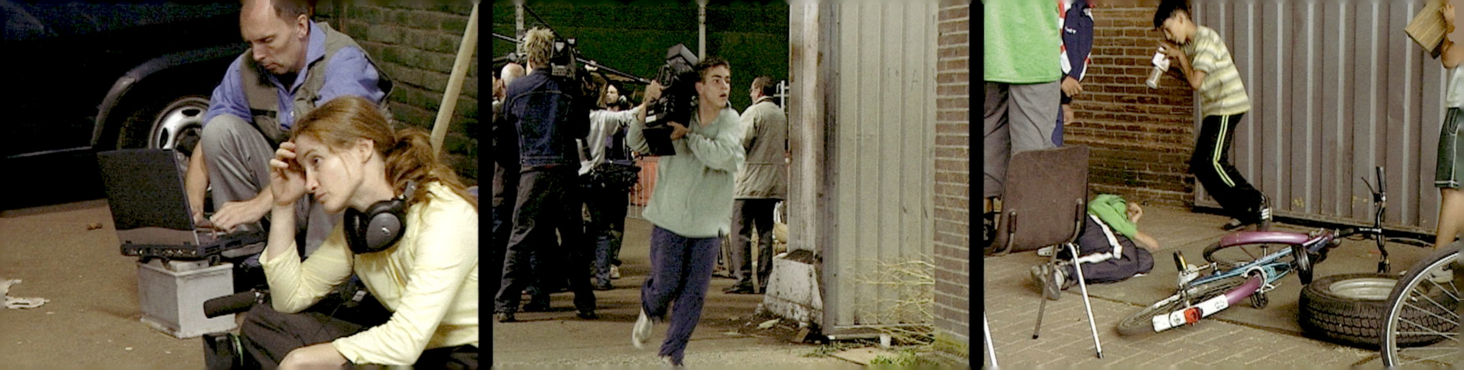

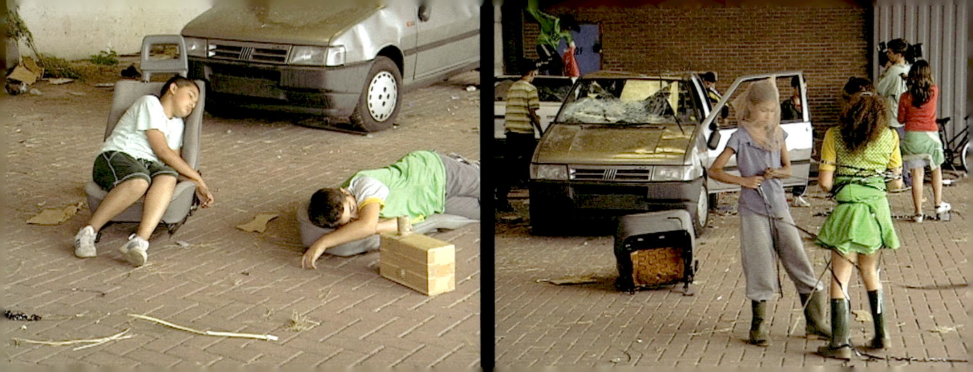

Tony Oursler
You/Me/Them, 1996
Features (Skins), 2002

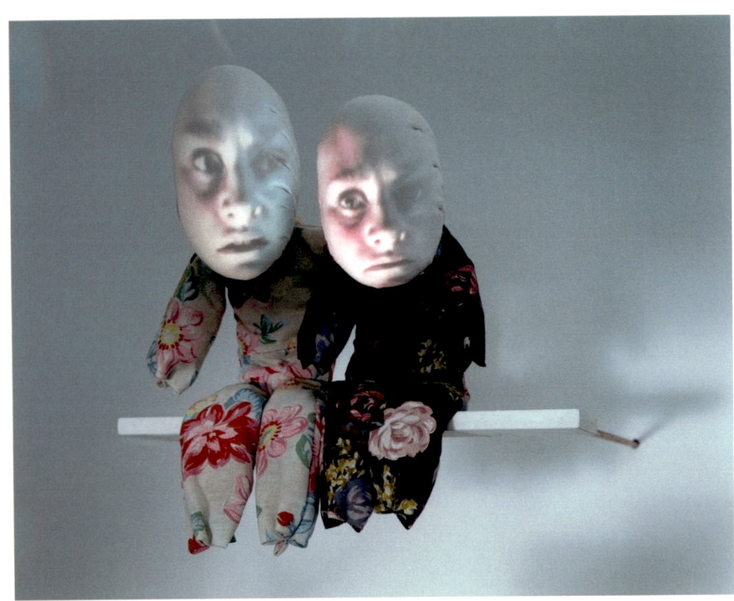

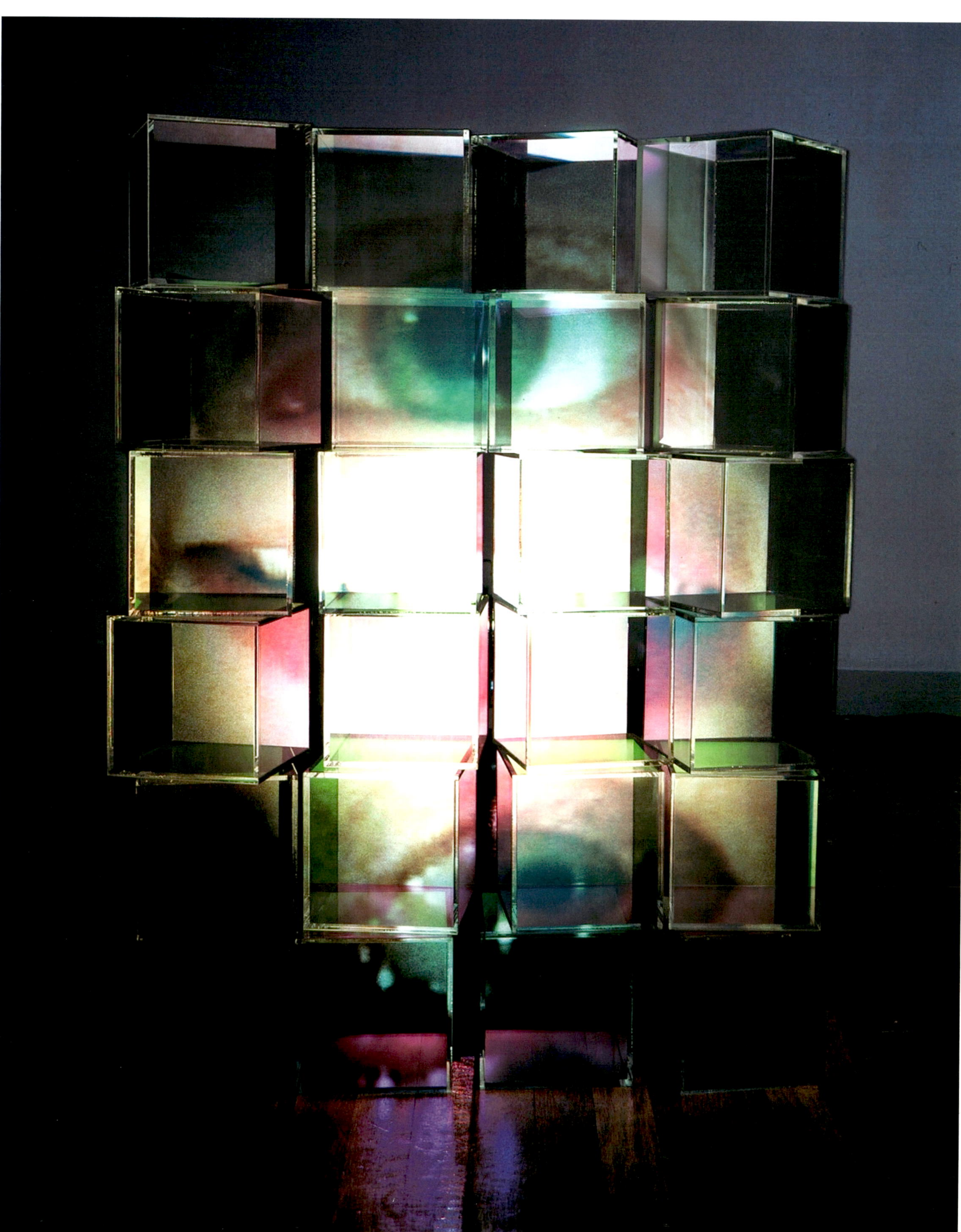

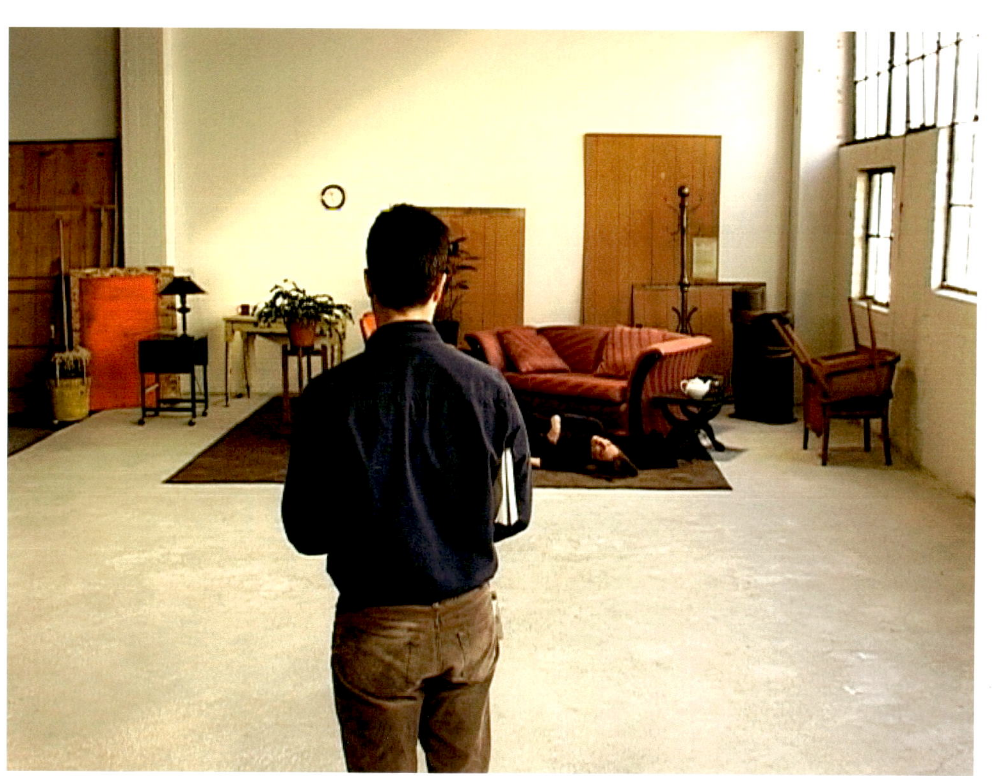

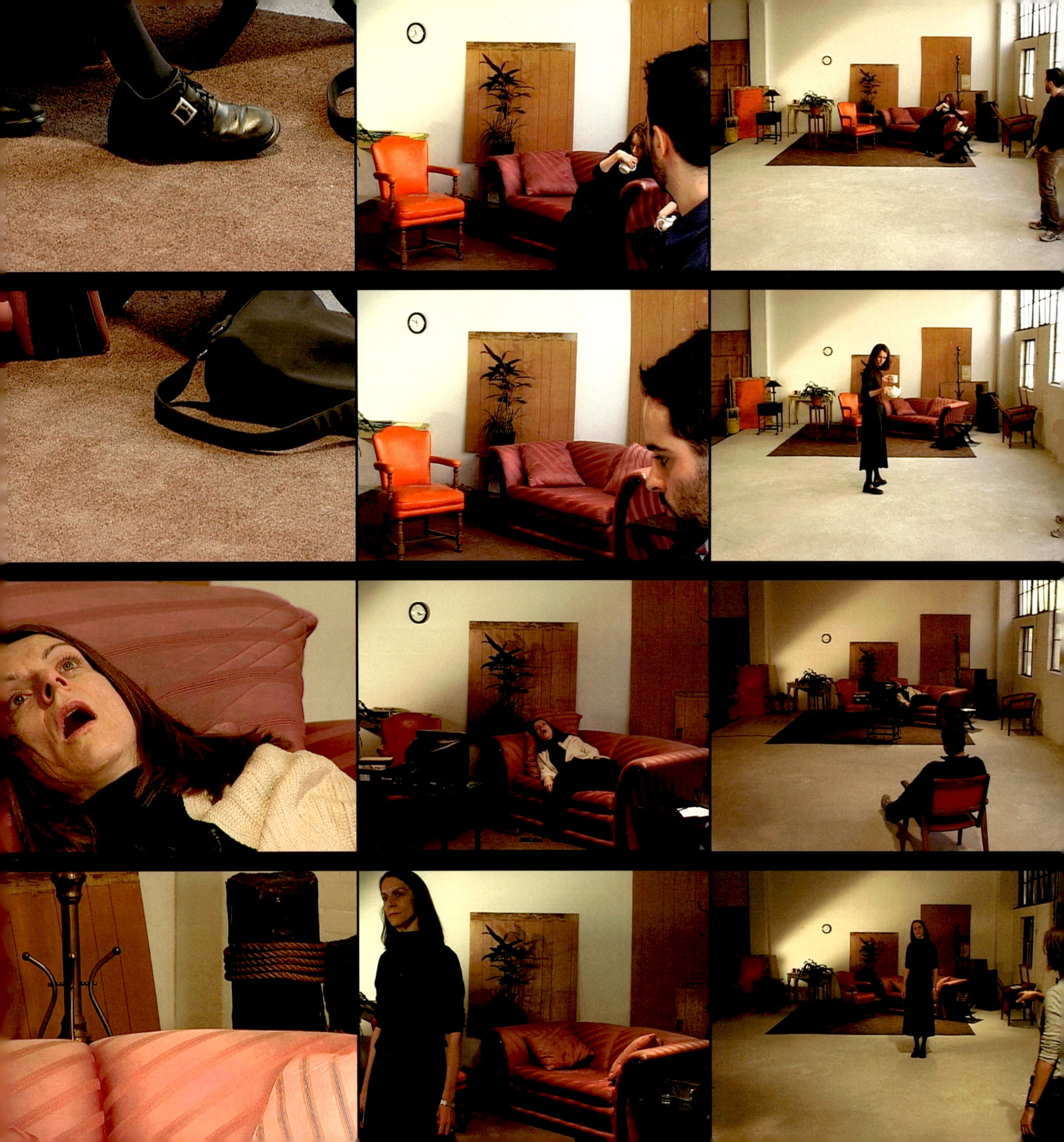

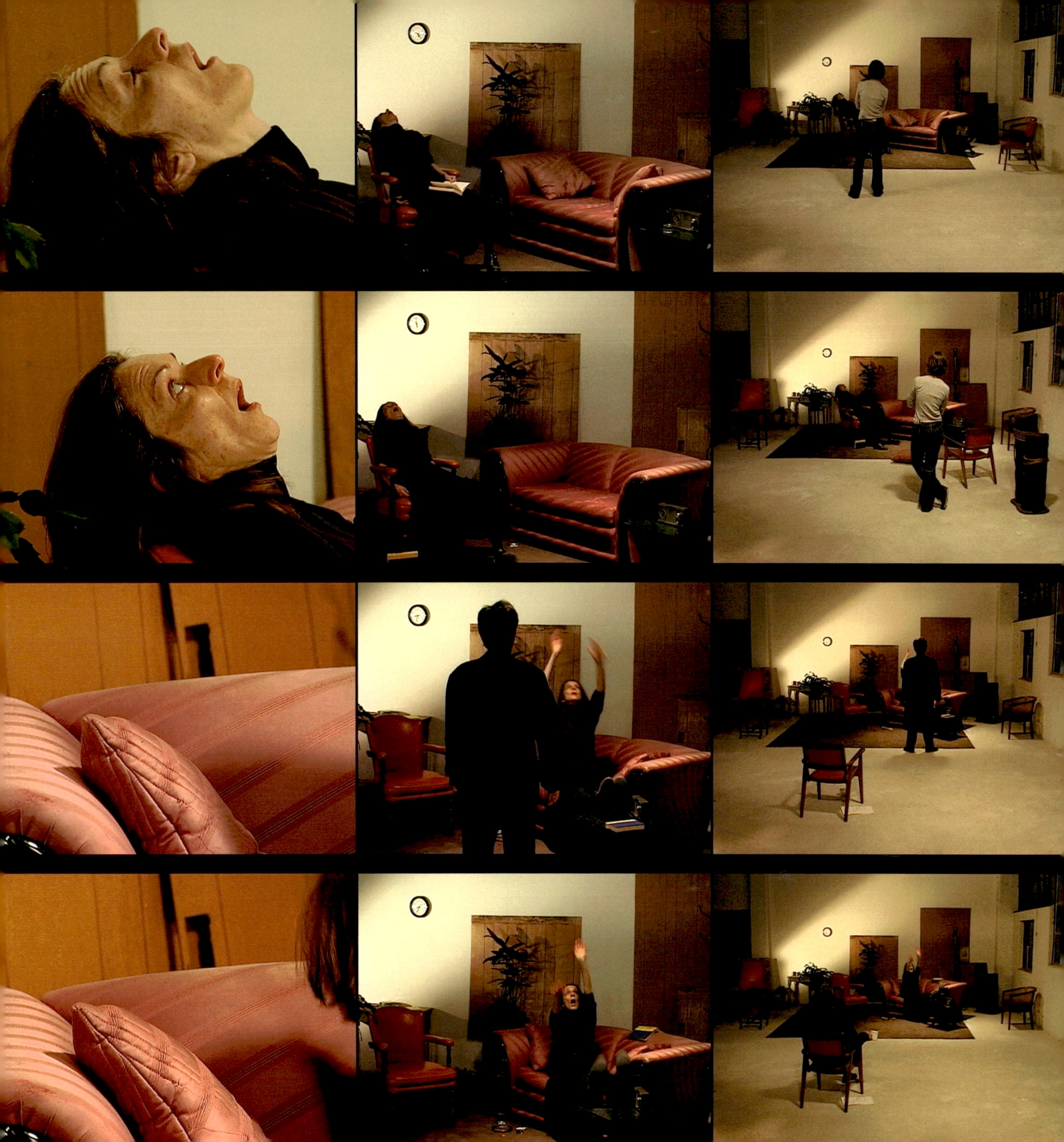

Catherine Sullivan
Five Economies (Big Hunt/Little Hunt), 2003

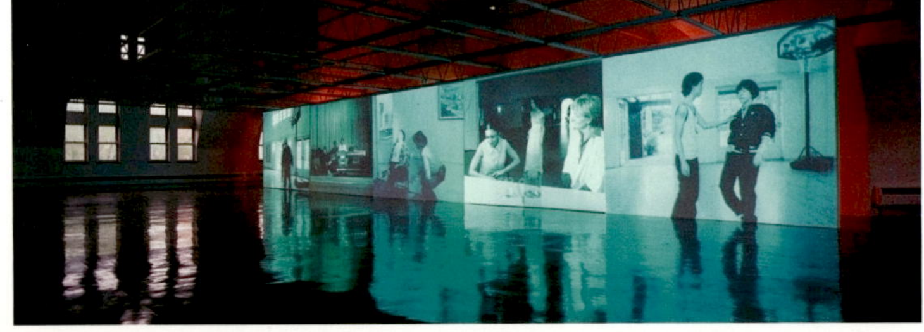

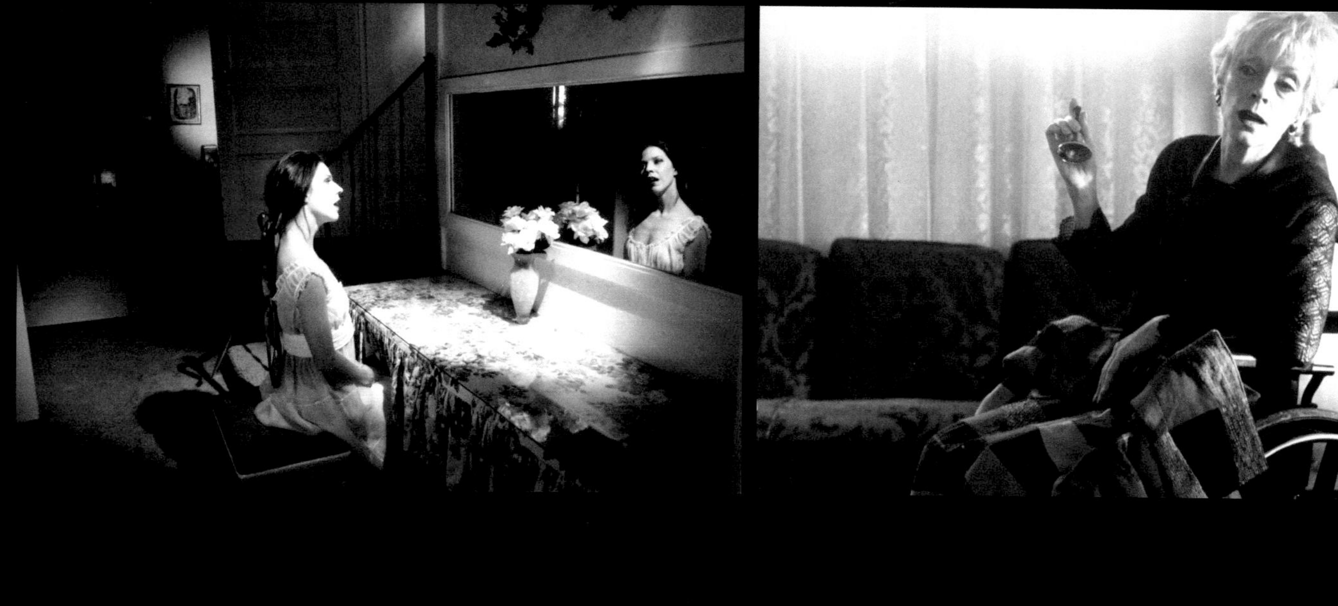

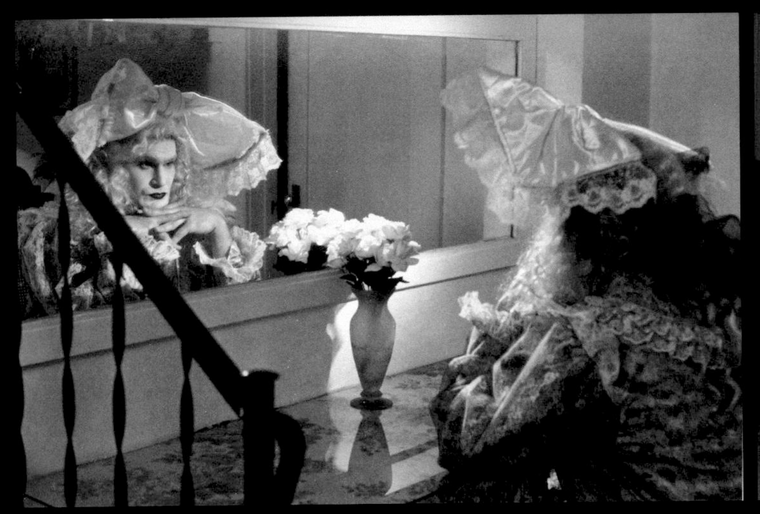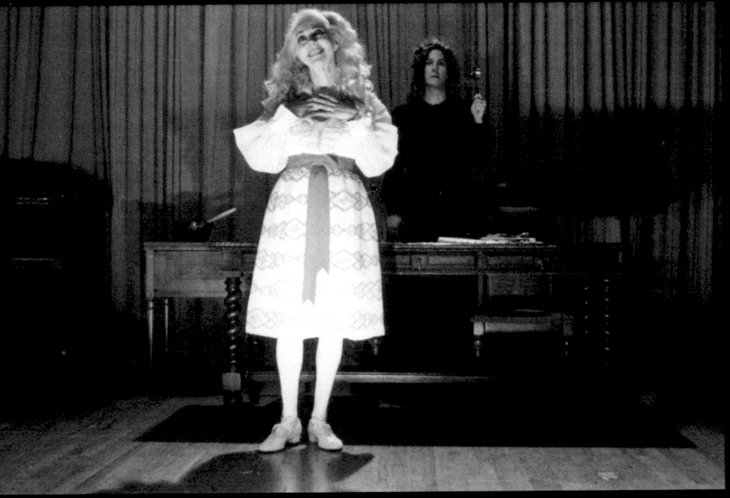

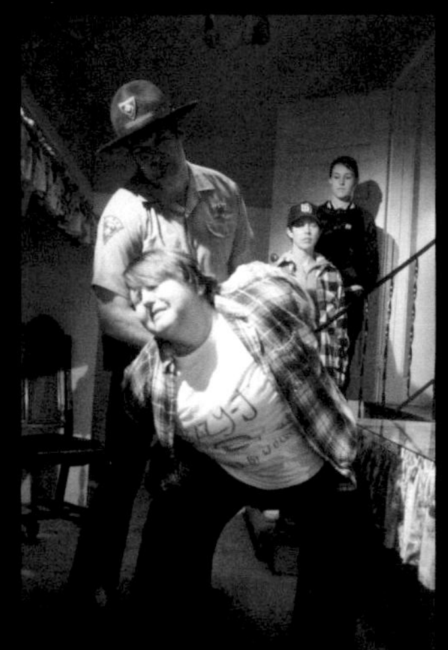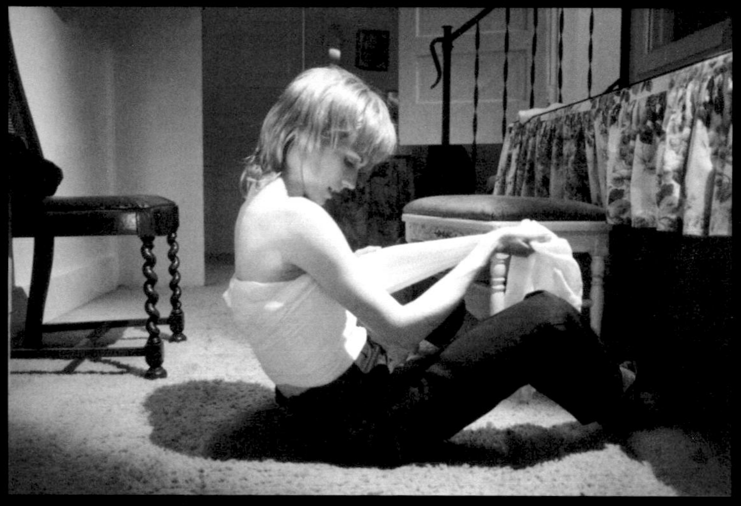

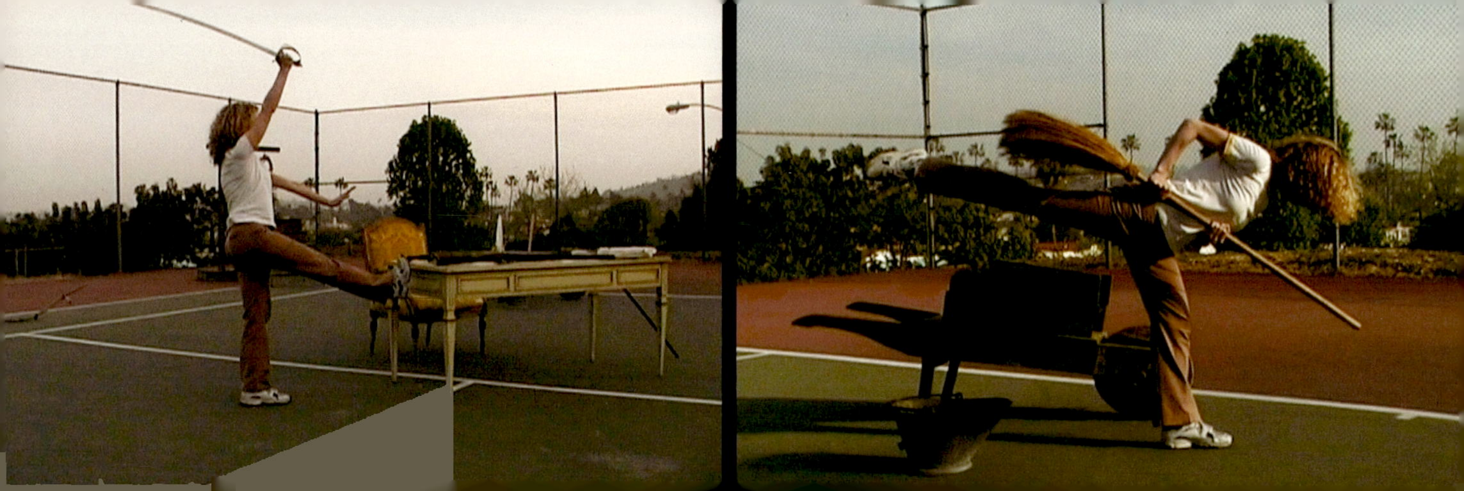

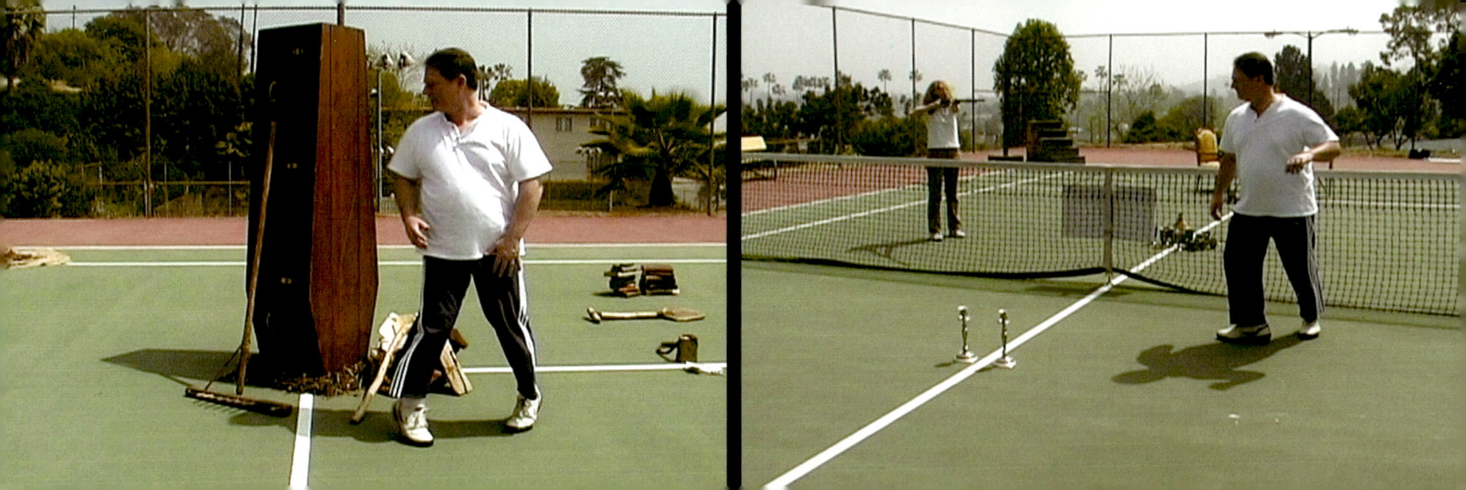

Artur Żmijewski
Singing Lesson I & II, 2001

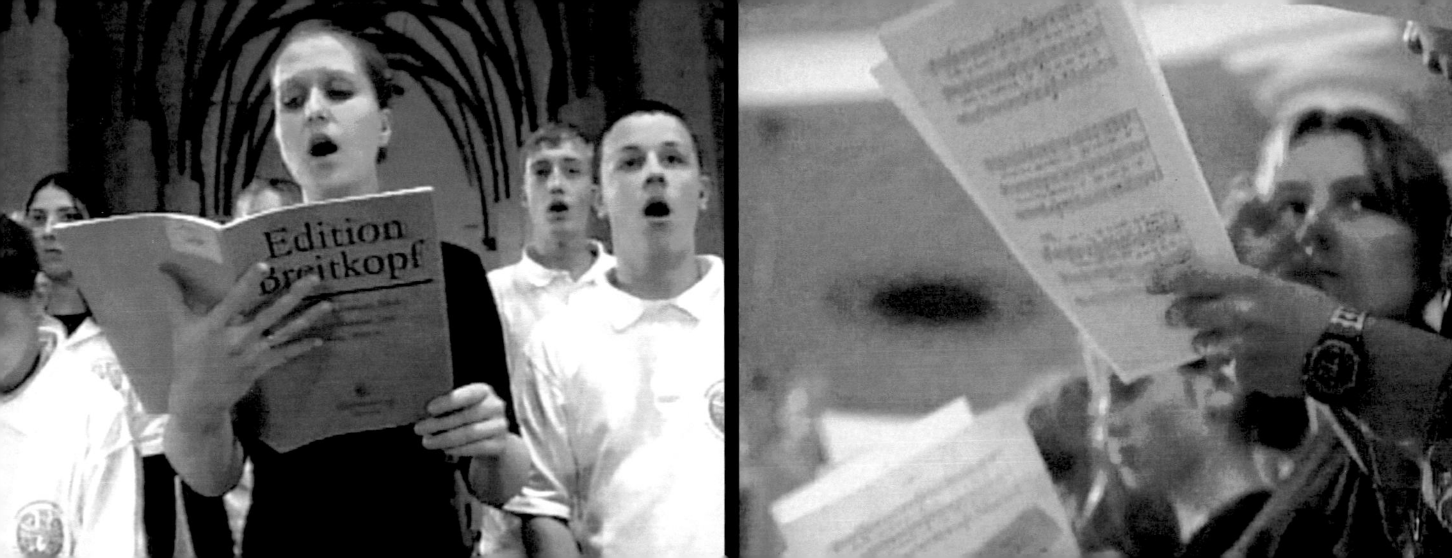

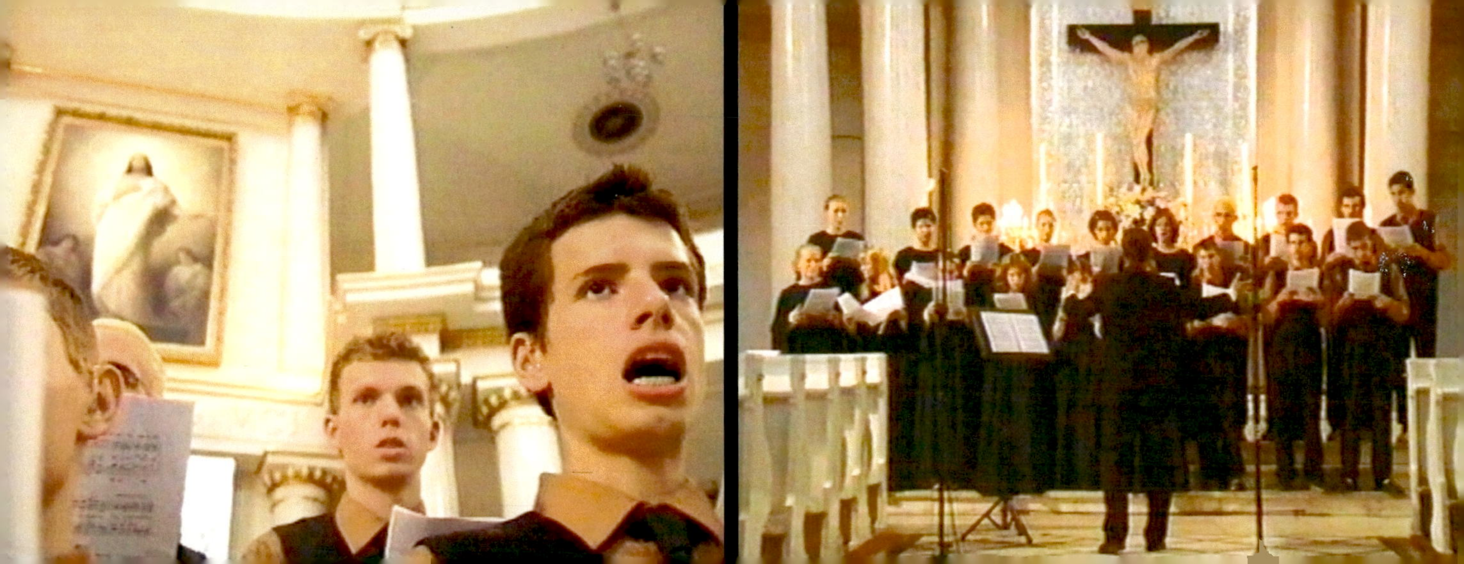

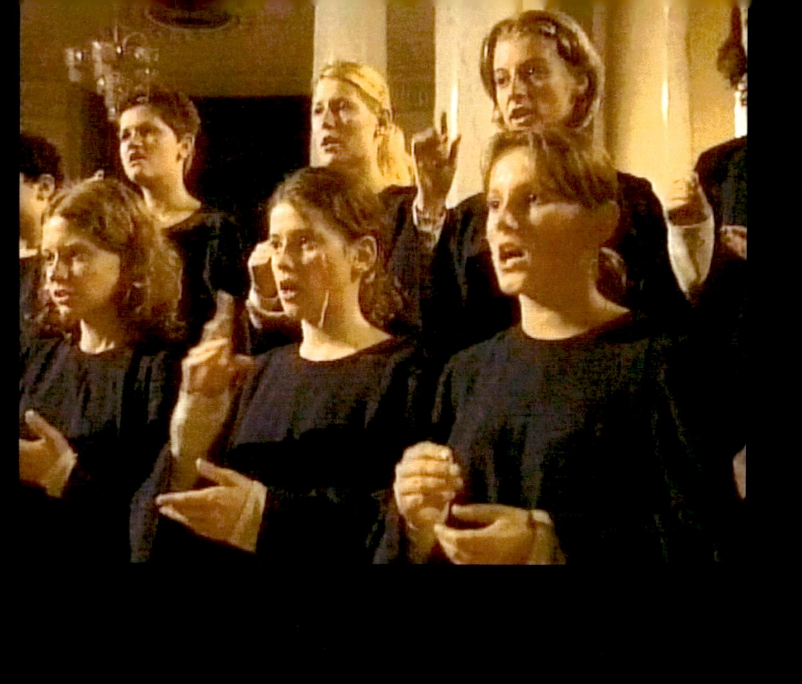

Index

Fabienne Audéoud/John Russell

Fabienne Audéoud
geboren 1968 in Besançon/F
lebt in Paris/F

Einzelausstellungen: The Withdrawal
from Conversation; The Return to the
Oceanic/The weight of the Breast:
Twenty Women Play the Drums Topless, Ideal Standard, Brüssel 2003;
The Nobility of the Soul, Konstakuten,
Stockholm 2002; Abstract Painting,
zusammen mit John Russell, the International 3, Manchester 2001; There
is nothing more profane to a man as
an ugly woman…, gemeinsam mit
John Russell, Beaconsfield Gallery,
London 2000

John Russell
geboren 1963 in London/GB
lebt in London/GB

Einzelausstellungen:
Frozen Tears, solo exhibition/best-
seller novel (Frozen Tears, ARTicle
Press 2003), Cabinet Gallery, 2003;
The Withdrawal From Conversation/
The Return To The Oceanic: The
Weight Of The Breast. Twenty Women
Play the Drums Topless, Performance
Event zusammen mit Fabienne
Audéoud and Wayne Lloyd, Ikon
Gallery, Birmingham 2003 [Erstauf-
führung South London Gallery 2002];
Fabienne Audéoud und John Russell,
Aufführung von: The Withdrawal
From […] 2002, plus Bilder, Ideal
Standard, Brüssel 2003

Gemeinsame Ausstellungen:
Like beads on an abacus designed to
calculate infinity, Rockwell, London
2004; Rendez-vous 2003, Gallerie des
Terreaux, Musée d'Art Contemporain
de Lyon, Lyon 2003; Now What?
Dreaming a better world in 6 parts,
Basis voor Actuele Kunst, Utrecht
2003; Science fiction double feature,
Ikon Gallery, Biad, Custard Factory,
Birmingham 2003; Tourette's II, W139,
Amsterdam 2003; Independance,
South London Gallery, London 2003;
White Window, Filmvorführung, La
Malterie, Lille 2003; Hurts so good,
Vilnius Contemporary Art Centre,
Vilnius 2003; Art Crazy Nation Show,
Milton Keynes Gallery 2002; Per-
forming bodies, Kulturhuset at Sergels
Torg, Moderna Museet, Stockholm
2002; Strike, Wolverhampton Art
Gallery 2002; Arturas Raila, Fabienne
Audéoud and John Russell, Gallery
IBID.projects, Vilnius 2002

John Russell Kills
Fabienne Audéoud in the Style
of William Burroughs, 2001
3-Kanal Videoinstallation
Courtesy Fabienne Audéoud/
John Russell
siehe S. 125–127

Barbara Bloom

geboren 1951 in Los Angeles, CA/USA
lebt in New York/USA

Einzelausstellungen:
The Collections of Barbara Bloom,
UC Berkeley Art Museum, Berkeley
2004; Celestial Excursions, Oper
in Zusammenarbeit mit dem
Komponisten Robert Ashley, Berliner
Festspiele, Berlin 2003; Broken,
Galerie Six Friedrich and Lisa Ungar,
München 2002; Broken, Gorney
Bravin+Lee, New York 2001; Broken,
Galerie Pièce Unique, Paris 2000;
The Gaze, Parrish Art Museum,
Southhampton 2000; A Birthday
Party for Everything, Susan Inglett/
I. C. Editions, New York 1999; Revised
Evidence: Vladimer Nabokov's
Inscriptions, Annotations, Corrections,
and Butterfly Descriptions, Glenn
Horowitz Bookseller, New York 1999;
The French Diplomat's Office,
Peter Blum, New York 1999; Galerie
Six Friedrich, München 1999; The
Bedroom and Broken, Galleria
Raffaela Cortese, Mailand 1999; The
Collections of Barbara Bloom, Wexner
Center for the Arts, Columbus, Ohio
1998; Pictures from the Floating
World, Sala de Exposiciones Rekalde,
Bilbao 1998; The French Diplomats
Office and Broken, S. L. Simpson
Gallery, Toronto 1997; Just Past,
Museum of Contemporary Art, Los
Angeles 1996; Editions from Pictures
from the Floating World, Galerie
Sabine Schmidt, Köln 1996; Pictures
from the Floating World, Shoshana
Wayne Gallery, Los Angeles 1995;
Editions from Pictures from the
Floating World, S. L. Simpson Gallery,
Toronto 1995

Gruppenausstellungen:
Raid the Icebox, Margo Leavin Gallery,
Los Angeles 2003; Trespassing:
Houses x Artists, Bellevue Art
Museum, Bellevue 2002; Feminism
and Art: Selections from the Perma-
nent Collection, Women's Museum,
Washington D.C. 2002; Gene(sis):
Contemporary Art explores Human
Genomics, Henry Art Gallery, Seattle
2002; Sand in der Vaseline: Kunst-
bücher II: 1980–2000, Kaiser Wilhelm
Museum, Krefeld 2002; Pro Arte,
Nabokov Museum, St Petersburg
2002; Houses x Artists, MAK-Center,
Los Angeles 2002; American Tab-
leaux, Walker Art Center, Minneapolis
2001; Now Playing: Audio in Art,
Susan Inglett, New York 2001

The Diamond Lane, 1981
Film-Trailer, 35 mm-Film
und DVD, 5 min 9 s, mit Ton
Courtesy Barbara Bloom and
Gorney Bravin+Lee, New York
siehe S. 128–131

Janet Cardiff/George Bures Miller

Janet Cardiff
geboren 1957 in Brussels, ON/CA
lebt in Berlin/D

George Bures Miller
geboren 1960 in Vegreville/CA
lebt in Berlin/D

Gemeinsame Ausstellungen:
Janet Cardiff&George Bures Miller,
Sheffield Galleries, Sheffield 2004;
Janet Cardiff&George Bures
Miller, Luhring Augustine, New York
2004; Janet Cardiff&George Bures
Miller, Aarhus Kunstmuseum, Aarhus
2004; Walking throu', Space in
Progress, Thyssen-Bornemisza Art
Contemporary Space in Progress und
Akademie der bildenden Künste Wien,
Atelierhaus, Space in Progress 2,
Wien 2004; Janet Cardiff. A Survey
of Works including Collaborations with
George Bures Miller, Castello di Rivoli,
Turin 2003; Janet Cardiff&George
Bures Miller, Astrup Fearnley Museum,
Oslo 2003; Janet Cardiff&George
Bures Miller: The Berlin Files, Portikus,
Frankfurt/Main 2003; Janet Cardiff&
George Bures Miller, Whitechapel Art
Gallery, London 2003; The Paradise
Institute und andere Arbeiten von
Janet Cardiff and George Bures Miller,
Walter Phillips Gallery, Banff 2003;
Forty-Part Motet, Pori Art Museum,
Pori 2003; Janet Cardiff&George
Bures Miller, Hamburger Bahnhof,
Berlin 2002; The Paradise Institute,
Luhring Augustine, New York 2002;
The Paradise Institute, National
Gallery of Canada, Ottawa 2002; The
Paradise Institute, The Powerplant
Gallery, Toronto 2002; The Paradise
Institute, Plug In ICA, Winnipeg;
Kunstmuseum des Kantons Thurgau,
Warth 2002; Janet Cardiff. A Survey
of Works including Collaborations
with George Bures Miller, Musée d'Art
Contemporain, Montreal 2002

Gruppenausstellungen:
Walk Ways, Western Gallery, Belling-
ham; Dalhousie Art Gallery, Halifax;
Oakville Galleries, Oakville 2003; On
Stage, Villa Merkel, Esslingen 2003;
Brightness – works from the
Thyssen-Bornemisza Contemporary
Art Foundation, Museum of Modern
Art Dubrovnik, Dubrovnik 2003;
Performative Installation #1. Gegeben
sind… Konstruktion und Situation,
Galerie im Taxispalais, Innsbruck
2003

The Muriel Lake Incident, 1999
Multimedia Installation
(Audio, Video und Mixed Media)
Courtesy Galerie Barbara Weiss,
Berlin und Luhring Augustine,
New York
siehe S. 133, 135

Stan Douglas

geboren 1960 in Vancouver/CA
lebt in Vancouver/CA

Einzelausstellungen:
Stan Douglas: Film Installations
and Photographs, Kestner Gesell-
schaft, Hannover 2003; Suspiria,
David Zwirner, New York 2003; Stan
Douglas, The Serpentine Gallery,
London 2002; [Helga de Alvear,
Madrid; Zeno X Gallery, Antwerpen]
Journey Into Fear, Contemporary
Art Gallery, Vancouver 2002; [Galeria
Estrany de la Mota, Barcelona; David
Zwirner, New York] Stan Douglas:
Le Detroit, Kunsthalle Basel, Basel
2001 [Winnipeg Art Gallery, Winnipeg;
Hamburger Bahnhof, Berlin; The Art
Institute of Chicago, Chicago]

Gruppenausstellungen:
Prefix Photo, Prefix Institute of
Contemporary Art, Toronto 2004;
We Come In Peace/Histories of the
Americas, Musée D'Art Contemporain
De Montréal, Montréal 2004;
Art Unlimited, Art Basel, Basel 2004;
Thriller, Edmonton Art Gallery,
Edmonton 2004; Techniques of the
Visible, Shanghai Biennale, Shanghai
2004; Éblouissement, Jeu de Paume,
Paris 2004; Urban Incidence, Beau-
montpublic + Königbloc, Luxemburg
2003; Media Art Sammlung Goetz,
ZKM, Karlsruhe 2003; Imperfect
Innocence: The Debra and Dennis
Scholl Collection, Contemporary
Museum, Baltimore 2003; [Wander-
ausstellung: Palm Beach Institute
of Contemporary Art] Soundtracks,
Edmonton Art Gallery, Edmonton
2003; Il Passato Non Esiste, Aurora,
Rovereto 2003; Baja to Vancouver:
The West Coast and Contemporary
Art, Seattle Art Museum, Seattle
2003; [Museum of Contemporary
Art, San Diego; Vancouver Art
Gallery, Vancouver, Canada; CCA
Wattis Institute, San Francisco]
Mouvements de fonds/Fund Flow:
Fnac Acquisitions/2002, Musée d'Art
Contemporain de Marseille, Marseille
2003; MosaiCanada: Sign and
Sound, The Seoul Museum of Art,
Seoul 2003; Fast Forward: Media Art
Sammlung Goetz, ZKM, Karlsruhe
2003; Vom Horror der Kunst, Grazer
Kunstverein, Graz 2003

Journey into Fear, 2001
Einkanal-Videoinstallation
(DVD-Version) 15 min 4 s
Courtesy Stan Douglas
siehe S. 136 – 139

Rodney Graham

geboren 1949 in Vancouver/CA
lebt in Vancouver/CA

Einzelausstellungen:
Rodney Graham: A Little Thought, Art
Gallery of Ontario, Toronto; Museum
of Contemporary Art, Los Angeles;
Vancouver Art Gallery, Vancouver,
British Columbia; Institute for
Contemporary Art, Philadelphia 2004,
2005; Rodney Graham: Filme – Witz
und Widerholung, Hochschule für
Bildende Künste Dresden, Dresden
2004; [303 Gallery, New York; Donald
Young Gallery, Chicago; Galerie
Hauser and Wirth, Zürich] Rodney
Graham: Millennial Time Machine,
Morris & Helen Belkin Art Gallery, Uni-
versity of British Columbia, Vancouver
2003; [Madison Arts Center, Madison;
Whitechapel Art Gallery, London;
Kunstsammlung Nordrhein-Westfalen,
Düsseldorf; MAC Galeries Contem-
porain de Musées de Marseille,
Marseille] How I Became a Ramblin'
Man, Johnson City Community
College, Overland Park, Kansas 2002;
Music and Noise, Kunsthalle Zürich,
Zürich 2002

Gruppenausstellungen:
Fast forward. Media Art Sammlung
Goetz, ZKM, Karlsruhe 2003; OUT-
LOOK International Art Exhibition,
Athen 2003; Go Johnny, go, Kunshalle
Wien, Wien 2003; C'est Arrivé
Demain, Biennale de Lyon, Lyon 2003;
Utopia Station, Biennale Venedig,
Venedig 2003; within hours we would
be in the middle of nowhere, 303
Gallery, New York 2003; Soundtracks,
The Edmonton Art Gallery, Edmonton
2003; [The Power Plant, Toronto;
the Mackenzie Art Gallery, Regina];
Doublures/Body Doubles, Musée du
Québec, Québec 2003; Golden Oldies
of Music Video, MoMA, New York
2003

Halcion Sleep, 1994
Einkanal-Videoinstallation,
26 min, kein Ton, Loop
Courtesy Rodney Graham und
Donald Young Gallery, Chicago
siehe S. 141

*A Reverie Interrupted
by the Police,* 2003
35 mm-Film überspielt auf DVD,
7 min 59 s, Loop
Courtesy Donald Young Gallery,
Chicago
Photo: Scott Livingstone
siehe S. 140
(Nur Katalog)

Teresa Hubbard/
Alexander Birchler

Alexander Birchler
geboren 1962 in Baden/CH
lebt in Austin, TX/USA

Teresa Hubbard
geboren 1965 in Dublin/IE
lebt in Austin, TX/USA

Einzelausstellungen:
House with Pool, Museum für Gegen-
wartskunst, Basel 2004; Single
Wide, Whitney Museum of American
Art at Altria, New York 2004;
Tanya Bonakdar Gallery, New York
2004; Eight, Centro Galego de Arte
Contemporánea, Santiago de
Compostela 2003; Teresa Hubbard/
Alexander Birchler, Galerie Vera
Munro, Hamburg 2003; County Line
Road, Galerie Barbara Thumm,
Berlin 2003

Gruppenausstellungen:
3': Condensed Information. Schirn
Kunsthalle, Frankfurt 2004; Re-
ordering Reality: Collecting Contem-
porary Art, Columbus Museum of
Art, Ohio 2004; Eight, Centre Culturel
Suisse, Paris 2004; Sammlung Plum,
Museum Kurhaus Kleve, Kleve 2004;
Fast Forward – Media Art Sammlung
Goetz, ZKM/Zentrum für Kunst
und Medientechnologie, Karlsruhe
2003; Eight, Hordaland Art Center,
Bergen 2003; 10th Biennial of Moving
Images, Centre for Contemporary
Images, Genf 2003; Child in Time,
Gemeente Museum, Den Haag 2003;
Brightness – Works from the Thyssen-
Bornemisza Contemporary Art
Foundation, Museum of Modern Art,
Dubrovnik 2003; Looking in – Looking
out, Positions in Contemporary Photo-
graphy, Öffentliche Kunstsammlung
Basel, Kunstmuseum Basel 2003;
Adolescence, Reina Sofia Museum,
Madrid 2003; Suiza en ARCO,
La Casa Encendida, Madrid 2003;
Neuerwerbungen, Museum für Gegen-
wartskunst, Basel 2003; Single Wide,
ArtUnlimited, Basel 2003; Yet
Untitled: Die Sammlung Bernd F.
Künne, Städtische Galerie Wolfsburg/
Suermondt-Ludwig-Museum,
Aachen/Kunsthalle Nürnberg 2003;
The Starting Line, Pinakothek der
Moderne, München 2002; On Stage,
Kunstverein Hannover/Villa Merkel
Esslingen 2002; Wallflowers, Grosse
Fotografien, Kunsthaus Zürich 2003

House with Pool, 2004
High Definition Video mit Ton,
21 min 10 s, Loop
Courtesy Teresa Hubbard/
Alexander Birchler
Leihgabe der KünstlerInnen,
produziert mit freundlicher Unterstützung der Sammlung Burger
und Kunstkredit Basel-Stadt
siehe S. 142 – 145

Joan Jonas

geboren 1946 in New York/USA
lebt in New York/USA

Einzelausstellungen:
Lines in the Sand – The Shape,
the Scent, the Feel of Things,
Renaissance Society, University of
Chicago, Chicago 2004; Joan Jonas:
Five Works, Queens Museum
of Art, New York 2003; Joan Jonas:
Video Retrospective, Museum Carillo
Gil, Mexico City 2003; Lines in
the Sand, Rosamund Felsen Gallery,
Santa Monica; Center for the Arts,
Mexico City 2003; Joan Jonas:
Performance, Video, Installation
1968–2000, Neue Gesellschaft für
Bildende Kunst (NGBK), Berlin
2001; In the Shadow a Shadow,
Moving with No Pattern, Rosamund
Felsen Gallery, Santa Monica 2003;
Joan Jonas: Performance, Video,
Installation 1968–2000, Galerie der
Stadt, Stuttgart, Stuttgart 2000;
Drawings, Reinhard Hauff Gallery,
Stuttgart 2000; Joan Jonas: Film and
Video Work, 1968-76, DIA Center
for the Arts, New York 2000; Moving
with No Pattern, My New Theatre III,
In the Shadow a Shadow and
drawings, Pat Hearn Gallery, New
York 1999

Gruppenausstellungen:
Mirror Tenses, University Gallery,
University of Massachusetts, Amherst
2003; Gloria, Museum of Art, Rhode
Island School of Design, Providence
2003; Video Acts Single Channel
Works from the Collections of Pamela
and Richard Kramlich and New Art
Trust, P.S. 1 Contemporary Art Center,
Long Island City, New York 2003;
Lines in the Sand, documenta 9,
Kassel 2002; Gloria, White Columns,
New York 2002; In the Shadow a
Shadow, Galerie Yvon Lambert,
Paris 2002; Great Theater of the
World, Taipei Biennial, Taipei 2002;
Aquaria, Über die außergewöhnliche
Beziehung von Wasser und Mensch,
Landesgalerie am Oberöster-
reichischen Landesmuseum, Linz;
Kunstsammlungen Chemnitz,
Chemnitz 2002; Into the Light: The
Projected and Interactive Image
in American Art, 1964 – 1978, Whitney
Museum Of American Art, New York
2001; Century Cities, Tate Modern,
London 2000

*My New Theatre III:
In the Shadow a Shadow,* 1999
DVD-Projektion mit Holzkiste
und Holzbank
Courtesy Joan Jonas and
Yvon Lambert, New York
siehe S. 146

Volcano Saga, 1989
Courtesy Joan Jonas and
Yvon Lambert, New York
siehe S. 147 – 149
(Begleitprogramm)

Katarzyna Kozyra

geboren 1963 in Warschau/PL
lebt in Warschau/PL

Einzelausstellungen:
Galleria Civica dell'Arte Contemporanea, Trento 2004; Non so piu…, Postmasters Gallery, New York 2004; Bathhouse, Balic Art Center, Visby 2004; The Dancing Lesson, Museum Ostdeutsche Galerie, Regensburg 2003; Rite of Spring, Kunsthaus, München 2003; Rite of Spring, Ludwig Muzeum, Budapest 2003; Lords of the Dance, Museo Nacional Centro de Arte Reina Sofia; Postmasters Gallery, New York 2002; Rite of Spring (Sacre du Printemps), The Zacheta Gallery of Art, Warschau 2002; The Renaissance Society, Chicago 2001; Museum of Modern Art, Oxford 2001; Musej suvremene umjetnosti, Zagreb 2001(Kat.); The Dancing lesson(Performance), Dance Festival Body_Mind, Warsaw 2001; Tanzstunde (Performance), Museum moderner Kunst Stiftung Ludwig Wien 2001; Men's bathhouse/Bagno Pubblico per uomini, 48. Internationale Biennale von Venedig 1999; Bathhouse, Centre for Contemporary Art – Ujazdowski Castle, Warschau 1999; Men's bathhouse, Galerie Jiri Svestka, Prag 1999; Bathhouse, Center of Contemporary Art, Vilnius 1999; Bathhouse, Women's Museum, Arhus 1999; Więzy krwi, Galeria Otwarta AMS – Kunst im öffentlichen Raum, Warschau, Posen 1999

Gruppenausstellungen:
Anxiety of Influence: Bachelors, Brides and a Family Romance, Stadtgalerie Bern, Schlachthaus Theater, Kunstmuseum Bern 2004; Ascolte di Provo, Galleria Municipale d'Arte Contemporanea, Trento 2003; Architecture of Gender, Sculpture Space, New York 2003; Deviations, K&S, Berlin 2003; Nackt!, Frauenansichten. Malerabsichten. Aufbruch zur Moderne, Das Städel, Frankfurt 2003; media_city seoul 2002 From moment to movement, Umjetnicki paviljon, Zagreb 2002; Private Affairs, Kunsthaus, Dresden 2002; 25. Biennale von Sao Paolo, Sao Paolo 2002; Sammlung, Museum Moderner Kunst, Wien 2001; International Collection, Center for Contemporary Art – Ujazdowski Castle Warschau 2001; The Body of Art., 1st Valencia Biennal, Valencia 2001; Maskarady, Center for Contemporary Art, Posen 2001; Art. Basel, Basel 2001

In Art Dreams Come True, 2004
Multimedia-Installation
(DVD-Projektion auf eine Leinwand plus 9 TV-Bildschirme)
Courtesy Zacheta Gallery, Warschau und Postmasters Gallery, New York
siehe S. 151 – 153

Mark Lewis

geboren 1957 in Hamilton/CA
lebt in London/GB

Einzelausstellungen:
Monte Clark Gallery, Toronto 2004; Rooseum, Malmö 2004; Monte Clark Gallery, Vancouver 2004; Cent8 – Serge LeBorgne, Paris 2004; La Casa Encendida, Madrid, 2004; Rooseum, Malmo 2003; Sale Rekalda, Bilbao, 2003; Arco, Madrid 2003; Video Cube, FIAC, Paris 2003; Galerie Cent8, Paris 2002; The Salamanca Art Centre, Salamanca 2002; Kunsthalle Bern, Bern 2002; Argos, Brüssel 2002; Villa Arson, Nizza 2001; Museum of Modern Art, Oxford 2001; Rhona Hoffman Gallery, Chicago 2001; Galerie Cent8, Paris 2001; Or Gallery, Vancouver 2001; Marche Bonsecours, Montreal 2001

Gruppenausstellungen:
3rd Berlin Biennale für zeitgenössische Kunst, Martin Gropius Bau, Berlin 2004; L'Eveil, l'Espace VOX, Montreal 2003; Candyland Zoo, Herbert Read Gallery, Canterbury 2004; Nuit Blanche, verschiedene Locations, Paris 2004; Tape 291, 291 Gallery, London 2004; re-Makes, Center of Contemporary Art of Salamanca 2004; Trou Art-Archi, La Galerie de Noisy-le-Sec, Paris 2004; The American Effect, Whitney Museum of American Art, New York 2003; Sodium Dreams, CCS Museum, Bard College, Annandale on Hudson 2003; 6. Medien und Architektur Biennale, Kunsthaus, Graz 2003; Happiness: a Survival Guide for Art and Life, Mori Art Museum, Tokio 2003; Art Now: Light Box, Tate Britain, London 2003; Pour de vrai, Musée d'art contemporain, Tours 2003; Art and Cinema, Musée d'art Moderne, Strasbourg 2003; Turbulent Screen, Edith-Ruß-Haus für Medienkunst, Oldenburg 2003; Fate of Alien Modes, Wiener Sezession, 2003; Silver Dreams, Screens and Theories, Art Gallery of Greater Victoria, Victoria BC 2003; The Group of Seven, Platform Gallery, London 2003; Re-Makes, CAPC Musée d'art contemporain de Bordeaux 2003; Hidden in a Daylight, Cieszyn 2003; The Process, Kiasma, Helsinki 2003; Arte al Centro: la Nouva Agora, Shedhalle, Zürich 2003; [based upon] TRUE STORIES, Witte de With, Rotterdam 2003

Brass Rail, 2003
35 mm-Film überspielt auf DVD, kein Ton, Loop
Courtesy Collection MUDAM, Luxemburg
© Mark Lewis
siehe S. 155 – 157

Sharon Lockhart

geboren 1964 in Norwood, MA/USA
lebt in Los Angeles/USA

Einzelausstellungen:
Neuger/Riemschneider, Berlin 2004; Tomio Koyama Gallery, Tokio 2004; Barbara Gladstone Gallery, New York 2003; Blum&Poe, Los Angeles 2003; Interview Locations/Family Photographs, Blum&Poe, Santa Monica 2001; Sharon Lockhart, Museum of Contemporary Art, Chicago 2001; Sharon Lockhart, Museum of Contemporary Art San Diego, 2001; MAK Museum für Angewandte Kunst, Wien 2000; Barbara Gladstone Gallery, New York 2000; Wako Works of Art, Tokio 2000; Kunsthalle Zürich, Zürich 2000, Kunstmuseum Wolfsburg, Wolfsburg 2000

Gruppenausstellungen:
2004 Biennial Exhibition, Whitney Museum of American Art, New York 2004; Hecho en Mexico, Institute of Contemporary Art, Boston 2003; Fast Forward: Media Art/Sammlung Goetz, ZKM, Karlsruhe 2003; Ninos, Centro de Arte de Salamanca, Salamanca 2003; Home and Away, Vancouver Art Gallery, Vancouver 2003; Strange Days, Museum of Contemporary Art, Chicago 2003; Inagural Exhibition, Blum and Poe, Los Angeles 2003; Portraiture, Karyn Lovegrove Gallery, Los Angeles 2003; Open the Curtain, Kunsthalle Kiel, Kiel 2003; Faking Real, Neiman Gallery, Columbia University, New York 2003; Eden, La Coleccion Jumex, Mexico City 2003; Site Specific, Museum of Contemporary Art, Chicago 2003; Ninos/Children, Centro de Arte de Salamanca, Slamanca 2003; La Coleccion Jumex, Mexico City 2003; Doug Aitken – Sharon Lockhart, Galerie Mot, Brüssel 2002; My Modern Summer, Galerie Paul Andriesse, Amsterdam 2003; Photographer, Collection Lambert, Avignon 2002; Parallels and Intersections, San Jose Museum of Art, San Jose 2002; 9e Biennale de L'Image en Mouvement, Centre pour L'Image Contemporain, Genf 2002; Triennale der Photographie, Kunstverein, Hamburg 2002; People See Paintings, Museum of Contemporary Art, Chicago 2002

Teatro Amazonas, 1999
35 mm-Film, 40 min, mit Ton
Courtesy Barbara Gladstone Gallery, New York, und Blum&Poe Gallery.
Los Angeles
siehe S. 158

Goshogaoka, 1997
16 mm-Film, 60 min, mit Ton
Courtesy Barbara Gladstone Gallery, New York, und Blum&Poe Gallery.
Los Angeles
siehe S. 160 – 163

Aernout Mik

geboren 1962 in Groningen/NL
lebt in Amsterdam/NL

Einzelausstellungen:
Ludwig Museum, Köln 2004; Haus der Kunst, München 2004; The Project, New York 2004; Museo Passión, Valladolid 2004; Herbert F. Johnson Museum of Art, Cornell University, Ithaca 2004; The Cleveland Museum of Art, Cleveland 2003; BildMuseet, Umea University, Umea 2003; Porin Taidedmuseo, Pori 2003; The Project, Los Angeles 2003; Flock, Magasin 3, Stockholm Konsthall, Stockhol 2003; Pulverous, carlier | gebauer, Berlin 2003; Frac Champagne-Ardenne, Reims 2003; CaixaForum, Barcelona 2003; Les Abbatoirs, Toulouse 2003; In Two Minds, Koproduktion mit Toneelgroep Amsterdam, Stedelijk Museum Amsterdam 2003; Reversal Room, Stedelijk Museum Bureau, Amsterdam 2002; AM in the LAM, The Living Art Museum, Reykjavik 2002; Fundació Miro, Barcelona 2002; CAC, Vilnius 2002; Galleria Massimo di Carlo, Mailand 2002;

Gruppenausstellungen:
Dass die Körper sprechen, auch das wissen wir seit langem…, Generali Foundation, Wien 2004; 26th Bienal de Sao Paulo, Sao Paulo 2004; Firewall, Ausstellungshalle Zeitgenössische Kunst Münster 2004; Suburban House Kit, Deitch Projects, New York 2004; Fade In, Contempo-rary Arts Museum, Houston 2004; Deutsches Hygienemuseum, Dresden 2004; World Wide Video Festival, Amsterdam 2004; This much is certain, RCA, London 2004; Doubtiful, Université Rennes, Rennes 2004; Art Focus – The Israel Biennial, Museum for Underground Prisoners, Jerusalem 2003; MAC-Galeries Contemporaines, Marseille 2003; Festival of Video Art, State Hermitage and State Russian Museum, St. Petersburg 2003; Outlook, Athen 2003; Istanbul Biennial, Istanbul 2003; fast forward. Media Art Sammlung Goetz, ZKM, Karlsruhe 2003; europe exists, Macedonian Museum of Contemporary Art, Thessaloniki 2003; silent wandering, Postbahnhof, Berlin 2003; Post Nature, Instituto Tomie Ohtake, Sao Paulo 2003; Zeitgenössische Kunst aus den Niederlanden, Museum Schwerin und Stadtgalerie Kiel 2003; Taktiken des Ego, Lehmbruck Museum, Duisburg 2003; Zones, Art Gallery of Hamilton, Hamilton 2003

Parallel Corner, 2003
Videoinstallation (digitales Video auf 4 Daten-DVDs/4 PAL-DVDs), kein Ton, Loop
Courtesy carlier | gebauer, Berlin
siehe S. 165 – 167

Tony Oursler

geboren 1962 in New York/USA
lebt in New York/USA

Einzelausstellungen:
Tony Oursler, Bernier Elaiades, Athen 2004; Tony Oursler Metro Pictures Gallery, New York; Jensen Gallery, New Zealand; Lisson Gallery, London, MACRO, Museo d'Arte Contemporanea, Rom 2003; Tony Oursler: Drawings, Lehmann Maupin, New York 2002; Luftmetall, Galerie Hans Mayer, Düsseldorf 2002; Tony Oursler: Shock-Rock, Gräflicher Kurpark Driburg, Garten Landschaft OstWestfalenLippe 2002; Station, Magasin 3 Stockholm Konsthall, Stockholm 2002; The Influence Machine, Magasin 3 Projekt, Stockholm 2002; Galerie Ghislaine Hussenot, Paris 2001; Tony Oursler, Metro Pictures, New York 2001; Henry Art Gallery, Seattle; IVAM, Centre del Carme, València & touring to CCB – Centro Cultural de Belém, Lissabon, Portugal and KMK – Koldo Mitxelena Kulturenea, Donosti-San Sebastián 2001; Ghislaine Hussenot, Paris 2001; Flucht, Kunsthaus Bregenz, Bregenz 2001

Gruppenausstellungen:
M_ARS. Kunst und Krieg, Neue Galerie Graz, Graz 2003; VideoMix, Arario Gallery, Korea 2003; Galeria Soledad Lorenzo, Madrid 2003; The poetics Project 1977–1997, Multi-media Installation, Barbican Art, London 2003; Contemporary Collecting: New Art for Manchester, Manchester Art Gallery 2003; Yanomami, l'esprit de la foret, Fondation Cartier, Paris, 2003; Off The Grid: Works on Paper, Lehmann Maupin Gallery, New York 2002; Hautnah: Die Sammlung Goetz, Museum Villa Stuck, München 2002; Parole, Galleria Civica di Arte Contemporanea, Trento 2002; Slow Motion, Ludwig Forum für internationale Kunst, Aachen 2002; Station, Magasin 3 Stockholm Konsthall, Stockholm 2002; Heart of Glass, Crafts Council Gallery, London 2002; Ghost, Ciocca Arte Contemporanea/ Claudia Gian Ferrari Arte Contemporanea, Mailand 2001; Black Box: Der Schwarzraum in der Kunst, Kunstmuseum Bern, Bern 2001; Tony Oursler, Mike Kelly, Jim Shaw, Galerie Biedermann, München 2001

Features (Skins), 2002
24 Plexiglaswürfel und DVD-Projektion, mit Ton
Courtesy Lisson Gallery, London
Foto: Dave Morgan, London
siehe S. 169

You/Me/Them, 1996
Zwei Puppen, Holzbrett, Stahlstäbe, Videoprojektion
Courtesy Privatsammlung
siehe S. 168
(Nur Katalog)

Judy Radul

geboren 1962 in Lillooet/CA
lebt in Vancouver/CA

Einzelausstellungen:
The Power Plant, Toronto 2003; And So Departed (Again), YYZ Gallery, Toronto 2003; Belkin Satellite Gallery, Vancouver 2002; Vancouver Costume, Contemporary Art Gallery, Vancouver 2002; Rehearsal, Contemporary Art Gallery, Vancouver 1999; Institute of Contemporary Art, London 1999; Documents for Performance, Or Gallery, Vancouver 1998; Active Passive, Truck Gallery, Calgary 1997; Personal Size, Gallerie La Centrale, Montreal 1994; To Shine, Western Front Gallery, Vancouver 1992

Performances:
And So Departed, Performance/ Video/Website im Auftrag von Digital Earth 2000; Institute of Contemporary Art, London 1999; Personal Size, ein Projekt der U.B.C. Fine Arts Gallery 1993; Entrance, Elba Guest Atelier, Nijmegen 1993; Melt, assistiert von Andrew Wilson, Western Front, Vancouver 1992; Runaway, Perel Gallery, Vancouver 1991; The Body of Knowledge, Western Front, Vancouver 1988; Repression: the Sleeping Maiden, Western Front, Vancouver 1987;

Gruppenausstellungen:
Facing History: Portraits from Vancouver, Canadian Cultural Center Paris 2004; Performance and Photography: Shoot, Exhibition, Dazibao Centre de Photographies Actuelles, Montreal 2004; Suggestive Line, Belkin Satellite Gallery, Vancouver 2002; Facing History, Auftrags-Plakatarbeit, Presentation House Gallery, Vancouver 2001; On Location, Vorschläge für Kunstwerke im öffentlichen Auftrag, Vancouver Art Gallery, Vancouver 2000; 2es Rencontres Internationales en arts Visuels, La Chambre Blanche, Quebec City 2000; Sexy Girl, Charles H. Scott Gallery, Vancouver 1999; Promise,YYZ Gallery, Toronto 1999; A Double Bind, Performance, Art and Alterity symposium, Edmonton Art Gallery 1998; Unspeakable, Gruppenperformance, Havana, Vancouver 1998; Art Beatus, Performance, Vancouver 1997; Kathy's Fear, The Night Gallery, Performance, Projekt von EM Media, Calgary 1997

And So Departed (Again), 2003
3-Kanal DVD-Projektion, 106 min, mit Ton
Courtesy Judy Radul
Darstellerin: Nancy Palk
Regie: Chris Abraham,
Louise Nolan, John Greyson,
Jennifer Tarrer, Richard Rose
siehe S. 171 – 173

Catherine Sullivan

geboren 1968 in Los Angeles/USA
lebt in Los Angeles/USA

Einzelausstellungen:
Tis Pity She's a Fluxus Whore, Galerie Catherine Bastide, Art Statement, Basel 2003; Speech Model (from The Flies), Fruits of Crime, Goose Fair, Galerie Mezzanin, Wien 2003 (mit Lisa Lapinski); Tis Pity She's a Fluxus Whore, Wadsworth Atheneum Museum of Art, Hartford 2003; Five Economies (big hunt/little hunt), Renaissance Society at the University of Chicago, UCLA Armand Hammer Museum, Rubell Family Foundation, Miami 2002; Metro Pictures, New York; Centre D'Art Contemporain Fri-Art Kunsthalle, Fribourg 2003; Unspoken Evil III – Rites of Ascension and Obscurity, Galerie Catherine Bastide, Brüssel 2001; Gestus Maximus (Gold Standard), Galerie Christian Nagel, Köln 2001

Gruppenausstellungen:
Whitney Biennale, New York 2004; C'est arrive demain, Lyon Biennale, Lyon 2003; Thyssen-Bornemisza Foundation in Contemporary Art at the Museum of Modern Art Dubrovnik, Dubrovnik 2003; Crisp, Maryann Boesky Gallery, New York 2002; L.A.-ex, Museum Villa Stuck, München 2000; Still and Otherwise, Margo Leavin Gallery, Los Angeles 1998; Lines of Sight, Site specific project at the California aqueduct, Lancaster 1998; Video Povera, California State University, Los Angeles 1996; Super-Intellectuals, Three Day Weekend, Los Angeles 1996; Gander Mountain High, Room 10, Pasadena 1995

Performances/Theaterarbeiten:
ICE FLOES OF FRANZ JOSEPH LAND (Orensanz/S.W.A.P. Manifestations), Chicago: S.W.A.P. Polish Army Veteran's Association; New York: Angel Orensanz Center; Wadsworth Manifestation – Präsentiert in Verbindung mit der Ausstellung „Tis Pity She's a Fluxus Whore", Wadsworth Atheneum Museum of Art, Hartford 2003; Gold Standard (Canetti/Gibson Infusion) – Präsentiert in Verbindung mit der Ausstellung „Catherine Sullivan: Five Economies (big hunt/ little hunt)", UCLA Armand Hammer Museum, Los Angeles, California, und The Renaissance Society an der University of Chicago, 2002; Grisly Notes and Tones – Präsentiert von Le Consortium Art Center, Dijon 2001

Five Economies
(Big Hunt/Little Hunt), 2003
5-Kanal DVD-Projektion und Einkanal TV-Monitor-Video, kein Ton
Courtesy Galerie Catherine Bastide, Brüssel
siehe S. 174 – 179

Artur Żmijewski

geboren 1966 in Warschau/PL
lebt in Warschau/PL

Einzelausstellungen:
So genannte Wellen und andere Phänomene des Geistes, Kunstverein Düsseldorf 2003 (mit Pawel Althamer); Singing Lesson 1/Singing Lesson 2, Foksal Gallery Foundation, Warschau 2003; Singing Lesson, Arsenal Gallery, Bialystok 2003; Singing Lesson 2, Galerie für Zeitgenössische Kunst Leipzig, Leipzig 2003; An Eye for An Eye, Galerie Peter Kilchmann, Zürich 2002; Singing Lesson, Collective Gallery, Dublin 2002; Out for a Walk, Foksal Gallery, Warschau 2001; KR WP, a.r.t. Gallery, Plock 2001; The Game of Tag, a.r.t. Gallery, Plock 2000; An eye for an eye, Gallery 2, Centre for Contemporary Art – Ujazdowski Castle, Warschau 1998; Sardines Song, a.r.t. Gallery, Plock 1996; The Babes Identity, Friends' Gallery A.R., Warschau 1995; Nudes, a.r.t. Gallery, Plock 1994

Gruppenausstellungen:
Phalanstere, Centre d'art contemporain de Bretigny, Bretigny-Sur-Orge 2002; Des/fragmentar, MUCA Roma, Mexico City; ITESO, Guadalajara 2003; Hidden in a Daylight, Cieszyn 2003; Interior Secrets of the Body, Ludwig Museum Budapest 2003; Sound System, Salzburger Kunstverein; Niemcy 2003; Rythm is a dancer, it's a soul's companion, you can feel it everywhere, Kulturhuset, Stockholm 2003; Öffentliche Rituale – Kunst/ Videos aus Polen, Museum Moderner Kunst, Stiftung Ludwig, Wien 2003; Die Aufgabe der Zeit, Westfälischer Kunstverein, Münster 2003; red, rad i rod, Kulturni Centar Beograda, Belgrad 2003; Manifesta 4, Stadelisches Kunstinstitut, Frankfurt/ Main 2002; Abbild. Recent Portraiture and Depiction, Landesmuseum Joanneum, Graz 2001; Milano Europa 2000. Triennale di Milano, Palazzo della Triennale, Mailand 2001; Guarene Arte 2000, Guarene 2000; in freiheit/endlich, Polnische Kunst nach 1989, Kunsthalle Baden-Baden, Baden-Baden 2000; Art after the Wall, Moderna Museet, Stockholm 1999; Can you hear me? – 2nd Ars Baltica-Triennale of photographic art, Stadtgalerie, Kiel 1999; Germinations X, the factory, Athen 1998; Bez paszportu/Passport: Exchange (Ex)Change, Temple Bar Gallery and Studios, Arthouse, Dublin 1997: Transhumation, Pictures Gallery, Kaunas 1995

Singing Lesson I & II, 2001
Einkanal-Videoinstallation
(in zwei Teilen)
Courtesy Foksal Gallery Foundation, Warschau
siehe S. 181 – 183

*John Russell Kills
Fabienne Audéoud in the Style
of William Burroughs,* 2001
3 Channel Video Installation
Courtesy Courtesy Fabienne
Audéoud/John Russell
see pp. 125–127

The Diamond Lane, 1981
Film Trailer, 35 mm Film and DVD,
5min 9s, with sound
Courtesy Barbara Bloom and
Gorney Bravin + Lee, New York
see pp. 128–131

The Muriel Lake Incident, 1999
Multimedia Installation
(Audio, Video and Mixed Media)
Courtesy Galerie Barbara Weiss,
Berlin und Luhring Augustine,
New York
see pp. 133, 135

Stan Douglas

born 1960 in Vancouver/CA
lives in Vancouver/CA

Solo Exhibitions:
Stan Douglas: Film Installations and Photographs, Kestner Gesellschaft, Hannover 2003; Suspiria, David Zwirner, New York 2003; Stan Douglas, The Serpentine Gallery, London 2002; [Helga de Alvear, Madrid; Zeno X Gallery, Antwerp;] Journey Into Fear, Contemporary Art Gallery, Vancouver 2002; [Galeria Estrany de la Mota, Barcelona; David Zwirner, New York] Stan Douglas: Le Detroit, Kunsthalle Basel, Basle 2001; [Winnipeg Art Gallery, Winnipeg; Hamburger Bahnhof, Berlin; The Art Institute of Chicago, Chicago]

Group Exhibitions:
Prefix Photo, Prefix Institute of Con-temporary Art, Toronto 2004; We Come In Peace/Histories of the Americas, Musée D'Art Contemporain De Montréal, Montréal 2004; Art Unlimited, Art Basel, Basle 2004; Thriller, Edmonton Art Gallery, Edmonton 2004; Techniques of the Visible, Shanghai Biennale, Shanghai 2004; Éblouissement, Jeu de Paume, Paris 2004; Urban Incidence, Beaumontpublic+Königbloc, Luxembourg 2003; Media Works from the Goetz Collection, ZKM, Karlsruhe 2003; Imperfect Innocence: The Debra and Dennis Scholl Collection, Contemporary Museum, Baltimore 2003; [touring exhibition: Palm Beach Institute of Contemporary Art] Soundtracks, Edmonton Art Gallery, Edmonton 2003; Il Passato Non Esiste, Aurora, Rovereto 2003; Baja to Vancouver: The West Coast and Contemporary Art, Seattle Art Museum, Seattle 2003; [Museum of Contemporary Art, San Diego; Vancouver Art Gallery, Vancouver, CANADA; CCA Wattis Institute, San Francisco] Mouvements de fonds/ Fund Flow: Fnac Acquisitions/2002, Musée d'Art Contemporain de Marseille, Marseille 2003; Mosai-Canada: Sign and Sound, The Seoul Museum of Art, Seoul 2003; Fast Forward: Media Works from the Goetz Collection, ZKM, Karlsruhe 2003; On the Horror of Art, Grazer Kunstverein, Graz 2003

Journey into Fear, 2001
Single Channel Video Installation (DVD Version), 15min 4s
Courtesy Stan Douglas
see pp. 136–139

Rodney Graham

born 1949 in Vancouver/CA
lives in Vancouver/CA

Solo Exhibitions:
Rodney Graham: A Little Thought, Art Gallery of Ontario, Toronto; Museum of Contemporary Art, Los Angeles; Vancouver Art Gallery, Vancouver, British Columbia; Institute for Contemporary Art, Philadelphia 2004, 2005; Rodney Graham: Film – Joke and Repetition, Hochschule für Bildende Künste Dresden, Dresden 2004; [303 Gallery, New York; Donald Young Gallery, Chicago; Galerie Hauser and Wirth, Zurich] Rodney Graham: Millennial Time Machine, Morris&Helen Belkin Art Gallery, University of British Columbia, Vancouver 2003; [Madison Arts Center, Madison; Whitechapel Art Gallery, London; Kunstsammlung Nordrhein-Westfalen, Dusseldorf; MAC Galeries Contemporain de Musées de Marseille, Marseille] How I Became a Ramblin' Man, Johnson City Community College, Overland Park, Kansas 2002; Music and Noise, Kunsthalle Zürich, Zurich 2002

Group Exhibitions:
Fast forward. Media Works from the Goetz Collection, ZKM, Karlsruhe 2003; OUTLOOK International Art Exhibition, Athens 2003; Go Johnny, go, Kunsthalle Wien, Vienna 2003; C'est Arrivé Demain, Biennale de Lyon, Lyon 2003; Utopia Station, Venice Biennale, Venice 2003; within hours we would be in the middle of nowhere, 303 Gallery, New York 2003; Soundtracks, The Edmonton Art Gallery, Edmonton 2003; [The Power Plant, Toronto; the Mackenzie Art Gallery, Regina] Doublures/ Body Doubles, Musée du Québec, Québec 2003; Golden Oldies of Music Video, MoMA, New York 2003;

Halcion Sleep, 1994
Single Channel Video Installation, 26min, no sound, loop
Courtesy Rodney Graham and Donald Young Gallery, Chicago
see p. 141

A Reverie Inerrupted by the Police, 2003
35mm film transferred to DVD, 7min 59s, loop
Courtesy Donald Young Gallery, Chicago
Photo: Scott Livingstone
see p. 140
(Catalogue only)

Alexander Birchler/ Teresa Hubbard

Alexander Birchler
born 1962 in Baden/CH
lives in Austin, TX/USA

Teresa Hubbard
born 1965 in Dublin/IE
lebt in Austin, Texas

Solo Exhibitions:
House with Pool, Museum für Gegenwartskunst, Basle 2004; Single Wide, Whitney Museum of American Art at Altria, New York 2004; Tanya Bonakdar Gallery, New York 2004; Eight, Centro Galego de Arte Contemporánea, Santiago de Compostela 2003; Teresa Hubbard/Alexander Birchler, Vera Munro Gallery, Hamburg 2003; County Line Road, Barbara Thumm Gallery, Berlin 2003

Group Exhibitions:
3': Condensed Information. Schirn Kunsthalle, Frankfurt 2004; Reordering Reality: Collecting Contemporary Art, Columbus Museum of Art, Ohio 2004; Eight, Centre Culturel Suisse, Paris 2004; Sammlung Plum, Museum Kurhaus Kleve, Kleve 2004; Fast Forward – Works from the Goetz Collection, ZKM/Zentrum für Kunst und Medientechnologie, Karlsruhe 2003; Eight, Hordaland Art Center, Bergen 2003; 10th Biennial of Moving Images, Centre for Contemporary Images, Geneva 2003; Child in Time, Gemeente Museum, Den Haag 2003; Brightness – Works from the Thyssen-Bornemisza Contemporary Art Foundation, Museum of Modern Art, Dubrovnik 2003; Looking in – Looking out, Positions in Contemporary Photography, Öffentliche Kunstsammlung Basel, Kunstmuseum Basel 2003; Adolescence, Reina Sofia Museum, Madrid 2003; Suiza en ARCO, La Casa Encendida, Madrid 2003; Neuerwerbungen, Museum für Gegenwartskunst, Basle 2003; Single Wide, ArtUnlimited, Basle 2003; Yet Untitled: Works from the Bernd F. Künne Collection, Städtische Galerie Wolfsburg/Suermondt-Ludwig-Museum, Aachen/Kunsthalle Nürnberg, Nuremberg 2003; The Starting Line, Pinakothek der Moderne, Munich 2002; On Stage, Kunstverein Hannover/Villa Merkel Esslingen 2002; Wallflowers, Grosse Fotografien, Kunsthaus Zürich, Zurich 2003

House with Pool, 2004
High Definition Video with sound, 21min 10s, loop
Courtesy Teresa Hubbard/ Alexander Birchler
Loan from the artists, produced with support from the Burger Collection and Kunstkredit Basel-Stadt
see pp. 142–145

Joan Jonas

born 1946 in New York/USA
lives in New York/USA

Solo Exhibitions:
Lines in the Sand – The Shape, the Scent, the Feel of Things, Renaissance Society, University of Chicago, Chicago 2004; Joan Jonas: Five Works, Queens Museum of Art, New York 2003; Joan Jonas: Video Retrospective, Museum Carillo Gil, Mexico City 2003; Lines in the Sand, Rosamund Felsen Gallery, Santa Monica; Center for the Arts, Mexico City 2003; Joan Jonas: Performance, Video, Installation 1968–2000, Neue Gesellschaft für Bildende Kunst (NGBK), Berlin 2001; In the Shadow a Shadow, Moving with No Pattern, Rosamund Felsen Gallery, Santa Monica 2003; Joan Jonas: Performance, Video, Installation 1968-2000, Galerie der Stadt, Stuttgart, Stuttgart 2000; Drawings, Reinhard Hauff Gallery, Stuttgart 2000; Joan Jonas: Film and Video Work, 1968-76, DIA Center for the Arts, New York 2000; Moving with No Pattern, My New Theatre III, In the Shadow a Shadow and drawings, Pat Hearn Gallery, New York 1999

Group Exhibitions:
Mirror Tenses, University Gallery, University of Massachusetts, Amherst 2003; Gloria, Museum of Art, Rhode Island School of Design, Providence 2003; Video Acts Single Channel Works from the Collections of Pamela and Richard Kramlich and New Art Trust, P.S. 1 Contemporary Art Center, Long Island City, New York 2003; Lines in the Sand, documenta 9, Kassel 2002; Gloria, White Columns, New York 2002; In the Shadow a Shadow, Yvon Lambert Gallery, Paris 2002; Great Theater of the World, Taipei Biennial, Taipei 2002; Aquaria, The Fascinating World of Man and Water, Landesgalerie am Oberösterreichischen Landesmuseum, Linz; Kunstsammlungen Chemnitz, Chemnitz 2002; Into the Light: The Projected and Interactive Image in American Art, 1964–1978, Whitney Museum Of American Art, New York 2001; Century Cities, Tate Modern, London 2000

My New Theatre III: In the shadow a shadow, 1999
DVD Projection with wooden box and wooden bench
Courtesy Joan Jonas and Yvon Lambert, New York
see p. 146

Volcano Saga, 1989
Courtesy Joan Jonas and Yvon Lambert, New York
see pp. 147–149
(Additional program)

Katarzyna Kozyra

born 1963 in Warsaw/PL
lives in Warsaw/PL

Solo Exhibitions:
Galleria Civica dell'Arte Contemporanea, Trento 2004; Non so piu…, Postmasters Gallery, New York 2004; Bathhouse, Balic Art Center, Visby 2004; The Dancing Lesson, Museum Ostdeutsche Galerie, Regensburg 2003; Rite of Spring, Kunsthaus, Munich 2003; Rite of Spring, Ludwig Muzeum, Budapest 2003; Lords of the Dance, Museo Nacional Centro de Arte Reina Sofia; Postmasters Gallery, New York 2002; Rite of Spring (Sacre du Printemps), The Zacheta Gallery of Art, Warsaw 2002; The Renaissance Society, Chicago 2001; Museum of Modern Art, Oxford 2001; Musej suvremene umjetnosti, Zagreb 2001(Kat.); The Dancing lesson (Performance), Dance Festival Body_Mind, Warsaw 2001; Tanzstunde (Performance), Museum moderner Kunst Stiftung Ludwig Vienna 2001; Men's bathhouse/Bagno Pubblico per uomini, 48. International Biennale of Visual Art, Venice 1999; Bathhouse, Centre for Contemporary Art – Ujazdowski Castle, Warsaw 1999; Men's bathhouse, Jiri Svestka Gallery, Prague 1999; Bathhouse, Center of Contemporary Art, Vilnius 1999; Bathhouse, Women's Museum, Arhus 1999; Wiezy krwi, Galeria Otwarta AMS – Art in public space, Warsaw, Poznan 1999;

Group Exhibitions:
Anxiety of Influence: Bachelors, Brides and a Family Romance, Stadtgalerie Bern, Schlachthaus Theater, Kunstmuseum Bern 2004,; Ascolte di Provo, Galleria Municipale d'Arte Contemporanea, Trento 2003; Architecture of Gender, Sculpture Space, New York 2003; Deviations, K&S, Berlin 2003; Nackt!, Frauenansichten. Malerabsichten. Aufbruch zur Moderne, Das Städel, Frankfurt 2003; media_city seoul 2002; From moment to movement, Umjetnicki paviljon, Zagreb 2002; Private Affairs, Kunsthaus, Dresden 2002; 25. Sao Paolo Biennal, Sao Paolo 2002; Sammlung, Museum Moderner Kunst, Vienna 2001; International Collection, Center for Contemporary Art – Ujazdowski Castle Warsaw 2001; The Body of Art., 1st Valencia Biennal, Valencia 2001; Maskarady, Center for Contemporary Art, Poznan 2001; Art. Basel, Basle 2001

In Art Dreams Come True, 2004
Multimedia Installation
(one screen dvd projection plus
9 tv monitor projections)
Courtesy Zacheta Gallery, Warsaw and Postmasters Gallery, New York
see pp. 151–153

Mark Lewis

born 1957 in Hamilton/CA
lives in London/GB

Solo Exhibitions:
Monte Clark Gallery, Toronto 2004; Rooseum, Malmo 2004; Monte Clark Gallery, Vancouver 2004; Cent8-Serge LeBorgne, Paris 2004; La Casa Encendida, Madrid, 2004; Rooseum, Malmö 2003; Sale Rekalda, Bilbao, 2003; Arco, Madrid2003; Video Cube, FIAC, Paris 2003; Galerie Cent8, Paris 2002; The Salamanca Art Centre, Salamanca 20002; Kunsthalle Bern, Bern 2002; Argos, Brussels 2002; Villa Arson, Nice 2001; Museum of Modern Art, Oxford 2001; Rhona Hoffman Gallery, Chicago 2001; Galerie Cent8, Paris 2001; Or Gallery, Vancouver 2001; Marche Bonsecours, Montreal 2001

Group Exhibitions:
3rd Berlin Biennale of Contemporary Art, Martin Gropius Building, Berlin 2004; L'Éveil, l'Espace VOX, Montreal 2003; Candyland Zoo, Herbert Read Gallery, Canterbury 2004; Nuit Blanche, various locations, Paris 2004; Tape 291, 291 Gallery, London 2004; re-Makes, Center of Contemporary Art of Salamanca 2004; Trou Art-Archi, La Galerie de Noisy-le-Sec, Paris 2004; The American Effect, Whitney Museum of American Art, New York 200; Sodium Dreams, CCS Museum, Bard College, Annandale on Hudson 2003; 6.Graz Biennial on Media and Architecture, Kunsthaus, Graz 2003; Happiness: a Survival Guide for Art and Life, Mori Art Museum, Tokyo 2003; Art Now: Light Box, Tate Britain, London 2003; Pour de vrai, Musee d'art contemporain, Tours 2003; Art and Cinema, Musee d'art Moderne, Strasbourg 2003; Turbulent Screen, Edith-Ruß Haus für Medienkunst, Oldenburg 2003; Fate of Alien Modes, Vienna Secession, 2003; Silver Dreams, Screens and Theories, Art Gallery of Greater Victoria, Victoria BC 2003; The Group of Seven, Platform Gallery, London 2003; Re-Makes, CAPC Musée d'art contemporain de Bordeaux 2003; Hidden in a Daylight, Cieszyn 2003; The Process, Kiasma, Helsinki 2003; Arte al Centro: la Nouva Agora, Shedhalle, Zurich 2003; [based upon] TRUE STORIES, Witte de With, Rotterdam 2003

Brass Rail, 2003
35 mm film transferred to dvd,
no sound, loop
Courtesy Collection MUDAM,
Luxembourg
© Mark Lewis
see pp. 155–157

Sharon Lockhart

born 1964 in Norwood, MA/USA
lives in Los Angeles/USA

Solo Exhibitions:
Neuger/Riemschneider, Berlin 2004; Tomio Koyama Gallery, Tokyo 2004; Barbara Gladstone Gallery, New York 2003; Blum & Poe, Los Angeles 2003; Interview Locations/Family Photographs, Blum & Poe, Santa Monica 2001; Sharon Lockhart, Museum of Contemporary Art, Chicago 2001; Sharon Lockhart, Museum of Contemporary Art San Diego, 2001; MAK Center for Art and Architecture, Vienna 2000; Barbara Gladstone Gallery, New York 2000; Wako Works of Art, Tokyo 2000; Kunsthalle Zürich, Zurich 2000; Kunstmuseum Wolfsburg, Wolfsburg 2000

Group Exhibitions:
2004 Biennial Exhibition, Whitney Museum of American Art, New York 2004; Hecho en Mexico, Institute of Contemporary Art, Boston 2003; Fast Forward: Media Works from the Goetz Collection, ZKM, Karlsruhe 2003; Ninos, Centro de Arte de Salamanca, Salamanca 2003; Home and Away, Vancouver Art Gallery, Vancouver 2003; Strange Days, Museum of Contemporary Art, Chicago 2003; Inagural Exhibition, Blum and Poe, Los Angeles 2003; Portraiture, Karyn Lovegrove Gallery, Los Angeles 2003; Open the Curtain, Kunsthalle Kiel, Kiel 2003; Faking Real, Neiman Gallery, Columbia University, New York 2003; Eden, La Coleccion Jumex, Mexico City 2003; Site Specific, Museum of Contemporary Art, Chicago 2003; Ninos/Children, Centro de Arte de Salamanca, Slamanca 2003; La Coleccion Jumex, Mexico City 2003; Doug Aitken – Sharon Lockhart, Galerie Mot, Brüssel 2002; My Modern Summer, Paul Andriesse Gallery, Amsterdam 2003; Photographer, Collection Lambert, Avignon 2002; Parallels and Intersections, San Jose Museum of Art, San Jose 2002; 9e Biennale de L'Image en Mouvement, Centre pour L'Image Contemporain, Geneva 2002; Triennale der Photographie, Kunstverein, Hamburg 2002; People See Paintings, Museum of Contemporary Art, Chicago 2002

Teatro Amazonas, 1999
35 mm film, 40min, with sound
Courtesy Barbara Gladstone Gallery, New York, and Blum & Poe Gallery, Los Angeles
see p. 158

Goshogaoka, 1997
16 mm film, 60min, with sound
Courtesy Barbara Gladstone Gallery, New York, and Blum & Poe Gallery, Los Angeles
see pp. 160–163

Aernout Mik

born 1962 in Groningen/NL
lives in Amsterdam/NL

Solo exhibitions:
Ludwig Museum, Cologne 2004; Haus der Kunst, Munich 2004; The Project, New York 2004; Museo Passión, Valladolid 2004; Herbert F. Johnson Museum of Art, Cornell University, Ithaca 2004; The Cleveland Museum of Art, Cleveland 2003; BildMuseet, Umea University, Umea 2003; Porin Taidedmuseo, Pori 2003; The Project, Los Angeles 2003; Flock, Magasin 3, Stockholm Konsthall, Stockhol 2003; Pulverous, carlier | gebauer, Berlin 2003; Frac Champagne-Ardenne, Reims 2003; CaixaForum, Barcelona 2003; Les Abbatoirs, Toulouse 2003; In Two Minds, coproduction with Toneelgroep Amsterdam, Stedelijk Museum Amsterdam 2003; Reversal Room, Stedelijk Museum Bureau, Amsterdam 2002; AM in the LAM, The Living Art Museum, Reykjavik 2002; Fundació Miro, Barcelona 2002; CAC, Vilnius 2002; Galleria Massimo di Carlo, Milan 2002

Group Exhibitions:
Dass die Körper sprechen, auch das wissen wir seit langem…, Generali Foundation, Vienna 2004; 26th Biennal of Sao Paulo, Sao Paulo 2004; Firewall, Ausstellungshalle Zeitgenössische Kunst Münster 2004; Suburban House Kit, Deitch Projects, New York 2004; Fade In, Contemporary Arts Museum, Houston 2004; Deutsches Hygienemuseum, Dresden 2004; World Wide Video Festival, Amsterdam 2004; This much is certain, RCA, London 2004; Doubtiful, Université Rennes, Rennes 2004; Art Focus – The Israel Biennial, Museum for Underground Prisoners, Jerusalem 2003; MAC-Galeries Contemporaines, Marseille 2003; Festival of Video Art, State Hermitage and State Russian Museum, St. Petersburg 2003; Outlook, Athens 2003; Istanbul Biennial, Istanbul 2003; Fast Forward: Media Works from the Goetz Collection, ZKM, Karlsruhe 2003; europe exists, Macedonian Museum of Contemporary Art, Thessaloniki 2003; silent wandering, Postbahnhof, Berlin 2003; Post Nature, Instituto Tomie Ohtake, Sao Paulo 2003; Zeitgenössische Kunst aus den Niederlanden, Museum Schwerin und Stadtgalerie Kiel 2003; Ego Tactics, Lehmbruck Museum, Duisburg 2003; Zones, Art Gallery of Hamilton, Hamilton 2003

Parallel Corner, 2003
Video Installation (digital video on 4 data dvds/4 PAL dvds),
no sound, loop
Courtesy carlier | gebauer, Berlin
see pp. 165–167

Tony Oursler

born 1962 in New York/USA
lives in New York/USA

Solo Exhibitions:
Tony Oursler, Bernier Elaiades, Athens 2004; Tony Oursler Metro Pictures Gallery, New York; Jensen Gallery, New Zealand; Lisson Gallery, London, MACRO, Museo d'Arte Contemporanea, Rom 2003; Tony Oursler: Drawings, Lehmann Maupin, New York 2002; Luftmetall, Galerie Hans Mayer, Dusseldorf 2002; Tony Oursler: Shock-Rock, Gräflicher Kurpark Driburg, Garten Landschaft OstWestfalenLippe 2002; Station, Magasin 3 Stockholm Konsthall, Stockholm 2002; The Influence Machine, Magasin 3 Projekt, Stockholm 2002; Galerie Ghislaine Hussenot, Paris 2001; Tony Oursler, Metro Pictures, New York 2001; Henry Art Gallery, Seattle; IVAM, Centre del Carme, València & touring to CCB – Centro Cultural de Belém, Lisbon, Portugal and KMK – Koldo Mitxelena Kulturenea, Donosti-San Sebastián 2001; Ghislaine Hussenot, Paris 2001; Flucht, Kunsthaus Bregenz, Bregenz 2001

Group Exhibitions:
M_ARS. Art and War, Neue Galerie Graz, Graz 2003; VideoMix, Arario Gallery, Korea 2003; Galeria Soledad Lorenzo, Madrid 2003; The poetics Project 1977–1997, Multimedia installation, Barbican Art, London 2003; Contemporary Collecting: New Art for Manchester, Manchester Art Gallery 2003; Yanomami, l'esprit de la foret, Fondation Cartier, Paris, 2003; Off The Grid: Works on Paper, Lehmann Maupin Gallery, New York 2002; Hautnah: The Goetz Collection, Museum Villa Stuck, Munich 2002; Parole, Galleria Civica di Arte Contemporanea, Trento 2002; Slow Motion, Ludwig Forum for International Art, Aachen 2002; Station, Magasin 3 Stockholm Konsthall, Stockholm 2002; Heart of Glass, Crafts Council Gallery, London 2002; Ghost, Ciocca Arte Contemporanea/Claudia Gian Ferrari Arte Contemporanea, Mailand 2001; Black Box: The Dark Room in Art, Museum of Fine Arts, Bern 2001; Tony Oursler, Mike Kelly, Jim Shaw, Galerie Biedermann, Munich 2001

Features (Skins), 2002
24 perspex cubes and single dvd projection, with sound
Courtesy Lisson Gallery, London
Foto: Dave Morgan, London
see p. 169

You/Me/Them, 1996
Two dolls, wooden shelf, steel rods, video projection
Courtesy Private Collection
see p. 168
(Catalogue only)

Judy Radul

born in Lillooet/CA
lives in Vancouver/CA

Solo Exhibitions:
The Power Plant, Toronto 2003; And So Departed (Again), YYZ Gallery, Toronto 2003; Belkin Satellite Gallery, Vancouver 2002; Vancouver Costume, Contemporary Art Gallery, Vancouver 2002; Rehearsal, Contemporary Art Gallery, Vancouver 1999; Institute of Contemporary Art, London 1999; Documents for Performance, Or Gallery, Vancouver 1998; Active Passive, Truck Gallery, Calgary 1997; Personal Size, Gallerie La Centrale, Montreal 1994; To Shine, Western Front Gallery, Vancouver 1992

Performances:
And So Departed, performance/video/website commissioned by Digital Earth 2000; Institute of Contemporary Art, London 1999; Personal Size, a project of the U.B.C. Fine Arts Gallery 1993; Entrance, Elba Guest Atelier, Nijmegen 1993; Melt, assisted by Andrew Wilson, Western Front, Vancouver 1992; Runaway, Perel Gallery, Vancouver 1991; The Body of Knowledge, Western Front, Vancouver 1988; Repression: the Sleeping Maiden, Western Front, Vancouver 1987

Group Exhibitions:
Facing History: Portraits from Vancouver, Canadian Cultural Center Paris 2004

Performance and Photography:
Shoot, exhibition, Dazibao Centre de Photographies Actuelles, Montreal 2004; Suggestive Line, Belkin Satellite Gallery, Vancouver 2002; Facing History, commissioned billboard work, Presentation House Gallery, Vancouver 2001, On Location, commissioned proposals for public art works, Vancouver Art Gallery, Vancouver 2000; 2es Rencontres Internationales en arts Visuels, La Chambre Blanche, Quebec City 2000; Sexy Girl, Charles H. Scott Gallery, Vancouver 1999; Promise,YYZ Gallery, Toronto 1999; A Double Bind, performance, Art and Alterity symposium, Edmonton Art Gallery 1998; Unspeakable, group performance, Havana, Vancouver 1998; Art Beatus, performance, Vancouver 1997; Kathy's Fear, The Night Gallery, performance, project of EM Media, Calgary 1997

And So Departed (Again), 2003
3 Channel dvd projection, 106min, with sound
Courtesy Judy Radul
Actor: Nancy Palk
Directors: Chris Abraham, Louise Nolan, John Greyson, Jennifer Tarrer, Richard Rose
see pp. 171–173

Catherine Sullivan

born 1968 in Los Angeles/USA
lives in Los Angeles/USA

Solo Exhibitions:
Tis Pity She's a Fluxus Whore, Galerie Catherine Bastide, Art Statement, Basle 2003, Speech Model (from The Flies), Fruits of Crime, Goose Fair, Galerie Mezzanin, Vienna 2003 (with Lisa Lapinski); Tis Pity She's a Fluxus Whore, Wadsworth Atheneum Museum of Art, Hartford 2003; Five Economies (big hunt/little hunt), Renaissance Society at the University of Chicago, UCLA Armand Hammer Museum, Rubell Family Foundation, Miami 2002; Metro Pictures, New York; Centre D'Art Contemporain Fri-Art Kunsthalle, Fribourg 2003; Unspoken Evil III – Rites of Ascension and Obscurity, Galerie Catherine Bastide, Brussels 2001; Gestus Maximus (Gold Standard), Galerie Christian Nagel, Cologne 2001

Group Exhibitions:
Whitney Biennale, New York 2004; C'est arrive demain, Lyon Biennale, Lyon 2003; Thyssen-Bornemisza Foundation in Contemporary Art at the Museum of Modern Art Dubrovnik, Dubrovnik 2003; Crisp, Maryann Boesky Gallery, New York 2002; L.A.-ex, Museum Villa Stuck, Munich 2000; Still and Otherwise, Margo Leavin Gallery, Los Angeles 1998; Lines of Sight, Site specific project at the California aqueduct, Lancaster 1998; Video Povera, California State University, Los Angeles 1996; Super-Intellectuals, Three Day Weekend, Los Angeles 1996; Gander Mountain High, Room 10, Pasadena 1995

Performances/Theatre Works:
ICE FLOES OF FRANZ JOSEPH LAND (Orensanz/S.W.A.P. Manifestations), Chicago: S.W.A.P. Polish Army Veteran's Association; New York: Angel Orensanz Center, Wadsworth Manifestation – Presented in conjunction with the exhibition „Tis Pity She's a Fluxus Whore", Wadsworth Atheneum Museum of Art, Hartford 2003, Gold Standard (Canetti/Gibson Infusion) – Presented in conjunction with the exhibition „Catherine Sullivan: Five Economies (big hunt/little hunt)", UCLA Armand Hammer Museum, Los Angeles, California, and The Renaissance Society at the University of Chicago, 2002; Grisly Notes and Tones – Presented by Le Consortium Art Center, Dijon 2001

Five Economies
(Big Hunt/Little Hunt), 2003
5 Channel DVD Projection plus Single Channel TV Monitor Video, no sound
Courtesy Galerie Catherine Bastide, Brussels
see pp. 174–179

Artur Żmijewski

born 1966 in Warsaw/PL
lives in Warsaw/PL

Solo Exhibitions:
So genannte Wellen und andere Phänomene des Geistes, Kunstverein Düsseldorf, Dusseldorf 2003 (with Pawel Althamer); Singing Lesson 1/Singing Lesson 2, Foksal Gallery Foundation, Warsaw 2003; Singing Lesson, Arsenal Gallery, Bialystok 2003; Singing Lesson 2, Galerie fur Zeitgenössische Kunst Leipzig, Leipzig 2003; An Eye for An Eye, Galerie Peter Kilchmann, Zurich 2002; Singing Lesson, Collective Gallery, Dublin 2002; Out for a Walk, Foksal Gallery, Warsaw 2001; KR WP, a.r.t. Gallery, Plock 2001; The Game of Tag, a.r.t. Gallery, Plock 2000; An eye for an eye, Gallery 2, Centre for Contemporary Art – Ujazdowski Castle, Warsaw 1998; Sardines Song, a.r.t. Gallery, Plock 1996; The Babes Identity, Friends' Gallery A.R., Warsaw 1995; Nudes, a.r.t. Gallery, Plock 1994

Group Exhibitions:
Phalanstere, Centre d'art contemporain de Bretigny, Bretigny-Sur-Orge 2002; Des/fragmentar, MUCA Roma, Mexico City; ITESO, Guadalajara 2003; Hidden in a Daylight, Cieszyn 2003; Interior Secrets of the Body, The Ludwig Museum Budapest 2003; Sound System, Salzburger Kunstverein; Niemcy 2003; Rythm is a dancer, it's a soul's companion, you can feel it everywhere, Kulturhuset, Stockholm 2003; Public Rituals – Art/Videos from Poland, Museum of Modern Art, Ludwig Foundation, Vienna 2003; Die Aufgabe der Zeit, Westfälischer Kunstverein, Münster 2003; red, rad i rod, Kulturni Centrar Beograda, Belgrade 2003; Manifesta 4, Stadelisches Kunstinstitut, Frankfurt/Main 2002; Abbild. Recent Portraiture and Depiction, Landesmuseum Joanneum, Graz 2001; Milano Europa 2000. Triennale di Milano, Palazzo della Triennale, Milan 2001; Guarene Arte 2000, Guarene 2000; in freiheit/endlich, Polish art after 1989, Kunsthalle Baden-Baden, Baden-Baden 2000; Art after the Wall, Moderna Museet, Stockholm 1999; Can you hear me? – 2nd Ars Baltica-Triennale of photographic art, Stadtgalerie, Kiel 1999; Germinations X, the factory, Athen 1998; Bez paszportu/Passport: Exchange (Ex)Change, Temple Bar Gallery and Studios, Arthouse, Dublin 1997; Transhumation, Pictures Gallery, Kaunas 1995

Singing Lesson I & II, 2001
Single Channel Video Installation (in two parts)
Courtesy Foksal Gallery Foundation, Warsaw
see pp. 181–183

Diese Publikation
erscheint anlässlich der Ausstellung

Videodreams
Zwischen Cinematischem
und Theatralischem

Kunsthaus Graz am
Landesmuseum Joanneum
15. 05. – 19. 09. 2004

This catalog is published
on the occasion of the exhibition

Videodreams
Between the Cinematic
and the Theatrical

Kunsthaus Graz am
Landesmuseum Joanneum
May 15 – September 19, 2004

Ausstellungsarchitektur
Niels Jonkhans

Ausstellungsaufbau
MIT LOIDL ODER CO, GRAZ:
Stefan Beyer, Martin Gansberger,
Christoph Loidl, Cornelius Pfeiffer,
David Pfeiffer, Jonathan Pfeiffer,
Michele de Riedmatten

Architecture of Exhibition
Niels Jonkhans

Construction
MIT LOIDL ODER CO, GRAZ:
Stefan Beyer, Martin Gansberger,
Christoph Loidl, Cornelius Pfeiffer,
David Pfeiffer, Jonathan Pfeiffer,
Michele de Riedmatten

In Zusammenarbeit mit:
In collaboration with:
Schauspielhaus Graz,
Schubert Kino Graz,
Grazer Mausoleum und
Minoriten Galerien

SCHAUSPIELHAUS, GRAZ

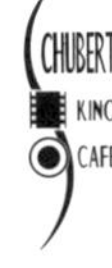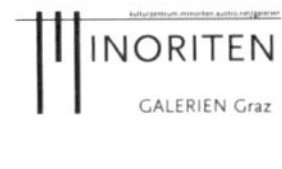

Mit Unterstützung von:
Supported by:
Stadt Graz, Land Steiermark,
A1, Zumtobel Staff,
MIT LOIDL ODER CO. GRAZ

MIT LOIDL ODER CO. GRAZ

Dank an
Thanks to
Gorney Bravin + Lee Gallery,
New York; Galerie Barbara Weiss,
Berlin; Luhring Augustine Gallery,
New York; Sheffield Galleries &
Museums Trust; Donald Young
Gallery, Chicago; Galerie Bob
van Orsouw, Zürich; Yvon Lambert
Gallery, New York; Zacheta Gallery
of Art, Warsaw; Collection MUDAM,
Luxembourg; Barbara Gladstone
Gallery, New York; Galerie
carlier | gebauer, Berlin; Lisson
Gallery, London; Catherine Bastide
Gallery, Brussels; Foksal Gallery
Foundation, Warsaw; Schauspielhaus
Graz; Schubert Kino, Graz; Grazer
Mausoleum und Minoriten Galerien,
Graz; Zentropa Real, Hvidovre;
Robert Lepage Inc., Quebec City;
Electronic Arts Intermix, New York;
Light Cone, Paris; Zeitgeist Films,
New York; Goethe-Institut Bonn

Mieke Bal, Rosalie Benitez,
Christophe Bichon, Nicholas Booth,
Barbara Buchmaier, Linda Chinfen,
Rasmus Christopherson, Rebecca
Cleman, Pauline Cumbers, Stephanie
Daniel, Matthias Fontheim, Niels
Jonkhans, Manuel Kostka, Alois Kölbl,
Kelly Kyst, Otmar Lichtenwörther,
Scott Livingstone, Christoph Loidl,
Sylvia Marz-Wagner, Vincent Masson,
Agnieszka Morawinska, Laura
Mulvey, Joanna Mytkowska, Mariska
Nietzman, Bob van Orsouw, Anton
Primschitz, Andrzej Przywora, Paul
Püschel, Muriel Quancard, Johannes
Rauchenberger, Winfried Ritsch,
Jordan Savel, Stefan Schwar, Kaja
Silverman, Hanka Wroblewska

**Besonderen Dank an
die Künstler der Ausstellung**
Special Thanks to
the artists of the exhibition
Fabienne Audéoud, Alexander
Birchler, Barbara Bloom, George
Bures Miller, Janet Cardiff,
Stan Douglas, Rodney Graham,
Teresa Hubbard, Joan Jonas,
Katarzyna Kozyra, Mark Lewis,
Sharon Lockhart, Aernout Mik,
Tony Oursler, Judy Radul,
John Russell, Catherine Sullivan,
Artur Żmijewski

**Quellenverzeichnis
und Übersetzungen**

Peter Pakesch
*Videodreams: Bilder im Raum
zwischen Cinematischem
und Theatralischem –
eine Standortbestimmung*

Adam Budak
*Performative Poetik des
(Video-)träumens*
(übersetzt von Otmar Lichtenwörther)

Mieke Bal
*Eine Bühne schaffen: das Thema
Mise-en-Scène*
(übersetzt von Otmar Lichtenwörther)

Laura Mulvey
*Unsicherheit und Wirklichkeit:
Anorganische Körper*
(übersetzt von Otmar Lichtenwörther)

Kaja Silverman
Apparat zur Herstellung eines Bildes
(übersetzt von Otmar Lichtenwörther)
Dieser Aufsatz wurde entnommen
aus Kaja Silverman: *World
Spectators,* 2001, Kuratorium der
Leland Stanford Jr. University.
Alle Rechte vorbehalten. Abgedruckt
mit Erlaubnis des Verlages und
Paterson Marsh Ltd., London für
die Sigmund Freud Urheberrechte.

Judy Radul
*Lampenfieber: Die Theatralität
der Performance*
(übersetzt von Otmar Lichtenwörther)

**First Publications
and Translations**

Peter Pakesch
*Images in the Space Between
the Cinematic and the
Theatrical – Defining a Position*
(translated by Pauline Cumbers)

Adam Budak
*Performative Poetics
of (Video)Dreaming*

Mieke Bal
*Setting the Stage: the Subject
Mise-en-scène*

Laura Mulvey
*Uncertainty and Reality:
Inorganic Bodies*

Kaja Silverman
*Apparatus for the Production
of an Image*
This essay has been derived from:
Kaja Silverman: *World Spectators,*
2001, by the Board of Trustees of
the Leland Stanford Jr. University.
All rights reserved. Reproduced
by permission of the publisher and
the Sigmund Freud Copyrights/
Paterson Marsh Ltd., London.

Judy Radul
*Stage Fright: The Theatricality
of Performance*

CIP-Einheitsaufnahme
Ein Titelsatz für die Publikation ist bei der Deutschen Bibliothek erhältlich.

Vertrieb außerhalb Europas
D.A.P./Distributed Art Publishers, Inc.,
155 Sixth Avenue
New York, NY 10013
Tel +1 212-627-1999
Fax +1 212-627-9484

Erschienen im
Verlag der Buchhandlung
Walther König, Köln
ISBN 3-88375-838-8

Gedruckt in Österreich

CIP data applied for

Distribution outside Europe
D.A.P./Distributed Art Publishers, Inc.,
155 Sixth Avenue,
New York, NY 10013
Tel +1 212-627-1999
Fax +1 212-627-9484

Published by
Verlag der Buchhandlung
Walther König, Cologne
ISBN 3-88375-838-8

Printed in Austria

Herausgeber
Peter Pakesch
Kuratoren
**Adam Budak,
Peter Pakesch**
Redaktion
Adam Budak
Übersetzungen
**Pauline Cumbers,
Otmar Lichtenwörther**
Lektorat
**Martha Konrad,
Stefan Schwar**

Editor
Peter Pakesch
Curators
Adam Budak,
Peter Pakesch
Assistant Editor
Adam Budak
Translation
Pauline Cumbers,
Otmar Lichtenwörther
Lectorship
Martha Konrad,
Stefan Schwar

Graphische Konzeption und Gestaltung
**Lichtwitz – Büro für visuelle Kommunikation:
Kriso Leinfellner, Stefanie Lichtwitz, Harald Niessner, Kasimir Reimann,
Benedikt Flüeler**
Drucküberwachung
Michael Neubacher

Druck
Medienfabrik Graz
(FM-Raster, 5c plus Dispersionslack)
Schutzumschlag
Austriaplastics, Wels
Papier
**Ikonosilk 170 g, Biotop3 100 g,
Invercote 300 g**
Schrift
KunsthausGraz

Art Direction and Design
Lichtwitz – Büro für visuelle Kommunikation:
Kriso Leinfellner, Stefanie Lichtwitz, Harald Niessner, Kasimir Reimann,
Benedikt Flüeler
Print supervision
Michael Neubacher

Print
Medienfabrik Graz
(FM screen, 5c plus dispersion varnish)
Cover
Austriaplastics, Wels
Paper
Ikonosilk 170 g, Biotop 3 100 g,
Invercote 300 g
Font
KunsthausGraz

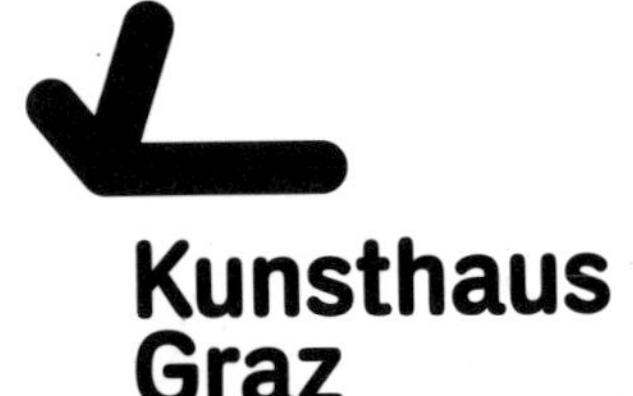
Kunsthaus
Graz